이연길 목사의

마가복음

"이야기식 설교를 위한 주석"

쿰란출판사

마가복음 주석에 들어가면서

성경을 연구하면서 본문을 자세하게 읽고 새기는 데 그 맛이 있다는 점을 늘 느껴왔다. 또 그 안에 숨겨져 있는 하나님의 숨결을 느낄 때 우리 안에 기쁨이 있고 신앙의 성장이 온다는 사실, 그리고 구체적으로 그 말씀을 따라 살 수 있게 된다는 점을 느꼈다. 그래서 성경 주석을 써야겠다는 생각을 했고, 신학교에서 강의를 하면서 마침내 성경 주해(註解)에 손을 댈 때가 왔다는 생각이 들어 이 작업을 시작하였다.

마가복음을 선택하게 된 이유는, 마가복음 자체가 치밀한 내러티브 구조로 이루어졌을 뿐 아니라 마가복음을 중심으로 연구를 하는 것이 공관복음서를 동시에 연구할 수 있는 가장 좋은 길이라고 생각했기 때문이다. 이 작업을 하면서 주석 작업이 쉽지 않다는 사실도 발견하기도 했지만, 그보다는 한 절 한 절의 의미를 밝히면서 성경이 얼마나 짜임새 있고 깊이 있게 구체적으로 기록되었는가를 발견하면서 감탄하고 감격한 적이 한두 번이 아니었다.

그동안 비평학이 발전되면서 주석은 본문의 내용이 어떤 과정을 거쳐서 성경 안으로 들어왔는가를 밝히는 데 초점을 맞춰 왔다. 이런 주석을 읽다 보면 목회자로서는 난감할 수밖에 없다. 저자들이 의도하는 바는 알겠지만, 성경 본문 자체를 깊이 있게 해석하는 일은 여전히 독자들에게 과제로 남기 때문이다. 이 점에서 설교자들이나 성경 교사들은 또 다른 어려움을 느끼게 된다. 그런 이유로, 이번 마가복음 주석은 성경을 완성된 텍스트라고 인정하는 자리에 서서, 그 저자가 어떤 의도로 편집을 하고 어떤 방법으로 예수님에 대하여 전하려고 하였는가를 밝히는 데 더욱 많은 노력을 쏟았다. 동시에 그 당시 상황을 아는 대로 그려 보려고 노력하였다. 내러티브 설교를 하거나 그런 방법으로 성경을 가르치려는 분들께는 도움을 주려고도 노력하였다.

마가복음을 연구하면서 19세기나 20세기 초에 출판된 주석서들은 대부분이 언어적 해석을 통하여 본문의 의미를 밝히는 데 노력을 기울였다는 사실을 알았다. 동시에 각 책을 전체적으로 이해하는 데는 거의 손을 대지 않았다는 사실도 깨달았다. 반면 최근 학자들의 책은 신학적인 작업에 많은 지면을 사용하였지만 성경 구절의 의미를 구체적으로 밝혀내는 작업은 소홀히 하였다는 사실도 발견하였다. 결과적으로 좋은 주석 작업은 과거의 주석들과 현대 주석들을 조화시키는 데 있다는 사실을 깨달았으며, 그래서 본 주석에서는 이 두 가지 면을 조화시켜 보려고 노력하였다.

이 주석을 쓸 수 있었던 동기는 역시 장로회신학대학교에서 얻은 유익 때문이다. 부족한 사람에게 쉴 장소를 마련해 주었고, 강의를 맡도록 해주어서 가르치기 위해 배웠고, 또 배운 것을 가르치면서 부족했던 많은 부분을 정리하게 되었기 때문이다. 이 점에서 김중은 전

총장님과 장영일 현 총장님, 교수님들 그리고 학생들에게 감사를 드린다.

또 이 주석을 쓰는 동안 샌프란시스코 남부 캠퍼스(Southern Campus of SanFrancisco Seminary)에서 '내러티브 해석과 설교' 강의를 하게 되어 아들 James 목사와 Charlene 교수 집에 머물면서 얻은 유익이 매우 컸던 점도 언급하지 않을 수 없다. James 목사의 해박한 지식으로부터 나온 조언과 내러티브를 새로운 교육학에 접목시킨 Charlene 교수의 학위 논문을 통하여 이 주석이 좀더 풍성하게 되었다. 특별히 이 책의 표지를 그려주고 편집까지 도와주신 최민준 목사님에게 진심으로 감사드린다. 최민준 목사님은 거의 30년 동안 변함없이 필자 옆에 있어 준 진실한 나의 동역자이시다.

마지막으로 이 책을 내면서 그동안 부족한 사람에게 영향력을 끼쳐 주셨던 선배 목사님들과 교수님들 그리고 사랑과 격려를 해주었던 후배 목사님들과 성도들의 사랑을 깊게 생각하게 되었다. 이 책을 쓰면서 처음부터 마음에 계속 머물러 있던 분은 어려서부터 나에게 성경을 가르쳐 주신 어머니 최연옥 권사님이시다. 그리고 또 한 분은 오늘의 내가 되도록 뒤에서 지도해 주시고 기도해 주신 안경운 목사님이시다. 머리 숙여 감사를 드린다.

사실 이 주석은 40년이 넘도록 한결같이 옆에서 말없이 인내하며 함께 사역해 온 아내와 함께 썼다고 해도 과언이 아니다. 그래서 이 주석을 마치면서 아내 임숙자 님의 수고에 감사를 드린다. 늘 좋은 책을 만들어 주시는 쿰란 이형규 장로님과 수고하신 모든 분들께 감사를 드린다.

무엇보다도 나와 동행하시면서 지금까지 성장하게 해주신 하나님께 영광을 돌린다.

2010년 봄이 깨어나는 길목에서
이연길

차례

II. 종교 지도자들과의 갈등(2:18-6:29)

III. 제자들과의 갈등(6:30-8:21)

마가 내러티브의 후반부(8:22-16:8)

I. 제자들에게 십자가의 길을 가르치심(8:1-10:52)

II. 홀로 가시는 예루살렘 길(11:1-13:37)

비교 연구

역사와 상황

서론

복음서는 스토리(story)로 기록되었다. 그러나 이것이 단순한 이야기 모음집이란 말은 아니다. 마가복음이 하나의 스토리라고 말하는 것은, 마가복음 전체가 하나의 이야기 틀을 가지고 기록되었다는 의미이다. 그런 의미에서 마가복음 전체가 하나의 내러티브이다. 또 성경 안에 단락들이 또 내러티브적 기법으로 기록되었다. 그렇다면 왜 성경 저자들이 내러티브라고 하는 문학적 서술 방법을 채택하여 성경을 기록한 것일까?

많은 기독교인들이 스토리라고 하면 주일 설교를 위한 장식품으로 생각하거나 믿음의 본질을 밝혀 주는 예화 정도로 생각한다. 그러나 성경 안에 있는 이야기들은 크리스천 믿음의 핵심과 내용을 마련해 주는 역할을 한다. 성경의 이야기가 없다면 기독교도 존재하지 못했을 것이다. 스토리들이 단순한 이야기거리나 예화가 아니라 기독교의 본질을 보여주기 때문이다.[1)] 그런 이유로 성경 저자들은 교리적으로 진리를 전하거나 문답식으로 전하지 않았다.

테렌스 틸레이(Terrence W. Tilley) 교수는 "이야기 신학(Story Theology)은 현대 기독교인들이 직면하고 있는 중요한 문제점들을 해결해 준다"라고 말한다. 그는 세 가지 점에서 설명하고 있다. 첫째, 어떤 사람을 크리스천이 되게 하기 위해서는 크리스천들과 사회인들과 어떤 차이가 있는가를 보여줄 필요가 있다. 그런데 성경의 스토리는 기독교인의 삶을 형성하는 이야기와 우리 사회 안에 다른 사람들의 삶을 형성하는 이야기를 비교하고 대조시킴으로써, 기독교인들의 특수성들을 이해하게 만들어 준다. 그렇기 때문에 스토리가 필요하다고 한다. 만약 교리를 내세운다면 현재 우리 사회에서 일어나는 것처럼 많은 토론이 전개될 수밖에 없었을 것이다. 그러나 삶의 이야기는 토론의 주제가 아니라 그들의 삶의 주제는 무엇이고 왜 그렇게 행동했는가를 이해하거나 받아들이거나 차이점을 분명하게 이해하게 해주기 때문에 중요한 것이다.

둘째, 모든 크리스천은 나사렛 예수에게 이르는 진리의 길을 보고자 한다. 과거에 학자들 중에는 결정적인 진리를 가르쳐 주기는 했어도 예수님의 생애를 파괴하는 일들을 했던 이가 있고(어떤 자유주의 신학자들이 하는 것처럼), 어떤 학자들은 예수님을 도그마(dogma)화해서 선택된 소수들의 독점적 인물로 그분을 제한시켰다(보수주의 신학자들이 하는 것처럼). 그러나 스토리는 예수님 자신을 보여줌으로 그분을 보고 그 길을 걷게 만들어 준다. 그래서 스토리로 예수님의 이야기를 기록한 것은 교리보다도 본래의 그분의 이야기들을 구성해 줌으로써 위에서 언급한 잘못된 두 길을 피할 수 있게 만들어 주었다.

셋째, 크리스천은 기독교의 과거를 형성해 준 이야기들을 평가할 필요가 있을 뿐 아니라 현재 자기의 삶을 제구성하는 이야기들도 평가할 필요

---

1) Terrence W. Tilley, *Story Theology*, Michael Glazier, 1985, p.xvii.

가 있다는 것이다. 이처럼 성경이 예수님의 구체적인 이야기를 다룸으로써, 과거 기독교인들이 어떻게 자기 이야기를 형성했는가를 알 수 있듯이, 현재의 크리스천들은 그 이야기를 통하여 이 사회에서 자신들의 삶을 어떻게 구성해 갈 것인가를 배울 수 있다. 또 성경의 이야기에 비춰서 우리들의 삶을 재평가할 수 있다. 삶의 이야기에 참여하고 이야기를 통하여 진리의 표준을 깨닫게 되면서, 진리가 우리를 자유롭게 한다(요 8:32)는 사실도 경험하게 된다고 한다.[2)]

마가복음은 마가가 전해 주는 예수님의 삶과 사역의 이야기이다. 저자가 자기가 가진 하나의 자료만을 고집한 채 기록한 책이 아니라 여러 자료를 활용하여 폭넓게 이해하고 기록한 책이다. 그러나 마가복음은 단순히 자료를 모아논 자료 모음집만은 아니다. 저자인 마가 자신의 신학에 따라 그리고 독자들에게 들려 주고 싶은 의도에 따라 정확한 구성(plot)으로 저술한 책이다. 우선 언뜻 보면 평범한 예수님에 대한 이야기들이 전개되는 것 같지만, 조금만 생각하면서 깊이 있게 읽어가노라면 겉 표면에서 보는 것보다 더 깊은 이야기들이 그 안에서 전개되고 있음을 알게 된다.

우선 마가복음 안에는 글과 글 사이에 여분(spare)이나 간격(gaps) 그리고 빈 공간(breaks)들이 많다. 학자들은 이런 부분들을 자료를 편집하는 과정에서 생긴 것으로 생각하기도 한다. 또 이런 부분은, 마크 포웰이 말한 대로, 당시 독자들은 다 알고 있는 내용인데 현재 독자들이 모르고 있는 부분들이기도 하다.[3)] 이에 대한 새로운 견해는 마가가 복음서를 저술하면서 당시 히브리인들이 사용하던 내러티브 서술 방법을 자연스럽

2) 전게서, p.xix.

3) 마크 A. 포웰, 《서사 비평이란 무엇인가?》, 장로교출판사, 1993, p.49

게 사용하였다는 생각이다. 어쨌든 당시 독자들은 그런 점들을 읽어내는 데 문제가 없었을 것이다. 왜냐하면 그들은 예수님과 제자들 그리고 초대 크리스천들의 생활 자체를 직접 또는 간접 체험을 통해 알고 있던 사람들이기 때문이다. 하지만 우리로서는 상당한 노력을 기울여야 이런 부분들을 이해할 수 있게 된다.

마가 내러티브 구성은 아주 탄탄하다. 그래서 마가복음 전체를 하나의 작품으로 처음부터 끝까지 통째로 읽어야 한다. 또한 마가복음을 이해하려면 마가 내러티브뿐 아니라 복음서의 배경이 되는 유대적 상황도 이해해야 한다. 당시 사람들이 살아가던 상황, 정치 · 경제 제도, 특별히 종교 제도들을 이해해야 이런 내러티브들을 선명하게 이해할 수 있다. 예를 들면 마가 내러티브에서 나타나는 율법사(서기관)에 대한 표현도 다양하다. 어떤 경우에는 율법사가 나타나고, 바리새인의 율법사가 나타나고, 그 다음에는 예루살렘에서 율법사들이 내려오고, 율법사들이 대제사장과 함께 나타나고, 다음에는 대제사장, 율법사 그리고 장로들이 나타난다. 과연 이들은 누구를 가리키는가? 또 이들과 산헤드린의 관계는 무엇인가 하는 등등 많은 부분을당시 상황을 파악하지 않고는 이해할 수 없다.

또 마가 내러티브가 시간과 장소를 순서대로 기록한 게 아니라고 하지만 장소와 시간 배치를 아무 생각 없이 하지 않았다. 마가는 예수께서 예루살렘에 오직 한 번 올라가신 것으로 기록하고 있다. 다른 복음서에는 절기 때마다 올라갔다고 기록하고 있는데, 마가는 왜 마지막 예루살렘 길만 기록한 것일까? 또한 어떤 과정을 거치면서 예루살렘에 올라가시는가? 그런 내용은 마가의 신학에 의하여 구성된 것이다.

그런가 하면 또 독자들은 마가 내러티브가 갖는 내러티브 구조를 이해해야 한다. 그뿐 아니라 서술기법 등도 이해해야 한다. 그렇다면 내러티브란 무엇인가? 이사시-디아즈(Isasi-Diaz)와 아다 마리아(Ada Maria)는 그의 책에서 이렇게 말한다.

"내러티브란 경험을 언어로 표현하므로(embodies) 쉽게 읽을 수 있고, 다시 읽음으로 이 세계에 대하여 이해를 하도록 하며, 궁극적으로는 우리가 누구인가를 깨닫도록 하는 커뮤니케이션의 한 방법(mode)이다. 그러므로 내러티브는 단순한 문학의 한 장르(genre)이거나 이야기들을 모아 놓은 것이 아니고, 이것은 삶의 경험들을 의미있는 에피소드로 구성하기 위한 하나의 도구(tool)이다."[4]

내러티브는 그 당시 언어의 옷을 입고 있다. 그러므로 이 언어적 표현이란 옷을 벗겨내면 그속에 숨겨진 예수님의 모습과 그들을 둘러싼 사람들의 경험이 드러나게 된다. 그래서 내러티브는 그 속에 감춰져 있는 삶의 이야기들을 풀어내는 작업을 하면서 읽어내야 하는 예술이다. 또 감추인 삶의 이야기들을 밝혀내면서 우리는 동시에 우리의 삶을 형성해 가게 된다. 이런 작업을 통하여 우리 안에서 그리스도의 인격이 형성되고, 교회 안에서 예수 그리스도의 공동체를 형성하게 되고, 나아가서는 기독교적 문화를 이루어가게 될 것이다. 이것은 개인의 아이덴티티는 물론 사회적 문화를 건축하는 하나의 도구이다. 내러티브는 단순히 한 개인이 아니라 전체 공동체에 관한 것이다. 이것은 단순히 과거만을 위한 것도 아니라 바로 미래를 위한 것이다.[5] 그래서 제롬 브루너는 내러티브는 "세계를 만드는 하나의 도구이다"라고 말한다.[6] 내러티브는 자신을 만

---

4) Isasi-Diaz, Ada Maria. "Creating a Liberative Culture." In Converging onCulture: *Theologians in Dialogue with Cultural Analysis and Criticism*, edited by Delwin Brown, Sheila Davaney, and Tanner. New York, NY: Oxford University Press. 2001.

5) Charlene J. Lee, *Life-breathed Curriculum; Reconceptualizing Christian Education Through Autobigraphy*. 2007년 논문 p.49.

들 뿐 아니라 동시에 세계를 만드는 도구이기 때문에 결국 세계를 만드는 하나의 도구라고 말한다.

마지막으로 마가가 가지고 있는 신학을 이해해야 한다. 물론 마가의 신학이라기보다는 마가가 이해하고 있는 예수님의 신학 및 정신을 이해해야 한다. 마가는 8장을 그의 책 중심에 놓았다. 그곳에는 예수님과 제자들의 갈등이 폭발하는 내용이 기록되었다. 그러면서 이 내용은 제자들이 3년 동안이나 예수님과 함께 지냈고 예수님을 보아왔고 예수님께 배웠으면서도 왜 예수님을 이해하지 못하고 십자가의 길을 방해했는지 그 분명한 내용을 밝혀준다. 이 주제는 어찌보면 마가 내러티브의 중심 주제가 된다.

I. 역사적 예수와 마가복음의 관점

제1차 세계대전 후에 양식사 비평(Form Criticism)이 시작되었는데, 이 비평 방법은 성경이 기록되기 전에 회람되었던 자료들을 찾아서 그 배경과 형성 과정을 연구하는 것이다. 그리고 제2차 세계대전 후에 시작된 편집사 비평(Reduction Criticism)은 각 책들을 개별적인 자료로 생각하고 개별적인 자료들을 비교하여 이해하는 것을 과제로 삼았다. 편집사 비평은 특별히 각 복음서 저자들이 의도한 의미에 연구의 초점을 두고 있고, 복음서 뒤에 감춰진 역사에는 관심이 없다. 이런 비평학에서 내려진 결론은, 역사적 예수는 복음서에서 찾아볼 수 없다는 것이었다.[7] 그러면서 성경은 갈래갈래 찢기고 봉합될 줄 모르는 해부된 시체와 같았다. 동시에

---

6) Jerome Bruner, *Self-making and World-Making*, Philadelphia, PA: John Benjamins, 2001, pp.25-38.

7) Marcus J. Borg, *Jesus A New Vision*, Harper SanFrancisco, 1987, p.9.

교회는 힘을 잃어버렸다. 만약 복음서에서 역사적 예수를 찾을 수 없다면, 복음서에서 보여지는 복음의 내용이나 신앙은 모두가 힘을 잃어버릴 수밖에 없을 것이다.

이후부터 복음서 연구는, 복음서가 완성된 책이란 사실을 인정하는 해석학들이 등장하기 시작하였다. 동시에 최근에는 역사적 예수를 찾을 수 없다고 생각한 학자들도 그들의 생각을 바꾸어 복음서 안에서 역사적 예수를 찾을 수 있다는 결론으로 선회하기 시작하였다. 통합된 문서로서의 성경 해석학은 수사 비평(Rhetorical Criticism)이라든가 구조 비평(Structural Criticism)을 거쳐 이제는 내러티브[8] 비평으로 발전해 나왔다.

성경은 두 가지 방법으로 연구되어야 한다. 하나는 성경이 어떤 과정을 밟아서 기록되고 편집되었는가를 연구하는 방법이고, 또 하나는 완성된 성경의 내용을 깊이 해석하는 작업이어야 한다. 그런데 비평학 시대에는 성경 연구의 노력을 전자에만 온전히 허비해 버렸기 때문에 성경이 무엇을 말하려고 하는가는 소홀히 하고 말았다. 이런 이유 때문에 비평학 시대를 살아온 신학도들은 설교의 어려움을 느껴온 게 사실이고, 성경의 내용을 해석하는 힘이 약하다 보니 설교가 자연히 성경으로부터 멀어지는 잘못을 범하게 되었다. 이제는 후자의 연구 방법이 더 많이 이야기되어야 한다. 그래야 교회가 살고 성경적 바탕 위에서 건강한 교회로 성장할 수 있을 것이다. 바로 이런 후자적 성경 해석 방법, 즉 역사적 해석 방법의 한계를 느끼고 성경의 통합성을 강조하는 해석학 중의 하나가

---

8) 내러티브(Narrative)란 말의 해석을 놓고 아직도 한국 교회는 정리를 못하고 있다. 한국문학협회에서는 서사(敍事)란 말을 쓴다. 그러나 내러티브가 갖는 이미지에서 서사는 '역동적인 삶의 이야기' 가 잘 묻어나지 않는다. 그래서 필자는 '이야기식' 이라고 번역하였다. 이종록 교수는 마크 포웰(Mark A. Powell)의 《서사 비평이란 무엇인가?》를 번역하면서 '서사이야기' 란 말을 썼다. 본서에서는 영어로 '내러티브'(Narrative)란 말로 그대로 사용하려고 한다.

내러티브 방법이다.

내러티브 해석학적 입장에서 복음서를 어떻게 읽을 것인가? 이 문제에 관한 대답은 너무나 광범위해서 여기서 다룰 수가 없다. 단지 주석을 읽어가면서 독자들이 느껴가기를 바라는 마음이다.

복음서는 예수님의 가르침과 역동적 사역이 그대로 문장 속에 배어 있는 책이다. 그러나 복음서 저자들은 역사적 예수를 자서전적으로 그려내려고 생각하지 않았다. 아마도 그들 시대에는 저자 자신들에게 직접, 간접으로 남아 있는 생생한 예수의 체험과 기억을 기록할 필요를 느끼지 못했을 것이다. 단지 독자들이나 교회들에게 당시 필요한 면만을 부각시켜서 자기들이 하고 싶은 메시지를 전하려고 노력하였으리라. 그렇기 때문에 복음서 안에 나타난 역사적 예수는 복음서 저자들이 전하려고 하는 그 관점에서 기술되고 있다. 따라서 해석자들은 그 저자들의 관점을 이해해야 역사적 예수의 모습을 정확하게 볼 수 있고, 다른 복음서와 비교해서 읽을 때 다양한 예수의 모습을 찾아볼 수 있을 것이다. 그러므로 각 복음서는 혼합해서 읽어서는 안 되며, 각 책이 의도하고 있는 관점에서 읽혀져야 한다.

마가복음은 예수와 유대 지도자들과의 갈등을 그리고 있다. 그리고 예수와 그의 제자들과의 갈등을 그리고 있다. 왜 예수는 이들과 갈등을 겪어야 했는가? 이 점을 이해하는 것이 반대로 왜 예수는 그렇게 행동해야만 했는가를 밝히면서, 예수 사역의 핵심과 중심을 바로 이해할 수 있게 도울 것이다. 그리고 제자들과의 갈등은 바로 세상 사람으로서 이 땅에 오신 예수 그리스도를 이해하기가 얼마나 어려운가를 보여줌으로 역사적 예수, 특별히 십자가와 부활을 어떻게 이해하고 받아들여야 하는가를 독자에게 가르쳐 주고 있다. 바로 이런 관점에서 마가복음 주석을 저술했다는 사실을 이해하고 이 책을 읽는다면 더 쉽게 이해할 수 있을 것이다.

1) 마가복음은 당시 상황으로 읽어야 한다. 필자가 이스라엘을 처음 방문했을 때 실망이 컸다. 이렇게 조그마한 나라에서 이뤄진 일이 어떻게 세계를 뒤흔든 일이 되었는가 하는 의구심 때문이었다. 그때 안에서 들려온 말은 '믿어야 한다'는 말이었는데, 이는 곧 "그 당시 상황으로 보라"는 말이었다. 그 말대로 그 당시 상황에서 보았을 때 상황은 달라졌다. 우리가 어렸을 때 십 리(4km)가 얼마나 먼 거리였던가? 그런 기억을 더듬으면서 마가복음을 읽는다면 사람들이 유대에서 예루살렘에서 그리고 두로와 시돈에서 갈릴리 예수를 찾아왔다는 사실은 굉장한 일이란 사실을 이해하게 될 것이다.

2) 저자가 보여주려고 하는 내용이나 의도를 찾아가면서 읽어야 한다. 내러티브 해석은 독자보다는 텍스트를 강조하는 이론이다. 그러므로 저자가 그 본문을 통하여 무엇을 전하려고 하는가를 철저하게 이해하도록 노력해야 한다. 성경을 이렇게 읽기 위해서는 자연스럽게 이전에 가졌던 선입견들을 버려야 한다. 우리는 성경 본문에 대한 너무나 많은 잘못된 선입견을 가지고 있는지 모른다. 이런 것들 때문에 성경을 바르게 이해하는 데 큰 방해를 받고 있다.

3) 성경 본문이 쉽게 이해되지 않는 부분이 많다. 이 부분은 그 내용을 머리에 넣고 상당한 시간을 묵상해야 할 필요가 있다. 동시에 저자가 사용한 단어와 앞뒤 문장을 연결시켜 읽어야 한다.

4) 본문 안의 상황(Inner-textual-setting)과 본문 앞뒤에 연결된 상황(Inter-textual-setting)을 연결시켜 읽어야 한다. 예를 들면, 마가복음 1장 12-13절에 나오는 광야 시험 사건은 그 앞뒤와 연결시켜서 읽어야 그 의미를 이해할 수 있을 것이고, 마가복음 2장에서 중풍 병자를 친구들이 메고 예수님에게 나아왔던 사건은 바로 앞 구절인 마가복음 1장 40-45절에 나오는 나병 환자가 고침을 받은 사건과 연결시켜 읽어야 한다.

II. 마가가 그리는 예수

마가 내러티브의 전체적 배경은 '길을 가시는 예수' 이다. 마크 포웰이 말하는 대로, 마가는 '길' 은 16번 사용하여 예수의 여행 경로보다는 그가 여행하고 있다는 단순한 사실이 더 중요하다고 밝혔다. 이러한 의미에서 여행 자체가 배경이 된다. 마가복음 1장 2, 3절에서 세례 요한은 예수의 길을 예비한다. 제자들을 여행 보내기도 한다(6:8). 예수는 예루살렘을 향해서 여행을 시작하시는데(10:32), 그가 도착할 때 그는 거기서 '하나님이 길을 가르치시는 분' 이라는 위선적인 아첨을 듣는다(20:21). 하나님이 세우신 목표를 향해서 움직여 나아가는 의미를 갖는다.

그런데 길을 가시는 예수는 또 하나의 그림을 가지고 있다. 그것은 종말론적 추수꾼으로서의 예수이다. 길을 가면서 계속해서 사람들을 하늘나라로 초청한다. 그래서 자기들이 들었던 예수, 배웠던 예수를 단순하게 받아들이고 천국으로 들어가게 하는, 이런 사역이 계속되면서 거대한 무리들이 하늘나라 시민으로 함께 길을 걸어간다. 씨 뿌리는 비유는 씨를 뿌리며 계속 길을 가는 예수의 대표적인 그림이다(막 4장). 종말론적 추수꾼으로서의 예수의 정신은 한마디로 '섬김' 이다. '하나님의 이름으로' 세상 모든 사람들을 섬기는 자세이다.

하나님의 이름으로 섬기기 때문에 섬기는 사람들에게 조건이 있을 수 없다. 하나님께서 그들을 사랑하시는 그 자세로 모든 사람을 그대로 받아들인다. 그러면서 거대한 하나님 나라 공동체가 형성되어 간다. 이런 섬김의 기본 정신은 불쌍히 여기는 '연민의 사랑' (스플랑크니조마이)이다.

예수의 길은 또한 하나님의 질서로 세상의 질서를 뒤집어엎는 길이다. 또한 하늘나라 가치로써 세상의 가치를 뒤집는 길이다. 세상의 가치 기준은 '지배와 소유' 이다. 하나님의 가치 기준은 섬김이다. 거기에는 자연히 충돌과 박해와 고통이 따를 수밖에 없다. 그런데 놀랍게도 하나님의 질서와 하늘나라 가치를 세워 나가는 길을 방해하던 자들은 모두 하나님 안에 있다고 자부하던 자들이었다. 부자 청년의 경우, 지배와 소유를 털고 주께 나오기를 권고하셨다.

유대 종교 지도자들이다. 개중에는 초청을 받고 방황하는 자들도 있다(막 10장 부자 청년의 경우). 심지어는 새 이스라엘 공동체의 주역으로 부름을 받은 제자들이기도 하다. 마가 내러티브 중간 지점에서는 시간이 정지된다. 유대 종교 지도자들과의 싸우며, 동시에 제자들과의 싸움이 시작되었기 때문이다. 거기에 부자 청년의 경우, 부르심에 정지되었는데, 그건 예수의 걸음이 그런 사람들 때문에 정지된 것을 의미한다.

무조건 받아들이고 따르던 자들은 암 하아레츠들이다. 믿음의 사람들을 소개한다.

III. 마가가 전하는 메시지

예수 그리스도를 받아들이면 하늘나라에 들어간다. 여기서 예수 그리스도를 받아들이는 것과 하늘나라에 들어가는 것은 동시적인 사건이다. 그래서 예수님은 사람들이 부르심에 "예"로 응답하고 하늘나라에 들어오기를 기다리시는 분이다. 마가는 바디매오 사건을 통하여 이 사실을 명확하게 보여주고 있다(10:46-52). 바디매오는 예수님의 부름을 받고 "겉옷을 벗어던지고", "뛰어 일어나" 그리고 "예수를 향해 간다."

예수를 받아들인 사람은 하나님나라에 들어온 사람들이다. 그리고 하늘나라에 들어온 사람들이 살아가는 자세는 섬김이다. 섬김이란 '예수의 이름으로' 섬기는 것을 말한다(10:35-45). 이것을 예수의 세포 운동이라고 부를 수 있을 것이다. 섬김은 예수님을 중심으로 계속해서 확장되어

나가는 세포 운동이다. 섬김은 천국 질서를 세우는 기본 자세이다. 마가가 말하는 섬김의 정신은 '스프랑크니조마이'다. 그것은 우리의 고향이다. 그 사랑 때문에 우리가 살았다. 그렇기 때문에 이제는 우리가 그 정신으로 살아야 한다. 천국의 행동의 중심은 나 자신에게 있는 게 아니라 나를 천국에 들어오도록 만들어 주신 그 불쌍히 여기는 연민의 사랑이다. 동시에 그 행동 중심은 예수님이 가시는 길을 계속 가게 한다. 초대 교회는 기독교를 '길'(The Way)라고 불렀다(행 9:2). 제자의 길은 그분을 따르는 길이다. 그래서 그분은 우리에게 "나를 따르라"고 하셨다.

그 길을 가기 위해서는 하나님나라의 질서와 가치가 분명해야 한다. 그런데 이 가치를 지켜 나가기가 그처럼 어렵다. 제자들이 3년 동안이나 예수님과 함께 살면서 보고 배웠으면서도 그처럼 끝까지 그분을 이해하지 못한 모습을 마가는 줄기차게 보여주고 있다. 왜 그처럼 이해하지 못했는가? 그 이유는 그들이 하나님의 가치를 받아들이지 못했기 때문이다(8:33). 이해의 앵글이 잘못되면 그분을 받아들이는 것이 그처럼 어렵다는 사실을 마가복음은 이 땅의 모든 사람들에게 보여준다.

길 위에는 항상 반대와 충돌과 유혹과 고난이 있다. 예수 따르는 길에 고난이 없다면 이미 그 길은 제자의 길이 아니다. 세상의 관습적인 가치와 타협했기 때문이다. 결국 복음서 플롯의 결정적인 요소는 종교 지도자들과 예수 사이의 갈등이 아니라 예수와 그의 제자들과의 갈등이라는 사실을 인식해야 한다.

이 이야기가 실제로 말하고자 하는 것은 더 깊은 차원에서의 갈등, 즉 하나님과 사탄 사이의 갈등이다. 갈등 양상이 하나님과 사탄의 대립으로 나타나지는 않는다. 하나님은 사탄에 반대하는 예수 안에서 역사하신다(마 13:36-43).[9]

9) 마크 A. 포웰, p.90.

Ⅳ. 마가복음 구성(Plot)

마가복음은 그동안 우리가 생각해 왔던 것과 같은 평범한 책이 아니다. 고도로 깊은 사고와 기술기법(記述技法)으로 독자들에게 예수 그리스도를 전하기 위하여 저술된 성경이다. 그러므로 마가가 전하려고 하는 그 기법을 따라서 읽어야 그 깊이와 의도의 차원을 이해할 수 있다.

마가는 예수님의 사역의 시작을 하나님나라 선포로부터 시작한다. 그러나 유대 종교와의 갈등은 '죄의 용서'(2:5)로부터 출발한다. 예수님과 유대 종교 지도자들과의 가장 큰 차이가 '죄'의 개념 그리고 죄인들을 어떻게 대해야 하는가 하는 문제이다. 이들과의 갈등은 금식 논쟁으로 본격화되기 시작하고, 안식일 논쟁과 정결 문제를 통하여 바알세불 논쟁으로 극에 달한다(3:20).

두 번째 갈등의 단계는 제자들과의 사이에서 일어난다. 오천 명을 먹이실 때까지 제자들과의 사이에서 별 문제가 없었다. 그 이후부터 메시아관의 차이에서 갈등이 시작된다. 그리고 가이사랴 빌립보 사건에서부터 제자들과의 갈등은 표면화되기 시작한다. 베드로가 예수님을 꾸짖고, 예수께서 다시 베드로를 꾸짖는 모습은 갈등의 극치를 보여주는 장면이다(8:32-38). 그런 와중에 재물이 많은 부자가 예수님을 찾아온다. 그리고 예수님은 홀로 예루살렘으로 올라가시고, 산헤드린은 예수님을 죽일 방도를 찾는다. 예수께서는 홀로 십자가에 달리신다. 그의 곁에는 아무도 없다.

그러나 십자가의 죽음으로 인하여 예수님을 하나님의 아들로 고백하는 백부장이 나타난다. 그는 이방인이고 예수님을 처형하는 형장 책임자였다. 그런 사람의 입에서 "이 사람은 진실로 하나님의 아들이다"라는 고백이 나온다. 이것이 마가복음의 절정이다. 그리고 여기서부터 부활로 이어지면서 흩어졌던 제자들과 믿는 사람들이 십자가 밑으로 모여오기 시작하면서 갈등이 해소되기 시작하고 온 세계를 향한 복음의 서막이 오른다(16:9-20).

마가복음은 "하나님의 아들 예수 그리스도의 복음의 시작이라"는 말로 출발한다. 그러나 아무도 그 사실을 모르고 있다는 사실을 전제하고 이야기가 전개된다. 마가복음 전체 내용은 그분이 하나님의 아들이란 사실을 이해하기가 그토록 어려웠다는 점을 강조하면서 전개된다. 귀신들은 알았지만 사람들은 그 사실을 몰랐다는 것이다. 심지어는 마가복음에서는 베드로도 "주는 그리스도시니이다"(8:29)고만 고백했지 하나님의 아들이라고 고백하지는 않는다. 그리고 복음서 맨 마지막에 백부장의 입에서 비로소 그분이 하나님의 아들이란 고백이 나온다.

부활 사건도 그리 쉽게 받아들일 수 없는 사건으로 마가는 그리고 있다. 그래서 부활의 현장을 체험한 여인들이 "몹시 놀라 떨며 나와 무덤에서 도망하고 무서워하여 아무에게 아무 말도 못하더라"(16:8)고 기록하고 있다. 왜 이처럼 마가는 예수님을 하나님의 아들로 고백하는 일과 또 부활을 받아들이는 일을 그처럼 어려운 일로 그리고 있는가? 이것은 당시 독자들과 관계가 있을 것이다. 복음을 앞에 놓고 의심하고 흔들리는 사람들이 있었을 것이다. 그들에게 복음은 쉽게 받아들여지지 않는 진리란 사실을, 그러나 부정할 수 없는 것이란 사실을 보여주고 싶었을 것이다.

마가복음을 주석하면서 이 책을 읽는 독자들이 스스로 판단해 주기를 바라는 마음에서, 마가복음 연대와 독자들의 상황을 기록하지 않으려고 한다. 마가복음을 연구해 나가면서 독자들 스스로 느껴 보기를 바란다. 동시에 필자는 마가복음 구조도 자세하게 기록하지 않았다. 본문을 연구해 나가면서 독자들이 직접 마가 내러티브의 갈등을 느껴 보는 것이 더 좋을 것 같기 때문이다.

I

예수님의 갈릴리 사역
(1:1–2:17)

01

기쁜 소식의 시작(1:1-8)

"하나님의 아들 예수 그리스도의 복음의 시작이라 선지자 이사야의 글에 보라 내가 내 사자를 네 앞에 보내노니 그가 네 길을 준비하리라 광야에 외치는 자의 소리가 있어 이르되 너희는 주의 길을 준비하라 그의 오실 길을 곧게 하라 기록된 것과 같이 세례 요한이 광야에 이르러 죄 사함을 받게 하는 회개의 세례를 전파하니 온 유대 지방과 예루살렘 사람이 다 나아가 자기 죄를 자복하고 요단 강에서 그에게 세례를 받더라 요한은 낙타털 옷을 입고 허리에 가죽 띠를 띠고 메뚜기와 석청을 먹더라 그가 전파하여 이르되 나보다 능력 많으신 이가 내 뒤에 오시나니 나는 굽혀 그의 신발끈을 풀기도 감당하지 못하겠노라 나는 너희에게 물로 세례를 베풀었거니와 그는 너희에게 성령으로 세례를 베푸시리라."

한 작품의 서막을 이해하는 것은 전체를 이해하는 데 있어서 중요한 일이다. 마가는 그의 작품을 자신의 방식대로 시작한다. 다른 복음서 저자들도 마가와 다르게 각자 자기의 의도대로 시작하였다. 마가는 초대 교회의 신앙의 핵심인 "하나님의 아들 예수 그리스도의 복음의 시작이라"고 밝힌다. 이 내용은, 마태에 의하면, 베드로가 고백한 내용이고 초대 교회가 고백하고 따랐던 내용이다. 마가는 이런 핵심 내용으로부터 시작한다.

마가는 하나님의 아들 예수 그리스도의 증거로 세례 요한을 제시한다. 세례 요한은 하나님과 인간 사이에 서 있었던 사람이기 때문이다. 마가는 이사야 40장 3절을 인용하여 세례 요한을 소개하는 것으로 시작한다.

마가복음은 예수[10] 그리스도의 복음을 전하려고 쓴 책이다. 그분이 전한 말씀, 그분이 보여준 삶의 모습, 그리고 그분이 행하신 이적들은 모두 사람들에겐 기쁜 소식(복음)이다. 사람에 대한 이야기는 기쁜 소식이 될 수 없다. 오직 예수님 자신이 기쁜 소식이고, 그분이 전해 주신 복음이 기쁜 소식이다. 또 그분이 전해 주신 하나님의 소식이 기쁜 소식이다. 마가는 이제부터 그 기쁜 소식을 전하려고 한다. 그 소식을 빨리 전하기

---

10) 예수란 이름은 히브리 이름인 'Yesû'로부터 왔다. Yesû란 이름은 'Yesûa'란 이름의 짧은 형태이다. Yesûa는 구약의 모세의 후계자였던 '여호수아'의 이름이다. 여호수아란 이름은 바벨론 포로 이전에 사용된 이름으로, 바벨론 포로 이후에는 '예수(Jesus)'란 이름이 일반적으로 사용되었으며, 이 이름은 2세기 초까지 유대인 사회에서 널리 사용되었다. 2세기 이후부터는 예수란 이름이 드물게 사용되었는데, 그 이유는 예수 그리스도를 존경하는 의미에서 유대인들에게 Yesûa나 Yesû란 이름을 개인적인 이름으로 사용하는 것을 금지했기 때문이다. 여호수아란 이름의 본래 뜻은 '야웨는 도우신다' 또는 '야웨여 도우소서'란 뜻인데 성경에서 가끔 일어나는 것처럼 근본 어원은 잊어지고 대중적 어원으로 사용된 것처럼 여호수아(Yehōsûa)의 경우도 그 이름의 뜻이 '야웨는 구원하신다' 또는 '야웨여 도우소서'로 바뀌어 사용되었다. 1세기 유대 철학자 필로(Philo)도 같은 전승을 전한다. "예수는 '주의 구원'이란 의미로 해석된다"라고 (Meier, Ibid. pp.205-207).

위해 마가는 마태나 누가가 예수의 탄생 이야기로부터, 더 멀리는 예수의 족보로부터 시작한 것과는 달리 곧바로 예수의 사역에서부터 시작한다.

마가는 처음부터 예수님은 하나님의 아들이라고 밝히고 시작한다. 또 그분이 온 백성들이 기다리던 메시아 즉 그리스도라고 밝히고 시작한다. 그렇다고 교리적인 차원에서 연역적으로 기쁜 소식을 정의하거나 소개하지 않는다. 처음부터 서서히 그의 모습이 드러나며 갑자기 전체의 모습을 드러내지는 않는다. 내용이 진행되면서 무엇이 기쁜 소식인가는 서서히 드러난다. 그러다가 마지막 부분에 가서야 결정적으로 이 기쁜 소식이 드러난다. 그래서 마가의 내러티브는 한 자리에 앉아서 처음부터 끝까지 읽어야 한다. 그래야 그가 전하는 글의 맛을 즐길 수 있고, 그 내용을 기쁨과 갈등을 가지고 따라갈 수 있으며, 그리하여 마침내는 복음의 기쁜 소식을 듣는 동산에 서게 되는 것이다.

기쁜 소식은 세례 요한으로부터 시작된다. 세례 요한으로부터 시작되는 데는 이유가 있다. 세상을 깜짝 놀라게 할 분이 이 세상에 왔어도 아직 세상은 그분을 잘 알지 못하기 때문이며 또 알 수도 없는 분이기 때문이다. 그래서 하나님은 요한을 보냈다. 또 다른 이유는, 초대 기독교 당시 주변 세상에서는 이 기쁜 소식을 듣고도 예수가 하나님의 아들이며 그리스도인 것을 믿지 못하는 사람들이 많았기 때문이다. 사람을 하나님의 아들이라고 믿는다는 일이 그렇게 쉬운 일이 아니다. 또 안다고 해도 정확하게 이해하지 못하고 있었다. 그래서 마가는 그분을 정확하게 알고 믿을 수 있도록 돕기 위하여, 아무도 모르는 예수를 처음 소개했던 세례 요한의 이야기로부터 출발한다. 당시 예수님에 대하여 아는 사람이 전혀 없는 상태에서 요한이 등장한다.

세례 요한은 사람이다. 그러나 모든 이가 세례 요한은 하나님으로부터 온 사람인 것만은 인정하였던 사람이다. 세례 요한은 하나님과 사람 사이에 서 있던 사람이라고 사람들이 인정했다. 이 말은 세례 요한은 메시아이신 예수님과 세상 사람들 사이에 있던 사람이란 말이기도 한다. 세상은 메시아를 아무도 몰랐지만 세례 요한은 알았다. 그래서 그분을 처음 알았던 세례 요한의 이야기로부터 시작하는 것이 그분을 가장 잘 소개할 수 있는 이유이고, 또 그분을 이해하는 데 도움이 되기 때문이다.

성경에는 메시아인 그리스도가 오시기 전에 먼저 그의 길을 준비할 한 사람이 오리라고 예언되어 있었다. 마가는 이 사실을 마가복음 1장 2절에서 이사야의 글을 통하여 소개한다. "선지자 이사야의 글에 보라 내가 내 사자를 네 앞에 보내노니 그가 네 길을 준비하리라."[11] 그 사람이 요한이고, 세례 요한은 그분의 오심을 준비하기 위하여 온 사람이다. 예수님도 구약에서 오리라 한 엘리야가 곧 세례 요한이라고 증언하셨다.[12] 그러한 요한이 소개하고 증거한 분이 예수라면, 예수님은 이 땅에 오리라고 예언된 대로 이 땅에 인간의 몸을 입고 오신 바로 그분이란 말이다.[13]

---

11) 1장 2절에서 이사야의 글이라고 했지만, 사실 2절의 인용은 출애굽기 23장 20절, 말라기 3장 1절에서 인용되었다.

12) 유대인들이 말하는 예언자는 두 종류로 분류할 수 있다. 일반적인 예언자에 비하여 종말론적 선지자는 전적으로 다르게 생각했다. 유대인들은 마지막 날에 새로운 세계에 대한 새 질서를 선언하기 위하여 마지막에 나타날 선지자를 기대하고 있었다. 이런 믿음은 구약 말라기의 예언에 배경을 두고 있다. "보라 여호와의 크고 두려운 날이 이르기 전에 내가 선지자 엘리야를 너희에게 보내리니 그가 아버지의 마음을 자녀에게로 돌이키게 하고 자녀들의 마음을 그들의 아버지에게로 돌이키게 하리라"(4:5,6) (Stephen M. Wylen, *the Jews in the Time of Jesus*, Paulist Press, N.Y.,1996, p.168.). 예수님도 예루살렘으로 올라가시는 길에서 제자들이 엘리야에 대하여 물었을 때, 엘리야가 왔었고 '사람들이 함부로 대우하였다' 고 대답하셨다(막 9:11-13).

세례 요한은 광야에서 회개의 세례를 전파하였다. 죄 용서를 받기 위한 회개의 세례를 받으라고 외쳤다. 세례를 받는 사람들은 죄를 용서받기 위해서는 하나님의 용서를 필요로 한다는 사실을 인정해야 하고, 그에 상응하는 다른 삶을 살려고 하는 결단이 있어야 한다.[14] 놀라운 것은, 요한의 외침을 듣고 온 유대 지방과 예루살렘 사람이 그에게 나아와 자기 죄를 자복하고 요단 강에서 그에게 세례를 받았다는 점이다. 어떻게 온 유대 지방과 예루살렘 사람들까지 요단 강까지 나와서 요한으로부터 세례를 받았을까? 이는 그들이 요한을 어떻게 생각하고 있었는가를 보여주는 장면이다. 요한이 세례를 베풀었던 요단 강은 그 이전에 이스라엘이 '약속의 땅' 으로 들어가기 위한 시발점의 역할을 했던 곳이다. 세례 요한은 당시 사람들에게 메시아로 오해되기도 했다.

오늘날 교회에서도 요한의 세례와 예수의 이름으로 받는 세례와 혼동하는 경우가 많다. 예수님과 요한이 확연히 구별되는 점은 무엇인가? 세례 요한은 오실 그리스도(메시아)를 준비하는 사람이고, 예수는 온 백성이 기다리던 메시아라는 증거는 무엇인가? 그것에 대한 첫 증거로 요한의 세례와 예수님의 이름으로 받는 세례가 다르다고 요한은 증거한다(1:8). 요한은 물로 세례를 베푸는 사람이다. 그러나 그 뒤에 오실 그리스도는 성령으로 세례를 베푸시는 분이다. 요한의 세례에서 강조되는 것은 물과 세례이고 요한의 물 세례는 '죄 사함을 받게 하는 회개의 세례' 라고 한다(1:4). 마가복음 1장 4, 5절에 '회개의 세례' 가 두 번이나 강조된다.[15] 여기서 회개한다는 의미는 새롭게 출발한다는 자기 결단의 표로

---

13) 초대 교회 그리스도인들이 사용하였던 케리그마에서는 예수 그리스도를 말할 때, 가장 먼저 '예언된 대로 오신 예수' 를 말한다. 이 점이 이 세상에 사는 모든 사람들과 예수 그리스도가 구분되는 점이기 때문이다.

14) Net Bible: p.179.

써, 자기들의 걸어왔던 길을 돌이킨다는 뜻이지, 그 이상의 의미는 없다. 요한의 세례는 죄의 용서로 안내하는 '회개'로 끝난다는 사실에 주목해야 한다.

예수 이름으로 받는 세례도 물로 받는다. 그러나 요한의 세례와는 전적으로 다른 차원의 세례이다. 예수님이 베푸는 세례는 성령으로 베푸는 세례이다(1:8). 마태나 누가는 "성령과 불로" 세례를 베푸실 것을 말한다(마 3:11, 눅 3:16), 마가와 누가는 "능력 많으신 분"이 성령으로 세례를 주신다고 덧붙이고 있다. 성령으로 세례를 주신다는 것은 죄의 용서는 물론이고, 하나님과의 관계로 들어가는 것을 암시하고 있다(롬 8:9). 물론 마가복음의 독자들 중에는 이미 성령으로 받는 세례가 무엇인가를 체험한 사람들도 있었고, 이 책을 쓰고 있는 마가도 예수의 이름으로 성령을 받은 사람이며 예수 이름으로 세례를 받는 사람들이 성령을 체험하고 사는 것을 직접 본 사람이다. 마가복음으로부터 초대 교회에 이어지는 기독교 역사는 성령으로 받는 세례가 무엇인가를 보여주고 있다.[16)]

"나는 너희에게 물로 세례를 베풀었거니와 그는 너희에게 성령으로 세례를 베푸시리라"[17)]는 세례 요한의 말을 전하는 마가의 심중에는, 복음서를 기록해 나가면서 성령으로 세례 받는 것이 무엇인가를 독자들은

---

15) 1장 4절에 "회개의 세례를 전파하니." 5절에 "자기 죄를 자복하고……세례를 받더라." 본문 헬라어에서는 세례를 반드시 받아야 한다는 지시는 나타나 있지 않고 단지 세례의 한 종류를 지시하는 일반적인 서술로 되어 있다. Kenneth S. Wuest, *Word Studies in the Greek New Testament*, Vol 3, Eerdmann, Grand Rapids, Michiigan, 1973, p.18.

16) 1장 8절 본문에서 말하는 헬라적 의미를 Wuest는 이렇게 번역했다. "As for myself, I baptized you *with reference to water*. But He Himself will baptize you *with reference to the Holy Spirit*" *Greek New Testament*, p.22.

보게 될 것이란 암시를 보내고 있다.

예수의 세례와 세례 요한의 세례를 잘 구분할 수 있는 사건이 사도행전 19장 1-7절에 나온다. 바울이 에베소에서 만났던 '어떤 제자들' 의 경우이다.[18] 그들은 세례를 받았는데도 예수님에 대해서는 아무것도 알지 못하고 있었다. 바울이 그들에게 "그렇다면 너희가 무슨 세례를 받았느냐?"[19]고 물었을 때 그들은 오직 요한의 세례라고 대답했다. 바울이 요한은 예수를 증거한 선지자에 불과하다고 가르쳐 주고 그들에게 예수의 이름으로 세례를 베풀었을 때 성령이 그들에게 임하시므로 방언도 하고 예언도 하였다.[20] 에베소 지역에 있었던 12명쯤 되던 '다른 제자들' 이란 요한의 세례만 받은 사람들이지 예수의 이름으로 세례를 받은 자들이 아니었다. 이렇게 보면 세례 요한의 세례는 진정한 의미에서 세례가 아니

---

17) 사도행전 2장 38절의 내용은 초대 교회의 기본 신앙 이해일 것이다. 사마리아에서는 빌립의 세례가 먼저 있었고, 후에 사도들을 통한 성령의 임재가 있었으며(행 8:12,17), 고넬료의 가정은 성령이 먼저 임하고 세례를 베풀었다(행 10:44-48). 고넬료의 경우는 성령 임재와 세례가 직결되었다는 사실을 보여준다. 신자들 중에는 먼저 물로 세례를 받고 후에 불로 세례를 받아야 하는 것으로 생각하는 이들이 있다. 마가에 의하면 성령 세례 즉 불 세례는 예수에게서 시작되었다.

18) '어떤 제자들' 은 바울 사도가 고린도로부터 에베소로 왔을 때 만난 사람들이다. 그들이 제자들이라고 했고, 그들이 하는 모든 것들이 이상하게 보였다. 그래서 바울은 "너희가 믿을 때 성령을 받았느냐?" 고 물었다. 이 본문은 세례 받았으나 또 다시 성령의 세례를 받아야 한다고 주장하는 사람들이 잘못 인용하고 있는 구절이다. 그러나 그 구절은 예수 이름으로 받는 세례가 성령과 결부되어 있다는 사실을 보여주는 좋은 예가 된다.

19) 이 물음은, 바울 사도가 어떤 방법으로 세례를 받았는가를 중요하게 생각한 것이 아니라 누구 이름으로 받았는가를 중요하게 생각하고 있었음을 보여준다. 교회들이 세례 방법에 치중하고 있는 것은 큰 잘못이다. 누구의 이름으로 받았는가를 강조해야 한다.

다. 형식은 같을지 모르나 "죄 사함을 받게 하는 회개의 세례"(막 1:4)인 요한의 세례는 "성령으로 받는 세례"(막 1:8) 즉 예수의 이름으로 받는 세례와는 전혀 다른 것이란 점을 마가는 강조하고 있다.

요한의 옷차림은 화려한 옷으로 치장하고 살던 예루살렘의 종교 지도자들과는 아주 대조적인 모습이다. 요한의 옷차림은 그가 하나님의 선지자로서 활동하고 있는 모습을 떠올리게 한다(슥 13:4). 또 그의 모습은 선지자 엘리야의 모습과 비슷하다(왕하 1:8). 그가 먹었다는 메뚜기는 레위기 11장 22절에 '정결한 음식'으로 나와 있다. 요한은 당시 사람들에게 메시아로 착각되기도 했다. 그래서 요한복음에서는 유대인들이 예루살렘에서 제사장들과 레위인들을 요한에게 보내어 "네가 누구냐?"고 물었다(요 1:19). 그리고 요한은 "나는 그리스도가 아니라"고 대답하였다. 마가는 세례 요한의 입을 통하여 '나는 그분(예수)의 신발끈을 푸는 것도 감당하지 못한다(막 1:7)'고 전한다. 요한은 메시아가 아닐 뿐 아니라 메시아로 오실 분의 신발의 끈을 푸는 일도 감당할 수 없는 사람이라고 고백했다는 것이다. 그렇게 함으로 요한은 자신이 누구인가를 분명히 밝히면서 동시에 예수가 메시아인 것도 분명히 밝혔다.

---

20) 뉴저지 웨인에 있는 'Beth Tikvah' 템플의 랍비 Stephen M. Wylen은 "요단 강 물속에서 그의 의식은 그리스도를 믿도록 인도하는 세례가 아니라 유대인들의 물속에 잠기는 의식이었다. 그래서 요한은 '미크바 사람 요한'이라고 부르는 것이 더 옳을 것이다"고 했다(*The Jews in the Time of Jesus*, p.89-90). '미크바'(Mikvah)란 유대인들이 물속에 잠기며 행하는 정결예식이다. 이처럼 유대 랍비인 티그바하(Tikvah)는 요한의 세례를 유대인의 정결예식으로 보았다. 그러나 기독교 전통은 유대 정결예식 수준과는 다르다는 것을 인정하였다. 그러나 동시에 예수 이름으로 받는 세례와 요한의 세례는 차원이 다르다는 것으로 구분되어 왔다.

후대 유대교의 탈무드에 의하면 종 된 사람은 엎드려 신발끈을 풀어 주는 일 외에는 모든 일에 있어서 그 주인을 섬겨야 한다고 했다. 그러므로 요한은 초자연적으로 오실 심판자의 현전(現前)에서 자기는 감히 종 노릇조차 할 자격이 없다고 말한 것이다.[21)]

·················· 비교 연구 1 ··················

탄생 내러티브에 관한 공관복음 비교

마가는 예수 탄생 내러티브를 소개하지 않고 바로 사역으로 들어간다. 그러나 마태나 누가는 탄생 이야기를 자세하게 다루고 있다. 누가복음에 의하면 마리아와 요셉이 같이 나사렛에 살고 있다(눅 1:26-27). 그리고 예수가 탄생할 것을 알리는 예고는 마리아에게만 주어진다. 마리아는 유대 산동네(hill country)에 살고 있던 엘리사벳을 방문하고, 다시 그녀의 집이 있는 나사렛으로 돌아간다(눅 1:56). 그리고 마리아는 베들레헴에서 아기 예수를 낳는다. 그 이유는 온 세상에 인구조사 명령이 내렸기 때문이다. 이 명령은 가이사 아구스도에 의하여, 구레뇨(Quirinius)가 수리아의 총독이었을 때(BC 5세기) 내려졌다. 요셉과 마리아는 성전에서 정결예식을 마친 후 가족은 평화롭게 그들의 고향 나사렛으로 돌아간다.

마태는 베들레헴으로부터 시작한다. 동박박사들이 찾아왔을 때도 아기 예수는 베들레헴 집안에 있었다(마 2:11). 마태는 요셉과 마리아가 나사렛에서 살았다는 사실을 의도적으로 생략했는지, 아니면 단지 언급하지 않았는지는 단정하기 어렵다. 그들은 애굽에서 헤롯이 죽기까지 있다가 그가 죽은 후에 꿈에 지시함을 받고 갈릴리 지방으로 헤롯 아켈라오를 피해 간다. 이것은 '선지자로 예언하신 나사렛 사람이라 칭하리라 하심을 이루려 함이었다' 고 한다(마 2:23). 마태는 누가

---

21) 유형기 편 성서주해 III., 선교80주년기념출판위원회, p.368.

와 달리 본래의 고향 베들레헴을 떠나 정치적 목적 때문에 나사렛을 임시 거처(home)로 정한다. 누가는 마태와 정반대로 나사렛에 있는 본래의 고향에서 임시 베들레헴으로 옮기고, 다시 나사렛에 있는 그들의 거처로 옮긴다.

요한복음에는 단지 7장 42절에 "성경에 이르기를 그리스도는 다윗의 씨로 또 다윗이 살던 마을 베들레헴에서 나오리라 하지 아니하였느냐"만 언급하지 다른 기록이 없다.[22]

마태복음에 나오는 족보는 유대인들의 아버지인 아브라함부터 시작한다. 그리고 다윗으로부터는 이스라엘의 왕들의 족보로 이어진다. 누가복음에서는 예수의 족보는 아담, 즉 유대인과 이방인의 아버지인 아담으로부터 시작된다. 그리고 다윗으로부터는 이스라엘의 선지자로 이어진다. 마태복음에서는 예수 탄생을 보러 온 사람은 별을 따라 온 동방박사들이다. 누가복음에는 별도 박사도 없고 오로지 목자들이다. 마태복음에서는 대 헤롯이 베들레헴에서 어린 남자 아이들을 살해하도록 명령하고, 이것 때문에 예수 가족은 애굽으로 피난을 가게 된다. 누가복음에는 살해 명령도 애굽 피난도 없다.

마태나 누가가 같은 점은, 마태는 동방박사들을 인도한 별들의 불빛으로, 누가는 밤에 목자들에게 찬송하는 천사들의 모습이 밤하늘에 나타나는 것을 표현함으로, 마태나 누가 모두 그리스도가 가장 어두운 시기에 빛으로 오셨다는 사실을 강조하고 있다는 것이다. 간단히 말하면, 예수는 우리 어두움의 빛이라고 생각한 것이다. 그후 4세기 크리스천들은 겨울 동지(winter solstice)에 그리스도의 탄생을 축하하였다. 그 이유는 빛이 어둠 속으로 들어온 것을 상징적으로 표현하기 위해서였다.

---

22) 더 자세한 내용은 Meier, pp.212-213을 참고할 것.

각 복음서마다 예수 탄생의 이야기가 왜 이처럼 다른가? 학자들은 이런 기록을 바탕으로 예수 탄생 이야기는 역사적 기록이 아니고, 초기 기독교의 운동으로 이뤄진 상징적인 내러티브라고 결론짓는다.[23] 그러나 이것은 저자들의 편집 의도에 따라서 강조점이 달라졌을 뿐이지 복음서 저자들의 이론이 각기 다르다고 말할 수는 없을 것이다. 마태는 예수는 왕이라고 강조하기 위하여 나사렛을 생략하고 다윗의 후손인 예수가 다윗의 고향에서 태어난 것을 강조하며 누가는 만인을 위한 복음을 강조하면서 나사렛을 강조하고, 당시 주변 인간들이었던 목자들이나 예루살렘 선지자들이 예수 탄생을 보러 온 것으로 그리고 있을 뿐이다.

23) Marcus J. Brog, p.22

02

예수, 세례 받으시다(1:9-11)

"그때에 예수께서 갈릴리 나사렛으로부터 와서 요단 강에서 요한에게 세례를 받으시고 곧 물에서 올라오실새 하늘이 갈라짐과 성령이 비둘기같이 자기에게 내려오심을 보시더니 하늘로부터 소리가 나기를 너는 내 사랑하는 아들이라 내가 너를 기뻐하노라 하시니라."

요한이 세례 주던 장소는 여리고 가까운 요단 강의 여울목인 베다바라(Beth-abara) 혹은 벧산 남쪽이고, 에논(Aenon) 강의 높은 지대에 위치한 곳으로 생각된다. 이 지역은 출애굽했던 백성들이 요단 강을 건너 약속의 땅으로 들어왔던 곳이다. 새로운 출애굽도 바로 그 지역에서 세례 요한으로부터 시작되었다는 것을 암시한다.[24)]

예수님은 요한의 세례에 참여하기 위하여 갈릴리 나사렛으로부터 요단 강[25)]까지 오셨다. 그리고 세례를 받으셨다. 세례를 받고 즉시 물에서 올라오자마자[26)] 하늘이 갈라졌다. 마가의 표현으로는 하늘이 찢어졌다고 한다.[27)] 하늘이 갈라져 열리고 있는 모습을 예수님은 바라보고 계셨고,

열린 곳으로부터 성령이 비둘기같이 자기에게 내려오는 것도 보셨다고 한다. 일반적으로 성령께서 예수 위에 임했다고 알고 있는데, 성령이 그분 위에 임하신 것은 아니고 그분 안으로 들어오셨다고 해석해야 한다. 여기에 쓰인 전치사는 '위로부터'를 나타내는 '에피(επί)'가 아니라, 밖에서부터 안으로 들어온다는 것을 의미하는 전치사 '에이스(είς)'이다. 전치사 에이스(είς)는 '안으로 또는 …를 향하여(towards)'란 의미이다. 그러므로 마가는 예수님과 성령을 동격으로 그리고 있다고 보아야 한다. 그리고 이어서 하늘로부터 하나님의 음성이 들렸다.[28] "너는 내 사랑하는 아들이라. 내가 너를 기뻐하노라."

'비둘기같이(like a dove) 내려오심'이란 말은, 비둘기가 내려오는 모

---

24) 이 지역은 에세네파의 본거지였던 쿰란(Mesad Hasidim)에서 멀지 않은 곳이어서 세례 요한이 에세네파와 관계되었다고 주장하는 학자들이 있다. 그러나 그걸 증명할 만한 긍정적 근거는 아직도 발견된 적이 없다.

25) 헬라어 성경에는 '강'이란 말이 없다.

26) 헬라어 성경에는 '예수님이 세례를 받고 즉시 물에서 올라왔다'고 되어 있다. 현재분사로서, The present participle has been treanslated temporally, with subject(Jesus) specified for clarity.

27) '그가 하늘이 열리는 것을 보았으며'-이는 이사야 49장 1절을 언급하는 듯하다. 즉, '오, 하늘을 찢으신 자시여, 그가 강림하셨나이다.' 그리고 이사야 42장의 내용이 뒤따라 나온다. "내가 나의 영을 그에게 주었은즉". 즉 하늘이 찢어진 사건 뒤에 이야기는 야웨의 종의 모습으로 연결된다. 《탈굼》(히브리어 경전에 아람어로 주석을 붙인 책)에는 "종의 영화를 누리는 부분은 메시아로서 해석하였으나 고난을 받는 부분은 이스라엘을 가르치는 것으로 해석하였다." 쿰란 이사야서 사본들은 고난의 종을 메시아에 해당하는 것으로 해석한 흔적들을 찾아볼 수 있다(F.F. Bruce, 초대 교회 역사, 서영일 역, 기독교문서선교회, 1994, p.44).

28) 성령이 임하실 때는 '위로부터' 임하셨다는 말이 아니라, 열린 하늘 '그 끝자락(edge)으로부터' 온 것이고, 음성은 '그 안으로부터-εκ' 들려왔다.

습을 의미하는 게 아니라 마치 비둘기가 내려오는 것 같은 형태로 성령께서 눈에 보이게 임하셨다는 것을 말한다. 이것은 성령이 예수 안에 들어오셔서 그 안에 자리를 차지하여, 이제부터는 메시아인 그분과 함께 사역을 이루어 나가실 것을 상징적으로 보여준 것이다.[29] 이후부터 예수님은 혼자가 아니었다. 모든 일에 성령님과 함께 이루어 나가신 것이다.

예수님의 메시아 의식이 언제부터 시작되었는가에 대해서는 학자들 간에 이론이 많다. 누가복음에서는 12살이 되어 예루살렘으로 절기를 지키러 갔을 때, 자기를 찾는 부모에게 "어찌하여 나를 찾으셨나이까? 내가 내 아버지 집에 있어야 할 줄을 알지 못하셨나이까?"라고 대답했던 때라고 말한다. 이렇게 누가가 전하는 바에 의하면 12살 때 메시아 의식이 시작되었다고 볼 수 있다. 그러나 마가에 의하면, 메시아의 본격적인 자의식과 동시에 사역의 시작은 성령이 그에게 오시고 하늘 아버지가 "너는 내 사랑하는 아들이라 내가 너를 기뻐하노라"(막 1:11)고 했던 시기로 해석된다.

마가는 왜 하늘이 찢어져 열렸다고 표현했을까? 우선 성령이 오시기 위해서는 하늘이 열려야 하고, 하나님의 음성이 들리기 위해서도 하늘이 열려야 한다. 이런 것만을 위해서라면 하늘이 열렸다는 것만으로도 충분하다. 그런데 왜 하늘이 찢어졌다고 했을까? 이것은 하늘이 열린 것보다

---

29) 복음서의 예수는 성령이 충만한 분으로 그려져 있다. 이런 성령 충만은 말씀 안에서 빛난다. 그래서 누가는 "주의 성령이 내게 임하셨으니 이는 가난한 자에게 복음을 전하게 하시려고 내게 기름을 부으시고 나를 보내사 포로 된 자에게 자유를, 눈먼 자에게 다시 보게 함을 전파하며 눌린 자를 자유롭게 하고 주의 은혜의 해를 전파하게 하려 하심이라"(눅 4:18)고 하며, 성령이 임하신 이유가 복음을 전하고, 자유롭게 하고, 은혜의 해를 전파하게 하려는 것이라고 한다.

더 깊은 의미가 있다. 이 하늘은 오랫동안 굳게 닫혀 있던 하늘이다. 그 동안 인간에게 굳게 닫혀 있어서 하늘과 땅의 소통을 이룰 수 없었던 하늘이다. 그 하늘이 찢어지고 열렸다. 에스겔이 경험한 성령의 경우에도 하늘이 열렸다. 그러나 그는 하나님의 이상만을 보았다(겔 1:1). 이사야가 경험한 성령의 경우에는 하늘이 열렸다는 말이 없이 여호와의 신이 내게 임하였다고 하였다.[30)] 하늘이 '찢어졌다'는 표현은 이곳에서만 나타난다. 찢어지고 열렸다는 말은 하늘이 열리고 다시는 굳게 닫힐 수 없다는 사실을 간접적으로 시사한다. 오순절 성령도 그 열린 하늘로부터 오셨다(행 2:1-4). 스데반도 순교를 당하면서 열린 하늘에 서 계신 예수 그리스도를 보았다.[31)] 본문에서도 하늘이 열린 후에 성령이 그에게 내려오셨다. 그리고 그 안에서부터 "너는 내 사랑하는 아들이라 내가 너를 기뻐하노라"는 음성이 들려왔다.

그러나 하늘이 열렸다는 말은 예수 자신에게만 해당되는 말이 아니라 동시에 온 세상을 향하여 열린 것을 말한다. 예수 그리스도를 통하여 이미 새 하늘과 새 땅이 열리고, 사람들은 예수 그리스도를 통하여 하나님에게 접근이 가능해진 새로운 세계가 시작되었다는 사실을 암시한다. 성령이 예수 안으로 들어옴으로 새로운 하나님의 나라가 이 땅에 이루어지기 시작했다는 사실을 암시한 것이다. 예수님이 십자가를 지고 운명하실 때에도 성전 휘장이 찢어졌다(막 15:38). 여기에 사용된 '에스키스데'(*ἐσχίσθη*)[32)]는 세례 시에 하늘이 찢어졌다는 표현과 똑같은 동사이다. 세례

---

30) "서른째 해 넷째 달 초닷새에 그발 강가 사로잡힌 자 중에 있을 때에 하늘이 열리며 하나님의 이상을 내게 보이시니"(겔 1:1), "주 여호와의 영이 내게 내리셨으니 이는 여호와께서 내게 기름을 부으사 가난한 자에게 아름다운 소식을 전하게 하려 하심이라"(사 61:1전).

31) 사도행전 7장 56절, "보라 하늘이 열리고 인자가 하나님 우편에 서신 것을 보노라" '열리고'란 단어는 세례 시와 성전 휘장이 찢겼던 경우와는 다르다.

시에 찢어진 하늘에 이어 십자가를 통하여 성전 휘장이 찢어졌다. 요세푸스는 그 성전 휘장이 사실은 하늘이 그려져 있는 수직천이었다는 사실을 독자가 알고 있다고 가정한 것이라고 했다.[33] 성전 휘장이 찢어진 것을 세례 시에 하늘이 찢어져 열린 사건과 관계지어 생각한다면 대단히 흥미롭고 의미심장하다. 첫 번째로 하늘이 찢어진 것이 하늘과 땅의 소통을 의미한다면, 후자는 예수 그리스도를 통하여 성속(聖俗)의 개념이 무너지고 이제부터는 이 세상 누구도 하나님과의 접근이 가능하게 되었다는 사실을 상징적으로 보여준 것이다.

"내 사랑하는 아들"이란 표현은 창세기 25장에서 하나님께서 이삭을 가리켜 말씀하실 때 사용한 용어이다. '네 아들, 네 사랑하는 독자 이삭'이란 말은 하나님이 사용하셨지만, 아브라함이 이삭을 그처럼 생각했다는 의미이다. 그런데 여기서는 하나님이 예수 그리스도를 향하여 사용하신다. "my one dear Son" —My beloved Son(*αγαπ́τος*)-이런 표현은 어떤 그룹에서 자기가 가장 좋아하는 오직 한 사람에게 사용하는 단어이다. 때로 자기가 특별히 사랑하는 사람에게 쓴다.[34] 오늘 본문을 문자적으로

---

32) '*σχίζω*' 는 '찢어지다, 갈라지다' 는 뜻이고, '*σχιζομίνους*' 는 *σχίζω*의 현재분사 수동태이다. *έσχίσθη*는 단순과거 수동태 직설법이다. 세례 시에는 하늘이 찢어지고 있는 모습을 그리고 있고, 성전 휘장은 단번에 찢어진 것을 의미한다.

33) *The Jewish war* 5, pp.212-214, David Ulansey, "The Heavenly Veil 쌔그: Cosmic Symbolism in the Gospel of Mark," 1968년 SBL, 연례회의에 제출된 미간행논문, 공관복음서 부분.

34) Net bible, p.1792. '아들' 이란 단어는 히브리적으로는 도덕적 관련성을 가진다. 따라서 바울은 누구든지 하나님을 믿는 자는 이들이 육체적으로는 아브라함의 후손이 아니더라도 진정한 의미에서 아브라함의 후손이라고 주장할 수 있다고 했다(Bruce, F.F.,p.308-309).

말하면, '너'는 모든 다른 사람과 구별되는 '너-you'를 의미한다. 즉 메시아는 하나님의 유일한 아들(the unique Son)이란 의미이다. 여기서는 이 진술이 메시아의 왕적 칭호로 파악되어야 한다.[35)]

믿는 자들도 하나님의 자녀이다. 그러나 믿는 자들에 대한 자녀란 칭호는 아들이 하나님과 함께 가졌던 관계와는 전혀 다른 관계이다. '유일한 아들'이란 육체적으로 낳았다는 의미보다는 하나님의 인격과 능력과 계획을 표현하는 자로서의 아들의 개념이다. 히브리서는 하나님의 아들을 "하나님의 영광의 광채시요 그 본체의 형상"이라고 표현했다(히 1:3). 믿는 자들은 그의 사랑을 입은 자들로 예수의 형제로 표현되었다(히 2:15-18).

예수님도 "화평하게 하는 자는 복이 있나니 그들이 하나님의 아들이라 일컬음을 얻을 것임이요"라 하셨는데, 이는 그들이 평화의 하나님이신 하나님의 특성을 재생시킨 자들이기 때문에 그런 의미에서 예수님과 동일한 위치에 놓인다는 말이다.

왜 세례 받으신 후에 하늘이 열렸을까? 마가는, 예수님의 세례 받으심은 아직 성령이 임하기 전이며, 하나님께서 그를 인정하시기 전에 예수님이 자의적으로 선택해서 하신 일로 그리고 있다. 하나님께서 그 일을 기쁘게 여기셨다는 말이다. 이 일이 그처럼 중요한 이유는, 예수님은 죄가 없으신데도 세례 요한에게서 세례를 받으심으로 하나님께서 제정하신 질서를 인정하고 그것에 순종했기 때문이다. 즉 요한의 사역을 하나님이 세우신 것으로 인정했다는 말이다. 요한의 사역을 인정한 것은 또한 요한의 예수님에 관한 증거가 바르다는 사실을 인정해 준 셈이 된다. 후에 이 사실은 다시 예수님에게로 되돌아온다. '요한의 세례가 하늘로

35) 그닐카, p.52.

부터냐, 사람으로부터냐? 대답하라' 고 하셨을 때 그들이 세례 요한을 참 선지자로 여기므로 '우리가 알지 못하노라' 고 대답했다. 예수께서 요한을 인정하시고, 다시 죽은 요한으로부터 인정을 받으신 것은 재미있는 예이다. 남을 인정할 때 우리도 그 사람의 인정을 받는 법이다. 이처럼 예수께서 세례 요한을 인정하고 하나님의 뜻에 협력함으로 함께 이루어 가려고 하는 점을 하나님께서는 아름답게 보셨다. 그리고 여기서부터 하나님의 사역은 시작된다. 그래서 "내가 너를 기뻐하노라"고 하셨다.

03

성령에 이끌려(1:12,13)

"성령이 곧 예수를 광야로 몰아내신지라 광야에서 사십 일을 계시면서 사탄에게 시험을 받으시며 들짐승과 함께 계시니 천사들이 수종들더라."

그분에게 오신 성령께서 예수를 광야로 몰아내셨다. 예수를 광야로 내보낸 것은 성령께서 그분에게 와서 첫 번째 하신 일이다. 마가는 '예수를 몰아냈다' 는 강력한 표현을 쓴다. '몰아냈다' 는 말은 예수님이 귀신을 쫓아낼 때 사용된 단어와 동일하다(1:34, 39). 이 말은 예수님이 원하지 않는데 강제로 몰아냈다는 표현이 아니라 그분의 마음에 그런 강한 내적 열정이 일어나므로 자원해서 가도록 했다는 말이다. 마태나 누가는 광야에서 40일 동안 일어났던 내용을 자세히 소개하고 있으나 마가는 아주 간단하게 서술하고 있다. 그러나 '몰아냈다"는 단어 하나로 그곳에서 일어난 사건이 어떤 의미를 갖는가를 보여주기에 충분하다고 생각한다.

왜 성령은 예수를 광야로 몰아냈을까? 무슨 급박한 사정이 광야에서 그분을 기다리고 있었던 것인가?

광야 시험 사건에 대한 마가의 내러티브는 마태의 내용과는 상당히 다른 면이 있다. 마가는 광야에서 무슨 일이 있었는지는 구체적으로 전하지 않고 침묵한다. 단지 사탄에게 시험을 받으러 그곳에 가셨고, 그곳에서 40일을 지냈으며[36], 광야의 야생동물들과 함께 지내셨다고 전한다. 그리고 그 기간 천사들이 수종들었다고만 전한다. 사탄과 싸우셨는지, 싸웠다면 어떻게 싸우셨는지, 그 결과는 무엇이었는지에 대해서도 침묵한다. 그리고 이 내용은 예수님의 복음 전파 사역으로 바로 이어진다.

왜 성령은 예수님을 광야로 몰아내셨을까? 사탄에게 시험 받은 사건은 세례 받으신 일과 사역을 시작하신 일 사이에 끼어 있다. 시험 받으시고 곧 사역을 시작하셨다. 그러므로 이 사건은 그분이 사역을 시작하기 바로 전에 있었던 일이기 때문에 사역과 깊은 관계가 있다. 그렇다면 사역을 위하여 무언가 반드시 하여야 할 일이 있었기에 성령은 예수를 광야로 사탄에게 시험을 받으러 내보내었을 것이다.[37]

출애굽기에서 모세는 하나님의 강요를 받고 애굽의 바로와 싸우러 갔다. 그가 사막을 떠나 애굽으로 갈 때에 그의 손에는 하나님의 지팡이가

---

36) 40일이, 모세의 40일 경험을 암시하는 것은 아닌지(출 34:28). 엘리야(왕상 19:8), 다윗과 골리앗(삼상 17:16)의 경우도 40일과 관계가 있다.

37) 광야는 발음에 따라 '말씀' 도 되고 '광야' 도 된다. 이사야 40장 3-8절을 히브리어로 읽어 보자. "너희는 광야(미드바르)에서……대저 여호와의 입이 말씀(동사-디베르)하셨느니라……여호와의 말씀(명사-다바르)은 영영히 서리라." 다윗은 광야에서 말씀을 배웠던 점이 퍽 흥미롭다. 미드바르에서 메다베르를 배웠다. 세례 요한도 백성들에게 말씀(메다베르, 다바르)를 전하기 위하여 미드바르로 갔고, 예수님은 성령에게 이끌리시어 40일간 금식하며 기도하기 위하여 광야(미드바르)로 가셨다. 주후 1세기와 주후 1세기 예루살렘 성전을 중심으로 한 사악한 종교 무리들(쿰란 공동체들의 표현)로부터 환멸을 느낀 쿰란 공동체들은 말씀을 온전히 생활화하기 위하여 유대 광야(미드바르)로 들어갔던 것이다(이주섭 목사 제공).

들려 있었다(출 4:17). 어찌 보면 모세는 이 지팡이에 의하여 애굽으로 가고 있었다고 해도 과언이 아니다. 마가는 모세의 이런 모습을 생각했을까? 광야에서 40일을 지내면서 사탄에게 시험을 받으러 가셨고, 그곳에서 사탄과 만나신 것만은 틀림이 없다. 그러나 본문에서는 "시험을 받으시며 들짐승들과 함께" 지냈다고만 전한다. "시험을 받으시며"(1:13)에서 받으시다는 동사는 현재 분사형으로 계속적인 동작을 의미한다. 마태는 40일이 지난 끝에 사탄이 시험한 것으로 묘사했다(마 4:2,3). 그러나 마가는 40일 내내 기도하는 동안 계속해서 시험을 받으셨다고 말한다.

여기서 '시험을 받다'(*πειαζόμενος*)의 본래 의미는 '…에 대하여 경험하다' 또는 '…안으로 들어가서 조사하다' 이다. 그렇다면 그 다음에 나오는 의미는 '의도적으로 시도한다' 는 것이고, 또 그 안에 '선한 것이 있는지 또는 없는, 능력이 있는지 아니면 약한지를 발견할 목적으로 시도한다' 는 뜻이 따라오게 된다.[38)]

광야에서 무슨 일이 있었는지는 언급하고 있지 않다. 그러나 이후에 일어나는 예수님의 사역을 통해서 무슨 일이 일어났는지를 추측하게 해주는 내용들이 전개된다. 그리고 광야 사건이 왜 그처럼 중요했는지도 보여준다. 마가복음 1장 21-22절에서 그분이 회당에 들어가셨을 때, 대면한 귀신들이 그분을 알아보고는, 예수가 자기들을 물리치는 분이라고, 자기들은 예수님을 안다고 말한다(1:24). 이렇게 보면 예수님은 광야에서 기도하시는 동안 사탄과 싸워서 이기셨고 그들의 권세를 정복하신 것이 틀림이 없다.

마태는 시험 사건을 자세하게 다루고 어떻게 사탄을 물리치셨는지를 보여주고 있다(마 4:1-11). 그 후부터 귀신들은 예수만 보면 무서워하고

38) Wuest, Ibid. p.26.

무기력하게 쫓겨난다. 이런 사건들이 계속 일어나면서 예수님은 사탄의 세력을 정복한 일이 있고, 또 사탄의 세력을 정복할 수 있는 능력과 권세를 가지신 분이란 사실이 증명된다. 즉 예수는 영적 세계까지를 다스리는 분으로, 유대인들이 대망하던 메시아요 하나님의 아들이란 점을 간접적으로 시사하고 있다. 그러나 마가는 이 사실을 아직은 겉으로 밝히 드러내어 말하지는 않고, 아무런 해석을 덧붙이지 않은 채 사실 자체를 담담하게 보여주기만 한다.

마가가 광야 사건을 통하여 예수는 사탄을 정복한 하나님의 아들이란 점을 강조했다면, 마태는 시험 사건을 통하여 예수는 사탄을 제어하는 하나님의 아들이란 점을 직접적으로 강조한다. 그러나 마태 내러티브에서는 광야 사건은 결국은 앞으로 예수께서 펼쳐나갈 '말씀'과 연결시킨다. 예수님은 사탄을 모두 말씀으로 이기셨다.[39] 간접적으로 마태는 예수님이 말씀이 얼마나 능력 있고 위대한가를 이 사건을 통하여 말해주고 있다. 마태는 예수를 '랍비'(선생)로 그리고 있기 때문에 랍비로서 말씀 사역이 얼마나 중요한가를 시험 사건을 통하여 강조한다. 예수 자신도 이 사실을 깨달았고 그 이후부터 사역의 중심에 '말씀'을 놓았다. 그래서 모든 사건 앞에 먼저 말씀을 놓는다. 5천 명을 먹이실 때도 굶주린 백성들을 두고 아침부터 저물 때까지 먼저 가르치셨다(막 6:34).

---

39) 첫째 시험에서 신명기 8장 3절, 두 번째 시험에서 시편 91편 1,2절, 세 번째 시험에서는 신명기 6장 16절(칠십인역), 그리고 마지막에 '주 너의 하나님께 경배하고, 그분만을 섬기라'는 신명기 6장 13절을 인용하여 사탄을 완전히 물리치신다. 하나님께서 허락하지 아니한 수단을 사용하여 메시아 사역을 이루라는 사탄의 유혹을 말씀으로 거절함으로, 예수님은 자신의 사역을 말씀 위에 두어야 한다는 확신을 얻었을 것이다.

························비교 연구 2························

광야 시험에 관한 공관복음 비교 연구

마태는 사탄이 예수님을 하나님의 아들로 인정하는 것으로 시작한다. "만일 네가 진정 하나님의 아들이라면", 만일이란 가정법은 긍정으로도 부정으로도 해석할 수 있지만, 본문의 맥락에서 보면 사탄은 예수님을 하나님의 아들이라고 인정하고, 그렇기 때문에 자기가 제시하는 것을 능히 할 수 있다는 것을 암시하면서 싸움을 시작하였다. 동시에 '만일' 이란 가정법을 사용하여 "너는 내 아들이라"는 메시아로서의 지위를 훼손하고자 뜻한 것이 분명하기도 하다.

마태가 전하는 시험 내용에서, 첫 번째 시험은 굶주린 백성들을 기억하게 하는 내용이다. 그래서 메시아라면 그들에게 먹을 것을 주라고 한다. 돌들로 떡을 만들어 먹으라고 하지 않고 "돌들로 떡덩이가 되게 하라"(마 4:3)고 한 점에 유의해야 한다. 둘째 시험은 이중의 시험이 감춰져 있다. 성전에서 뛰어 내리라고 했을 때, 만약 뛰어내리려고 했다면 그 순간 정말 하늘 아버지가 자기를 붙들어 줄 것인지를 의심하게 만들려는 의도가 있었고, 또 뛰어내려서 어느 것 하나 상하지 않게 되었다 하더라도 백성들의 호기심이나 기적에 대한 유혹을 유발해 메시아관을 흐리게 하도록 하려는 의도였을 것이다.

성전 꼭대기[40]에서 뛰어 내리라는 유혹은, 《미드라시》(midrash), 즉 랍비들의 주석서의 한 구절과 비교된다. "왕이신 메시아께서 거룩한 곳의 지붕 위에 서셔서 그 모습을 드러내셨을 때 그는 이스라엘 백성들에게 다음과 같이 말씀하시리라. '너희 가난한 백성들아, 드디어 그대들의 구속의 시간이 왔도다' "(Pesqta, Rabbati, 162a).

---

40) 성전산의 남동쪽 코너라고 가정한다. 그곳의 높이는 130피트(약 40m)가 된다(*Carta Bible Atlas*, p.169).

셋째 시험은 사탄이 세상의 권세를 준다는 이유로 예수님으로 하여금 자기 발 앞에 엎드리라고 한다. 유대적 배경에서 엎드리는 것은 예배나 경배를 의미한다. 선한 목적을 위하여 악한 수단을 사용하도록 유혹한 것이다. 그러나 예수께서는 신명기 6장 16절을 인용하여 유혹을 물리치신다. 수단이 목적을 정당화할 수 없다고 하신 것이다. 결국 마귀는 떠나가고 천사들이 수종들었다. 하나님의 마음에 합한 시험 결과란 뜻이다.

누가복음은 마태의 내용을 대부분 따르고 있으나, 마태의 두 번째 시험 내용과 세 번째 시험의 내용이 뒤바뀌어 있다. 그리고 "마귀가 모든 시험을 다 한 후에 얼마 동안 떠나니라(눅 4:13)"고 한다.

04

예수 사역의 시작(1:14-20)

"요한이 잡힌 후에 예수께서 갈릴리에 오셔서 하나님의 복음을 전파하여 이르시되 때가 찼고 하나님의 나라가 가까이 왔으니 회개하고 복음을 믿으라 하시더라 갈릴리 해변으로 지나가시다가 시몬과 그 형제 안드레가 바다에 그물 던지는 것을 보시니 그들은 어부라 예수께서 이르시되 나를 따라오라 내가 너희로 사람을 낚는 어부가 되게 하리라 하시니 곧 그물을 버려두고 따르니라 조금 더 가시다가 세베대의 아들 야고보와 그 형제 요한을 보시니 그들도 배에 있어 그물을 깁는데 곧 부르시니 그 아버지 세베대를 품꾼들과 함께 배에 버려두고 예수를 따라가니라."

때가 왔다.[41] 장소는 갈릴리이다.[42] 때는 더 정확하게 말하면 요한이 잡힌 후이다. 드디어 예수님은 말씀을 전파하기 시작하신다. 예수의 공

41) 마가복음 1장 15절의 "δ καιρδς"는 사건으로 표시되는 특별한 시간에 사용되는 단어이다.

생에 시작은 티베리우스 시저(Tiberius Caesar) 통치 15년, 즉 AD 27-28년에 세례 요한이 회개의 세례를 외쳤던 때와 같다. 그러므로 예수의 공생애 시작은 그의 나이 30세였을 것으로 추측한다(눅 3:23).

기쁜 소식은 '하나님의 기쁜 소식' 이다. 즉 하나님으로부터 온 소식이다. 광야에서 사탄과의 싸움이 있은 후 예수께서 성령과 함께 시작하신 일은 하나님으로부터 온 말씀을 전하는 일이었다. 이것이 예수님이 이 땅에 오신 목적이기도 하다. 그의 첫 메시지는 '때가 이르렀고, 하나님의 나라가 가까이 왔다' 는 것이다. '하나님의 나라가 가까이 왔다' 는 것은, 예수가 이 땅에 오심으로 하나님의 나라가 시작되었는데, 그분은 모든 만물의 통치자로서, 이 땅에 그 나라의 통치가 시작되고 그의 계획을 실현하는 시기가 왔다는 의미이다.[43] 마가는 하늘이 열리고 하나님이 이 땅의 모든 일에 개입하기 시작했다는 신호를 이미 보여주었다(막 1:11). 이것은 하나님의 나라가 이미 이 땅에 왔고 이미 이뤄지기 시작했다는 상징이기도 하다. 그러므로 하나님의 나라 시민이 되기 위해서는 회개하고[44] 복음을 믿으라고 하신다.[45]

---

42) *παρά* - 갈릴리 해변을 말한다. 갈릴리 호수는 둘레가 약 53km이고, 남북으로 21km, 동서로 11km이며, 길이가 가장 깊은 곳은 207m나 된다. 호수 주변에 마을들이 있었는데 북서쪽에 가버나움, 북쪽에 벳새다, 남서쪽에 티베리우스이다.

43) Net Bible. Ibid, p.1792.

44) '회개' 란 지금까지 입으로 하는 것으로 인식되어 왔다. 그러나 회개는 입으로 고백하는 것만이 아니라 하나님을 거역하고 살았던 행위에서 돌이키는 것을 말한다. 모든 범죄는 하나님을 거역함으로 일어난 행위이다. 그러므로 회개는 그 거역한 행위로부터 하나님께로 돌아오는 것을 말한다. *Mark as Story*에서는 의식적으로 'turn around' 라고 번역했다(*Mark as Story*, p.19). 회개의 교리는 초기 구약성경 저자에게서는 나타나지 않는다. 거기에는 보상과 처벌만이 오직 존재했을 뿐이고, 진정한 회개의 개념은 바벨론 포로 초

예수가 오심으로 하나님의 나라가 가까이 왔다(at hand)고 선언하신 것은, 동시에 마지막 결과를 향해 빠르게 앞으로 나아가고 있다는 선언이기도 하다. 이런 사상의 반영이 주기도문에 나온다. "나라가 임하시오며 뜻이 하늘에서 이루어진 것같이 땅에서도 이루어지이다"(마 6:10).

말씀을 마치신 후에 예수님은 해변으로 나가셨다. 해변으로 가셨다는 말은 제자를 부르기 위해 의도적으로 가셨다는 말이 아니라 한적한 곳을 찾아가신 것으로 해석해야 한다. 한적한 갈릴리 바닷가로 나가셔서 해변을 거닐면서 많은 생각을 하셨고, 또 하나님과 친교의 시간을 가지셨을 것이다. 예수님을 분주하게만 사신 분으로 생각하는 것을 부정하게 만드는 장면들이 마가복음에는 여러 번 나온다(막 1:12, 2:13, 3:7, 6:31,46, 7:24,31, 9:2, 10:1, 14:34). "갈릴리 해변으로 지나가시다가"[46]와 "시몬과

기에 에스겔의 가르침에서 강하게 나타난다. 에스겔은 회개하는 개인은 조상들의 악한 행위로 인한 고통은 물론 자신의 악한 행위로 인한 고통도 받지 않는다고 가르쳤다(겔 18장). 거기에는 역사적 결정론이 없다. 개인이 의지적으로 하나님께로 돌아오기만 하면 된다고 했다. 그가 말하는 회개는 하나님의 사랑, 은혜 그리고 용서를 받아들일 수 있는 내적 돌아섬(inner turning)을 의미한다(겔 18:32). 바리새인들, 특별히 힐렐 학파에서 회개의 교리를 강조하였다. 그들이 강조하는 면도 마음으로 일어나는 내적 돌아섬이다. 바리새인들이 말하는 회개는 율법을 철저하게 지키는 것을 말한다. 율법에 대한 높은 차원의 의식과 율법을 지킴으로 하나님의 뜻을 완성하는 것을 말한다. 그것을 '카바나하'(kavannah, intention or directedness) 라고 한다(Stephen M. Wylen, Ibid., p.94.).

45) 요한복음 3장, 니고데모와의 대화에서는 '하나님나라에 들어가기 위한 비밀' 을 말씀하셨다. 예수님은 물과 성령으로 거듭나야 한다고 하셨다. 물은 회개를 의미하며, 그 위에 성령이 역사하므로 이뤄질 수 있다는 말씀이다.

46) Yohanan Ahroni 외 3인, *The Carta Bible Atlas*, Carta Jerusalem, 2002, p.169

그 형제를 보시니"의 사이에는 시간적 간격이 있다는 점을 고려해야 한다. 해변을 거닐던 얼마의 시간이 지나, 마침 시몬과 그 형제 안드레가 그물 던지는 것을 보셨다. 그리고 그들을 부르셨다.

사역을 위한 두 번째 준비는 함께 일할 제자들을 부르시는 것이었다. 갈릴리에서 고기를 잡고 있던 벳새다 사람, 어부들을 만났다. 그들은 호숫가에서 그물을 던지고 있었다. 그물을 던진다는 말은 뭍에서 투망식 그물을 던지는 것을 말한다.[47] 그러니까 호숫가를 거닐다가 그물 던지는 그들을 만난 것이다. 그들에게 '사람을 낚는 어부가 되라' 고 부르셨다. 그들은 시몬과 형제 안드레로서, 그물을 버려두고 곧 예수를 쫓았다. 조금 더 가다가 세베대의 아들들인 야고보와 요한이 그물을 깁고 있는 것을 보시고는 이르러 그들을 또 부르셨다.[48] 그들은 아버지 세베대와 품꾼들을 배와 함께 버려두고 예수를 좇았다.

가버나움(Kefar-nahum, 나훔의 마을)[49]은 벳새다로부터 불과 3km 떨어져 있는 어촌이었다. 예수님은 그곳을 선교의 전진기지로 삼으셨다. 가

---

47) followed him-제자 됨을 의미한다. 제자가 된다는 것은 그 선생에게서 배운다는 의미만이 아니라 자기 인생의 우선순위를 그분에게 두고 그분을 따른다는 것을 의미한다. Net Bible. p.1792.

48) 가버나움은 헤롯 안티파스의 통치지역과 헤롯 필립의 통치지역의 접경에 위치한 곳이다. 그래서 그곳에 세관이 있었다(마 9:9-13; 막 2:13-17; 눅 5:27-32). 그만큼 가버나움 세관은 중요한 위치를 차지하고 있었다.

49) '사게네'(σαγήνη)는 배 고물에서 던지는 투망식 그물이다. 그리고 '암피발론타스'(ἀμφιΒάλλοντας)는 보다 작은 그물로 물에 던지고 손으로 끄는 것을 말한다. 시몬의 형제들은 후자로 고기를 잡고 있었다. 누가는 시몬이 밤새 고기를 잡았지만 허탕만 치고 그물을 씻고 있을 때 불렀다고 한다(눅 5:1-11). 아침에 해변에서 그들을 만나서 부른 것은 동일하다.

버나움은 당시 애굽에서 다메섹으로 가는 대로가 있어 무역의 중심지가 되었고, 헤롯 안티파스의 영토와 헤롯 빌립의 영토 사이에 위치한 마을로서 해상 무역에 중요한 항구였다. 또 무역 상품에 부가하는 세금을 관리하는 세관이 있을 정도로 번성한 곳이었다(막 2:14). 요세푸스에 의하면 당시 갈릴리 호수에는 어선이 330척 있었다고 한다.[50)] 가버나움을 복음 전파의 전진기지로 삼으셨던 예수님은 벳새다에 사는 사람들과 잘 알고 지냈을 것이고, 그들이 그물 던지는 모습을 구경도 하셨는데, 벳새다 사람들도 예수를 특별한 분으로 여겨왔을 것이다. 그러나 어느날 그분은 그들을 부르셨고, 그들은 그분을 따라나섰다. 그들이 아버지와 그물을 버려두고 예수를 따랐다는 사실은 그들의 결단이 얼마나 단호했는가를 보여준다. 그들은 지금까지 살아온 생애와는 뭔가 전혀 다른 세상을 꿈꾸고 있던 게 틀림이 없다.

벳새다는 헤롯 빌립이 통치하던 가울라니티스(Gaulanitis)의 중요한 도시인 동시에 어부들의 마을이었다. 벳새다는 갈릴리 호수의 북쪽, 단 지방으로부터 흘러오던 물이 갈릴리 호수로 들어가는 곳에 위치한 도시이다.[51)] 반면 가버나움은 가울라니티스 주와 헤롯 안티바스의 통치 지역의 경계에 놓여 있는 도시였다.

마가는 '그들이 어부였다' 고 말하고 있다. 여기서 말하는 고기잡이

---

50) 성서주해, 마가복음, p.374.

51) 현재 벳새다 지역은 폐허로 남아 있고, 북쪽에서 흘러오는 물줄기와도 관계가 없는 지역이다. 그러나 예수님 당시에는 그곳까지 물이 넘쳤고, 그곳에서 바로 배를 띄워 갈릴리 호수로 연결될 수 있었다. 벳새다는 대 헤롯에 의하여 헬라식 도시로 한 단계 높여 재건축을 하고 그 이름을 벳새다 줄리어스(Bethsaida Julius)라고 불렀다(Josephus, *Ant.*, XVIII,ii,1). 그래서 벳새다를 '마을'(κώμη)이라고 부르지 않고 '도시'(πόλις)라고 부른다.

(fishing)는 둥근 그물(a circular net)을 쳐서 고기를 잡는 것을 의미한다. 1세기경에 고기잡이는 팔레스타인 경제에 대단히 중요한 요소였다. 그것은 현대인들이 상상하는 것처럼 자영업(free enterprise)은 아니었다. 자기 배들을 소유한 어부일지라도 국가사업에 종속된 자들이었다. 고기잡이는 전적으로 지배자들의 권한이었다. 여기서 말하는 지배자들은 로마 총독, 헤롯 안티파스 그리고 지역 군주이다. 그리고 이들로부터 고기잡이 권한을 하청받아 고기잡이를 관장하는 지배계급(ruling elites)이 있었다. 실제적으로는 이들이 고기잡이의 실세들이었다. 그들은 다시 고기잡이 권한을 브로커(brokers)에게 팔았는데, 이 브로커들은 일반적으로 세리들이었다. 실제 어부들은 이런 브로커들과 계약을 맺어 조업권을 사서 고기잡이 영업을 하는 사람들이고, 브로커들과 계약에 따라 배당을 받아 사는 사람들이었다. 그렇기 때문에 어부들은 사실 브로커(세리)들에게 빚을 지고 사는 사람들이었고,[52] 그런 상황에서 아무리 배를 많이 가지고 있는 어부라고 할지라도 결코 부유하다거나 중산층에 속한다고 할 수 없었다. 고기를 잡아서 얻은 이익금은 모두 브로커들이나 지역 관리들에게 돌아갔기 때문이었다.

그러므로 갈릴리 사람들은 세리들에게 적대감을 가질 수밖에 없었다. 그들은 불평스런 일이 많았지만 겉으로 표현을 못하고 속으로 끙끙거리며 살 수밖에 없었다. 바로 그들에게 다가가신 분이 예수님이시다.

그들은 배를 버려두고 예수를 따랐다. 배는 그들에게 생존의 도구였지만 동시에 그들의 감옥이었다. 그러한 그들이 그물과 배를 버리고 예수를 따른 것은, 평소에 새로운 세상을 꿈꾸며 살아오다가 새로운 세계를 향해 인생을 던졌다는 표현이기도 하다. 마가의 표현에 의하면 그 배

52) *Palestine in the time of Jesus*, p.106. (Wuellner 1967: 23-24에서 인용).

안에는 아버지 세베대와 두 아들 그리고 품꾼들이 타고 있었는데, 이 인원은 갈릴리에서 고기잡이를 하기 위하여 필요한 수라고 한다.[53)]

---

53) 1986년에 막달라 북쪽에서 발견된 어선으로 추측해 보면, 예수님 당시 배들은 1톤 정도의 무게를 실을 수 있었다. 즉 5명의 선원과 10명의 손님과 잡은 고기들을 실을 수 있는 정도였다(참고 막 6:45).

05

첫 번째 회당에 들어가시다(1:21-28)

"그들이 가버나움에 들어가니라 예수께서 곧 안식일에 회당에 들어가 가르치시매 뭇 사람이 그의 교훈에 놀라니 이는 그가 가르치시는 것이 권위 있는 자와 같고 서기관들과 같지 아니함일러라 마침 그들의 회당에 더러운 귀신 들린 사람이 있어 소리 질러 이르되 나사렛 예수여 우리가 당신과 무슨 상관이 있나이까 우리를 멸하러 왔나이까 나는 당신이 누구인 줄 아노니 하나님의 거룩한 자니이다 예수께서 꾸짖어 이르시되 잠잠하고 그 사람에게서 나오라 하시니 더러운 귀신이 그 사람에게 경련을 일으키고 큰 소리를 지르며 나오는지라 다 놀라 서로 물어 이르되 이는 어찜이냐 권위 있는 새 교훈이로다 더러운 귀신들에게 명한즉 순종하는도다 하더라 예수의 소문이 곧 온 갈릴리 사방에 퍼지더라."

아직 완전하게 형성된 제자 그룹은 아니지만 이제는 예수님과 제자들이 동행하기 시작하였다. 예수님은 제자들과 함께 가버나움으로 들어가셨다. 그러나 아직은 조용한 가운데 사역이 진행되었다. 가버나움에 들어가신 후 그분은 예배자의 한 사람으로 회당에 참석하셨다. 그때 마침 말씀을 가르쳐 달라는 부탁을 받았고, 즉석에서 주어진 성경 본문을 가지고 가르치셨다.[54] 당시 회당에서는 성경 일과에 따라 매 안식일마다 주어진 텍스트를 읽고, 그날 본문에 따라 강해가 이루어지는데, 그날 본문이 예수님에게 주어졌고 예수님은 그 본문을 중심으로 설교를 하셨을 것이다. 회당장이 예수님에게 성경을 넘겨주고 강해를 부탁한 것은 놀라운 일이다. 그만큼 가버나움에서는 그분이 알려졌다는 신호이기도 하다. 이것을 계기로 예수께서는 회당에서 공적으로 사람들을 처음 만나 가르치기 시작하셨다.

시작은 놀라움이었다(1:22). 예수님의 가르침을 처음 들은 그들은 놀랐다. '놀랐다'(에크세프레쏜토, *ϵξϵπλήσσοντο*)는 표현은 '맞아서 정신을 잃은 상태' 또는 '놀라움으로 얻어맞은 상태'(panic)를 말한다. 그들이 예수님의 가르침을 듣고 얼마나 놀랐으면 이렇게 표현했을까? 그분의 가르침이 그들을 놀라게 한 것은 당연한 것이다. 서기관들과는 전적으로 다른 권위가 있는 가르침이었기 때문이다. 서기관들의 가르침은 무겁고 지루한 것이었다.[55] 그런 설교만 듣다가 예수님의 가르침을 들은 무리들

---

54) '회당'(synagogue)이란 단어는 'to go'와 'sum(함께)'의 합성어로, 한 장소에 서로서로 함께 모인다는 의미이다. 회당은 성년 12명 이상이 있으면 세워질 수 있고, 회당 예배는 기도와 찬양 후 성경을 읽고, 랍비나 초청된 사람이 강해하는 것으로 구성되었다. 신약 시대 정상적인 유대교 회당에서는 먼저 구약 성경을 읽고, 그 다음에 참석한 사람 중에 텍스트에 대하여 질문을 던지고 함께 토론하는 게 보통이었다(NET Bible, p.1792). 그러므로 예수님도 성경을 읽고 그들과 토론하는 방법으로 가르치셨을 것이다. 'evdi, daske'는 'didasko'의 동작을 나타내는 완료형으로, 예수님의 강해 방법이 하나의 토론으로 진행되었을 것을 가리키는 진행형이다(Quest, p.30).

55) 마태복음 11장 29-30절 참고.

은 가르침만 듣고도 놀란 것이다. 아직 귀신을 쫓아내는 것을 보기 전이다. 예수의 가르침은 그동안 한번도 들어보지 못한 교훈이었으며, 기존의 권위 있다는 학자들과는 관점이 전혀 달랐다.

예수님의 가르침을 초월적인 내용이라고 해석할 필요는 없다. 예수님이 모세의 율법은 물론 유대 전통 법규(laws and regulations)에 정통했다는 말이고, 그 해석에 있어서 당시 지도자들과는 비교할 수 없는 새로운 관점이었다는 말이다. 서기관들의 권위는 그들이 배운 학식과 이스라엘에서 인정한 권위일 뿐이다. 예수님의 권위는 그것을 능가하는 권위였음은 말할 필요도 없다. 마가는 사람들이 예수의 권위에 놀랐다고 하지만 아직 그분이 하나님의 아들이란 점에 대해서는 상상도 못하고 있다고 전한다(27절).

예수님은 그곳에서 더러운 귀신과 첫 만남을 가진다. 귀신 들린 사람은 예수를 보자마자 놀라운 말들을 쏟아낸다. 궁지에 몰린 귀신은 예수님을 향해 "우리가 당신과 무슨 상관이 있나이까?" 하고 항거한다. 이런 표현은 히브리적 인용구로 "What to me and to you?"라고 번역할 수 있는데, 요한복음 2장에서 예수님이 어머니의 요구에 대답하신 내용과 똑같은 인용구이다. 다시 말하면 자기를 곤란한 일에 끼워넣지 말라는 표현이다. 귀신들은 예수님을 만나자마자 위기의식을 느꼈고, 이런 이위기를 피하기 위한 수단으로 이렇게 말했다.

더러운 귀신의 반응은 세 가지로 갈린다. 첫째는 "나사렛 예수여 우리가 당신과 무슨 상관이 있나니까" 하는 것이다. 여기서는 예수님과 자기들 사이에 상관이 없다는 차별화를 하려고 시도한다. 둘째는 "우리를 멸하러 왔나이까"이다. 여기서는 마귀가 한발 뒤로 물러서는 자세를 보인다. 마지막에는 "나는 당신이 누구인 줄 아노니 하나님의 거룩한 자니이다"라고 말한다. 여기서는 예수님께 완전히 굴복하는 자세이다. 이제는 더 이상 피해 도망갈 곳이 없게 되었다.

"귀신 들린 사람이 있었다"에서 말하는 '있었다'의 'ηv'(엔)은 'ἑιμί'의 직설법 미완료형이다. 그렇다면 그 귀신 들린 사람은 그 회당에 늘 참석하고 있던 사람이었다는 말이다. 그런데 그동안은 그에게 아무 일도 없었다. 아마도 다른 사람들은 그가 귀신 들린 사람이란 사실도 몰랐을 것이다. 그런데 예수님 앞에서 그는 자기를 폭로했다. 예수님의 능력은 숨겨진 귀신들까지도 자기를 폭로하고 나타나게 한다.

예수께서 그를 꾸짖으시며, "잠잠하고 그 사람에게서 나오라"고 명령하신다. 귀신의 태도를 통하여 예수님이 어떤 분이신가가 간접적으로 밝혀진다. 귀신은 예수를 알아보았다. 예수님이 자기들을 멸하는 분이라는 사실을 고백했다. 그리고 예수님을 하나님의 거룩한 자라고 그들의 입으로 고백하였다. '거룩한 자'(Holy one)라는 칭호가 처음으로 악한 영에게서 나왔다는 것은 놀라운 일이다. 더욱 놀라운 것은, 그 사람을 괴롭히던 더러운 귀신이 그분에 의하여 마침내 항거 한 번 못하고 쫓겨났다는 점이다. 이것은 앞으로 계속해서 쫓겨나리라는 것을 암시한다. 아직 그 누구도 상상하지 못했던 내용들이 귀신의 입으로부터 터져 나옴으로, 처음으로 예수의 정체가 세상에 밝혀지는 순간이었다. 마귀가 어떻게 예수의 정체를 알았을까?

앞서 광야에서 어떤 일이 있었는지 마가가 침묵하고 있었는데, 오늘의 이 사건은 광야에서 예수님께서 사탄과 어떤 일이 있었는지를 암시적으로 보여주는 장면이다. 가버나움에서 마귀를 쫓아내신 사건을 통하여, 광야에서 예수님과 사탄의 싸움이 있었고 그 싸움의 결과로 예수님은 사탄의 권세를 꺾으셨다는 사실이 밝혀졌다. 그렇기 때문에 그 이후로는 예수를 만난 귀신들은 무서워 떨었고 다 쫓겨났다.

악령이 나가는 것을 보고, 그들은 또 다른 예수의 권위를 발견했다. 귀신도 복종하는가! 예수님의 권위는 가르치는 면에서 뿐 아니라 귀신의 세력들을 다스리고 귀신들도 순종하는 권위였다. 이 소식은 순식간에 온 갈릴리에 퍼졌다. 예수는 사탄의 세력을 멸하고, 그 수하에서 고통을 당하던 사람들을 해방시키기 위해 이 땅에 오신 분이다.

광야의 시험 사건에서, 사탄은 마지막에 예수님이 자기에게 절하면 그 세력을 넘겨주겠다고 제안했지만 주님은 거절하셨다(마 4:9,10). 예수님은 사탄에게 명령하셨다. 이것이 그분의 권위가 무엇인가를 증거하는 한 예이다. 다른 귀신 축출자들과는 전혀 다르게 어떤 마술 같은 것을 사용하지도 않았고, 어느 사람의 이름에 호소하지도 않았다. 단지 명령 하나로 사탄을 쫓아내셨다. 그분의 능력으로 사탄의 세력을 무너뜨림으로써 하나님의 나라를 세워나가기 시작하셨다. 그러므로 이 소문이 금세 온 갈릴리 지역으로 빠르게 퍼져나간 것은 당연한 일이라 하겠다.

········ 역사와 상황 1 ········

예수님이 상용하신 언어

예레미아스는 예수께서 아람어를 사용하신 점에 대하여 많은 연구를 했다. 예레미아스에 의하면 적절한 명사와 형용사를 떠나서, 26번이나 아람어를 사용하신 것을 복음서와 랍비문서들에서 밝혀냈다. 그래서 제자들을 가르칠 때 아람어를 사용했을 것이라고 한다. 예를 들면, 하나님을 '아바' (abbaā)라고 한 것은, 아람어를 사용하는 예수의 두드러진 예이다. 그 말이 제자들에게 깊이 새겨졌고, 첫 이방인 신자들에게까지 현저하게 나타났을 것이라고 한다.

1세기 경에 일반적으로 네 가지 언어를 사용했던 복합적 상황 속의 팔레스타인에서, 예수께서 라틴어를 사용했다고는 믿어지지 않고(라틴어는 주로 로마 정복자들이 사용했음), 예수님은 비즈니스 언어나 갈릴리 사람들과 일반적 대화를 위하여 약간의 헬라어를 사용했을 것이라고 한다. 빌라도의 심문 과정에서도 헬라어를 사용했을 것으로 추측한다. 그러나 당시 보수적인 유대 도시나 마을에서 헬라어를 사용하거나 그에게 모여온 군중에게 헬라어를 사용했을 것 같지는 않다.

히브리인으로서 예수는 나사렛 회당이나 그곳 학교에서 배웠을 것이다. 그러므로 바리새인이나 서기관들과의 성경 논쟁에서 히브리어를 사용했을 것을 것으로 보인다. 당시 일상 용어가 아람어였던 유대 시골사람들을 가르쳤던 선생으로서, 예수는 거의 필연적으로 아람어를 사용한 흔적들이 헬라 복음서에 나타난다.

예레미아스는 예수가 사용한 아람어가 서쪽 아람어의 갈릴리 방언을 썼던 것으로 밝혀냈다. 베드로의 경우, 마태는 곁에 섰던 사람들의 입을 통하여 베드로의 말이 다른 점을 암시했다. "너도 진실로 그 도당이라 네 말소리가 너를 표명한다(Truly you also belong to them(the followers of Jesus the Galilean), for even your speech betrays you)"(마 26:73).

예루살렘에 올라가셨을 때는 헬라 디아스포라를 만나셨고 가르치셨을 것이다. 그들은 대개 두 언어를 사용했거나 혹은 헬라어만을 알았다. 예수께서 그들에게 헬라어로 가르치실 만큼 충분한 실력이 있었는가? 아마도 안드레나 빌립 같은 헬라 배경을 가진 제자들이 통역으로 활동했을까? 마이에르(John Meier)는 예수의 일생 동안에 그의 아람어들이 그리스어로 번역된 현상을 가지고 있다고 한다. 그러나 학자들 대부분의 의견은 예수께서 대부분 아람어로 가르쳤을 것으로 본다. 그의 헬라어는 일상어로나 사업적인 언어 정도로 사용하여, 네 개의 언어를 사용하던 당시 상황에서 세 개의 언어를 사용하는 유대인이었을 것으로 본다. 그러나 아마도 세 개의 언어로 가르치는 선생은 아니었을 것이다.[56)]

56) John p. Meier, *A Marginal Jew, Rethinking the Historical Jesus*, N.Y.1991. pp.267-268 참조.

역사와 상황 2

예수님의 학교 교육

장막절에 사람들이 예수에게 놀라 물었다(요 7:15). "이 사람은 배우지 아니하였거늘 어떻게 글을 아느냐?" 이 구절의 번역에서 '글을 안다'는 말은 곧 '성경을 안다'(know scripture)는 말이다. 다시 말하면 '성경을 읽을 줄 안다'(know how to read, grammata oiden)는 말인데, 이 말은 일반적으로 유대인들의 질문의 맥락에서-유대인 권위자들과 예수의 논쟁에서-기본적인 글을 쓰고 읽는 교양을 말하는 게 아니라 신학적 논쟁에서 성경을 사용할 수 있는 능력을 말하는 것이다. 그러니까 요한복음 7장 15절에서 말하는 것은 예수가 ABC 등을 배우지 않았다는 말이 아니라 어떤 특별히 권위 있는 학자의 지도하에 성경에 대한 공식적인 배움이 없었다는 의미이다. 권위 있는 학자 밑에서 배우지 않았을 뿐, 성경에 대해서는 아주 숙련되었다는 말이다.

그 예로, 누가복음에서는 4장 16-30절에서 나사렛에서 예수의 취임 설교를 든다.

고향의 회당에 들어서자 선지자 이사야의 두루마리를 받는다. 이사야 61장 1-2절을 읽고 두루마리를 말아 회당 책임자에게 주고 앉는다. 그에게 사람들의 주의가 집중된다. 예수는 "이사야의 예언이 여러분이 듣는 대로 성취되었다"고 하셨다. 이 본문을 그대로 받아들인다면 예수님은 읽는 것은 물론 히브리 성경에도 박식하셨다.[57]

사흐라이(S. Safrai)에 의하면 1세기의 이른 시기에, 아마도 그보다 더 이른 시기에도 대부분 유대 아이들은 학교 교육을 받았다고 한다. 교육은 대부분 히브리 성경을 읽는 것이었다. 이와 같은 학교들은 그 지방을 유지해야 할 책임을 지는

57) 전게서, pp.267-268, 269-278 참조.

교육기관이었던 것으로 생각된다. 이와 같은 초등학교의 학교는 주로 성경 읽기에 주력했는데 'bet-ba-sēfer' 라 불린다. '책의 학교' 란 뜻이다. 1세기에 이런 학교들이 작은 정착촌에 이르기까지 팔레스타인 모든 유대 마을에 존재했다. 이런 작업은 시메온 벤 쉐타(Simeon ben Shetah, active CA. 103-76BC)와 대제사장 조슈아 베 가마라(Joshua be Gamala, active AD. 63-65)의 작업으로 이뤄졌다. 그래서 유대인들은 그들의 노력에 늘 감사한다.[58]

팔레스타인 탈무드에 따르면, 시메온(simeon)은 모든 아이들이 학교에 가도록 명령을 내렸다. 바벨론 탈무드는 여호수아(Joshua)가 아이들이 6-7세에 반드시 학교에 가도록 각 마을과 지역에 선생들을 배치하도록 명령을 내렸다고 한다. 쓰기는 전문 수준, 그러나 읽기와 동일하게 필수는 아니었다. 사흐라이는 "쓰기는 비록 읽기 수준에는 못 미쳤지만 실제로 널리 퍼져 있었다"고 전한다. 성경을 공부하기 위해 5세부터 학교에 출석하도록 했고, 미슈나(Mishna) 연구는 10세에 했으며, 12, 13세 소년들은 학교 공부를 마쳤다. 만일 그가 특별히 영리했다면, 그는 더욱 advance 타이프의 학교, 율법사 발밑에서 토라를 배우는 bet ba midrash에 다녔다. 그러나 이런 아이들은 극소수에 불과하였다.[59]

그렇다면 예수님의 교육 수준은 어느 정도였을까? 마이어(John Meier)는 예수는 복잡한 신학적 문학적 글들을 읽을 수 있는 능력(율법사적 교양, scribal literacy)이 있었고, 거기에 대한 해석을 할 수 있는 능력이 있었다고 한다. 예수는 한 시골에서 나왔지만 일반적인 촌사람(peasant)은 아니었다고 결론을 내린다.[60]

---

58) 전게서, p.271.
59) 전게서, p.272.
60) 전게서, p.278

06

많은 병자를 고치시다(1:29-34)

"회당에서 나와 곧 야고보와 요한과 함께 시몬과 안드레의 집에 들어가시니 시몬의 장모가 열병으로 누워 있는지라 사람들이 곧 그 여자에 대하여 예수께 여짜온대 나아가사 그 손을 잡아 일으키시니 열병이 떠나고 여자가 그들에게 수종드니라 저물어 해질 때에 모든 병자와 귀신 들린 자를 예수께 데려오니 온 동네가 그 문 앞에 모였더라 예수께서 각종 병이 든 많은 사람을 고치시며 많은 귀신을 내쫓으시되 귀신이 자기를 알므로 그 말하는 것을 허락하지 아니하시니라."

예수님은 회당에서 나와 네 명의 제자들을 데리고 집으로 들어가셨다. 아직도 안식일이다. 이 집은 틀림없이 베드로의 집이다. 그곳에서 열병으로 고생하는 시몬의 장모를 만난다. 베드로는 이미 결혼했던 사람이다. 마가는 그 병이 '열병' 이라고만 할 뿐 어떤 병인지 구체적으로 말하지 않는다. 누가는 의사답게 '중한 질병' 으로 진단하였다. 사람들이 예수께 시몬의 장모에 대하여 물었다. 아마도 열병으로 오랫동안 누워 있는 그 여인에 대하여 물었던 것 같다. 예수님은 마치 의사처럼 환자에게 다가가 그녀의 손을 잡아 일으키셨다. 누가는 의사들이 하는 것처럼 '예수께서 그녀 위에 섰다'(He stood over her)고 기록했다. 그 즉시 열병이 떠나가고 그녀는 그들에게 수종들었다. 예수께서 안식일에 병자를 고쳐 주신 첫 번째 사건이다.

마가는 예수께 수종들었다고 하지 않고 그들에게 수종들었다고 한다. '수종들다'는 단어 '디아코네오'(διακονέω)는 미완료 능동태로서 '섬긴다'는 뜻도 되지만 '돌보다, 준비하다'는 뜻으로도 쓰인다. 이 단어가 디모데전서 3장 10, 13절에서는 '집사로 섬긴다'는 뜻으로도 사용되었다. 그러므로 베드로의 장모는 그 이후로 예수님을 따라다니면서 예수님만이 아니라 그 제자들의 모든 것을 돌봐주는 자로 섬기며 살았다는 것을 말한다.

이 소문은 꼬리를 물고 퍼져나갔다. 해질 무렵이 되자 모든 병자들이 예수님께 나아왔고, 귀신 들린 자를 데리고 왔다. 온 동네가 그 집 앞에 다 모였다. 스스로 올 수 없는 환자들이 다 왔다는 말이니 그만큼 병이 깊었다는 말이고, 치료를 받지 못하고 오랫동안 방치되었던 환자들이라는 말이다. 거친 세상에서 아무도 돌봐 줄 목자 없는 병든 양들이었다.

이 본문을 21-28절과 연결시켜 읽으면 이해가 좀 달라진다. 그날은 안식일이었다. 그렇다면 해질 무렵은 안식일이 끝나는 시간이다. 해질 무렵에 모든 병자들이 나왔다는 것은 안식일이 끝나자마자 나왔다는 말이다. 안식일에 회당에서 있었던 일과 시몬의 장모를 고치신 이야기는 안식일인데도 퍼져 나갔다. 그리고 각종 병든 자와 귀신 들린 자들을 안식일이 끝나기 전에 데리고 와서 안식일이 끝나기까지 기다렸다는 뜻이니 얼마나 그들이 간절하게 예수님을 사모하며 기다렸는가를 알 수 있다.

예수는 그들을 고쳐 주신다. 온 동네가 다 문 앞에 모였다. 예수님의 소식은 그 마을뿐 아니라 온 지역에 급속하게 퍼져 나갔다. 회당에서 가르치신 일, 회당에서 귀신을 쫓아내신 일, 시몬의 장모를 고쳐 주신 일, 그리고 많은 병자와 귀신 들린 사람들을 고쳐 주신 일들이 이제는 온 갈릴리에 다 알려졌다. 온 동네뿐 아니라 갈릴리 사람들의 관심이 예수님께 집중되었다. 갈릴리 사람들은 엘리트들에게 모든 것을 다 빼앗기고 힘써 일하지만 건질 것이 없어 속으로만 끙끙 앓던 사람들이었다. 의지할 것이 없던 목자 없는 양들이 그분에게 모여온 것이다. 갈릴리의 불만 덩어리가 모두 예수께 모여왔다. 그들이 얼마나 불쌍했으면 그들을 사랑하고, 병자들을 고쳐 주셨을까? 지역 부호들에게 모든 것을 다 빼앗기고 끙끙거리던 사람들, 그들을 주님은 품에 끌어안아 주신 것이다.

예수께서 귀신들을 쫓아내실 때, 귀신들이 예수를 알았다고 여기서도 말하고 있다(1:34). 그러나 예수는 그들이 말하는 것을 금하셨다. 그 이유가 무엇일까? 첫째, 귀신의 증거를 받기를 원치 않으셨다. 내용이 아무리 좋아도 방법이 옳지 않은 것은 거절하시는 예수이시다. 둘째, 예수님의 사역이 완전히 이루어지지 않은 상태에서 알려지기를 원히 않으셨을 것이고 셋째, 예수 자신이 귀신이나 쫓아내는 사람처럼 인식되는 것을 막으려는 의도였을 것이다. 마태가 전하는 광야 시험에서 두 번째 시험 내용을 거절하신 예수님께서 백성들의 고통을 풀어 주시기는 해도 그것을 통하여 잘못된 메시아로 오해되는 것을 원하지 않으셨다는 말이다. 또 예수께서 귀신의 증거들을 허락한다면 귀신에 대한 가치를 예수님 자신이 높여준 셈이 되기 때문이다.

07

전도 여행을 떠나기 전에 기도하시다(1:35-37)

"새벽 아직도 밝기 전에 예수께서 일어나 나가 한적한 곳으로 가사 거기서 기도하시더니 시몬과 및 그와 함께 있는 자들이 예수의 뒤를 따라가 만나서 이르되 모든 사람이 주를 찾나이다 이르시되 우리가 다른 가까운 마을들로 가자 거기서도 전도하리니 내가 이를 위하여 왔노라 하시고 이에 온 갈릴리에 다니시며 그들의 여러 회당에서 전도하시고 또 귀신들을 내쫓으시더라."

안식일이 지나고 새벽이 되었다. '새벽 아직도 밝기 전에' 에서 마가가 사용하는 새벽이란 단어 '프로이' (*πρωΐ*)는 오전 3시부터 6시까지를 가리킨다. 아직 해가 밝기 전이다. 그러니까 아침 6시보다는 이른 시간임에 틀림이 없다. 그 시간에 예수님은 시몬의 집을 나섰고, 마을을 빠져나가 한적한 곳에 이르러 기도를 시작하셨다. 여기서 기도라는 단어도 '프로세윅케토' (*προσηύχετο*)를 사용하였다. 이 단어를 주의 깊게 보면 기도(*σηύχετο*)라는 단어 앞에 '*προσ*' [61]란 전치사를 두어 '누구를 향하여' 를 강조하였다. 즉 하나님을 향하여 기도했다고 함으로 마가는 예수님의 기도의 방향을 의식적으로 강조한다. 이 말은 당시 종교인들이 형식적인 기도를 했다는 반증이기도 하고, 예수님의 기도를 유대 종교인들의 기도와 차별화하려는 시도이기도 하다.

예수님이 기도하시는 동안에 제자들은 자리에서 일어났다. 성경은 예수께서 일어나 가실 때 제자들이 함께 따라갔던 것처럼 느끼게 한다. 그러나 '뒤를 따라가' 라는 말은 '찾아나섰다'(κατεδίωξεν)는 말이다.[62] 그러니까 그들은 늦게 일어나 그분이 없는 것을 알고 그분이 계신 곳을 찾아나섰고 열심히 찾았다는 뜻이다. 이것은 예수님께서 얼마 동안 기도하셨는지 그 시간 계산이 가능하도록 해주는 암시이다.[63] 얼마 동안 기도하셨을까? 만약 예수님이 5시 30분에 일어나셨고 제자들이 6시나 6시 30분에 일어났다면, 그들이 찾는 시간까지를 더하면 예수님께서 얼마 동안 기도하셨는가를 대략 산출할 수 있다. 예수님이 결코 짧은 시간을 기도하지는 않으셨다는 것만은 분명하다.

제자들은 스승을 만나자마자 "모든 사람들이 주를 찾나이다"라고 말했다. 아직 제자들은 기도에 대하여 아무것도 모르는 것 같다. 기도에 대해서는 관심도 없다. 그러나 예수님은 그들에게 아직 기도에 대하여 말씀하지 않으신다.

제자들이 강조한 것은 사람들이 예수님을 찾는다는 사실이었다. 이른 아침인데도 많은 사람들이 예수를 찾아왔다. 이처럼 모여든 사람들을

---

61) pros-란 단어는 '무엇을 향하여' 란 의미를 지닌다.

62) κατεδίωξεν는 κατεδιώκω의 직설법 단순과거로서 '부지런히 찾는 것' 을 말한다.

63) '기도하다'(*proséucheto*)라는 미완료 동사는 기도의 시간이 얼마 동안이었는가를 암시한다.

보고, 제자들은 사람들에게 인기가 올라가는 스승이 자랑스럽고 또 그것으로 인하여 그들도 우쭐해져 있었을 것이다. 제자들은 스승에게 사람들의 필요를 충족시켜 주는 일이 급하다고 한다. 그러니 그 일을 지금 시작해야 한다고 한다. 그러나 예수는 하루 일을 시작하기 전에 먼저 기도하셨다. 이 사실은, 그의 삶은 언제나 기도로 시작한다는 사실을 강조하며, 그분의 사역의 뿌리가 무엇인가를 보여준다. 그리고 제자들의 말에 "다른 가까운 마을들로 가자. 거기서도 전도하자"고 하신다.

이른 아침인데 사람들이 예수를 찾아왔다는 사실은 세상살이에 막막한 백성들이 무엇인가에 절박하고도 간절함이 있다는 것을 보여준다. 그러나 제자들의 보고를 들은 예수님은 일어나 다른 마을로 가자고 하시고 가까운 마을들로 가서 전도하셨다. 예수님은 사람을 만나는 일이 급한 게 아니라 전도하겠다고 하셨다. 그 일을 위하여 오셨다고 하신다. 예수님의 관심은 제자들의 관심과는 전혀 다르다. 예수의 전도 무대는 아직도 희망이다. 온 갈릴리를 다니며 그들의 회당에서 마음껏 전도하시고 귀신들을 쫓아내신다. 그 당시 모든 사람들이 악한 귀신들에 얽매여 얼마나 억눌려 살고 있었는가를 보여준다. 아직까지는 아무도 예수님의 활동을 감시하거니 제재하는 자가 없다.

08

나병 환자를 깨끗하게 하시다

(1:40-45)

"한 나병 환자가 예수께 와서 꿇어 엎드려 간구하여 이르되 원하시면 저를 깨끗하게 하실 수 있나이다 예수께서 불쌍히 여기사 손을 내밀어 그에게 대시며 이르시되 내가 원하노니 깨끗함을 받으라 하시니 곧 나병이 그 사람에게서 떠나가고 깨끗하여진지라 곧 보내시며 엄히 경고하사 이르시되 삼가 아무에게 아무 말도 하지 말고 가서 네 몸을 제사장에게 보이고 네가 깨끗하게 되었으니 모세가 명한 것을 드려 그들에게 입증하라 하셨더라 그러나 그 사람이 나가서 이 일을 많이 전파하여 널리 퍼지게 하니 그러므로 예수께서 다시는 드러나게 동네에 들어가지 못하시고 오직 바깥 한적한 곳에 계셨으나 사방에서 사람들이 그에게로 나아오더라."

갈릴리 지역에서 전도하는 중에 일어난 사건이다. 한 나병 환자[64]가 예수님께 나아와 엎드려 간구한다. 나아와서는 안 될 사람이 사람들 앞에 나왔다. 그는 바리새인들이 그토록 강조하던 정결법을 어기고 나아온 것이다. 그런데도 예수님은 그를 꾸짖지 않으시고 그를 받아 주셨다.

엎드린다는 말은 기본적으로 예배한다는 의미이다. 그만큼 예수님을 존경한다는 표현이기도 하다. 이 환자는 예수님이 그동안 행하셨던 모든 일을 듣고 알았던 것 같다. 그래서 "원하시면 저를 깨끗하게 하실 수 있나이다"라고 간청했다. 나병 환자는 예수님이 고치실 수 있는지 없는지를 가정하지 않았다는 사실이 강조되어 있다. 단지 고치기를 원하시는지 그분의 의지를 물은 것이다. 마가는 나병 환자가 왔다는 표현을 생생한 역사적 현재(the historic present)로 나타낸다. 그리고 나병 환자는 예수께서 나병도 치료하실 수 있는 능력(power)를 소유하신 분임을 조금도 의심하지 않았다고 했다. 단지 자기를 고쳐 주기를 원하시는가를 묻고만 있다.[65] 이것은 예수님의 의견을 존중하는 그의 겸손이다. 예수님의 사역에서 첫 번째 나타난 믿음의 사람이 바로 이 나병 환자였다.

그 당시에 나병이 나을 거라는 사실을 의심 없이 믿었다는 것은 대단한 믿음이 아닐 수 없다. 그런 믿음을 가진 나병 환자에게 예수님은 고쳐 주기를 원한다고 하시며, 손을 내밀어 그에게 대셨다. 놀라운 것은 나병 환자는 사람들이 있는 곳에 나올 수가 없는데도 나왔다는 점이고,[66] 그

---

64) 예수 시대에 나병이란 용어는 현대인들이 일컫는 나병보다도 훨씬 넓은 의미로 사용되었다.

65) 헬라어에는 '원한다'는 두 단어가 있다. 하나는 '*thelō*'로 어떤 사람의 감정으로부터 나오는 소원을 말하고, 또 하나는 '*boulomai*'로 그 사람의 어떤 이유로부터 나오는 소원이다. 여기서는 전자의 경우로 사용하였다(Quest, p.40)

66) 레위기 13장 45,46절에 의하면, 나병 환자는 혼자 살아야 하고, 성 밖에서 사람들과 격리되어 살아야 한다. 만약사람들이 가까이 올 때는 옷을 찢고 머리를 풀며 윗입술을 가리고 "부정하다, 부정하다"고 말해서 사람들의 접근을 막아야 한다. 그런데도 이 환자는 많은 사람들 사이에서 나아와서 예수님에게 접근한 것이다.

럼에도 불구하고 받아 주어서는 안 되는 부정한 사람을 예수님이 받아 주셨다는 점이며, 마침내는 접근을 금지한 그런 환자에게 손을 대셨다는 점이다. 그리고 치료해 주셨다는 점이다. 이것이 놀라운 점이다.[67]

왜 예수님은 이처럼 유대 정결법을 여기면서까지 나병 환자에게 손을 대며 고쳐 주셨을까? 예수님은 레위기에 나오는 정결법을 의도적으로 어기기로 작정한 사람같이 행동하셨다. 그 이유를 마가는 아무 설명 없이 '불쌍히 여기다' 는 말로 간단하게 표현한다. '불쌍히 여기다' 는 말은 '동정과 연민으로 마음이 움직이다' (moved with compassion)란 의미이다. 여기서 사용된 '불쌍히' 란 단어, '스플랑크니스데이스' (*σπλαγχνισθείς* - *σπλαγχνίζαι*의 분사, 단순과거 수동태)는 번역하기가 어려운 단어이다.[68] 히브리 개념으로 연민(compassion)은 하나의 느낌이지만, 그러나 이 동사가 가지는 의미는 그 느낌이 흐르는 데서 일어나는 존재의 행동(a way of being)을 말한다. 불쌍히 여기는 마음은, 행동하는 이유가 행동하는 사람에게 있는 게 아니라 그것을 받는 사람에게 있다. 예수께서 불쌍히 여겼다는 말은 오직 고통을 당하고 있는 그 사람에 대한 아픔, 그것에만 집착하여 고쳐 주지 않고는 견딜 수 없으셨다는 뜻이다. 이것이 스플랑크니

67) 유대 정결법에 의하면 나병 환자는 아주 불결한 사람이다. 그래서 사람들에게 나올 수 없을 뿐아니라, 불결한 사람인 그에게 정결한 사람이 손을 댈 수 없었다. 그런데도 예수님은 정결법을 어기면서까지 그 환자를 치료해 주셨다.

68) 영어로 'compassion' 이란 말인데, 그 사람과 고통을 함께 당한다는 뜻이다. compassion은 여인의 자궁(womb)을 의미한다. 어머니와 아이가 고통을 함께 당하는 것을 말한다. 스플랑크니스데이스(*σπλαγχνισθεὶς*)는 스플랑크니조마이(*σπλαγχνὶζομαι*)의 단순과거 수동태 분사 용법이다. 이 동사가 갖는 뜻은 그 나병 환자를 보는 바로 그순간에 그 사람의 아픔이 예수님의 가슴을 움직였다는 것이다.

스데이스(σπλαγχνισθείς-splanchnistheis)이다. 연민은 예수님의 행동 규범의 원리이다. 그분의 행동의 동기는 언제 '불쌍히 여김'(compassion)이다. 그 외에 어떤 법이나 규례 같은 것에 결코 매이지 않으셨다. 그러므로 '스플랑크니조마이'의 마음을 가진 예수님은 정결법 같은 것이 안중에 있을 수 없으셨다. 또 그렇게 행동하심으로 앞으로 일어날 결과 같은 것도 안중에 없으시다. 그런 마음으로 행동하신 것이 일부러 유대 사회의 법에 도전하고 그 법을 파괴한 것처럼 보인 것이지, 의도적으로 유대법을 파괴하려고 하신 것은 아니었다.

예수님은 정결법을 어기고 나병 환자에게 손을 대신다. 한 번도 정상적인 사람과 접촉해 본 적이 없는 그 사람에게 손을 대시고 치료해 주심으로, 예수님은 그의 육체적 정신적 아픔과 상처를 한꺼번에 치료해 주셨다. 그를 불쌍히 여겼기 때문이다. 병자를 고쳐 주신 주님께서는 아무에게도 말하지 말라고 엄히 명하신다. 대신 제사장에게 보여서 완치되었다는 판정을 받으라고 하시고, 또한 모세가 명한 대로 제사장에게 헌금을 가져가라고 하셨다(레 14:1-32 참조). 아무에게도 말하지 말라고 하신 것이 제사장에게 완치의 판정을 받기까지 말하지 말라는 말인지, 아니면 사람들이 예수를 나병이나 고치는 사람으로 각인되는 것을 막기 위해서 말하지 말라고 하였는지는 확실하지 않다. 아마도 후자에 더 큰 강조점을 두신 것 같다.

제사장에게 가서 보이고 나았다는 사실을 인정받으라고 하신 것을 보면, 예수님은 철저하게 유대주의의 테두리 안에서 행동하셨다. 동시에 고침을 받은 사람에게도 법적으로 인정을 받고 자유인으로 살도록 권고하신 것이다. 그러나 고침을 받은 사람은 예수님의 당부를 지키는 것보다 자기가 나았다는 사실을 알리고 싶어했다. 그는 자기가 낫게 된 일을 계속해서 널리 전하였다. 따라서 예수님도 집에 들어가지 못할 만큼 갈릴리 모든 사람에게 알려졌다. 예수님은 다시 한적한 곳으로 피하셨지만

사람들은 사방에서 계속해서 예수님에게로 몰려들고 있다.[69]

나병 환자를 치료해 주신 사건은 초기 예수님 사역의 절정에 속하는 사건이다. 이 시기는 어느 곳에서, 누구에게도 제재나 방해를 받지 않고 활동하신 시기이고, 동시에 예수님은 나병를 고쳐주심으로써 자기의 사역 정신의 중심이 무엇인가를 확실하게 나타내 보여주신 시기이기도 하다. 예수님의 사역의 핵심은 '연민'(σπλαγχνισθείς-splanchnistheis)이다. 이 사랑은 토라나 장로들의 유전이나 그 무엇보다도 우선이다. 46절 하반절은 이렇게 마친다.

"그러므로 예수께서 다시는 드러나게 동네에 들어가지 못하시고 오직 바깥 한적한 곳에 계셨으나 사방에서 사람들이 그에게로 나아오더라."

······················ 역사와 상황 3 ······················

스플랑크니조마이(σπλαγχνίζομαι)

이 단어는 복음서에만 13번 사용되었다(마 9:36, 14:14, 15:32, 18:27, 18:33, 20:34(6회); 막 1:41, 6:34, 8:2, 9:22(4회); 눅 7:13, 10:33, 15:20(3회)). 누가복음 10장에 선한 사마리아인의 비유에서 사용된 것을 제외하면 이 단어는 모두 예수님에게만 사용되었고, 이 단어 뒤에는 반드시 기적이 뒤따라 왔다.

스플랑크니조마이를 영어에서는 'compassion'(연민)으로 번역한다. com-

69) 마가복음 14장 3절은 치유된 나병 환자로서 베다니에 살고 있는 한 사람을 소개한다. 그가 여기에 나오는 나병 환자라면 그는 완전히 치유되어 그곳에서 살고 있었다. 마가복음 14장 3절 주석을 참고할 것.

passion은 하나의 인간 감정뿐 아니라 동시에 성경에는 하나님의 속성(quality)이라고 한다. 구약 성경에서 compassion이신 하나님을 말한다는 사실은, 예수와 당시 유대인들 사이에 대조되는 점을 강조점의 차이란 점으로 이해해야 한다는 사실을 지적한다. 1세기 유대인들 역시 하나님의 연민에 대하여 말했다. 그러나 예수님은 하나님께서 거룩하다는 것을 결코 부인하지 않으셨다. 문제는 하나님이 연민이냐 거룩이냐가 아니라 그것이 하나님의 이미지로서 중심되는 패러다임이 되느냐 아니면 충실한 공동체의 생명을 그리는 패러다임이 되느냐 하는 것이다. 예수는 하나님의 연민을 계속해서 강조하셨다. 돌아온 아들, 사마리아인의 비유, 무자비한 종의 비유는 예수님의 연민을 보여준 좋은 예이다(연민을 그에게 보여준 것에 따라 행동하지 않았다). 세리와 바리새인의 비유에 나오는 세리는 하나님의 연민에 호소했다(눅 18:13, 참조 눅 15:20, 10:33; 마 18:23-35).

예수님의 기적의 동기는 한결같이 불쌍히 여기는 연민이다. 유대사회에서 안식일은 거룩한 날이다. 유대인 대부분은 안식일을 거룩한 이미지로 강조한다. 그래서 그날에는 생명이 위험할 때만 치료가 허락되었다. 그러나 예수는 생명의 위험을 느낄 때가 아니라도 연민의 마음으로 치료를 하신 것은 거룩의 요구를 넘어 연민이 우선되어 선택하신 일이었다.[70]

하나님이 불쌍히(compassionate) 여기듯이, 하나님께 신실하려는 백성들, 즉 하나님의 자녀들도 불쌍히(compassionate) 여기는 마음으로 살아야 한다. 하나님께서 연민에 의하여 움직이셨고 그것에 의하여 느끼셨던 것처럼, 결과적으로 예수의 운동도 하나님의 파토스(pathos) 안에 참여하는 것이다. compassion으로 하나님의 파토스는 예수 운동의 기풍(ethos)이 되어야 하는 것이다.[71] 예수님은 하나님의 지배적인 속성이 불쌍히 여기는 연민으로 보았다. 그렇다면 하나님의 속성을 닮아가려는 자세가 바로 연민으로서의 삶이다. 크리스천들이 그리스

---

70) *Jesus New Vision*, p.130.

71) 전게서, p.131.

도의 제자들이라면 바로 연민의 사랑으로 살아가야 한다.

연민의 사랑으로 본 사마리아인의 비유(눅 10:31-37)

예수께서 들려 주신 사마리아인의 비유, 돌아온 아들의 비유, 그리고 부자와 나사로 비유는 하나님(예수님)의 파토스를 가장 잘 보여주는 대표적인 비유이다. 이 가운데 사마리아인의 비유를 소개한다.

어떤 사람이 예루살렘에서 여리고로 내려가다가 강도를 만나 모든 것을 빼앗기고 맞아서 거의 죽게 된 채 버려졌다. 그때 제사장이 그 길로 지나게 되었다. '지나갔다'는 언어 'ἀντιπαρῆλθεν'(안티파렐덴)에서 보는 대로 ἀντι(안티), 즉 반대편으로 돌아서 갔다는 말이다. 오던 길을 돌아서 다른 길로 갔으니 사막에서 얼마나 많은 거리를 돌아야 했겠는가? 그러나 그는 도리어 그 자리를 피해 오던 길로 돌아갔고, 율법사도 그리했다. 그 다음에 온 사람은 사마리아 사람이었다. 유대인과 사마리아 사람은 상극이었다. 유대인들은 사마리아인들을 부정한 사람들로 여겨서 서로 접촉하는 것을 금하고 있었다. 사마리아인들은 유대인에게 손을 대서는 안 되는 사람들이었다. 그런데도 사마리아인은 내려가 죽어가던 사람을 구해내어 기름을 바르고 자기 나귀에 태워서 안전한 곳까지 데리고 가서 하루를 돌봐주고, 돈까지 주며 치료를 부탁하였다.

그때 지불한 두 데나리온은 얼마 동안의 숙박비나 될까? '자안(Zahn)은 폴리비우스(Polybius II. 14,6)로부터 그의 시대(주후 140년경)에 상부 이탈리아에서 여관의 유숙비와 식사비는 1인당 1/2 아사리온(Assarion)이었다고 보고한다. 이것은 1데나리온의 1/32이다. 이에 따르면 이 사마리아인은 두 달치를 미리 지불한 것이다.[72] 그것으로 미루어보면 강도 만난 사람은 의식불명이었다고 생각

72) 렌스키, 《누가복음 주석》 I, 백합출판사, 1977, p.524.

된다.

사마리아 사람은 자기를 사람 취급도 안 해주는 유대인을 왜 그처럼 지극 정성으로 돌봐 주었을까? 왜 그의 생명을 구해 준 것일까? 그렇다면 제사장이나 율법사들은 같은 유대인이 그처럼 위험을 당했는데도 왜 그냥 지나갔을까? 서로 접촉해도 되는 사람들은 그냥 지나가고, 접촉해서는 안 되는 사람은 도와준 셈이다. 인간 이성으로는 이해가 되지 않는다. 그런데 예수님은 그 사마리아 사람이 강도 만난 사람을 살려 준 이유를 한마디로 표현하신다. "불쌍히 여겼다."

사마리아 사람이 '연민' 때문에 그 사람을 살려 주었다면, 반대로 제사장이나 율법사는 불쌍히 여기는 마음이 없었다는 것으로 해석할 수 있다. 다시 말하면 그들이 피해 지나간 이유는 그들의 행동 규범이 달랐기 때문이라고 말할 수 있다. 이것을 정결과 부정이라는 유대적 개념으로 설명할 수 있을 것이다. 제사장과 율법사는 연민으로 그 사람을 바라본 것이 아니라 자기들의 정결법으로 그를 보았다. 그들의 법에 의하면 시체는 가장 부정하다. 물론 살아 있는 동안의 육신은 정결하다. 그러나 혹 도와주려고 만지고 있는 동안 그 사람이 죽는다면 가장 부정한 것을 만지고 만 것이 된다. 그 사람이 거의 죽게 되었다고 주님은 전제하셨다. 그들은 부정한 것을 만지는 결과가 올지 모르는 상황에서 정결의 법을 선택한 것이다. 그러나 사마리아 사람은 유대인들이 소중하게 여기는 장로들의 규례로 사람을 보지 않았다. 단지 그 마음에서 일어나는 연민의 정으로 그 사람을 보았기 때문에 도와주지 않고는 견딜 수가 없었던 것이다.

이 비유의 마지막 구절에서 예수님은 유대 지도자들에게 물으셨다. 질문의 핵심은 '사랑이 무엇이냐' 는 것이었다. 그러나 사랑이 무엇이냐고 묻기 전에 중요한 것은, 그 사랑을 평가하는 사람이 누구냐 하는 점이다. 그래서 예수님은 "누가 강도 만난 사람의 이웃이 되겠느냐?"고 물으셨다. 여기서 예수님은 이웃의 개념을 바꿔 놓으셨다. 예수님이 말하는 이웃에 대한 개념을 마태복음 5장에서 명확하게 언급하신다. "나는 너희에게 이르노니 너희 원수를 사랑하며 너희를 박해하는 자를 위하여 기도하라"(마 5:44), "너희가 너희를 사랑하는 자를 사랑하면 무은 상이 있으리요 세리도 이같이 아니하느냐 또 너희가 너희 형제에게만 문안하면 남보다 더 하는 것이 무엇이냐 이방인들도 이같이 아니하느냐"(마 5:46,47). 사랑은 사랑을 필요로 하는 사람이 평가하는 것이지, 사랑을 베푸는 사람이 평가하는 몫이 아니란 말이다. 그러므로 예수님은 이 비유를 통하여 도움을 필요로 하는 사람들에게 냉혈동물처럼 굴었던 유대 종교 지도자들을 책망하신 것이다.

이 비유는 예수님의 제일 되는 행동의 원리, '연민'을 보여주는 완벽한 비유이다. 돌아온 아들의 비유에서도 아버지와 큰아들의 차이는 바로 그들의 행동 규범이나 불쌍히 여기는 근본정신이 무엇이었는가를 대조적으로 보여준다.

09

중풍 병자를 고치시다

(2:1-12)

"수일 후에 예수께서 다시 가버나움에 들어가시니 집에 계시다는 소문이 들린지라 많은 사람이 모여서 문 앞까지도 들어설 자리가 없게 되었는데 예수께서 그들에게 도를 말씀하시더니 사람들이 한 중풍 병자를 네 사람에게 메워 가지고 예수께로 올새 무리들 때문에 예수께 데려갈 수 없으므로 그 계신 곳의 지붕을 뜯어 구멍을 내고 중풍 병자가 누운 상을 달아 내리니 예수께서 그들의 믿음을 보시고 중풍 병자에게 이르시되 작은 자야 네 죄 사함을 받았으니라 하시니 어떤 서기관들이 거기 앉아서 마음에 생각하기를 이 사람이 어찌 이렇게 말하는가 신성 모독이로다 오직 하나님 한 분 외에는 누가 능히 죄를 사하겠느냐 그들이 속으로 이렇게 생각하는 줄을 예수께서 곧 중심에 아시고 이르시되 어찌하여 이것을 마음에 생각하느냐 중풍 병자에게 네 죄 사함을 받았느니라 하는 말과 일어나 네 상을 가지고 걸어가라 하는 말 중에서 어느 것이 쉽겠느냐 그러나 인자가 땅에서 죄를 사하는 권세가 있는 줄을 너희로 알게 하려 하노라 하시고 중풍 병자에게 말씀하시되 내가 네게 이르노니 일어나 네 상을 가지고 집으로 가라 하시니 그가 일어나 곧 상을 가지고 모든 사람 앞에서 나가거늘 그들이 다 놀라 하나님께 영광을 돌리며 이르되 우리가 이런 일을 도무지 보지 못하였다 하더라."

한적한 곳에서 다시 가버나움으로 돌아오셨다. 집에 계신다는 소문은 삽시간에 퍼졌고, 그 소문을 들은 많은 사람들이 다시 모여왔다. 이제는 더 많은 사람들이 예수를 찾아와서 이제는 문 앞까지도 들어설 자리가 없게 되었다(2:2). 예수의 사역이 절정에 이르렀다. 예수님은 그들에게 도를 가르치기 시작하신다. '가르치다' 는 동사, 엘라레이(ἐλάλει)는 원래 새들이 재잘대는 소리를 나타내는 단어이다. 그러니까 예수께서는 모여온 무리들에게 아주 평안한 소리로 가르치고 계셨다는 말이다. 복음서에서 보여주는 예수님의 특별한 행동 중 하나는, 언제나 무엇을 하기 전에 가르치셨다는 점이다. 가르치시는 일에 언제나 우선순위를 두셨다는 점을 기억해야 한다.

그처럼 가르치고 계시는데 갑자기 그 일을 방해하는 일이 일어났다. 사람들이 한 중풍 병자를 네 사람에게 메워 가지고 예수께로 왔기 때문이다. 중풍 병자를 메고 온 사람들은 무리들 때문에 예수님이 계신 곳에 접근할 수가 없었다. 그러자 그들은 지붕으로 올라가 그곳을 뜯기 시작했다. 이렇게 보면 이 집의 지붕은 밖으로부터 올라가는 계단이 있었던 같다. 당시 팔레스타인의 집들은 지붕이 평평했고 그 지붕으로 올라가는 계단이나 사다리가 밖으로 나 있었는데, 이들은 그 곳을 이용하여 지붕으로 올라갔을 것이다. 그리고 그들은 예수께서 무리를 가르치고 있는 그 지붕의 바로 위를 걷어내기 시작하였다(2:4).

이스라엘의 집 구조는 한 칸짜리 집인지 아니면 두 칸짜리 집인지에 따라 약간씩 달라진다. 한 칸짜리 집의 지붕은 갈대나 가시덤불의 자리를 깔고 그 위를 흙과 진흙으로 덮고 그 위에 모래나 자갈을 뿌린 다음

굴림대 돌로 평평하게 다져 비가 새는 것을 막았다. 그래서 지붕에는 풀이 자라기도 했다(시 129:6; 왕하 19:26; 사 37:27 참조). 겨울에 비가 오고 나면 이런 진흙 지붕은 풀과 잡초로 무성했다가 곧 사라진다.[73)] 두 칸짜리 집은 양쪽에 방을 들이고 중간에는 하늘이 보이는 뜨락이 있고, 그곳에 지붕을 씌운 형태이다.[74)]

본문의 기록으로 보아 예수가 앉아서 가르치고 있던 집의 지붕을 뜯었는데, 이런 경우는 전자와 후자가 모두 가능하다. 그러나 본문에서 중요한 것은 그 집 구조가 어떤 것인지, 과연 지붕을 걷어내는 일이 가능했는가가 아니라 보통 사람들이 상상할 수 없는 일을 그들은 생각해 냈고, 할 수 없는 일을 해서 환자를 그분 앞에 내려놓았다는 점이다. 그들이 환자를 내려 놓았다는 것을 좀더 쉽게 이해하도록 당시 상황을 가능하게 해석해 보려는 시도는 복음서 이해에 그리 중요하지 않다.

여하튼 무리를 향하여 가르치고 계시던 그분은 큰 불편은 물론 고통까지 감수해야 했을 것이다. 가르치는 일이 방해를 받은 것은 물론이고 머리 위로 흙과 먼지들이 떨어져 앉은 그분 모습을 상상해 보자. 그 집이 베드로의 집이라면 집을 수리하는 데 상당한 돈을 지불해야 했을 것이다. 그런데도 예수님은 불평 한마디, 책망 한 번 하지 않으셨다. 도리어 그들의 믿음을 보시고 중풍 병자를 치료해 주셨다. 보통 사람들은 형식을 본다. 그러나 그분은 마음을 보신다. 그래서 그들을 사랑하셨다.

"작은 자야 네 죄 사함을 받았느니라"(5절). 마가복음 1장에서 이미 소개한 대로 나병 환자를 치료하신 예수님의 중심은 바로 그분을 필요로 하는 사람들의 아픔과 고통 속에 이미 가 계신다는 사실을 보여주었다.

---

73) 프레드 와이트, 《성지 이스라엘의 관습과 예의》, 김정훈 역, 보이스사, pp.28-29.

74) Ibid, pp.46-47.

그런 사람을 돕고 사랑하는 일에는 어떤 장애가 있을 수 없었다. 누구든지 어떤 방법으로 그분에게 나아오기만 하면, 그분은 그를 기뻐하시고 그 고통에서 해방시켜 주셨다.75)

그들의 믿음을 보셨다면, 그들은 누구를 말하는가? 그들은 환자를 메고 온 네 사람과 환자 자신을 포함하는 것으로 보인다. 왜냐하면 환자를 가리켜 "작은 자야" 하고 말씀하셨기 때문이다. 그들의 믿음은 과연 어떤 믿음인가? 환자를 메고 온 네 사람 그리고 환자는 틀림없이 나병 환자가 나았다는 소식을 듣고 오래된 중풍 병자도 나을 것이라 믿었을 것이다.76) 그리고 이들은 믿음이 장벽에 부닥쳤을 때에도 좌절하거나 흔들리지 않고, 장벽을 넘어 지붕을 뚫고 환자를 내렸다.

"작은 자야 네 죄 사함을 받았느니라"(5절)를 직역하면 '아들아, 너의 죄들이 용서되었다' 이다. 중풍 병자가 어른이었을 터인데 '아들' 이라고 부르셨다. '작은 자' 란 문자적으로 번역하면 '어른 아들' (an adult son)로 번역할 수 있다.77) 예수님은 중풍 병자에게는 질병도 문제지만 그의 죄들(sins)이 더 문제가 된다고 생각하시고 죄를 용서해 주시는 것으로 병

---

75) 누가복음 19장에서는 삭개오가 예수님을 보기 위하여 뽕나무 위에 올라가 있던 모습을 소개한다. 주님은 삭개오의 집에 유하겠다고 하셨다. '유하다' (μεῖναι)는 말은 μένω의 제1 과거부정, 능동형인데, 요한복음 15장 3절에 나오는 "내 안에 거하라"는 동사와 같은 뜻으로 영원히 삭개오 집에 거하시겠다는 것을 의미하는 동사이다. 누가복음 19장 7절에 '유하러 들어갔다' (κατλύση-손님으로 머문다)에 사용된 동사와는 의미가 전혀 다르다.

76) 마가복음 2장 1-12절 앞에 마가복음 1장 40-45절에 나오는 나병 환자의 치유 사건이 나온다. 그러므로 이 두 사건은 연결된 것으로 보아야 한다.

77) 작은 자라고 번역된 teknon은 아들(son)이란 뜻인데, 어른을 아이라고 부르는 경우에 쓴다. 물턴(Moulton)과 밀리간(Miligan)은 'teknon' 은 단순하게 아들이란 용어가 아니라 어른들까지도 아주 친절하게 부르는 언어라고 했다(Qwest, p.47).

을 고쳐 주셨으며, 아주 따뜻한 감정으로 그를 가장 친절하게 대하시는 모습을 보여준다. 예수님은 환자를 데리고 온 사람들의 믿음을 처음부터 끝까지 보아왔다는 뜻이다. 그들의 행동은 확실하게 그들의 믿음의 증거를 보여준 것이다. 그들의 믿음을 보시고 환자를 고쳐 주셨다. 그러나 환자를 '아들'이라고 부르신 것을 보면 그 환자의 믿음도 인정했다고 볼 수 있다.

중풍 병자와 친구들의 믿음에 대한 이야기는 마가복음에 나타나는 믿음에 대한 두 번째 예(例)이다. 여기서 '믿음'(πίστιν)은 예수와 그의 권능에 대한 흔들리지 않는 신뢰를 뜻한다. 흔들리지 않는 그들의 믿음을 보시고 즉시 고쳐 주셨다.

서기관(율법사)이 나타났다(2:6). 예수님의 사역 현장에 드디어 서기관이 등장한 것이다. 서기관들은 이미 거기에 앉아 있었다. 본문이 보여주는 그들의 자세는, 그들은 일찍 그곳에 와서 예수가 잘 보이는 곳에 자리를 잡고 앉아 있었다는 것을 암시하고 있다(Certain of the scribes sitting there). 본격적으로 그분 가까이서 그분의 말을 듣고 문제가 무엇인가를 분명하게 판단해 보려는 자세이다. 그런데 그곳에 등장한 서기관은 '어떤 서기관들'이다. 마가복음 2장 16절에 나오는 '바리새인의 서기관'과는 구별되어 있다.

서기관들은 예수님 당시 사회에서 중심적 역할을 한 사람들로, 제2성전 시기에 중요한 지도자들로 등장하였다. 서기관들은 많은 기능을 하였는데, 거룩한 문서를 기록하는 일을 포함하여 법적 문서를 작성하는 일, 회계사 역할, 행정관 그리고 법률 자문관까지 맡아서 일했다. 서기관들의 교육은 딱딱하고 반복적인 교육이었다. 현대 수준으로 보면 대부분 고대 서기관들이 잘 훈련받은 사람들은 아니다. 그러나 소수 서기관들은 이스라엘 법의 난해한 규정들과 구약의 외경에서 발견되는 복잡한 일들에까지 정통하였다. 후자들은 엘리트 서기관 그룹에 속하는 자들이고, 전자의 서기관들은 마을의 비 엘리트들로서 단순한 역할만을 감당하였다.[78]

일반적으로 서기관들이란 토라를 가르치는 랍비일 뿐 아니라 산헤드린에서 사법권을 가진 자들이었다.[79] 1세기 유대지역은 예루살렘 성전에 집중되어 있었다. 엘리트 제사장들은 제사장이 아닌 사람들이 하나님에게 지고 있는 빚들을 추적하거나, 그것을 특별 세리들을 통하여 징수하도록 서기관들에게 권리를 위임하였다. 마을의 기술공, 소작농, 어부, 일반 유대인들은 부도덕한 일, 그들이 지은 죄, 서약한 일 그리고 정기 성전세 등으로 인하여 늘 빚을 지고 살았다.

그러므로 그들이 등장한 것은 종교 지도자들이 예수님에 대한 조사를 시작한 것임을 알리는 신호라고 할 수 있다. 이제부터 예수의 사역은 유대 지도자들과의 충돌이 불가피하게 되었다. 중풍 병자를 고치신 일은 예수님 사역의 절정을 알림과 동시에 종교 지도자들과의 충돌의 시작을 알리는 사건이 되었다. 율법사들은 그분이 한 말 중에 문제를 발견하였다. 그들은 죄목까지를 이미 정했다. "어찌하여 이 사람이 이렇게 말하는가?" 사람의 죄를 용서할 수 있는 분은 오직 하나님이시며, 사람이 다른 사람의 죄를 용서할 수 없다고 생각하던 그들은 그 발언을 신성모독으로 판단했다.[80] 이것은 죄를 사유하는 예수님의 사역의 본질이 드디어 중요

78) *Palestine in the time of Jesus*, p.182.

79) 서기관(Scribe)은 산헤드린 공의회 안의 사법권을 맡은 사람들이다. 이들은 틀림없이 예수의 가르침에 문제가 있다는 보고를 받고 조사하러 온 것이다. 예수의 가르침과 행위가 산헤드린 장로들의 유전에 위배되는 점을 포착하고 그곳에 나온 것이다(*Palestine in the time of Jesus, Ibid.* p.147).

한 이슈로 등장한 것이고, 바로 그 점이 장로들[81]의 유전과 충돌하게 되는 예민한 이슈란 점도 분명해졌다.[82]

예수는 그들의 마음을 아셨다. 마음을 아셨다는 말은 그분의 어떤 신성을 통하여 그들의 마음을 알았다는 것을 의미하기도 하지만, 그보다는 예수 자신의 발언이 그들을 어떻게 반응하게 할 것인가를 알았다고 보는 게 옳을 것이다. 이것은 예수님이 바리새인들의 율법이나 유전을 정확하게 알고 계셨다는 의미이고, 어떤 점에서 자신과 그들이 다른가도 정확하게 아시면서도 자신의 행동원리에 따라 서슴없이 행동하셨다는 것을 나타낸다. 그들의 생각을 아시고 "어느 것이 쉽겠느냐?"고 물으셨다. 예수님의 대답은 많은 뉘앙스를 가진다.

'네 죄 사함을 받았느니라' (Your sins are forgiven)는 말과 '일어나 네 상을 가지고 집으로 가라' (Get up, take your mat and walk)는 말, 이 두 문

---

80) 하나님의 이름을 모독하는 것은 신성모독(blasphemy)이다. 예수님은 하나님의 이름을 빌려 사람들의 죄를 용서하였기 때문에 유대의 지도자들의 입장에서는 예수님이 신성모독 죄를 범한 것이 된다.

81) '장로들' 이란 일반적으로 산헤드린 회원을 부르는 말이다. 흔히 산헤드린의 회원 중 대제사장 그룹과 서기관 그룹을 뺀 나머지 멤버들을 장로들이라 부른다.

82) 구약에 의하면 하나님만이 죄를 사할 수 있다(출 34:1-7, 43:25). 랍비들은 메시아라 할지라도 죄를 사할 권세가 없다고 확신했다. 하나님 한분 외에는 죄를 용서할 권세를 소유한 자는 아무도 없다는 것이 유대인의 통념이다. 하나님을 모독하는 자를 돌로 치라는 율법 규정이 있다(레 24:16). 이렇게 보면 서기관들의 눈으로는 예수님의 죄는 사형에 해당하는 것이다. 또한 유대인들은 질병이 하나님께서 진노하신 표라고 생각했다. 병자들도 자기 병이 죗값이라고 생각했다. 중풍 병자도 자기의 병이 죗값이라고 생각했는지 모른다(성서주해, p.382). 주님은 병자의 생각을 아시고는 죄를 사해 주시고, 율법사들의 죄의 관점까지를 바꾸려고 하신 것이다.

장을 비교해 보면 어느 말이 하기가 쉽겠는가? '네 죄가 사함을 받았다'는 말이 쉽지 않으냐는 유머이다. 그러나 그들에게 하신 진의는 '죄를 용서하는 일이 더 쉽다' 고 말씀하신 것이다. 그리고 10절에 진의를 드러내셨다.

이것은 대답을 회피하신 게 아니라 그들의 불평에 정면으로 도전하신 것이다. "인자는 땅에서 죄를 사하는 권세가 있는 줄을 너희로 알게 하려 하노라(10절)고 하시고[83] 그분은 자신의 말을 행동으로 옮기셨다. 자신을 법적 올무에 얽어매려는 서기관들 앞에서 환자에게 "내가 네게 이르노니 일어나 네 상을 가지고 집으로 가라"(11절)고 하셨다. 그는 즉시 일어나 상을 들고 모든 사람들이 보는 앞에서 걸어나갔다. 예수님은 인자란 말을 사용하셨고, 그를 치료해 주심으로 죄를 용서하는 권세가 있다는 것을 백일하에 드러내셨다. 서기관들은 그분의 문제를 발견하였다. 동시에 그분의 능력도 보았다. 그들 안에 갈등은 시작되었다.

무리들은 놀라고 두려워하면서 하나님께 영광을 돌렸다. 이런 일은 자기들 생전에 한 번도 본 적이 없는 일이라고 고백한다. 그러나 유대 지도자들의 심기는 대단히 불편해지기 시작하였다. 왜 이처럼 갈리는 것일까?[84] 예수님과 유대 지도자들과의 종교적 관점이 너무도 달랐기 때문이

---

83) '인자' 란 다니엘 7장 13절에 나오는 용어이다. 예수님은 자신을 메시아로 은밀하게 표현하기 위하여 인자란 용어를 자주 사용하였다.

84) 예수는 '죄인 하나가 회개하고 돌아오면 하늘에 기쁨이 있다' (눅 15:7, 10) 고 했다. 율법학자나 바리새인은 '하나님을 노엽게 하는 사람이 이 세상에서 없어지면 하나님 앞에 기쁨이 있다' 고 한다. 이렇게 보면, 그들 보기에 예수는 율법학자들의 세부적인 율법을 지키지 않았기 때문에 그들이 보기에 악인이라고 생각할 수밖에 없었고, 율법을 파괴하는 자요 하나님을 모독하는 자요 악인이요 종교의 터전을 침식하는 자로 보였다는 점이다. 그래서 예수를 제거해야 할 대상으로 생각한 것이다(바클레이, 예수의 생애와 사상, pp.221-222).

다. 예수님은 "죄인 한 사람이 회개하고 돌아오면 하늘에 기쁨이 있다"(눅 15:7,10)고 하신다. 반면 율법학자나 바리새인은 "하나님을 노엽게 하는 사람이 이 세상에서 없어지면 하나님 앞에 기쁨이 있다"고 한다. 이런 엄청난 차이 때문에 두 입장의 차이는 갈수록 크게 벌어져 갔다.

종교가 율법에 종속되면 종교는 형식주의가 된다. 율법이 정하는 대로 의식을 행하기만 하면 그 속의 생각이 어떻든, 어떻게 행동하든 선하고 좋은 사람이다. 종교를 자랑감으로 만들게 된다. 이런 일들을 일생 동안 지키면서 사는 사람은 보통 사람으로는 할 수 없는 일이기에 자신은 자연히 다른 사람들과 같지 않다는 생각을 하게 되고, 그것을 하나님께 감사한다(눅 18:9-14). 종교가 형식이 되면 내면의 진리와는 충돌하게 마련이다. 형식을 중요시하는 종교는 언제나 진리와 충돌하게 된다. 그러므로 방법은 진리에 의하여 이뤄져야 한다. 진리가 그것을 이뤄내기 위한 방법과 충돌되지 않는 종교는 생명력을 지니게 된다.

이 사건은 나병을 치유했다는 놀라운 기적 외에도 유대 전통이 그처럼 중요시하는 정결법의 한계를 무너뜨렸다는 점에서 예수님의 사역에서 중요한 위치를 차지한다. 그동안 암 하아레츠(Am Ha-aretz)들에게 질병만큼 무서웠던 것은 바로 정결법이었다. 모세의 율법에서는 질병을 예방하는 차원에서 그들을 격리시켰던 것을 유대 지도자들은 정결법으로 묶어 놓음으로써, 백성들을 무서운 법에 일생 동안 갇혀 살게 만들었다. 예수님은 이것을 파괴하신 것이다.

역사와 상황 4

유대의 정결법

유대교에서 말하는 토라(율법)는 십계명과 나아가서 다섯 두루마리를 가리킨다. 후에는 율법학자들의 율법, 또는 구전되는 율법 모두를 가리키는 말이 되었다. 그런데 율법학자들과 바리새인들에게 후대에 생긴 율법이 점점 중요해지면서 구속력을 갖게 되었다. 그들에겐 율법만큼 신성한 것은 없다. 토라는 세상이 창조되기 전에 이미 율법이 제정되었고, 세상 종말 후에도 없어지지 않을 것이라고 말한다. 아담은 그의 생애를 안식일 법을 지키는 일에서 시작하기 위하여 안식일 전에 창조되었다고 말한다. 이런 율법을 지키기 위하여 율법학자들은 수세기 동안 무수한 세칙과 규정을 만들어 왔다(막 7:3; 마 15:2). 이런 세칙이 성경 말씀보다 더 신성하고 구속력을 지닌 것으로 여겨졌다. 이것을 3세기 중엽에 문서로 기록한 것이 《미슈나》(Mishnah)이다(63개의 논문, 영어로 번역하면 800쪽).

율법학자들은 여기에 만족하지 않고 《미슈나》 논문의 주해작업을 시작했다. 이것이 《탈무드》이다(예루살렘 탈무드 12권, 바벨론 탈무드 60권). 이런 세칙은 성전을 중심으로 정결(purity) 법과 부정한(impurity) 법을 만들기 시작했고, 이 법은 마침내 사람을 정결한 자와 부정한 자로 구분하게 되었다. 죄인이나 세리들은 무조건 부정한 사람들이다. 나병은 의학적으로 무서운 질병이지만, 그들의 법에 의하면 불결한 중에 불결한 것이다. 예수님은 그처럼 불결한 환자를 만지시고 고쳐 주심으로 유대 정결법을 어기셨다. 마가복음 1장 21절에서는 안식을 어기셨다. 종교 전문가들은 보통 사람에겐 하나님에 대하여 말할 권리를 주지 않았다. 더욱이 그들의 눈에는 예수가 스스로 율법을 어기면서 다른 사람도 어기도록 충동하고 있었다. 그래서 이들은 예수님을 반대하고 침묵을 지키도록 하려고 온 것이다.[85)]

---

85) 바클레이, 예수의 생애와 사상, pp.211-218 참조.

10

레위를 부르시다(2:13-17)

"예수께서 다시 바닷가에 나가시매 큰 무리가 나왔거늘 예수께서 그들을 가르치시니라 또 지나가시다가 알패오의 아들 레위가 세관에 앉아 있는 것을 보시고 그에게 이르시되 나를 따르라 하시니 일어나 따르니라 그의 집에 앉아 잡수실 때에 많은 세리와 죄인들이 예수와 그의 제자들과 함께 앉았으니 이는 그러한 사람들이 많이 있어서 예수를 따름이러라 바리새인의 서기관들이 예수께서 죄인 및 세리들과 함께 잡수시는 것을 보고 그의 제자들에게 이르되 어찌하여 세리 및 죄인들과 함께 먹는가 예수께서 들으시고 그들에게 이르시되 건강한 자에게는 의사가 쓸 데 없고 병든 자에게라야 쓸 데 있느니라 나는 의인을 부르러 온 것이 아니요 죄인을 부르러 왔노라 하시니라."

예수께서 다시 바닷가[86]에 나가셨다. 중풍 병자를 고치시고 갈릴리 호숫가에 나가셨다. 거기서 기다리고 있는 큰 무리를 만나기 위해서 나가신 것은 아니다. 처음 제자들을 부르기 전에 바닷가를 거닐었던 이후에 두 번째로 한적한 곳을 찾아 나가신 것이다. 그래서 '다시 나가셨다' 고 쓴 것 같다.[87] 여기에 제자들과 함께 나갔다는 말이 없다. 혼자 나가신 것이다. "바닷가에 나가시매"란 말에서 'by'로 사용된 'para'는 'alongside'를 의미하기 때문에, 단순히 바닷가에 나간 것만이 아니라 바닷가를 거닐었다는 암시가 있다. 그렇다면 예수님은 조용한 시간을 얻어 생각도 하시고 휴식을 취하시며 또 하나님과 함께하는 시간을 가지기 위하여 바닷가로 가셨을 것이다.

그러나 무리들은 또 어김없이 그분이 있는 곳을 찾아내서 모여들었다. 예수님은 그들을 뿌리치지 않고 또 가르치신다.[88] 기회만 있으면 가르치시는 모습을 마가는 놓치지 않고 보여준다. 예수님께서 가르치는 것을 얼마나 중요하게 생각하고 계신가를 마가는 알았기 때문이다. 예수님은 바닷가에 모여든 큰 무리를 가르치셨다. 무리들을 가르치는 일을 계속하셨다는 뜻이다. 이제는 집으로 찾아온 무리들을 가르치기엔 장소가 너무 좁았다. 그래서 바닷가에서 가르치신다. 이미 서기관들과 한 차례 충돌이 일어난 직후이다. 그러나 앞으로 예상되는 반대와 고난에도 불구하고 그분의 걸음은 머뭇거리지 않는다.

13절과 14절 사이에는 상당한 시간이 흘렀다. 14절 이후의 내용은 한동안 무리들을 가르치시고 마치신 후에 일어난 일이다. 바닷가에서 마을

---

86) 유대에는 호수가 없다. 그래서 큰 물이 있으면 바다라고 부른다.

87) 바닷가로 나가신 경우는 많겠지만, 이 경우는 마가복음 1장 16절의 경우와 마찬가지로 어떤 쉼이나 생각의 여유를 가지기 위해 나간 것을 말한다. 그렇게 보면 두 번째 갈릴리에 나가셨다는 말이다.

88) 마가복음 2장 13절 한 절 안에, 시간적인 간격이 두 번이나 나온다. "바닷가에 나가시매"와 "그들을 가르치시니라"는 사이에 상당한 시간이 흘렀다. 그리고 가르친 것과 "또 지나가시다가"(14절) 사이에는 또 다른 시간적 간격이 있다.

로 나오는 길목이었을 것이다. 거기에 설치되어 있는 부스(booth)[89]에 앉아서 세금을 징수하고 있는 세리 레위를 보셨다. 그리고 "나를 따르라" 고 부르셨다. 세리를 제자로 부르신 것이다.[90] 당시 정황으로 보면 레위는 갈릴리 어부들이 가장 미워하던 존재였다. 그런 그를 제자로 부르셨다. "나를 따르라"는 말은 초대(invitation) 이상의 의미를 내포한 말이기 때문에 레위는 그것을 명령으로 받아들였을 것이다. "나를 따르라"는 말도 현재형이기 때문에, 단순히 '따르라' 는 말이 아니라 따르기를 시작해서 그분의 삶의 길을 계속 걸어가라는 의미이다. 예수님의 자기 희생의 길, 고난의 길, 사람들에게서 분리되는 길, 그리고 거룩한 길을 끝까지 따르라는 뜻이다. 레위는 그 말을 듣고 모든 것을 버리고 예수님을 좇았다.

가버나움은 헤롯 안티파스의 통치 영역에 속한 갈릴리 지역의 경제와 무역의 중심 도시였다. 동시에 헤롯 빌립의 통치 영역과 접경지역이어서 그곳에 세관이 있었다.[91] 거기에 세리[92] 레위가 있었는데, 그곳을 지나

89) 그가 앉았던 세관은 건물 안에 둔 사무실이라기보다는 길거리에서 어부들에게 세금을 부과하기 위해 세워 놓은 세관 부스(booth)를 말한다. 가버나움은 헤롯 안티파스에게 중요한 세관이었다. 그러므로 삭개오가 헤롯의 겨울궁이 있는 여리고의 세리장이었듯이, 레위도 여느 도시보다 중요한 세리장이었다.

90) 유대인들의 법에 의하면 세리는 죄인이다. 그들은 세리를 '강도와 간음하는 자' (눅 18:11 참조)와 동급으로 취급했다. 세금 징수관과 세리는 공적으로도 법률에 의해 권리를 박탈당하고 천대를 받았다. 이들은 이방인 노예와 마찬가지로 증인으로서 진술을 할 수 없었다. 그래서 예수님이 삭개오 집에 가실 때에도 사람들은 부정한 '죄인의 집' 에 갔다고 수군거렸다. 그런데도 예수님은 죄인의 집에 들어가셨고, 삭개오를 아브라함의 자손이라고 선언하셨다. 예수님은 율법에 따라 사람을 보신 것이 아니라 사랑의 눈으로 모든 믿는 자들을 동일하게 보았기 때문이다(예레미아스, 예수 시대의 예루살렘, p.391-392).

가시던 예수는 세관에 앉아 있던 알패오의 아들 레위를 부르셨다. 가버나움 세관은 헤롯 안티파스에게 대단히 중요한 자리였다. 가버나움은 갈릴리 호수 북서쪽에 위치한 도시로서, 예수님이 이곳을 사역의 중심 도시로 삼으신 것도 우연이 아니었다. 그곳에서 잡은 고기들은 다른 지역과 다른 나라들로 팔려나갔으며, 헤롯 안티파스는 바로 그곳에 세관을 두고 막대한 세금을 징수하였다.[93)]

레위도 왕과의 계약에 의하여 고기 잡는 권한을 관장하던 사람이었다(막 2:14; 마 9:9). 당시 세리들은 대부분 로마와 헤롯의 지배하에서 일하는 유대인이었다.[94)] 헤롯 안티파스와 직접 관계된 세리장이라면 그의 지

---

91) 이 지역에는 다메섹에서 지중해로 이동하는 무역상들의 서쪽 중심 도로가 있었고, 갈릴리 어부들이 배를 내리는 지역이거나 배로 이동하는 사람들의 나들목이었다. 문자적으로 '세관에 앉아'(sitting at(on-epi) the receipt of custom) 있었다는 말은 세금 받는 높은 단을 의미하므로, 세리들을 관장하는 위치로 해석할 수 있다(Qwest, Ibid, p.51).

92) 여기서 말하는 세리는 tax collector인데, 이는 로마 정부를 위하여 세금을 거두는 사람들이다. 그들은 세금에다 덧붙여서 그것을 자기들의 수입으로 삼았다. 로마 정부를 위해 일하기 때문에 유대인들은 그들을 반역자라고 생각했다(Net Bible. p.1975).

93) 가버나움과 막달라에서 잡은 고기들은 가나(Cana)를 거쳐, 지중해 연안의 항구도시인 프톨레미-Ptolemais/악고(Akko)로 수출되었다(Wuellner 1967; 32-33: Palrstine, p.110). 고대 갈릴리인들의 고기 요리는, 끓이거나 굽거나(눅 24:42;요 21:9), 잔뼈를 빼고 다지거나, 부추, 우유 또는 달걀과 함께 하는 것이다. 고기 기름은 등잔의 기름이나 약으로 사용하기도 하였다(Carta, p.109).

예루살렘 성문 가운데 어문(fish gate)으로 불린 성문이 있었는데, 이 어문 근처에 예루살렘 어시장이 있었을 것으로 본다. 이것은 고대 유대인들의 식탁에 물고기가 얼마나 중요한 위치를 차지했는가를 설명해준다.

94) "Binding the strong man", 전게서, p.157

위는 대단히 중요한 자리였음은 말할 필요가 없다. 그러니 사람들에게 곱게 보일 수가 없었던 사람이다. 갈릴리 사람들의 미움의 대상인 그를 제자로 부르신 것은 당시로서는 충격 중의 충격이었다. 그뿐 아니라 이제는 죄인의 집에 들어가 식사 자리에 앉으셨다. 식탁에 같이 앉는 것은 상호 친밀감을 나타낸다.[95)]

예수께서 세리 레위 집에서 식사하신다는 소문은 그 지역에 톱 뉴스로 급하게 퍼져나갔다(15절).[96)] 이 장면도 레위를 제자로 불렀던 사건과는 시간상의 차이가 있다. 레위의 집에서 식사하는 사람은 레위 식구와 제자들만이 아니라 그 지역의 다른 세리들과 죄인들까지였다. 죄인들의 집합소 같은 인상을 풍긴다. '음식을 먹는다' 는 표현은 유대 귀족들이 만찬을 할 때 식탁에 비스듬히 기대고 먹는 모습을 말한다. 예수님은 갈릴리 시골 촌사람들을 데리고 세리들과 함께 식탁에 기대고 앉아서 마치 귀족들이 하듯이 식사를 하고 계셨다.[97)] 그 자리에 서기관들이 어김없이 나타났다. 그런데 이번에 나온 서기관들은 '바리새인의 서기관' 들이다.[98)] 바리새인 중 서기관이 등장한다. 서기관(Scribes) 중에 대부분은 바

---

95) 죽은 나사로도 아브라함의 식탁에 앉아 있었다(눅 16:23). 아브라함의 가장 따뜻한 사랑을 받는 모습이지만, 그것은 곧 품에 기대고 앉아서 음식을 먹는 모습이다.

96) 세리는 거의 창녀처럼 여겨졌다. 그런데 그런 그들과 함께 음식을 먹고 있는 예수의 모습이 사람들에게는 얼마나 불쾌하게 비쳤겠는가? 세리는 죄인의 상징이고 죄인들의 대표격이었다. 그래서 사람들은 레위를 죄인이라고 불렀고, 예수님이 죄인들과 함께 먹는다고 불평했다.

97) '음식을 잡수신다' 는 말은 유대 귀족들이 식사하는 방법처럼 식탁에 기대고 앉았다는 뜻이다. 항상 식탁에 기대고 음식을 먹는 것은 아니다. 특별한 경우, 특히 축제 때에만 먹는 식사 방법(festive meal)인데, 예수는 제자들과 함께 죄인들과 세리들과 어울려 만찬을 들고 있었다. 이 모든 행동이 바리새인들에게는 몹시 거슬리는 것이었다.

리새파에 속한 사람들이다. 그래서 바리새인 중에 특별히 서기관들이 많았는데, 바리새인들이 파송한 서기관들이 예수님이 가르치는 곳에 등장한 것이다. 서기관들은 당시 사법권(judicial matters)을 갖고 있었기 때문에 예수에 대하여 조사하기 위하여 그들이 나왔다고 봐야 한다.[99]

그들은 소식을 듣고 단숨에 세리 레위 집에 달려와서 예수님이 그들과 함께 식사하는 모습을 자세히 보고 제자들에게 불평을 털어놓는다. "어찌하여 세리 및 죄인들과 함께 먹는가"(16절).[100] 그들이 불평하는 소리는 예수님의 귀에도 분명히 들렸다. 아마도 그들은 식사 자리에 들어왔던 것 같다. 그리고 주님에게는 직접 말을 걸지 못하고, 아마도 잔치 말석에 앉아서 음식을 먹는 제자들에게 말한 것 같다.

'세리 및 죄인들' 이란 사람들 모두가 유대인이다. 그러나 이들은 회당

---

98) '어떤 율법사들' 은 산헤드린에 소속된 서기관들을 막연하게 가리키는 용어이지만 '바리새인의 서기관(율법사)', 곧 산헤드린의 다수를 차지한 그룹의 서기관들이 나타났다는 것은 그만큼 예수님에 의한 위협을 심각하게 느꼈다는 암시일 것이다.

99) 서기관(Scribe)이란 단어는 율법 선생의 모델인 에스라의 히브리어, sō pēr 즉 'Secretary, Scribe-배운 사람' 이란 말에서 나왔는데, '성경을 배운 사람' 이라는 뜻이다. 이들은 토라를 가르치는 히브리적 표준이 되는 선생들이다. 이들을 가리켜 소위 '랍비' 라고 부른다(*the Eerdmans Bible Dictionary*). 이들은 권위와 권력의 위치에 있는 사람들이고, 후에는 공동체의 나머지 사람들의 경건의 모델로 세워진 사람들이다(2 Macc, 6:18-20, *the Eerdmans Bible Dictionary*, Ibid, p.1173). 그들에게는 성경을 연구하도록 군대 의무나 정부의 책임, 어떤 법적 책임과 재무상의 기록들을 다 면제해 주었다.

100) 유대인들의 죄 개념: 유대인들은 의인과 죄인을 성결 개념(purity or impurity)으로 구별했다. 의인(the righteous)은 성결제도를 따르는 사람들이고, 죄인(sinners)은 성결제도를 따르지 않는 사람들이다. 죄인은 부정한 자를 의미한다. 성결제도의 중심은 성전이고 제사장들이다. 의인의 중심은 제사장과 레위인이고, 죄인의 상징은 세리들과 목자들이었다.

에서는 볼 수 없는 자들이다. 모두 회당에서 쫓겨난 자들이기 때문이다.[101] 쫓겨난 자들(outcastes)과 어울리는 그분은 그들과 동급이 되셨다. 그들과 어울려 식사를 하고 있기 때문이다. 세리를 제자로 부르고 회당에서 쫓겨난 자들과 함께 식사를 하는 모습은, 유대인들의 법을 어기는 것은 물론이고 의도적으로 자기들에게 도전하는 것처럼 보였을 것이다. 이런 자세를 바라보는 그들 마음에는 분노가 가득가득 쌓여가고 있었다.

그들의 분노에 예수님은 간단하게 말씀하신다. "병든 자에게 의사가 필요하듯이, 나는 죄인들을 부르기 위해서 왔다." 주님은 죄인들의 친구이거나 그들과 동류여서 그들과 함께 즐기는 게 아니란 말이다. 그들은 예수님에 대하여 죄인이고, 자신은 그들을 치료해 주어야 할 의사라는 것이다. 이 말 속에는 불평하는 그들도 그분 앞에서 치료를 받아야 할 죄인이라고 지적하고 있다. 이 비유는 유대 종교 지도자들의 죄에 대한 생각과 예수님의 관점을 분명히 보여주는 이미지이다. 유대 종교 지도자들에게 죄인은 제거해야 할 대상이다. 그러나 예수님께 죄인이란 질병과 같아서 치료하면 되는 대상이다. 그래서 자신을 의사로, 죄인들을 환자로 비유하셨다.[102]

---

101) 유대인들에게 죄인들(sinners)이란 개념은, 거룩한 종교적 압력과 경제적 압력 아래서 법을 지키지 않는다는 이유 때문에 '죄인들'과 '쫓겨난 자들'(outcasts)이란 이름으로 형성된 그룹을 말한다. 이들은 의로운 자라는 개념과는 반대되는 그룹이고, 조상들의 유전을 따르지 않는 그룹을 말한다. 이들은 회당에 출입할 수 없으며, 특별히 쫓겨난 자들(the outcasts)은 사실상 접촉해서는 안 되는 사람들이다. 그러나 이런 계급이 세습은 아니다. 유대 전통적 랍비들은 이들에게 회개(repentance)조차도 가능하지 않다고 생각한다(*Jesus A New Vision*, p.91-92 참고)

102) 유대인들은 죄인을 용서 개념이 아니라 제거해야 할 대상으로 보았다. 그들이 없어야 하나님의 나라가 이뤄진다고 믿었고, 예수님은 죄가 용서되고 의롭게 되어야 하나님의 나라가 임한다고 생각하셨다.

예수님은 자신이 서기관들을 포함한 모든 사람들을 치료하기 위하여 오셨음을 밝히셨다. 예수의 행동은 점점 대담해진다. 사회에서 쫓겨난 사람들과 함께 지낼 뿐 아니라 드디어 이제는 세리와 죄인들(예레미아스는 창부(娼婦)들로 해석한다)과 함께 앉아 식사를 하신다. 엘리트들에게는 도저히 이해가 되지 않는 행동이다.[103)]

예수님은 의사이다. 그러므로 병든 자를 치료해야 하고, 치료하기 위해서는 그들과 접촉하지 않으면 안 된다는 것이다. 그동안 유대의 전통적 관습은 그들을 구별하고 쫓아내기에 바빴다. 그들을 치료하기보다는 자기들의 정결을 유지하기 위해서였다.

그러나 예수님은 치료자이시다. 그들을 치유하고 회복시키기 위해서는 유대 전통은 무너져야 한다고 생각하셨다. 주님에게는 사람이 더 귀하다. 그러나 유대 지도자들에게는 율법이 중요하다. 이런 상황에서 충돌은 불가피하다. 그들이 잘못을 철회할 수 없다면 그들의 법이 무너져야 한다. 그들의 분노는 점점 위험 수위가 오르고 있다. 그들의 분노가 큰 만큼 예수님의 행동도 대담해지신다.

예레미아스는 《예수시대의 예루살렘》에서 이렇게 말한다.

> "유대인들의 법에 의하면 세리는 죄인이다. 그들은 세리를 '강도와 간음하는 자' (눅 18:11 참조)와 동급으로 취급했다. 세금 징수관과 세리는 공적으로도 법률에 의해 권리를 박탈 당하고 천대를 받았다. 이들은 이방인 노예와 마찬가지로 증인으로서 진술을 할 수 없었다. 그래서 예수님이 삭개오 집에 가실 때에도 사람들은 부정한 '죄인의 집' 에 갔다고 수군거렸다. 그런데도 예수님은 죄인의 집에 들어가셨고 삭개오를 아브라함의 자손이라고 선언하셨다. 예수님은 율법에 의하여

103) 예레미아스, 예수 시대의 예루살렘, pp.391-392.

사람을 보신 것이 아니라 사랑의 눈으로 모든 믿는 자들을 동일하게 보셨기 때문이다. 바울이 주장하는 복음은 바로 예수님이 세우신 복음이다."[104]

104) 예레미아스, 전게서, pp.391-392.

Ⅱ

종교 지도자들과의 갈등(2:18-6:29)

01

금식 논쟁(2:18-22)

"요한의 제자들과 바리새인들이 금식하고 있는지라 사람들이 예수께 와서 말하되 요한의 제자들과 바리새인의 제자들은 금식하는데 어찌하여 당신의 제자들은 금식하지 아니하나이까 예수께서 그들에게 이르시되 혼인집 손님들이 신랑과 함께 있을 때에 금식할 수 있느냐 신랑과 함께 있을 동안에는 금식할 수 없느니라 그러나 신랑을 빼앗길 날이 이르리니 그날에는 금식할 것이니라 생베 조각을 낡은 옷에 붙이는 자가 없나니 만일 그렇게 하면 기운 새것이 낡은 그것을 당기어 해어짐이 더하게 되느니라 새 포도주를 낡은 가죽 부대에 넣는 자가 없나니 만일 그렇게 하면 새 포도주가 부대를 터뜨려 포도주와 부대를 버리게 되리라 오직 새 포도주는 새 부대에 넣느니라 하시니라."

유대의 정결법에서 가장 중요하게 생각하는 요소는 안식일, 음식, 정결예식 그리고 금식이다. 그들은 예수님께 "세례 요한의 제자들과 바리새인들은 금식 절기를 지키고 있는데 왜 당신의 제자들은 금식하지 않는가?" 하고 질문을 던진다. 이들은 아마도 앞 절에서 언급된 바리새인의 서기관이었을 것이다. 당시 예루살렘에 바리새파 사람들은 6천 명 정도였다고 하며, 6천 명을 넘은 일이 없었다고 한다.[105] 그들은 하나님을 섬기려는 데 아주 열광적이어서 성경의 율법에 많은 세칙을 만들어 지켰을 뿐 아니라 장로들의 구전(口傳)까지를 성경과 동일한 기준으로 지켜 왔다. 그들은 랍비들의 주장은 아버지의 주장보다 더 존중해야 한다고 규정하고 있다. 예컨대 포로가 된 아버지와 교사 중에서 누구의 몸값을 먼저 지불해야 할 것인가를 결정해야 할 때 첫째로 교사를 위해서 돈을 지불해야 한다. 왜냐하면 그 사람의 아버지는 그를 이 세상에 태어나게 했을 뿐이지만 교사는 그의 생명을 오는 세상으로 인도하기 때문이다.[106]

요한의 제자들도 유대인들의 전통과 의식을 지키고 있었다. 대부분의 유대인들은 정기적으로 금식을 한다(레 16:29-34, 23:26-32; 민 29:7-11). 열심 있는 사람들은 일주일에 두 번, 월요일과 목요일에 금식한다. 사실 안식일법이나 모든 법이 모세오경에서는 매우 간결했다(예: 출 20:8-11). 그러나 율법학자들은 여기에 세부 법칙과 규칙을 덧붙여 놓았다. 이런 법을 지키다 보면 본래 하나님께서 의도하신 것과는 너무도 다른 종교가 되어버린다. 이런 의식은 도리어 백성들과 하나님 사이를 갈라놓는 벽이 되었다. 예수님은 이런 전통과 의식을 파괴하고 원래의 하나님의 의도로 돌아가야 한다고 주장하신다. 그런 무거운 짐을 지고 살아가는 백성들에

105) 당시 예루살렘 인구는 2만 5천~3만 명 정도이고, 사제와 레위인들은 약 1만 8천 명, 에세네파는 4천 명, 그리고 바리새인은 6천 명이었다(예레미아스, p.323).

106) 바리새인들은 유대 사회에서는 중요하고 영향력 있는 종교 · 정치 그룹이었다. 사두개인들보다 좀더 엄격하였고, 모세의 율법은 물론이거니와 거기에 덧붙인 전통들까지 엄격하게 지켰다. 이들은 교리적으로 부활을 인정했다.

게 주님은 그 짐을 벗고 돌아오라고 권고하셨다.[107)]

당시 유대에서는 신랑과 같이 있을 때는 금식하지 않았다. 여기서 주님은 자신을 신랑이라고 비유하시고 같이 있는 제자들을 혼인집에 초대된 사람들이라고 하셨다.[108)] 그러므로 금식을 하지 않아도 된다는 말씀이다. 이 말씀은 요한복음 3장 29절에 나오는 세례 요한의 말에 대한 변형이다. 아마도 바리새인들도 세례 요한의 말을 기억하고 있었을 것이다. 예수께서는 요한이 소개한 신랑과 친구의 비유는 곧 자신과 제자들을 가리킨 것이라고 해석하셨다. 그러나 곧 신랑을 빼앗길 날이 올 것이고, 그 날에는 금식할 것이라고 하셨다. 여기서부터 예수님은 자신의 수난이 다가오고 있다는 사실을 예감하시고 간접적으로 시사하기 시작하셨다.[109)] 이곳이 자신의 죽음을 맨 처음 언급한 곳이다.

산헤드린의 압박이 크게 좁혀 오고 있을 즈음에, 예수님은 자신을 신랑이라고 소개하심으로 자신은 새 시대를 열어가는 새 시대의 주인이라고 선포하신 것이다. 그러므로 자신과 함께 모든 사람들이 즐거워해야 한다고 하신다. 그리고 이제부터 새 시대를 어떻게 구체적으로 실현해 나가야 하는지를 제시하신 것이 낡은 것과 새것에 대한 비유이다. 이 말씀은 조용하지만 옛 것을 파괴하고 새것을 세우는 파괴적인 랍비(subversive sage)로서의 모습을 드러낸 것이다.

---

107) 마태복음 11장 28절의 '수고하고 무거운 짐을 진 자들'은 바로 유대 율법과 전통에 얽매여 사는 사람들을 지칭한다.

108) '혼인집 손님들'은 제자들만을 의미하지는 않는다. 신랑에게 초대된 모든 사람들을 말한다. 예수님의 의도는 제자들에게서 시작하여 이제는 예수님을 따르는 모든 자들을 말하고 있다.

109) '신랑을 빼앗긴다'는 것은 예수의 죽음을 암시하는 표현이다. 그러나 확실하게 죽음에 대하여 말씀한 것은 가이사랴 빌립보 지경에서였다. 그 이전에는 암시만 했다.

낡은 옷과 새 옷, 그리고 낡은 포도주 부대와 새 포도주 부대를 대조적으로 말씀하신다. 낡은 옷은 버려야 한다. 새 헝겊으로 아무리 기워 놓아도 헌 것은 헌 것일 뿐이다. 낡은 포도주 부대는 버리고 새것으로 갈아야 한다. 새 포도주를 낡은 포도주 부대에 담으면 부대가 터지고 말기 때문이다. 예수님의 비유는 당시 서민들의 애환이 깃들어 있는 삶을 소재로 한다. 갈릴리를 중심으로 가난한 백성들은 늘 헌 옷을 기워 입느라 시간과 정력을 소비했지만 새로워지지 않는 옷 때문에 시름이 깊어져 있었고, 낡은 가죽 부대에 새 포도주를 담으면서 늘 한숨을 쉬었던 이야기를 사용하셨다. 이 이야기는 예수님 자신이 경험한 삶이었을 것이다. 가난한 주민들이 늘 낡은 옷이나 낡은 부대를 버려야겠다 생각하던 것을 끄집어 내셔서, 이제 버려야 할 것은 옷이나 부대가 아니라 바로 유대 전통이나 규례라고 직격탄을 날리신 것이다.

이제 새것으로 바꿔야 할 때가 왔다. 새 시대를 열어가기 위해 자신이 왔다고 강조하신다. 낡은 옷은 다시 세탁하거나 기워 입기엔 너무 오래된 옷을 말한다. 그리고 새 시대에 입기에는 유행에 뒤떨어지는 옷을 말한다. '새롭다' 는 헬라어 표현은 두 가지가 있다. 하나는 '네오스'(νέος) 이고, 또 하나는 '카이노스'(καινός)이다. 네오스는 시대적으로 새로운 것을 의미하고, 카이노스는 질적으로 새로운 것을 말한다.[110] 본문에서는 '네오스' 란 단어를 사용하였다. 그렇다면 예수님이 가르치는 내용은 그들이 지키려고 하는 토라나 규례와는 질적으로 다른 것이 아니라는 뜻이다. 단지 이제는 새 시대가 되었기 때문에 새로운 시대에 맞는 신앙을 갖기 위해서는 낡은 것을 버려야 한다는 표현이다. 예수님이 유대적 신

110) 새롭다는 의미로 사용되는 '네오스' 와 비교되는 '카이노스' 는 마태복음 13장 52절의, '마치 새것과 옛 것을 그 곳간에서 내오는 집주인과 같으니라" 에서 사용된다(한스 웨버, pp.40-41).

앙을 전적으로 부정한 것은 아니다. 단지 새로워져야 한다고 주장하셨다. 새로움이란 옛 것의 철저한 성취이며 그 진정한 의미를 나타내는 것이다. 옛 것의 철저화가 곧 새로움인 것이다.[111)]

이제는 반대자들에게 대담하게 자신을 드러내시고 자신이 누구인지를 밝히신다. 앞에서 자신을 의사로서 죄인을 치료하러 온 자라고 밝히시고, 이제는 옛 것에 대항하며 새것으로 옛 형식을 파괴하고(subversive) 새로운 것을 실현하려고 왔음을 분명히 밝히셨다. 이 표현은 이론적으로 당시 유대의 가난한 사람들의 현실을 말하는 비유이고 무리 없는 조용한 음성이지만, 그분을 반대하는 자들의 귀에는 천둥처럼 크고 강하게 들렸을 것이다. 그의 관심은 이스라엘에 대한 갱신(renewal)이었고 유대 사회의 변혁(the transformation)이었다.

········· 역사와 상황 5 ·········

예수님과 유대 지도자들의 충돌

율법학자와 바리새파 사람들과 예수님이 충돌한 이유는 무엇일까? 바리새인들은 토라를 철저히 지키기 위하여 종교적 규범을 만들어 노력했다. 이들은 종교적 규범에 장로들의 유전까지를 포함시켰다. 그러나 일반 사람들에겐 그 규범을 다 알 수도 없을 뿐 아니라 보통 사람들은 이런 종교적 규범을 지키며 일상생활을 할 수 없다. 이런 까닭에 종교가 숙련된 전문가의 영역이 되어버렸다. 그렇기 때문에 유대 종교는 자연히 종교가 전문가의 사무가 된 것이다.

이런 사람들 앞에 예수님이 하나님과 인생에 대하여 가르쳤다. "심령이 가난한 자는 복이 있나니 천국이 그들의 것임이요"(마 5:2)라는 말씀 속에는 가난한 자들

---

111) 한스 웨버, p.41.

과 부요한 자들과의 대비를 암시하고 있다. 결국 부요한 자들은 율법을 전문화해서 지켜가는 사람들이다. 그들에게는 하나님의 나라가 자리 잡을 곳이 없다는 말씀이기도 하다. 이처럼 그들의 잘못을 계속해서 지적하고 백성들에게 참되게 하나님을 사랑하며 하나님께 나아가는 길을 가르치는 예수가 그들에게는 목엣 가시처럼 느껴질 수 밖에 없었다. 더욱이 예수는 랍비 훈련을 받은 적이 없다. 평신도요 목수에 불과하다. 그래서 그들을 예수님에게 권세에 대하여 자주 물었다. "말할 권리를 누구에게 받았는가?", "그가 배우지도 않았는데 어떻게 그런 학식이 있을까?(요 7:15), "이게 어찌된 일인가? 새로운 교훈이다"(막 1:27, 참조 마 13:54-58; 막 6:1-5; 눅 4:22-24). 결국 예수님과 당시 종교인들과의 충돌은 불가피하였다.

왜 예수님은 이런 일을 고의적으로 하셨을까?

첫째, 인간의 기본적인 요구는 의식적인 법칙과 규정보다 우선되어야 한다고 믿고 계셨기 때문이다. 진설병을 먹은 일(막 2:25; 마 12:3)도 그런 생각에 입각하신 것이고, 구덩이에 빠진 동물은 안식일에 구해내도 율법에 저촉이 안 된다면 하물며 하나님의 자녀인 인간은 더 도움을 받아야 마땅하지 않느냐(마 12:11 이하, 눅 13:15, 14:5)고 하신 것도 같은 맥락에서이다.

둘째, 율법학자와 바리새인들은 법칙과 규칙, 예배 및 각종 의식에 복종하는 것을 종교로 보았다. 그러나 예수님은 하나님을 사랑하고 사람을 사랑하는 것을 종교로 보았다. 형식과 원리는 항상 부닥치게 되어 있다. 예수님은 이런 원리에 서서 형식만 남은 유대 종교를 철저하게 새롭게 하려 하셨고, 이 점에서 매사에 충돌이 일어날 수밖에 없었다.

셋째, 예수님이 회당에서 축출된 자들의 친구로 사는 것은 그들이 볼 때에는 충격적이었다. 예수님은 세리와 죄인들의 친구이셨다(마 11:19; 눅 7:34). 마태의 집에 들어가서 함께 식사를 하셨고(막 2:15; 마 9:10,11; 눅 5:29 이하), 삭개오의 집에 들어가서 머무셨다(눅 19:7). 삭개오의 집에 들어가실 때 모든 사람들이 예수님의 결정에 반대했다. 본문대로라면 나무에서 내려온 삭개오의 집에 가는 동안 내내 그들은 예수님을 비난했다. 그러나 예수님은 책잡으려는 사람들이 보는 앞에서 일부러 율법을 어겼다.

이런 모습들을 보고, 고소자들은 가서 예수를 없앨 계획을 세웠다(막 3:1-6; 마 12:10-14; 눅 6:6-11). 이것은 예수님에 대한 선전포고였다.

02

안식일 논쟁들(2:23-3:6)

"안식일에 예수께서 밀밭 사이로 지나가실새 그의 제자들이 길을 열며 이삭을 자르니 바리새인들이 예수께 말하되 보시오 저들이 어찌하여 안식일에 하지 못할 일을 하나이까 예수께서 이르시되 다윗이 자기와 및 함께한 자들이 먹을 것이 없어 시장할 때에 한 일을 읽지 못하였느냐 그가 아비아달 대제사장 때에 하나님의 전에 들어가서 제사장 외에는 먹어서는 안 되는 진설병을 먹고 함께한 자들에게도 주지 아니하였느냐 또 이르시되 안식일이 사람을 위하여 있는 것이요 사람이 안식일을 위하여 있는 것이 아니니 이러므로 인자는 안식일에도 주인이니라 예수께서 다시 회당에 들어가시니 한쪽 손 마른 사람이 거기 있는지라 사람들이 예수를 고발하려 하여 안식일에 그 사람을 고치시는가 주시하고 있거늘 예수께서 손 마른 사람에게 이르시되 한 가운데에 일어서라 하시고 그들에게 이르시되 안식일에 선을 행하는 것과 악을 행하는 것 생명을 구하는 것과 죽이는 것 어느 것이 옳으냐 하시니 그들이 잠잠하거늘 그들의 마음이 완악함을 탄식하사 노하심으로 그들을 둘러보시고 그 사람에 이르시되 네 손을 내밀라 하시니 내밀매 그 손이 회복되었더라 바리새인들이 나가서 곧 헤롯당과 함께 어떻게 하여 예수를 죽일까 의논하니라."

마가는 2장 1절에서부터 3장 6절까지 바리새인들과의 논쟁 세 개를 모아 놓았다. 유대 지도자들과의 갈등이 심각해지고 있다는 점을 독자들에게 보여주기 위함이다. 세 사건이 연이어 일어난 사건이라고 해석할 필요는 없을 것이다.

두 번째 논쟁은 안식일에 관한 것이다. 안식일은 이전에나 현재에도 유대인들에게 대단히 소중하고 자랑스런 날이다. 토라와 안식일이 오늘의 유대인을 만들어왔다고 해도 과언이 아닐 것이다. 바로 이런 신성한 안식일을 제자들이 어겼다는 것이다.

마가가 이 사건을 기록하기 전에 먼저 놀라움을 표시한다(23절). 23절은 '카이 에게네토(*Καί ἐγένετο*), 즉 '지금 막 어떤 일이 일어났다' (It happened 또는 and It came about)는 말로 시작한다. 굉장한 일이 터지는 모양이다.

안식일에 예수님과 제자들이 함께 밀밭 사이로 지나가셨다(막 12:1-8; 눅 6:1-5).[112] 이 말은 밀밭 속으로 길을 내며 걸어갔다는 의미다. 왜 예수께서 하필이면 밀밭 속으로 지나가시게 되었는지는 모른다. 단지 밀밭 속으로 길을 내며 걸어갔다. 때는 밀이 막 익어가던 시기였던 것 같다.

---

112) 마태는 "제자들이 시장하여 이삭을 잘라 먹으니"(마 12:1-8)로 되어 있고, 누가는 "안식일에 예수께서 밀밭 사이로 지나가실새 제자들이 이삭을 잘라 손으로 비비어 먹으니(눅 6:1-5)"로 되어 있다. 그러나 마가는 "제자들이 길을 열며 이삭을 자르니"로만 되어 있다. 마태는 제자들이 시장하다는 사실을 강조하고, 누가는 제자들의 이삭을 잘라먹은 구체적인 행동을 소개한다. 그러나 마가는 안식일에 문제가 되었던 주제만 소개한다.

그렇다면 4월 말이나 5월이 된다. 밀밭을 지나게 되니 자연 이삭을 자르게 되었을 것이다. 마가의 내러티브에는 예수님이 일부러 제자들을 밀밭에 들어가도록 허락한 것처럼 보인다. 제자들이 배가 고파하니까 밀을 먹어도 된다고 허락하여 밀밭에 들어간 것일까? 마태는 "제자들이 시장하여 이삭을 잘라 먹으니"(마 12:1)라고 했고, 누가는 "제자들이 이삭을 잘라 손으로 비비어 먹으니"(눅 6:1)라고 했다. 마가는 그 이유에 대해서는 말이 없다.

여하튼 밀밭 속으로 들어가 지나가던 중 제자들이 이삭을 자르기 시작하였다. 보리와 밀이 익어가던 시기였으니까, 누렇게 익은 곡식을 보고 배고픈 제자들이 무의식적으로 이삭을 먹기 위하여 잘랐을 것이다. 그러나 본문에는 이삭을 자르고만 있었지 아직 비비어 먹었다는 언급은 없다. 여기서 말하는 '이삭' 도 어떤 이삭인지 구체적으로 지적하기보다는 일반적인 '곡식알' (a grain)을 의미한다. 그들은 이삭을 자르기만 했지 아직 타작은 하지 않았다. 그 순간 바리새인들이 즉시 개입하였다. 그들의 개입으로 아직 곡식은 타작이 되지 않은 상태고, 입으로 들어가지도 않았다.

이렇게 보면, 예수님 일행이 걸어갈 때부터 이삭을 자를 때까지 바리새인들이 동행했던 것으로 보인다. 이들은 바리새인의 서기관들이었을 것이다(2:16). 이제 그들은 예수님을 떠나지 않고 밀착하여 행동 하나 말 하나까지 세밀하게 관찰하고 있다. 그런데 그들 앞에서 제자들을 밀밭으로 내보냈으며 그들은 이삭을 잘랐다. 서기관들은 즉시 예수님께 안식일에 해서는 안 되는 일을 했다고 항의한다. 앞에서 언급되었던 세리 레위의 집에서 음식을 먹을 때 서기관들은 제자들을 향해서 분노를 터뜨렸다(2:16). 그러나 여기서는 예수님께 직접 거친 항의를 한다. 왜 안식일을 범하느냐는 것이다. 그들의 입장에서 보면 제자들의 행동은 몇 가지 안식일법을 어긴 것이다. 안식일에 길을 간 것부터가 안식일을 범했다. 그런데 예수님을 책잡으려고 이삭을 자른 것도 안식일을 어겼다고 한다.

사실 이삭을 자른 것은 안식일법을 어긴 것이 아니다. 구약의 안식일법은 아주 간결하다(출 20:8-11). 그런데 율법학자들은 안식일을 잘 지키기 위하여, 안식일법에 세칙을 만들었다. 《미슈나》에는 안식일에 관한 규칙이 24장에 걸쳐 세분되어 있다.[113] 안식일에는 일을 하지 말라는 법을 지키기 위해 율법학자들은 '일이나 무엇인가' 란 항목을 39개나 만들었고, 그 항목에 또 다시 세부 지침을 만들었다. 예를 들어 '짐을 운반하지 말라' 고 하면 이들은 '짐' 이란 무엇인가 하고 정의를 내렸다. 《미슈나》에는 짐을 '한 묶음의 우유, 상처에 바를만큼의 벌꿀, 가장 작은 지체에 바를 만큼의 기름(갓 태어난 아기의 새끼발가락으로 규정), 알파벳의 두 자를 쓸 정도의 잉크, 한 자루의 펜을 만들 정도의 갈대' 등이라고 정의한다.

사실 곡식 이삭을 자르는 일 자체는 율법적으로 문제가 되지 않는다. 율법에는 밀밭을 지나갈 때 낫을 쓰지 않으면 이삭을 잘라도 좋다고 규정되어 있다(신 23:25). 그런데도 바리새인들은 예수님이 안식일을 어겼다고 했다. 만약 제자들이 이삭을 잘라 비비어 먹었다면, 그들의 안식일법을 네 가지나 어긴 셈이 된다. 1) 밀밭에서 이삭을 자르는 것은 율법적으로 안식일에 추수하는 것이고, 2) 이삭에서 밀알을 까내는 것은 율법적으로 타작을 하는 것이고, 3) 두 손으로 비비는 것은 율법적으로 방앗간에서 찧는 것이다. 그리고 4) 이 모든 동작은 율법적으로는 먹기 위해서 음식을 준비하는 것이 된다.

유대 랍비 스테벤 위렌(Stephen M. Wylen)은 이 내러티브를 이렇게 이해하고 있다. 예수께서는 바리새인들의 공격에 두 가지로 대응하였다. 첫째는 성경 이야기에 나오는 복합적인 텍스트를 인용하셨는데, 자신이

113) 《예루살렘 탈무드》에는 안식일에 관한 규정이 64페이지 반, 《바벨론 탈무드》에서는 66페이지나 된다.

제자들에게 이삭을 먹도록 허락하신 것은 안식일법에 대한 성경의 범위 내에서 허락한 것이기 때문에 합법이라고 주장하셨다고 한다. 그러나 이 법을 적용하면서 완전히 다른 주장을 내놓으셨는데, 그것은 "안식일이 사람을 위하여 있는 것이요 사람이 안식일을 위하여 있는 것이 아니니 이러므로 인자는 안식일에도 주인이니라"는 말이다.

예수님의 논리를 보면, 예수님은 바리새인들의 원리 곧 안식일은 사람들의 필요를 돕기 위한 것이라는 그들의 원리를 인용하셨다는 것이다. 바리새인들은 이 원리를 사람의 생명이 위험할 때에만 적용하지만 예수는 사람들의 불편한 상황에까지 확대하였을 뿐이다. 예수는 안식일은 사람에게 주어졌기 때문에 인자는 안식일의 주인이라는 결론을 내리셨다. 그리고 예수님은 하나님께서 인간들에게 성경의 명령을 해석할 수 있는 권한을 주셨다는 랍비들의 원리를 랍비들에게 다시 제시하신 것이다. 그리고 한 단계 더 나아가서, 인자는 안식일의 주인이 되어 있다고 하셨다. 이 말의 의미는, 아버지는 아들에게 땅의 모든 것을 지배하도록 허락하셨을 뿐 아니라 성경 안에 하나님이 제정하신 명령까지도 다스리도록 하셨기 때문에, 인자는 성경의 법을 맬 수도(binding) 있고 풀 수도(loosing) 있는 분이라는 것이다.[114)]

랍비 스테벤 위렌의 안식일법에 대한 설명은 다음과 같다.

> "토라는 안식일에 노동을 엄격히 금했다. 그러나 토라는 노동에 대하여 정의를 내리지 않았다. 안식일에 금지된 노동에 대한 명확한 정의는 제2성전 시대를 통하여 계속적으로 발전해 나갔다. 예를 들면 서기관 에스라는 안식일에 예루살렘

---

114) Wylen, Stephen M., *The Jews in the Time of Jesus*, Paulist Press, 1996, p.174 참고. 책에서, 이 부분은 '인자' 에 대한 해석 부분에 이어서 나온 내용이므로 인자와 관계지어 읽어야 할 것을 제안한다.

에서 쇼핑을 금하였다. 이것은 아마도 유대 농부들이나 쇼핑자들을 놀라게 했을 것이다. 그러나 이것은 아마도 바벨론 유대 사회에서는 규범으로 실천해 왔던 일이었을 것이다.

마카비 시대에는 안식일법에 대한 새로운 해석을 만들었다. 그들은 안식일에는 공격하지 않는다. 단지 그들의 생명을 구하기 위해서만 싸울 것이다(1 Macc 2:40-41). 이것은 생명을 구하기 위해서는 안식일법을 어겨도 된다고 허락한 셈이다. 이것은 사실적으로 '안식일이 사람을 위하여 있고, 사람이 안식일을 위해 있지 않다' 는 것과 같은 원리를 선언한 것이다. 그리고 말하자면, '그들로 하여금 가능한 한 안식일을 모독하게 하고, 그래서 많은 안식일들을 거룩하게 하라' 는 것이다"(탈무드 요마(Talmud Yoma) 85a-b, 산헤드린 74a, Tanhuma Buber Masa'ey 81a, N.T. Mark 2:27).[115)]

이들의 법을 보면, 안식일을 지키려는 게 아니라 안식일법에 사람들을 얽어매는 것이란 생각이 든다. 율법을 만들어 낸 사람들이 율법학자라면, 이를 지키기 위하여 생애를 바친 사람들이 바리새인이다. 바리새(Pharisee)라는 말은 율법에 통달하고 있다는 의미에서 '해석자' 라는 뜻이거나, 수많은 법적 규칙을 지키는 데 전념하기 위하여 다른 사람들로부터 자신을 '분리시킨 자' (분리된 사람)들이란 뜻이다. 이들은 이런 규정을 지키는 것이 하나님을 섬기는 것이라 생각했다. [116)]

예수님의 대답은 이들 세대 이전으로 돌아간다. 잘못된 현재에서 그들이 잘못을 범하기 이전의 과거로 돌아간다. 그래야 현재의 잘못을 깨달을 수 있기 때문이다. 다윗 시대에 아비아달 제사장이 다윗에게 진설병을 주어 먹게 했던 이야기를 하셨다(삼상 21:1-6). 당시 아비아달은 대

115) 위렌, 전게서. p.53.
116) 바클레이, 예수의 생애와 사상, p.215.

제사장이 아니었다. 후에 다윗이 왕이 된 후에 대제사장으로 임명되었다(삼상 23:9, 30:7). 그러나 대부분 사람들은 후대에 아비아달을 생각할 때 대제사장으로 읽거나 말하는 것은 자연스러운 일이었을 것이다. 바리새인들은 안식일을 지키는 것이 사람의 도리라고 하며 사람들을 안식일법에 묶어 두었다. 반면 예수님은 안식일을 그 정신에 따라 지키라고 하신다. 물론 예수께서 안식일을 범하라고 하신 말은 아니다. 안식일에도 생명을 위한 일은 할 수 있다는 유권적인 해석을 내놓은 것이다. 모든 법이 사람을 위하여 있다는 것은 하나님과의 관계에서 하나님의 법을 지킴으로 사람을 위한다는 뜻이지, 오직 사람의 유익만을 위한 것이란 의미는 아니다. 그런 의미에서 인자는 안식일에도 주인이시다. 안식일법을 평가하는 주인이라고 하심으로 '인자'란 의미는 메시아, 곧 하나님과 동일한 분이라고 말씀하신 것이다. 그러므로 인자는 사랑을 실천하는 데 안식일에도 제한을 받지 않는다는 말이다.

다시 안식일에 문제가 터졌다. 안식일에 회당에 모인 사람들 중 한쪽 손이 마른 사람이 있었다. 그곳에 예수님과 제자들도 있었다. 거기 모인 사람들은 모두가 비록 안식일이지만 그분은 반드시 환자를 고쳐 주시리라고 믿고 있었다. 그만큼 예수님의 행동 원리는 모든 사람들에게 익히 알려져 있었다. 물론 거기에는 바리새인 서기관들이 있었고, 이들도 그분이 그렇게 하리라고 알기에 지켜보고 있었다.

그분은 자신이 그들의 올무에 걸려 있다는 것을 아셨다. 그러나 사람들이 자신을 어떻게 생각하느냐는 것은 전혀 개의치 않고 자신의 사역이념대로 행동하셨다. 드디어 그 환자를 사람들 가운데 일어서라고 하셨다. 그런데 다른 때와는 달리 행동하셨다. 환자를 먼저 고쳐 주신 것이 아니라 먼저 바리새인들에게 물으셨다. "안식일에 선을 행하는 것과 악을 행하는 것, 생명을 구하는 것과 죽이는 것, 어느 것이 옳으냐"(4절).

이 질문은 언뜻 들으면 객관적인 진리를 말하는 것처럼 들린다. 그러나 이 질문은 현실적인 상황을 재현하고 있다. 그순간 선을 행하는 것과 악을 행하는 것이 대립하고 있다. 동시에 생명을 구하는 것과 죽이는 것이 대립하고 있는 순간이다. 예수님 자신은 선을 행하려고 한다. 그리고 바리새인들은 선을 저지하려고 한다. 선을 하지 못하도록 막는 것은 악이다. 그분은 생명을 구하려고 하신다. 그러나 그들은 생명을 죽이려고 하고 있다. 그들은 환자를 불행 가운데 빠져 지내게 할 뿐 아니라 그에게 생명을 주려고 하는 그분까지 죽이려 한다. 선을 행하면 악을 멀리하는 것이고, 악을 행하면 선을 멀리하게 된다. 하나님의 사람들은 이 두 가지 중 반드시 하나를 선택해야 할 책임이 있다.

평범한 질문 같지만, 이 물음은 반대자들에게 둘 중에 하나를 선택하라고 촉구하신 것이다. 그들은 아무 말도 못하고 한동안 시간이 흘러갔다. '에시오폰'(ἐσιώπον)은 미완료 동사로서 침묵의 상태가 계속된 것을 의미한다. 그들의 마음은 어떤 말에도 풀릴 줄을 모른다. 예수님은 그들의 완악함을 보시고 탄식하신다. 마가는 여기서 예수님의 마음을 두 가지로 표현하고 있다. 예수님은 슬퍼하시고, 분노하신다(anger).[117] 그러니까 그분은 분노와 함께 슬픈 마음으로 시선을 청중에게 고정시킨 채 그들을 둘러보셨다. 사람의 마음이 얼마나 악하면 그럴 수 있겠는가? 그들의 마음이 굳어져서 움직이지 않는 모습을 보며 분노하시고 슬퍼하셨다. 안식일에도 할 수 있는 일이 있었다.[118] 짐승들을 위해서는 할 수 있

117) 헬라어에는 '분노'에 대한 세가지 단어가 있다. 1) thumos(투모스): 쉽게 식는 분노의 폭발을 의미한다. 2) orge(올게): 마음에 자리잡아 담겨 있는 분노를 의미한다. 이것은 아무 때나 폭발하지는 않고, 꼭 필요할 때만 그 모습이 나타나는 분노이다. 3) parorgismos(파로기스모스): 격앙돼서 분노해서 말하는 것을 말한다. 예수님의 경우는 두 번째 경우이다.

는 일들을 왜 사람들에게는 못하는가? 주님은 그들의 어리석음과 잘못된 관습을 꾸짖으시고 탄식하신다. 그런 종교가 어찌 사람을 위한 종교라 할 수 있겠는가?

그리고 이제 대담하게 행동하신다. "손을 내밀라"고 하셨다. 환자는 명령대로 손을 내밀었고, 그순간 그 손이 회복되었다(5절). 환자를 사람들 중에 일으켜 세운 채 율법사들이 강력하게 반대하는 그 자리에서 안식일에 공공연하게 그리고 서슴없이 병자를 고쳐 주셨다. 이것은 자신을 책잡으려고 눈을 붉히며 앉아 있는 반대자들에 대해서는 공격적인 행동이다. 그분의 분노는 안식일의 파괴로 나타났다. 그러나 안식일의 파괴는 자신을 위한 파괴가 아니라 안식일을 바르게 지키기 위한 파괴이다. 생명을 얻게 해주는 기적으로 안식일의 잘못된 개념을 파괴시킨 것이다. 주님은 그 사람에게 손을 내밀라고 명령하셨고, 그 사람이 순종하였다. 그리할 때 그 손이 회복되었다. 환자도 그 분위기를 다 알고 있었다. 그런데도 예수님의 말씀을 선택하고 손을 내민 것은 대단한 결단이 아닐 수 없다. 손을 내민 것은 그분의 명령에 순종하는 믿음의 행위이다. 그것은 곧 기적을 일으키는 근거가 되었다. 병자는 치유되었다. 본래의 상태대로 회복되었다는 것을 의미한다 .

일은 터지고 말았다. 바리새인들은 회당을 박차고 나갔다. 안식일의 회당 모임인데도 그들은 즉시 자리를 떠나갔다. 생명을 살리겠느냐, 죽

---

118) 안식일에 할 수 있는 일은 생명이 위험에 빠졌을 때 하는 것들이다. 예를 들어, 코와 후두와 눈과 귀 등 이비인후과에 속하는 병은 치료를 받아도 된다. 이 경우에 치료하는 것을 허용한 것이 아니라 악화되는 것을 막도록 한 것이다. 상처를 붕대로 감는 것은 합법적이지만 약이 묻은 붕대는 허용되지 않았다. 귀에 솜을 막는 것은 되지만 솜에 약을 묻혀서 넣는 것은 허용되지 않는다. 예수님이 아시면서 일부러 어긴 법이 바로 이것이었다(바클레이, 전게서, p.219).

이겠느냐고 물으신 주님의 물음에 그들은 생명을 죽이는 일을 선택하고 만 것이다. 그리고 헤롯에게로 가서 어떻게 예수를 죽일까를 의논했다. 헤롯당은 그 당시에 헤롯을 지지하는 세력들로 구성된 하나의 당파였다. 헤롯은 순수한 유대 혈통이 아니다. 그러나 그는 제사장의 피를 가진 왕족들을 내쫓고 유대 지방을 통치하는 왕이 되었다. 헤롯당들은 로마에 충성함으로 그들의 권력을 유지하였고, 그 이유로 바리새파 사람들과는 적대 관계에 있었다. 그런데 예수님을 죽이려는 이슈로 인하여 그들이 하나가 된 것이다.[119] 이것은 정말 바리새인답지 않은 행위였다.

---

119) Wuest, Ibid, p.66.

03

온 사방에서 무리들이 모여오다

(3:7-12)

"예수께서 제자들과 함께 바다로 물러가시니 갈릴리에서 큰 무리가 따르며 유대와 예루살렘과 이두매와 요단 강 건너편과 또 두로와 시돈 근처에서 많은 무리가 그가 하신 큰 일을 듣고 나아오는지라 예수께서 무리가 에워싸 미는 것을 피하기 위하여 작은 배를 대기하도록 제자들에게 명하셨으니 이는 많은 사람을 고치셨으므로 병으로 고생하는 자들이 예수를 만지고자 하여 몰려왔음이더라 더러운 귀신들도 어느 때든지 예수를 보면 그 앞에 엎드려 부르짖어 이르되 당신은 하나님의 아들이니이다 하니 예수께서 자기를 나타내지 말라고 많이 경고하시니라."

예수님은 다시 바다로 나가셨다. 이때는 제자들과 함께 나가셨다. 그러나 이번에도 많은 무리들을 만나러 나가신 것은 아니다. 제자들과 함께 한적한 시간을 가지기 위해 나가신 것이다. 예수님은 모처럼 한가한 시간을 가지셨다. 반대자들도 보이지 않는다. 주석가 빈센트는 그의 주석에서, 마가복음에는 예수께서 일을 떠나 쉼을 갖기 위하여 한적한 곳을 찾아 나가신(retired) 경우가 적어도 열한 번이나 언급되어 있다고 했다.[120] 이번 경우에는 제자들과 함께 가셨다고 강조한다. 제자들을 다 모으시고 제자들을 공식으로 세우기 바로 전(2:13-19)에 한적한 곳으로 나가신 것은, 제자들과 함께 뭔가를 한가하게 이야기를 나누기 위해서일 것이다.

그러나 군중은 예수님을 혼자 있게 두지 않았다. 가장 큰 무리가 모여 왔다. 지역도 갈릴리를 넘어갔다. 유대와 예루살렘과 이두매 그리고 두로와 시돈까지 그 소문이 퍼져나갔다. 예수님의 인기는 갈릴리를 넘어갔고, 이제는 계속 전혀 새로운 지역으로 계속해서 넘어가고 있음을 보여준다. 유대와 예루살렘으로부터 갈릴리에 온다는 것도 새롭다. 예루살렘에서 갈릴리까지는 걸어서 하룻길이다. 그들은 아마도 예수님을 만나기 위해 며칠을 잡고 왔을 것이다. 이두매는 유대 남쪽 지역에서 네게브 사막 북쪽, 그리고 동쪽으로는 유대 사막에서 서쪽 팔레스타인 지역인 가자(Gaza)와 아스돗(Asdod)에까지 이르는 넓은 지역을 말한다. 헤롯이 통치하는 동안에는 강력한 지지를 보냈던 지역이기도 하다. 이두매는 갈릴리로부터 약 200km나 떨어진 지역이다. 그리고 북쪽 두로와 시돈에서까지 그의 소문을 듣고 왔다고 했다. 두로와 시돈은 전통적인 유대 영역을 넘어서는 지역이다. 두로는 갈릴리로부터 약 90km나 떨어진 지역이다. 이런 거리 계산은 직선 거리를 말하기 때문에 실제로는 그보다 훨씬 더 먼 지역이라고 보아야 한다. 고대에 이런 지역에서부터 갈릴리로 모여 왔다는 사실은 실로 놀라운 일이 아닐 수 없다.

모처럼 맞은 한가한 시간이다. 그러나 마치 큰 전쟁을 앞두고 느끼는

---

120) 막 1:12, 2:13 3:7, 6:31, 46, 7:24, 31, 9:2, 10:1, 14:34 등이다. Wuest의 《마가복음 주석》 재인용. p.66-67.

고요와 같은 시간이다. 예수님의 인기는 식을 줄을 모르고 국경을 넘어 전해지고 있다. 갈릴리에 유례 없이 큰 무리가 모였다. 사실 지금은 바리새인과 헤롯당들이 예수님을 죽이려고 모의를 하고 있다. 이들이 예수님을 향하여 대반격을 준비하고 있는 중이다(3:20-35). 그럼에도 불구하고 사람들은 그분이 하신 소문을 듣고 온 사람들이다. '들었다' 는 동사는 현재형으로, 그들이 계속해서 주님의 기적 이야기를 들었고 지금도 듣고 있다는 뜻이다. 기적 이야기뿐 아니라 그들이 그처럼 힘겹게 느꼈던 지도자들과의 투쟁 속에서도 굽히지 않고 사랑의 길을 걸어가고 있다는 이야기도 계속해서 들었을 것이다. 그래서 그분의 모습에서 참 목자의 모습을 보았기 때문이었을 것이다. 아무도 돌보지 않고 도리어 불결하다며 병든 자나 가난한 자들을 쫓아내는 그들의 행위에 도전하는 생명을 주시는 분의 용감하고 대담한 행동은 그들에게 카타르시스(catharsis)가 되었을 뿐 아니라 새로운 희망을 주었을 것이다.

사람들은 그분을 만지려고 에워싸 밀고 당기고 한다. 정신을 차릴 수 없을 만큼 많은 사람들이 그분을 만지려고 아우성치는 모습이다. '에워싸 민다' 는 말은 주스를 만들기 위해 포도를 쥐어짜는 것을 말하는 것이므로[121] 얼마나 많은 사람들이 그분을 만지려고 몰려 들었는가를 상상할 수 있게 해준다. 고침 받기 위하여 그들이 얼마나 열심이었는지, 그런 모습은 예수님의 파토스(pathos)를 자아내게 하기에 충분한 모습들이었다. 그런 무리들이 에워싸는 것을 당해낼 수 없어서 예수님은 제자들에게 작은 배를 대기시키도록 명하셨다.[122]

---

121) '드리보신'(θλίβωσιν)은 '위에서 힘있게 누르는 것' 을 의미한다. 그리고 10절에 나오는 '에피핍테인'(ἐπιπίπτειν)은 '…위로 넘어지다' 는 뜻으로, 무리들이 낫고자 하는 열망 때문에 예수님 위로 심하게 넘어졌다는 뜻이다(Wuest, 마가복음 주석, p.68).

그들 속에는 예수를 만지기만 해도 나을 것이라는 믿음들이 일어나기 시작했다(10절). 여기서는 병이 나았다는 것에는 침묵을 하고, 귀신들이 쫓겨난 일만을 기록한다. 귀신들은 예수님을 보자마자 자기들이 스스로 넘어지고 소리쳤다. 이런 일들이 계속해서 일어났다.[123] 어떤 동작이 일어나고 계속되는 것을 말한다. 많은 귀신들이 보자마자 넘어지고, 또 "당신은 하나님의 아들이다"라고 계속해서 소리쳤다는 의미이다. 귀신들이 예수님을 만나기만 하면 똑같은 행동과 말을 했다는 것이니, 얼마나 많은 귀신들이 그처럼 쫓겨났는지 모른다.

귀신들이 예수님을 "하나님의 아들이다"라고 똑같이 불렀다는 것도 놀라운 일이다. 예수께서는 귀신들이 자신을 하나님의 아들이라고 증거하는 것을 철저히 금하셨다. 귀신을 통하여 자신이 '하나님의 아들' 이란 사실이 알려지는 것을 원하지 않으셨다는 말이다.

예수님은 어느 때 어느 사람을 만나서 치료해 주시거나 귀신을 쫓아내신 경우에도, 언제나 고통 당하는 사람의 입장에서 그들을 불쌍히 여겨서 고쳐 주셨다. 주님의 사역의 중심은 언제나 불쌍히 여기는 정신인 '연민' 이다. 귀신들을 쫓아내시고 귀신들이 말하는 것을 엄하게 금하신 이유도 치료의 목적이 자신을 위한 것이 아님을 분명히 보여준다.

마가복음 2장 24절에서 더러운 귀신은 예수님을 '하나님의 거룩한

---

122) 갈릴리 호수에서 사용하던 배들을 부르는 단어가 두 개 있다. ploion과 ploiarion이다. 후자는 고기잡이를 하는 큰 배를 의미한다(요 21:3, 8). 전자는 작은 배로서 큰 배에 접근하여 사람이나 물건을 호숫가로 실어다 주는 배를 말한다. 여기서는 ploion란 단어를 사용하였다. 마가가 배에 대해서도 섬세하게 표현한 것은 베드로의 영향이 아닌가고 추측되기도 한다.

123) '보자마자(미완료과거)'. 자기들이 넘어지는 일이 계속해서 일어났고, 계속해서 똑같은 내용으로 '소리치는'(미완료과거) 일이 계속되었다는 뜻이다. 미완료는 어떤 동작이 일어나고 계속되는 것을 말한다.

자' 라고 했는데, 여기서는 명확하게 '하나님의 아들' 이라고 한다. 귀신들은 예수님이 누구신가를 명확하게 아는데, 유대 종교 지도자들은 모른다. 심지어는 함께 살아가던 제자들도 몰랐다는 사실을 마가는 계속해서 증명해 나갈 것이다.

예수님에 의해 귀신들이 많이 쫓겨났다. 이 사실은 그 당시 얼마나 많은 사람들이 악한 영들에 눌려 사는가를 보여준다. 복음의 빛이 어두워지면 악한 영들이 난무하게 되는 법이다. 교회 안에 복음의 빛이 약해지면 교인들은 하나님이 아닌 다른 일들로 바빠진다. 예수님은 빛이시다. 그분이 가는 곳마다 어둠의 세력들은 무너진다. 예수님의 인기는 하늘을 찌를 듯하다. 큰 무리들이 주변 각 지역과 다른 나라에서 몰려와 예수를 만지고자 하므로 배를 대기해야만 했다는 사실과는 아주 대조적이다.

04

열두 제자를 선택하시다

(3:13-19)

"또 산에 오르사 자기가 원하는 자들을 부르시니 나아온지라 이에 열둘을 세우셨으니 이는 자기와 함께 있게 하시고 또 보내사 전도도 하며 귀신을 내쫓는 권능도 가지게 하려 하심이러라 이 열둘을 세우셨으니 시몬에게는 베드로란 이름을 더하셨고 또 세베대의 아들 야고보와 야고보의 형제 요한이니 이 둘에게는 보아너게 곧 우레의 아들이란 이름을 더하셨으며 또 안드레와 빌립과 바돌로매와 마태와 도마와 알패오의 아들 야고보와 및 다대오와 가나안인 시몬이며 또 가룟 유다니 이는 예수를 판 자더라."

갈릴리 도시나 호숫가에서 활동하셨던 그분이 이제는 산에 오르신다. 마가에게 산은 신성한 곳이다.[124] 신성한 산 위로 원하는 자들을 올라오

124) 마가에게 산(Hill country)은 신성한 장소로 상징된다(막 9:2-13). 그러나 이런 이미지가 마가복음 전체에서 똑같이 사용된 것은 아니다(막 5:5,11, 6:46, 11:2,23, 13:3,14).

도록 부르셨다. 원하는 자들이 정확히 열두 명이었는지 아니면 그 이상을 부르셨는지는 명확하지가 않다. 그러나 아무나 오도록 하신 것은 아니다. 주님이 원하는 사람들을 선택하여 부르셨기 때문에 올라온 사람의 뜻과는 상관없이 그분이 원하는 자들만 올라오도록 하셨다는 의미이다.[125] 그리고 그중에서 열둘을 선택하여 제자로 세우셨다.

그들에게 산으로 올라오라(aperchomai)고 하신 것은 '분리'를 의미한다. 마가복음 3장 7-9절에는 수용할 수 없이 많은 사람들이 예수님을 찾아왔다. 그중에서 어떤 사람들만 분리해서 부르신 것이다. '분리'를 선택이라고 말한다. 그분이 원하시는 자들이 어떤 자들이었는지는 명확하지 않다. 그러나 마가는 예수께서 틈틈이 원하는 자들을 불러 놓으셨다는 사실을 기록해 놓은 바 있다. 갈릴리 해변으로 지나가시다가 시몬과 그의 형제 안드레를 부르셨고(1:16,17), 또 세베대의 아들 야고보와 요한을 불러 놓으셨다(1:19). 그리고 세관에 앉아 있던 세리 레위를 부르셨다(2:14,15). 지금까지 나타난 사람은 다섯 명이다. 또 다른 사람들이 그분의 심중에 있었던 것 같다. 이 사람들을 포함하여 많은 사람들이 산 위에 올라왔다. 그중에서 열둘을 다시 선택하셨다. 마치 기드온 300명을 뽑았던 모습을 연상하게 하고,[126] 그들이 산을 오르는 모습은 마치 출애굽 때에 장로들을 구별하여 시내 산에 오르게 하던 장면을 연상하게 된다.[127]

---

125) "whom He himself wished." 그들의 의향에 의하여 올라온 것이 아니라 그분의 원하는 바에 따라 올라왔다는 뜻이다(중간태).

126) 사사기 7:4-8. 3만 2천 명에서 남은 자가 1만 명이고, 이들을 물가로 불러서 물을 마시게 하여 손으로 움켜 입에 대고 핥는 자들만 남게 하였더니 300명이 선발되었다.

127) 출 24:9-11. 이스라엘과 언약을 맺은 후에 아론과 나답과 아비후와 이스라엘 장로 70인을 산으로 부르셨다. 그곳에서 그들은 하나님을 보니 그의 발 아래는 청옥을 편 듯하고 하늘같이 청명하였다고 한다.

예수께서 제자를 부르신 시기는 아주 적절하다. 백성들에게서 인기가 절정에 이른 시기였고, 반대로 반대자들의 올무가 점점 좁혀오고 있던 위험의 순간이었다.

마태복음에는 단순히 열두 제자를 소개하고 더러운 귀신을 쫓아내며 모든 질병을 고치는 데에만 초점을 두었고(마 10:1-4), 누가는 산에 올라가 밤이 새도록 기도하시고, 날이 밝자 그 제자들을 부르시고 열둘을 택하여 사도라 칭하였다고만 간략하게 언급했다(눅 6:12-16). 그러나 마가는 제자들을 뽑는 모습을 장엄하게 그리고 있다. 산 위로 부르시고, 많은 사람들 중에 열둘을 선택하여 세우시는 모습을 자세하게 묘사하였다. 앞으로 그렇게 부르신 제자들이 자기 스승을 끝까지 이해하지 못하는 결과를 마가는 이해할 수 없다고 전제하기 위한 것이리라. 마가가 사용한 '세우다' (ἐποίησεν), 에포이에센이라는 말은 '만들다, 완성하다' 는 의미지만, '창조하다' 는 의미도 있다. 그래서 로마이어 같은 학자는 '에포이에센' 을 '창조하다' 로 옮겼다. 제자들의 조직을 만든 건 새로운 조직일 뿐 아니라 새로운 창조로 본 것이다. 이것은 하나의 새로운 역사적 실체의 탄생이다. 새로운 열두 지파를 대표하는 족장들을 뽑은 셈이다.

마가는 예수께서 제자들을 세우신 이유를 세 가지로 말한다. 첫째는 주님과 함께 있도록 하기 위해서였다. 둘째는 보내기 위해서였고, 셋째로는 귀신을 쫓아내도록 권세를 주기 위해서이다. 이 세 가지가 모두 '그리고' (καὶ)로 연결되어 있어서, 세 요소들이 어느 것에도 종속되지 않고 각각 특성을 가진다는 것을 의미한다. 첫 번째인 '함께 있도록' 하기 위함이란 단어(ὦσιν)는 현재형이다. 그 뜻은 계속적으로 어떤 기간 내내 같이 있도록 하기 위해서 부르셨다는 사실을 강조한다. 또 단순히 같이 있다는 의미보다는 같이 지내면서 기본적인 훈련을 하기 위함이란 의미도 암시되어 있다.

두 번째 요소인 전도하는 사명이다. 개역개정판 성경에 '전도도 하며' 라고 번역된 단어는 사실은 '케루쎄인' (κηρύσσειν)[128]이란 말로, 이 말은 대중 앞에 나아가서 공공연하게 선포한다는 뜻으로 설교라고 번역하는 것이 더 좋은 단어이다. 여기서 오늘 우리가 사용하는 설교란 말이 나왔다. '선포' 란 보낸 자가 있고, 보냄을 받은 자가 있다. 또한 선포할 내용이 있어야 한다. 그러므로 '케루쏘' (κηρύσσω)는 보내심을 받은 자가 보내신 분이 준 선포의 내용을 권위와 함께 담대하게 전한다는 뜻이다. 제자들은 예수님의 권위를 가지고 그분이 주신 내용을 가지고 담대하게 널리 전하도록 부름을 받은 사람들이다.

그리고 세 번째 사명으로, 귀신을 쫓아내도록 부름을 받았다고 한다. 여기서 주의 깊게 보아야 할 내용은 "귀신을 쫓는 권능도 가지게 하려 하심이러라"는 구절이다. 귀신을 쫓아내는 권능을 주셨다고 번역하여 많은 혼란을 일으키게 된 부분이다. 이 '권능' 이라고 번역된 단어는 영어로 '능력' (power)을 의미하는 헬라어 'dudnamis' [129]가 아니고, '에쿠스시안' (ἐξοὖσίαν)이다. 이 단어는 권리(right) 또는 권위(authority)' 를 말한다. ἐξοὖαίαν의 동사형인 ἐξουσιάζω는 분명히 '권리를 가진다, 권세를 가진다' 는 뜻이다. 그렇다면 이 단어는 권능 자체가 아니라 누구의 권한을 대신 맡아서 행사하는 '대리인의 권위' (delegated authority)로 해석해야 옳을 것이다. 영어 성경에는 대부분 authority(권세)로 번역되었다. 여기서 권능인가 권세인가를 문제 삼는 이유는, 목회적 관점에서 오늘의 크리스천에게 어떻게 적용할 것인가를 생각하기 때문이다. 만약 제자들에게 권능을 주셨다면 오늘 크리스천들에게는 어떤 의미가 있겠는가? 사

---

128) 케루쎄인(κηρύσσειν)은 케루쏘(κηρύσσω, 공포하다, 알리다, 선포하다)의 부정사 현재형이다.

129) dunamis는 하나님의 초능력적인 힘을 말한다(롬 1:16). 행 1:8 참조.

도의 권위는 세워지겠지만 우리들과는 아무런 상관이 없게 된다. 그러나 권세라고 하면 오늘 우리들에게도 동일한 권세를 주셨다고 믿는다. 그리고 권세는 예수님을 통한 하나님과의 친밀과 그 권세를 사용하는 사람에 따라 하나님의 능력이 차이가 나게 나타나기 때문이다.

제자들은 우리가 흔히 생각하는 것처럼 능력을 부여받은 게 아니다. 즉 귀신을 쫓아내도록 그들에게 초능력적인 힘을 부여해 주신 것이 아니라 단지 귀신을 쫓아낼 수 있는 능력을 사용할 권한을 주신 것 뿐이다(15절). 귀신을 쫓아내기 위하여 귀신을 향하여 선언할 수 있는 권한을 받은 것이다. 그렇게 하면 하나님께서 귀신들을 쫓아내 주신다는 뜻이다.

여기서 다른 기적은 생략되었고 귀신을 쫓아내는 일이 대표적인 기적으로 취급되어 있다. 귀신을 쫓아낸다는 일이 왜 그렇게 중요한 일일까? 귀신을 쫓아낸다는 것은 단순히 귀신을 쫓아냄으로 병자들을 고쳐 준다는 의미이기도 하지만, 사실은 세상과 사람들을 지배하고 있는 악한 세력들을 몰아내고 그 힘에 눌려 살던 생명들을 자유롭게 해줌으로 그들 안에 하나님의 나라를 이루려고 하시려는 의도가 있기 때문이다. 예수님께서도 누가복음 11장 20절에서 “그러나 내가 만일 하나님의 손을 힘입어 귀신을 쫓아낸다면 하나님의 나라가 이미 너희에게 임하였느니라”고 하셨다. 유진 피터슨은 《사역》에서 ‘마귀를 박멸하도록’(vanish) 제자들에게 권능을 주셨다고 번역했다. 예수님께서 의도하신 바를 잘 표현한 번역이라고 생각한다. 마가의 강조점은, 제자들에게 귀신을 쫓아낼 권세를 주신 이유는 그들로 하여금 악한 영들을 내쫓고 하나님의 나라를 세워 나가도록 권세를 주셨다는 사실에 있다.

열두 제자들은 벳새다 사람들로는 베드로와 안드레, 야고보와 요한이고, 가버나움에 있던 세리 레위(마태)이다. 그리고 빌립, 바돌로매, 도마와 알패오의 아들 야고보, 다대오와 가나안인 시몬, 가룟 유다이다. 마가복음의 순서는 베드로, 야고보, 요한이고 안드레, 빌립, 마태, 도마와 야고보, 다대오와 시몬과 가롯 유다이다.

랍비 스테벤 위렌(Stephen M. Wylen)은 당시 유대 나라 사람들의 계층을 다섯 종류로 나누었다. 첫째 지배계급(rulers), 둘째 부유계급(retainers), 셋째 중산층(powerless and content), 넷째 저소득층(powerless and discontent), 그리고 다섯째 소외계층(out of power)이다.[130)]

지배계급들은 로마 총독, 군인, 헤롯 사람들, 하스모니안의 남은 자들, 대제사장과 제사장들의 귀족들로서, 이들은 땅과 경제적 힘을 소유하였으며 자신들의 재산을 관리하기 위하여 군대의 힘을 소유한 사람들이다. 사두개인들이 여기에 속한다. 부유계급은 힘을 가진 사람들을 이용할 수 있는 사람들이다. 힘있는 보호 세력의 비호 아래 사회에서 신분 상승의 희망을 가진 자들이다. 이들은 야심이 있고 배운 사람들이며, 대중으로부터 멀어지는 것을 두려워하는 사람들이다. 이들 중에 서기관들이 많고, 사회 공무원, 관료들 그리고 판사들이 있다. 바리새인들이 여기 속한다. 세 번째 그룹인 중산층은 땅을 소유한 소작농들과 기능공들이 포함된다. 그들은 자기 수준을 유지하며 살고 높은 세금을 내는 사람들이며, 자기 식구들을 안전하게 지켜 주는 한 만족하고 사는 사람들이다. 이들은 전통을 중요시하는 대신 사회적 목표가 없는 사람들이다. 네 번째 저소득층은 농촌에서 이동해 온 사람과 도시의 빈민들이다. 이들은 인구의 증가로 노예를 부려서 재산이 증가하는 사회 계층들로부터 쫓겨난 주변인들이다. 이들 중에 열심당원들과 시카리(Sicarii)들도 있다. 이들은 로마에 위협적인 존재로 증가하기 시작하였다. 다섯 번째 그룹은 사회에서 쫓겨나 그 사회의 주변에 살고 있는 개인 그룹들이다. 그들은 더 이상 사회조직과 경쟁하지 않고 어떤 대안적 조직을 세우려고 하는 그룹들이다. 에

---

130) Wylen, p.146 참고.

세네파가 여기에 속한다.[131)]

이런 관점에서 보면, 제자들의 그룹은 저소득계층이나 소외계층에 속하는 사람들이다. 열심당원인 가룟 유다와 세리 마태는 소외계층이고, 나머지는 대부분 저소득층이다. 이들은 사회와 기존 질서에 만족하지 못하고 새로운 조직을 형성하기를 원하는 그룹들이다. 바로 이런 자들을 예수님은 제자로 세우셨다.

예수님은 시몬에게 베드로라는 이름을 주셨다. 마가복음에는 어떻게 베드로란 이름을 주었는지를 언급하지 않고 단지 베드로란 이름을 주셨다고만 말한다.[132)] 그룹의 가장 핵심 그룹은 베드로, 야고보 그리고 요한으로,[133)] 베드로가 대표적인 자리를 차지한다. 이들이 핵심 그룹이 된 것은 예수님이 직접 그들을 부르셨기 때문일 것이다(막 1:16-20). 베드로를 첫째로 하는 첫 번째 그룹에 이어 두 번째 그룹의 머리는 빌립이다. 빌립이란 이름은 헬라식 이름이다. 복음서에서는 빌립의 역할이 나타나지 않으나 요한복음에서는 여러 번 나타난다.[134)]

바돌로매란 이름은 이곳 외에는 복음서 어느 곳에도 나타나지 않는다. 사도행전 1장 13절에 빌립과 도마와 함께 연계되어 나타나는데, 빌립이

---

131) 전게서, p.146 참고.

132) 마태는 그가 신앙고백을 한 후에 칭찬과 함께 '베드로'(*πέτρον*)란 이름을 주셨다고 한다. 아마도 가이사랴 빌립보 주변에 높다란 절벽으로 된 바위를 보면서 반석(베드로)이란 이름을 주셨을 것으로 추측된다.

133) 마가는 이 세 사람을 특별하게 취급하여, 변화산 사건 때와 야이로의 딸을 살리실 때, 그리고 겟세마네 동산에 이 세 사람이 참여한 것을 기록한다. 마태는 야이로의 딸을 살리시는 자리에 이 세 사람의 이름을 뺀다(마 9:18-26). 겟세마네에는 세베대의 두 아들이라고만 한다. 누가는 이들의 이름을 기록하지 않았다(마 26:36-46; 눅 22:39-46).

나다나엘을 인도한 것으로 보면, 바돌로매는 나다나엘이 분명하다. 아마도 나다나엘이 그의 이름일 것으로 추측된다.

예수님을 판 유다 앞에는 '가룟'(Iscariot)이란 말이 늘 붙어다니는데, 그 의미는 분명하지가 않다. 가룟이란 말은 '사기꾼'(fraud)이란 셈족어(Semitic terms)의 같은 어원에서 나왔거나 '케리옷(Kerioth)에서 온 사람'(수 15:25; 렘 48:24)이라고 하기도 한다.[135] 또는 라틴어의 assassin에서 왔다고 하기도 한다.[136]

---

134) 요한복음 1장 43-45절에서는 예수께서 갈릴리에서 빌립을 직접 부르셨다고 한다. 빌립은 베드로와 안드레와 한 동네인 벳새다에서 살았던 사람이고, 주님의 부름을 받은 후에 그는 나다나엘을 예수님께 소개한다. 오천 명을 먹이실 때도 빌립에게 사람들을 먹이라고 하셨고(요 6:5), 나사로를 살리신 후에 헬라에서 온 사람이 예수님을 만나기 위해 찾아온 사람도 빌립이다(요 12:20-22).

135) '가룟'(Ἰσκαριώθ)이란 헬라어를 히브리어 '케리옷(그라욧) 사람'(man of Kerioth)이란 뜻으로 해석한다. 케리옷은 유다에 속한 마을이다(수 15:25). ICCC, Mark, p.59

136) *The HarperCollins Study Bible*, Harpercollins, 1989, p.1922.

05

바알세불 논쟁(3:20-35)

"집에 들어가시니 무리가 다시 모이므로 식사할 겨를도 없는지라 예수의 친족들이 듣고 그를 붙들러 나오니 이는 그가 미쳤다 함일러라 예루살렘에서 내려온 서기관들은 그가 바알세불이 지폈다 하며 또 귀신의 왕을 힘입어 귀신을 쫓아낸다 하니 예수께서 그들을 불러다가 비유로 말씀하시되 사탄이 어찌 사탄을 쫓아낼 수 있느냐 또 만일 나라가 스스로 분쟁하면 그 나라가 설 수 없고 만일 집이 스스로 분쟁하면 그 집이 설 수 없고 만일 사탄이 자기를 거슬러 일어나 분쟁하면 설 수 없고 망하느니라 사람이 먼저 강한 자를 결박하지 않고는 그 강한 자의 집에 들어가 세간을 강탈하지 못하리니 결박한 후에야 그 집을 강탈하리라 내가 진실로 너희에게 이르노니 사람의 모든 죄와 모든 모독하는 일은 사하심을 얻되 누구든지 성령을 모독하는 자는 영원히 사하심을 얻지 못하고 영원한 죄가 되느니라 하시니 이는 그들이 말하기를 더러운 귀신이 들렸다 함이러라 그때에 예수의 어머니와 동생들이 와서 밖에 서서 사람을 보내어 예수를 부르니 무리가 예수를 둘러 앉았다가 여짜오되 보소서 당신의 어머니와 동생들과

누이들이 밖에서 찾나이다 대답하시되 누가 내 어머니이며 동생들이냐 하시고 둘러앉은 자들을 보시며 이르시되 내 어머니와 내 동생들을 보라 누구든지 하나님의 뜻대로 행하는 자가 내 형제요 자매요 어머니이니라."

예수님은 제자들과 함께 바다로 가셨다가(3:7) 다시 산으로(3:13) 그리고 집으로 돌아오셨다. 안식일 논쟁 후에 바리새인들이 헤롯당과 함께 예수를 죽이려고 의논하는 상황은 계속되고 있다. 예수님의 주변에는 심상치 않은 분위기가 감돌고 있다. 다시 집으로 들어가신 이유는 아마도 식사도 하고 휴식을 취하기 위해서였을 것이다. 집은 가버나움에 있는 베드로의 집을 말한다. 백성들은 심각한 분위기가 어느 정도 감지되고 있음에도 불구하고, 그분이 집으로 돌아오시자 잠시의 휴식 시간도 주지 않고 모여들었다. 예수님의 인기는 식을 줄 모르고 계속해서 상승하고 있다. 모여든 무리들 때문에 이제는 식사할 겨를도 없다.

반면 예수님에 대한 반대와 모함은 점점 심해져서 이제는 '미쳤다' 는 소문이 돌기 시작했다. 그 소문은 나사렛에까지 퍼져 나가서 그 부모의 귀에까지 들어갔다.[137] 마침내 예수님의 친족들이 가버나움에까지 왔다. 아마도 그분을 보호해야겠다는 생각 때문에 드디어 친족들이 나섰을 것이다. 여기서 '친족' 이란 '호이 파르 아우트(*οἱ παῤ αὐτοῦ*)' 로, 예수님의 가까운 친족들이란 의미이다. 이런 인용구는 70인역(LXX)에서 일반적으로 사용하는 것처럼, 예수님의 친척이나 그 가족을 의미한다. 웨스트 같은 학자는 31절에 언급된 어머니와 형제들도 이 구절(21절)에 포함된 것으로 이해하여야 한다고 말한다.[138]

그 즈음 예루살렘에서 서기관들이 갈릴리 가버나움으로 들이닥쳤다.

137) '듣고' 란 단어는 분사로, 계속 듣고 있었다는 의미이다.

138) Wuest, 마가복음 주석, p.74.

드디어 예루살렘 중앙 부서에서 개입하기 시작하였다. 당시 예루살렘은 유대의 수도였지만 행정적으로는 팔레스타인 모든 지역의 중심이었기 때문에, 예루살렘에서 왔다는 것은 중앙 정부에서 예수님의 문제에 직접 개입했다는 것을 말한다. 그만큼 예수님의 행동은 유대 전체의 문제로 거론되기 시작한 것이다. 바리새인들이 헤롯당과 함께 그분을 죽일 의논을 했지만(막 3:6), 아직은 그들이 예수님을 죽이려고 행동하는 것처럼 보이지는 않는다. 단지 '바알세불이 지폈다'(he has Beelzebul) 또는 '귀신의 왕을 힘입어 귀신을 쫓아낸다'는 소문을 퍼뜨림으로, 예수님의 입을 막고 무리들에게서 격리시키려는 시도를 하고 있었다.[139)]

그들에게 가장 강력한 이슈로 등장한 것은 귀신을 쫓아내는 일이었던 것 같다. 그 이유는 귀신을 쫓아내는 일이 놀라운 기적일 뿐 아니라 귀신들린 사람들이 예수를 '하나님의 아들'이라고 고백했기 때문이다.[140)] 더욱이 유대와 예루살렘에서 온 사람들이 그 사실을 보고 자기 고향으로 돌아가 증언했기 때문에 예루살렘 종교 지도부가 당황하여 특사를 파견하였는지, 아니면 갈릴리 지역의 서기관들이 헤롯과 함께 예수님을 죽이기로 결탁하고 나서서 예루살렘의 권위자들에게 도움을 요청한 결과인

---

139) 바알세불은 사탄의 다른 이름으로, 다음 구절에 나오는 '귀신들의 왕'(the prince of demons)은 바알세불의 또 다른 이름이다. 바알세불이 '지폈다'는 말은 사람이 병을 가진 것처럼, 또는 병에 감염된 것과 같은 경우의 뜻이다. '귀신의 왕을 힘입어'란 말은 두 인격이 서로 혼합된 상태를 말하는데, 바울 서신에서 'in Christ' 또는 'in the Holy Spirit'의 경우와 같은 의미를 지닌다. 그들은 이처럼 예수님과 바알세불이 합작해서 귀신을 쫓아낸다고 말한 것이다(ICCC., p.62).

140) 막 3:11. 귀신들이 예수님만 보면 '당신은 하나님의 아들이다'고 계속 말한 것이 유대와 예루살렘과 이두매에서 온 사람들에 의하여 온 팔레스타인에 퍼진 것 같다. 그리고 이어서 마가복음 3장 22절에 예루살렘에서 서기관들이 내려왔다.

지는 분명하지 않다.

예루살렘에서 온 서기관들에 대해서도 예수님은 그들을 두려워하거나 주저하지 않으시고, 도리어 그들을 불러서 직접 대응하셨다(23절). 예수님이 말씀하신 내용을 정리하면 다음과 같다. 1) 사탄이 사탄을 쫓아낼 수 있느냐? 2) 나라가 분쟁하면 그 나라가 설 수 없다. 3) 집이 분쟁하면 그 집이 설 수 없다. 4) 그리고 다시 사탄이 자기를 거슬러 일어나 분쟁하면 살 수 없고 망한다.

"사람이 먼저 강한 자를 결박하지 않고는 그 강한 자의 집에 들어가 세간을 강탈하지 못하리니 결박한 후에야 그 집을 강탈하리라"(27절). 예수님의 논박은 간결하면서 강력하다. 강한 자는 사탄을 의미하고 세간은 사탄에게 속한 귀신들을 의미한다. 그러니까 귀신들은 바알세불 안에서 세간살림을 하는 한통속의 존재들이란 뜻이다. 또 귀신들을 사탄의 세간살이로 비유하신 것은, 마귀들은 사탄이 미구에 자기의 목적을 이루기 위하여 사용할 하나의 장비에 불과하다는 사실을 지적하신 것이다. 그렇다면 서기관들이 말한 대로라면, '바알세불이 예수님 안에 있고, 예수님이 바알세불 안에 있다' 는 말인데, 만일 그렇다면 어떻게 바알세불과 분쟁할 수 있고, 어떻게 언젠가 자기를 위하여 사용하려고 준비해 둔 귀신들을 쫓아낼 수 있느냐는 것이다.

반면 예수님께서 바알세불을 쫓아내셨으니까 이것은 예수님은 바알세불과 전적으로 다른 인격이란 사실을 증명한 셈이고, 또 예수께서 많은 귀신을 쫓아내셨으니까 그것은 이미 강한 사탄을 결박했기 때문에 가능한 것이 아니냐고 반문하는 수사학적인 질문이다. 강한 자를 이미 결박했기 때문에 귀신들을 쫓아낼 수 있다는 것이다. 그러므로 예수님 자신은 바알세불도 아니고 그와 결탁한 세력도 아니며, 도리어 바알세불조차도 멸하시는 분임을 강력하게 시사하셨다. 이 한 구절로 바알세불을 소유했다는 주장과 바알세불을 힘입어 귀신을 쫓아낸다는 두 가지 주장을 완전히 배격하셨다.

그리고 이제는 그들의 주장이 얼마나 악랄한 것인가를 말씀하신다. 이들의 주장은 성령을 훼방했다고 하신다. 여기서 주님이 말씀하시는 주제는 그렇다면, 지금까지 귀신을 쫓아낸 사실이 선한 행위인가 악한 행위인가를 물으신 것이다. 그 귀신 축출 행위는 아무도 악한 것이라고 말할 수 없을 것이다. 그런데 예수님은 자신이 귀신을 축출한 것은 자신의 독립적인 행위가 아니라 성령과 함께 이룬 것이라고 하신다. 성령은 예수님이 세례 받으셨을 때 예수님 안으로 오셔서 예수님의 내적 힘의 자원으로 함께 일하셨다. 그렇다면 서기관들의 비방은 예수님 자신만을 훼방한 것이 아니라 그 안에서 역사하신 성령님까지 모독했다는 말이다. 그들이 예수님이 누구신가를 확실히 모른다고 가정하더라도, 성령을 모독(blasphemy)한 죄는 영원히 사할 수 없다는 뜻이다.

예수님께서 병자를 고치고 귀신을 쫓아내는 일은, 사탄과의 전쟁에서 예수가 승리했고 하나님의 나라가 오고 있다는 증거이다. 그분이 가시는 곳에 죄와 악의 세력에 얽매인 사람들이 자유를 얻고 풀려나고, 귀신이 쫓겨나는 곳에 하나님의 나라가 건설되고 있다는 것이다. 그런데 더러운 귀신이 들렸다고 말하는 것은 성령을 모독한 죄요 나아가서는 성령을 보내신 하나님을 모독하는 행위이다. 이런 죄를 어찌 용서를 받을 수 있겠는가?

'그때에'(31절)는 아마도 예루살렘에서 내려온 서기관들과 한바탕 결전을 벌이고 있을 때이고, 바로 그때 어머니와 형제들이 찾아왔다. 이제는 친족이 아닌 어머니와 형제들이 직접 찾아왔다(21절). 그들은 안으로 들어오지 못하고 밖에서 사람들을 통하여 예수님을 불러내려고 했다. 왜 어머니와 형제들은 집 안으로 들어오지 않았을까? 23절에 보면, 예루살렘에서 온 자들을 그분은 집 안으로 불러들였다. 그리고 말씀하셨다. 그

때 많은 사람들이 무슨 일이 벌어질까를 궁금해하면서 몰려왔고, 아마도 들어갈 틈이 없었던 것 같다. 예수님은 그 부름에 응하지 않고 대답만 하셨다. “누가 어머니이며 동생들이냐?” 그리고 둘러앉아 있는 자들을 보시며 “내 어머니와 내 동생들을 보라”고 하셨다. 예수님은 바로 그들, 즉 하나님의 뜻대로 행하는 자가 내 형제요 자매요 어머니라고 하셨다.[141)] 예수님의 가족관은 좁은 가정을 넘어서서 이제는 전 세계로 펼쳐진다. 어디서든지, 누구든지 하나님의 뜻을 따라 실천하며 사는 자들은 모두 어머니요 형제요 자매라고 하셨다. 신앙으로 그리는 세계적인 가족공동체를 보여주신 것이다.

‘하나님의 뜻대로 행하는 자가 내 형제요 자매요 어머니’ 라는 선언은 종교 지도자들을 향해서 한 말이기도 하다. 예수님이 그리고 있는 하나님 안에 가족과 유대주의가 말하는 가족(조직)과를 비교하는 말씀이기도 하다. 하나님을 위한다고 말하지만 이기적 욕망에 잡혀서 살아가는 당시 유대 종교 지도자들을 향하여 ‘너희는 하나님의 가족이 아니라’ 고 선언하신 것이기도 하다. 그들이 자칭 하나님의 사람들이라고 하지만, 너희들은 하나님과 너무나 먼 곳에 있다고 말씀하신 것이다. 그렇기 때문에 예수님을 반대한다는 사실을 간접적으로 언급하신 것이다.

---

141) 예수님의 형제들에 대하여, 본문에서는 남자를 지칭하는 $\dot{\alpha}\delta\epsilon\lambda\phi o\acute{\iota}$를 쓴다. 형제들의 이름은 야고보, 요셉, 시몬, 그리고 유다(마 13:55; 막 6:3)이다. 마가는 마리아가 영원히 처녀로 살았다는 것을 부인한다.

06

비유로 말씀하시다(4:1-20)

"예수께서 다시 바닷가에서 가르치시니 큰 무리가 모여들거늘 예수께서 바다에 떠 있는 배에 올라앉으시고 온 무리는 바닷가 육지에 있더라 이에 예수께서 여러 가지를 비유로 가르치시니 그 가르치시는 중에 그들에게 이르시되 들으라 씨를 뿌리는 자가 뿌리러 나가서 뿌릴새 더러는 길 가에 떨어지매 새들이 와서 먹어버렸고 더러는 흙이 얕은 돌밭에 떨어지매 흙이 깊지 아니하므로 곧 싹이 나오나 해가 돋은 후에 타서 뿌리가 없으므로 말랐고 더러는 가시떨기에 떨어지매 가시가 자라 기운을 막으므로 결실하지 못하였고 더러는 좋은 땅에 떨어지매 자라 무성하여 결실하였으니 삼십 배나 육십 배나 백배가 되었느니라 하시고 또 이르시되 들을 귀 있는 자는 들으라 하시니라 예수께서 홀로 계실 때에 함께한 사람들이 열두 제자와 더불어 그 비유들에 대하여 물으니 이르시되 하나님 나라의 비밀을 너희에게는 주었으나 외인에게는 모든 것을 비유로 하나니 이는 그들로 보기는 보아도 알지 못하며 듣기는 들어도 깨닫지 못하게 하여 돌이켜 죄 사함을 얻지 못하게 하려 함이라 하시고 또 이르시되 너희가 이 비유를 알지 못할진대 어떻게 모든 비유를 알겠느냐 뿌리는 자는 말씀을 뿌리는 것이라 말씀이 길 가에 뿌려졌다는 것은 이들을 가리킴이니 곧 말씀을 들었을 때에 사탄이 즉시 와서 그들에게 뿌려진 말씀을 빼앗는 것이요 또 이와 같이 돌밭에 뿌려졌다는 것은 이들을 가리킴이니 곧 말씀을 들을 때에 즉시 기쁨으로 받으나 그 속에 뿌리가 없어 잠깐 견디다가 말씀으로 인하여 환난이나 박해가 일어나는 때에는 곧 넘어지는 자요 또 어떤 이는 가시떨기에 뿌려진 자니 이들은 말씀을 듣기는 하되 세상의 염려와 재물의 유혹과 기타 욕심이 들어와 말씀을 막아 결실하지 못하게 되는 자요 좋은 땅에 뿌려졌다는 것은 곧 말씀을 듣고 받아 삼십 배나 육십 배나 백 배의 결실을 하는 자니라."

마가복음 4장은 예수님의 비유 모음집이다. 이곳에 네 개의 비유를 모아 놓았는데, 첫 번째 나오는 비유가 씨 뿌리는 비유이다. 예수님에 대하여 '귀신의 왕을 힘입어 귀신을 쫓아낸다'는 소문이 들리고, 예루살렘에서 경계의 인물이 되어 포위망이 점점 좁혀져 들어오는 듯한 삼엄한 분위기를 느끼면서도, 사람들은 여전히 예수님을 찾아 몰려들고 있다. 이 날도 사람들이 많아서 배를 호숫가에 띄우고 그 위에서 가르치셔야 했다.

마가가 첫 번째로 소개한 비유는 씨 뿌리는 비유이다. 아마도 그때가 씨 뿌리는 시기였을 것이다. 예수님은 언제나 시의적절하게 그리고 무리들이 실감나게 이해할 수 있도록 주변 환경과 사람들의 이야기를 사용하여 비유로 말씀하셨다.

씨를 뿌리는 자가 씨를 뿌리면 더러는 길가에 떨어진다. 그 씨들은 새들이 와서 먹어버린다. 더러는 흙이 얕은 돌밭에 떨어진다. 곧 싹이 나오나 흙이 깊지 않아서 해가 돋으면 뿌리가 없어서 마르고 만다. 더러는 가시떨기에 떨어져서 가시가 자라 기운을 막으므로 결실하지 못한다. 더러는 좋은 땅에 떨어지고, 그 씨가 무성하게 자라 결실하니 30배, 60배, 100배가 된다. 이 말씀을 하시고, 들을 귀 있는 자는 들으라고 하셨다.

마가는 이 말씀을 하신 때가 예루살렘에서 서기관들이 내려온 직후라고 소개하고 있다. 그들과 한바탕 강한 언쟁이 있었던 사건(막3:22-30)에 이어서 씨 뿌리는 비유를 말씀하신 것으로 배치했다. 그렇다면 그 자리에 그 서기관들도 있었을 것이고, 이 비유도 들었을 것이다. 즉 예수님께서 그들에게 들으라고 이 비유를 말씀하셨다고 해도 좋을 것이다. 왜 그처럼 위기의 시기에 씨 뿌리는 비유를 말씀하셨을까?

이 비유는 씨를 뿌리는 자가 있음을 강조한다. 여기서 씨를 뿌리는 사람은 막연하게 씨를 뿌리는 어느 한 사람(a sower)이 아니라 정관사를 사용하여 '그 씨 뿌리는 사람'(the sower)이라고 말한다. 그러므로 씨 뿌리는 사람은 바로 예수 자신을 가리킨다. 씨는 그분이 사람들에게 던지는 말씀이다.[142] 그리고 씨들이 떨어지는 땅들이 상대역으로 나온다. 떨어지는 땅들도 모두 특정한 사람들이다. 이 비유에는 말하는 사람이 있고 듣는 사람(聽者)이 있다. 말하는 사람은 한 번 언급된다(3절). 반면 밭으로

---

142) 여기서 '말씀'은 'λόγος'를 가리킨다. 성경에는 말씀이란 단어가 두 종류 나온다. 하나는 로고스(λόγος)이고, 또 하나는 '파토스'(ῥῆμα)이다. 로고스는 단순하게 말씀(word)을 의미한다. 요한복음에서는 특수한 의미로 예수님(The Word)을 부를 때 사용하였다. 로고스는 기독교 메시지와 동일시되었다. 마가는 예수께서 무리들에게 로고스를 설교하셨다고 말한다(막 2:2). 그리고 비유에서 씨 뿌리는 자가 뿌린 씨앗이 로고스라고 한다. 기독교에서 로고스는 하나의 선포된 메시지를 의미한다. 이것은 기독교의 메시지는 텍스트를 통하여 배우는 게 아니라 사람으로부터 사람에게 전달되는 것을 의미한다. '레헤마'(ῥῆμα)는 '말씀된 것'을 말한다. 어떤 개인에게 특별히 선포된 말씀이다. 에컨대 누가복음 1장 37절, "대저 하나님의 모든 말씀은 능하지 못하심이 없느니라", 2장 17절 "보고 천사가 자기들에게 이 아기에 대하여 말한 것을 전하니"가 있다.

표현된 듣는 사람들은 네 종류로 나뉜다. 길 가, 돌밭, 가시떨기 그리고 옥토이다. 이 네 종류의 밭은 거기 모여 있는 사람들의 각기 마음을 가리키기도 하고, 넓게는 온 세상 사람들의 마음을 가리키기도 한다. 이렇게 보면, 이 비유는 말씀을 받는 사람들의 마음의 중요성에 대하여 가르치신 것이다. 이 말씀은 마가복음 4장 이전에 예수님 앞에 나왔던 모든 사람들의 마음을 반영한 것이다. 말씀을 받는 밭이 중요하다. 그래서 이 비유의 결론으로 "들을 귀 있는 자는 들으라"고 하셨다. 귀가 있다면 들어야 한다고 하셨다. 여기서 들어야 할 말은 이 비유인가, 아니면 지금까지 주님께서 외치셨던 모든 말씀들, 그리고 앞으로 하실 말씀들을 모두 포함하는 말인가?

어떤 비유는 모든 사람들이 쉽게 이해할 수 있지만 어떤 비유는 쉽게 이해할 수 없기도 하다. 사실 씨 뿌리는 비유는 쉽게 이해할 수 있는데도 제자들과 함께 있던 사람들이 홀로 계신 예수님을 찾아와 물었다. 여기서 질문을 던진 사람은 제자들이기보다는 그냥 사람들이다. 그런데 제자들과 사람들이 동시에 이해하지 못하였다는 것을 나타낸다. 예수님은 "이 비유를 알지 못하는데, 어떻게 모든 비유를 알겠느냐?(13절)"고 하셨는데, 이 말은 비록 제자로 선택을 받고 하나님 나라 비밀에 입문했다고 할지라도 그들의 우둔함에 당황했다는 의미를 내포한다. 기본을 깨닫지 못하면 모든 것을 이해할 수 없다고 하신다. 씨 뿌리는 비유는 예수의 모든 가르침의 기초가 되므로, 이 비유를 모르는데 어떻게 다른 비유를 알겠느냐는 것이다.

비유에 대한 설명이 시작된다. 길 가는 우리가 이해하는 넓은 길이나 밭고랑, 밭과 붙어 있는 벽이나 담 사이의 공간을 말하는 게 아니라 울타리가 없는, 들을 가로지르는 좁은 길을 말한다. 씨가 자라지 않는 이유는 사람들이 밟고 지나다녀서 땅이 딱딱해졌기 때문이다. 이것은 이스라엘

밭들의 생생한 표현이며, 예수께서는 거기에 한 가지를 덧붙인다. 딱딱한 땅을 뚫고 들어가지 못한 씨들을 새들이 와서 먹어버렸다고 하신다. 비유를 말씀하실 때 그 말을 듣는 사람들이 익숙하게 알고 있는 사실을 사용하시지만, 어느 면에서 의도하는 내용을 강조하기 위하여 현실적인 내용의 일부를 변경하기도 하신다. 그 점에 비유의 중요한 교훈이 있다.

길 가에 대한 예수님의 해석을 보면 길 가에 대한 설명을 하지 않으신다(15절). 단지 말씀을 들었을 때 사탄이 즉시 와서 그 뿌려진 씨(말씀)를 빼앗는 것을 말씀하셨다. 굳어진 땅은 씨를 받아들이지 않는다. 씨와 땅이 분리되어 있는 그순간 사탄이 그 씨를 먹어버린다. 여기서 강조하시는 것은 말씀은 즉시 먹어야 한다는 것과 그렇지 않으면 사탄이 먹어버린다는 점이다. 그 말씀을 듣는 순간 즉시 먹지 않는 사람은 사탄에게 빼앗겨버려서 그 말씀을 먹을 기회가 없어진다고 하셨다. 마음이 굳어진 사람들의 영적 상태는 사탄을 배부르게 한다는 역설적인 표현이기도 하다.

돌밭에 뿌려졌다는 것은 흙 속에 돌이 숨겨져 있는 상태를 말한다. 돌밭이라는 단어 'τὰ πετρῴδη'는 명사에 복수형 관사가 사용되어서 '바위들로 가득 차 있는 땅'을 말한다.[143] 그래서 씨가 떨어지면 바위에 있는 열 때문에 빨리 발아(發芽)한다. 그렇지만 수분이 없기 때문에 그 싹은 곧 말라버리고 만다. 이런 사람들은 말씀을 기쁨으로 받는 사람들이라고 하셨다. 그러나 그 속에 뿌리가 없어 잠깐 견디다가 말씀으로 인하여 환난이나 박해가 일어나는 때에는 곧 넘어지는 자를 말한다.

가시떨기에 떨어졌다는 것은, 밭을 가꾸긴 했으나 쟁기가 가시의 뿌리를 제거하지 못한 땅을 말한다. 팔레스타인의 풀들에는 모두가 가시가 돋쳐 있다. 사막의 풀은 모두가 억세고 가시가 있다고 생각하면 틀림이

---

143) Wuest, Ibid., p.88.

없다. 그리고 이런 가시들은 키가 6피트(1.8m)나 자랄 뿐 아니라 튼튼한 뿌리 구조를 가지고 있어서 쉽게 제거되지 않는다.[144] 이런 가시떨기 속으로(εἰς) 씨가 떨어졌으니 어떻게 싹을 내며 가시떨기와 싸워서 이길 수가 있겠는가? 가시떨기는 여기에서는 말씀의 싹을 막는 강력한 세상 염려와 재물의 유혹과 기타 욕심이다. 여기저기 가시떨기에 떨어진 씨가 싹은 틔우지만, 가시떨기가 곡식의 숨을 막는다. 마태복음 13장 7절에서 사용된 '기운을 막았다'(ἀπέπνιξαν αὐτά, 아페프니크산 아우타)란 말을 직역하면 '씨앗을 목졸라 죽였다'이다. 누가복음 8장 33절에서는 이 동사를 물에 빠져 죽은 돼지 떼에 대해 사용하였다.[145]

마지막으로 세 가지 종류의 땅과는 전적으로 구분되는 좋은 땅이 있다고 하신다.[146] 좋은 땅에서 자라는 곡식은 "자라 무성하여"라고 하셨다. 이 말은 현재분사를 사용하여 계속해서 자라나는 것을 가리킨다. 좋은 땅의 씨는 계속해서 자라고 열매 맺기 때문에 30배, 60 배, 100배의 열매를 맺게 된다고 한다. 마태는 100배, 60배 그리고 30배 결실을 맺는다고 했고(마 13:1-9),[147] 누가는 최대량인 "100배의 결실을 하였느니라"고만 언급한다(눅 8:4-8). 이것은 과장이 아니라 허락이다. 이삭도 하나님의 은혜로 100배의 결실을 맺었다(창 26:12). 여기서 특기할 만한 것은,

---

144) Net Bible, p.1799.

145) 성서원어연구, 마태복음, p.127.

146) 마태는 13장 8절에는 '백 배, 육십 배 그리고 삼십 배의 결실을 한다'고 했다. 마가는 자연의 순리대로 삼십에서 백 배로 표현했다면, 마태는 하나님의 능력을 강조하여 백 배로부터 출발하는 것으로 표현했다고 해석할 수 있다.

147) 마태가 최대량인 백 배의 결실부터 말한 것은 유대적 사고라고 생각된다. 인간들은 낮은 데서부터 올라가지만 하나님은 최대량부터 계산해서 그렇지 못할 바에는 육십 배 그리고 삼십 배라고 말한 것으로 생각할 수 있다.

씨가 자라고 열매 맺기 위하여 땅이 할 일은 없다는 점이다. 땅은 씨앗을 받아들이기만 하면 된다. 마음 밭에 심어진 씨앗은 아무런 방해만 받지 않으면 스스로 계속해서 자란다. 네 종류의 밭에서 공통되는 점은, 씨앗은 스스로 발아를 하고 스스로 자랄 힘이 있다는 점이다. 단지 밭에 있는 장애 요소들 때문에 자람이 방해를 받을 뿐이다.

귀 있는 자는 들으라고 하셨다. 듣는다는 것을 들을 뿐 아니라 행동으로 실천해야 한다는 뜻이다. 바클레이는 그의 저서 《신약성경의 단어들》(*New Testament Words*)에서 로고스에 대하여 이렇게 말한다. "로고스를 통하여 믿음이 오고(행 4:4)", "로고스는 거듭나게 하는 대행자이고(벧전 1:3)", "로고스는 반드시 들어야 하고(마 13:22; 행 13:7, 13:44)", "로고스는 반드시 받아야 하고(눅 8:13; 약 1:21; 행 8:14, 11:1, 17:11)", "로고스는 반드시 지켜야 하고(요 8:51, 14;23; 요일 2:5; 계 3:8)" 그리고 "로고스는 증거되어야 한다(행 8:25; 계 1:2)".[148]

이 비유는 예수님께서 거기 모인 사람들을 둘러보시며 말씀하셨다고 생각된다. 거기에는 예수님이 바알세불에 들렸다느니, 귀신의 왕을 힘입어 귀신을 쫓아낸다고 말했던 사람들도 있었을 것이다. 예수님께서 그들에게 길 가와 같은 마음을 가진 사람들이라고 비유했다면, 그 말은 너희들이 도리어 사탄의 영향 아래 있는 사람들이라고 간접적으로 책망한 말씀이 된다. 또 한 가지 해결되지 않은 부분이 있다. '돌밭' 으로 표현된 사람들이다. 돌밭에 씨가 떨어져서 바위 때문에 싹들이 말랐는데, 주님의 해석에서는 그것은 앞으로 말씀 때문에 직면하게 될 환난이나 박해라고 하셨다. 그렇다면 현실적으로 존재하는 바위란 무엇이란 말인가? 앞으로 닥쳐올 환난과 박해 때문에 말씀을 지속시켜 나가지 못하는 것을 말한다.

148) 윌리엄 바클레이, *New Testament Words* Westerminster press, 1974, pp.181-182.

환난과 박해를 견딜 수 없는 믿음은 사실은 그 안에 자리잡고 있는 이기심이나 사람의 가치를 생각하는 마음이 믿음 위에 있기 때문이다. 이런 이기심과 사람의 일을 생각하는 마음 때문에 박해나 환난이 오면 쉽게 말씀을 포기한다는 뜻이 된다.

마이어스(Ched Myers) 교수는 이 비유를 사회적으로 접근하려고 시도하면서 예레미아스의 글을 글을 소개한다.

> "팔레스타인에서는 쟁기질을 하기 전에 씨를 뿌린다. 이 비유에서 씨를 뿌리는 자가 갈아엎지 않은 딱딱한 땅을 걸어 다니는 것으로 묘사한다……. 그는 마을 사람들이 딱딱한 땅을 밟고 다니는 길 위에 의도적으로 씨를 뿌린다. 그 뒤로 그는 씨를 덮기 위하여 길 가를 갈아 엎는다. 그는 의도적으로 딱딱한 땅에서 마른 채 서 있는 가시떨기 사이로 씨를 뿌린다. 왜냐하면 그들 역시 갈아엎을 것이기 때문이다. 놀랄 것이 없다. 어떤 씨는 바위 흙에 떨어지는데, 그곳은 땅 밑에는 석회암이 놓여 있고 위에 엷은 흙이 덮여 있다. 그 흙은 쟁기로 갈아엎을 때까지만 간신히 땅 위에 보일 뿐이다."149)

예레미아스가 위에서 말한 내용은 그 당시 갈릴리 농부들이 직면한 현실이었다. 그 현실을 그대로 재현시켜 놓으셨다. 예수님이 그리고 있는 씨 뿌리는 비유는 박토 위에 씨를 뿌리며 고되게 살아가는 팔레스타인의 가난한 농부들의 아픔과 고뇌를 그대로 드러내고 있다. 아무리 씨를 뿌려도 먹을 것과 가족 부양이 해결되지 않는 농부들의 삶이 그 당시 그곳의 형편이었다. 예수님은 이 비유를 통하여 그들의 아픔을 그대로

---

149) 예레미야스, *The Parables of Jesus*, 2d ed. New York:Scribner's, 1972, p.11. Myers, Binding the story man, p.176에서 재인용.

보여주고 계신다. 더 나아가서 예수님은 비유에서 언급은 하지 않았지만 씨들을 방해하는 잡풀, 가뭄, 뜨거운 바람, 메뚜기 그리고 해충 같은 것들 때문에 아무 희망이 없음을 그리고 계신다. 이런 농부들의 현실과 당시 사람들의 마음을 대조시켜놓은 것이다.

그러나 예수님은 비유에서 기적을 말한다. 지금 기적이 일어났다. 씨를 뿌려 놓고 많은 수확이 나기를 고대하면서 기도하는 자들의 기대를 넘어서 30배, 60배, 100배의 알곡들이 물결치는 들판을 보게 하신다. 초월적으로 풍성한 열매들이다. 이것은 거기에 모여 있는 사람들의 마음의 현실을 비춰 주는 비유이지만, 한편으로 마지막 종말에 모든 인간들의 계산을 초월하는 하나님의 충만으로 넘치는 풍성한 결실이 나타날 것을 상징화한 것이다. 이 비유가 이것을 듣는 모든 사람들에게 얼마나 큰 소망과 기쁨을 주었을까? 하늘나라는 지금도 그런 사람들 때문에 풍성한 열매를 맺고 있는 것이다. 씨 뿌리는 비유에서 강하게 암시된 바는 말씀을 듣는 일이 말씀을 마음에 받아들이는 일과는 전적으로 다른 일이란 사실이다. 말씀을 듣는 사람은 마땅히 들을 뿐 아니라 결단하고 받아들여야 한다.

07

등불을 밝히라(4:21-25)

"또 그들에게 이르시되 사람이 등불을 가져오는 것은 말 아래에나 평상 아래에 두려 함이냐 등경 위에 두려 함이냐 드러내려 하지 않고는 숨긴 것이 없고 나타내려 하지 않고는 감추인 것이 없느니라 들을 귀 있는 자는 들으라 또 이르시되 너희가 무엇을 듣는가 스스로 삼가라 너희의 헤아리는 그 헤아림으로 너희가 헤아림을 받을 것이며 더 받으리니 있는 자는 받을 것이요 없는 자는 그 있는 것까지도 빼앗기리라."

비유는 씨 뿌리는 데서 집 안에 있는 등불로 이동한다. 팔레스타인 지방의 집들은 문이 대부분 하나뿐이고 한두 개의 조그만 창문에는 나무 덧창이 있었다. 이런 이유로 집 안은 항상 어두컴컴했고 특히 겨울철에는 더했다.[150] 그래서 낮에도 등불을 켜 놓아야 했다. 이러한 환경에 살고 있던 팔레스타인 사람들에게 등불의 필요성은 아무리 강조해도 지나

150) 프레드 와이트, 성지 이스라엘의 관습과 예의, 보이스사, 1984, pp.36-37.

치지 않는다. 등(燈)은 올리브유를 붓고 심지를 쓰는, 토기 접시 모양의 가나안인들이 쓰던 등을 말한다. 주전 3세기경에는 구식 접시형 등은 거의 사라졌지만 주전 2세기경 마카비 시대 사람들은 유대 전통을 지킨다 하여 구식 등을 다시 사용하였다. 초기에는 등받침이 없어 벽에 튀어나온 돌 위에다 등을 놓을 자리를 마련하기도 했지만, 집에 따로 등받침이 없는 경우엔 말을 방바닥에 뒤집어 놓고 등받침으로 사용하기도 했다. 그리고 이것은 때로는 식탁으로 사용되기도 했다.[151] 말은 원래 곡물을 재는 도량인데, 십일조를 계산하는 데 꼭 필요했기 때문에 유대 가정에는 반드시 말이 있었다고 한다. 그리고 나무 기둥에 불길이 붙는 것을 방지하기 위해 또는 등불을 끄기 위해 사람들은 이 말을 가지고 등불을 덮었다고 한다.[152] 또 어떤 가정에는 등잔에 긴 다리가 있어 쇠받침대 위에 놓아져서 집 안을 밝게 하기도 했다고 예레미아스는 전한다.

예수께서는 아주 상식적인 현실을 비유로 사용하셨다. 등불을 켜서 침대나 식탁 아래 두는 사람은 없다. 그러나 22절은 이해하기가 어려운 문장이다. 개역개정 성경은 "드러내려 하지 않고는 숨긴 것이 없고 나타내려 하지 않고는 감추인 것이 없느니라"고 번역했다. 어떤 이들은 예수님께서 말씀하신 바 모든 감추인 것은 반드시 드러난다는 뜻으로 해석하기도 하고, 또 어떤 일들은 드러나기 위해서 감춰져 있다고 말하기도 한다. 이것은 잘못된 해석이다.

이 등불의 비유는 마가복음 4장 1-34절 전체의 맥락을 참고해서 이해해야 한다. 맨 처음에 씨 뿌리는 비유가 나오고, 그 다음이 등불에 대한 비유이다. 그리고 이어서 자라나는 씨에 대한 비유가 나온다. 씨 뿌리는 자의 비유는 말씀을 듣는 사람들의 중요성에 대하여 말씀하신 내용이고,

---

151) 전게서, pp.34-35.

152) 국제성서주석, 마가복음 I, p.230.

자라나는 씨에 대한 비유는 땅에 씨를 뿌리는 책임에 대한 강조이다. 그렇다면 등불의 비유도 앞뒤에 나오는 비유와 무관하지는 않을 것이다. 등불을 침상이나 무엇에 가려놓지 않고 등경 위에 둔다는 것을 강조했으므로, 누군가가 무엇을 밝히 드러내는 것을 의미한다. 그렇다면 이 본문은 이렇게 해석하는 게 좋겠다. “거기에는 어떤 것도 감추어진 것이 없고, 모두가 밝혀지게 될 것이며, 거기엔 어떤 비밀도 없고, 모든 것은 빛으로 나아오게 된다.” 그러니까 하나님의 계시의 말씀은 감춰 둘 수 없으며 등불처럼 밝혀지게 되었다는 것이다. 영지주의자들같이 어떤 비밀을 깨달은 자만 알 수 있는 것은 아니다. 누구나 깨달을 수 있는 말씀, 이 말씀을 밝히 드러내야 한다는 점을 강조하신 것이다. 조킴 그닐카(Joachim Knilka)는 이 비유를, 예수님이 메시아이며 동시에 하나님의 아들임이 십자가와 부활을 통하여 밝혀질 것이라는 사실이 그 근저에 있다고 했다.[153)]

그리고 들을 귀 있는 자는 들으라고 하셨다. 이어서 예수님은 “너희가 무엇을 듣는가 스스로 삼가라”고 하신다. 이 말씀에 덧붙여 “너희의 헤아리는 그 헤아림으로 너희가 헤아림을 받을 것이며 더 받으리니 있는 자는 더 받을 것이요 없는 자는 그 있는 것까지도 빼앗기리라”고 하신다. 등불의 비유와 이 말씀이 일치하는가, 아니면 전혀 다른 기사를 여기에 첨가했는가 하는 것은 오랫동안 질문되어 왔던 문제이다. 라마 윌리엄슨(Lamar Willaimson)은 그의 주석에서 첫 문장인 “무엇을 듣는가? 스스로 삼가라”는 문구가 이 구절을 해석하는 데 중요한 요소라고 지적한다. 다시 말하면 이 구절은 말씀을 듣는 것에 대한 교훈으로 해석해야 한다는 것이다. 그리고 헤아리는 것에 관한 말씀은 마가복음에서 들음이란 주제

153) 전게서, p.231. 마태복음은 이 등불의 비유는 성도들이 세상을 환하게 비춰야 한다는 예로 들고 있다(마 5:14-16).

에 적용되고 있다고 한다.[154]

그렇다면 이 문장은 그 말씀에 주목하면 할수록 더 들을 수 있게 되고 더욱 풍성해질 수 있다는 뜻이 된다. 그리고 25절은 복음을 받은 후에 그것을 유지할 것인지 빼앗길 것인지를 말하고 있다. 씨 뿌리는 비유에서 씨를 받기는 했으나 빼앗긴 사람들과 옥토로서 풍성하게 열매 맺은 말씀과 일맥상통하는 말씀이다.

154) 라마 윌리엄슨, 현대성서주석, 마가복음, p.162.

08

하나님의 나라는 씨를 뿌림과 같다

(4:26-29)

"또 이르시되 하나님의 나라는 사람이 씨를 땅에 뿌림과 같으니 그가 밤낮 자고 깨고 하는 중에 씨가 나서 자라되 어떻게 그리 되는지를 알지 못하느리라 땅이 스스로 열매를 맺되 처음에는 싹이요 다음에는 이삭이요 그 다음에는 이삭에 충실한 곡식이라 열매가 익으면 곧 낫을 대나니 이는 추수 때가 이르렀음이라."

'하나님의 나라'란 말이 처음 등장한다. 이것은 천국에 대한 비유로, 천국은 사람이 씨를 땅에 뿌리는 것과 같다고 하신다. 비유 중의 씨는 말씀이다. 말씀이 하나님 나라의 씨앗이다. 26절에서 말하는 씨 뿌리는 사람은 4장 3, 14절에 언급된 씨 뿌리는 자로서의 예수님을 가리키는 게 아니라 일반적으로 씨를 뿌리는 사람을 말한다. 여기서 씨를 뿌리는 사람은 앞으로 씨를 뿌리게 될 제자들을 지칭한다. 씨를 뿌리는 것은 곧 하나님의 나라의 씨앗을 뿌리는 것이다. 그들이 씨를 뿌리지만 씨가 싹을 틔우고 자라는 것은 알지 못하듯이 그리고 뿌린 자는 밤낮 자고 깨고 하는 중에 씨들이 스스로 싹이 나고 성장하듯이, 하나님나라도 그렇게 스스로 싹을 틔우고 생장한다는 것이다. 천국의 씨를 뿌리는 자는 씨가 자랄지 염려할 필요도 없고 애타게 기다릴 것도 없다. 자연의 신비는 오늘도 농부도 과학자들도 제대로 모른다. 자연은 싹을 틔우고 자라게 한다. 땅이 스스로 자라게 하고 열매 맺게 한다고 한다.

이렇게 보면, 이 비유는 앞에서 언급된 씨 뿌리는 비유 중에 옥토에 대하여 첨가된 설명으로 보아야 한다. 하나님의 나라의 씨인 말씀이 옥토에 떨어지기만 하면 그 옥토가 씨를 자라게 한다고 하신다. 여기서 강조되는 것은 옥토와 씨가 결합된 상태이다. 두 가지가 결합되면 스스로 자라고 열매를 반드시 맺는다는 뜻이다.

그러면서 여기서 자라는 과정을 말하고 있다. '싹, 이삭 그리고 곡식'이다. 이것은 단순하게 일반적인 곡식의 생장 과정을 표현한 것이 아니라 사람들 속에 이뤄지는 하늘나라는 성장의 과정이 있음을 말한 것으로 보아야 한다. 처음에는 싹이요, 다음엔 이삭이요, 그 다음엔 곡식이라고 하신다. 그리고 열매가 익으면 낫을 대는데, 그때는 추수 때가 된다.

설교자들이나 성경을 가르치는 자들은 자기들의 설교나 가르침이 사람들을 변화시키고 성장시키는 것처럼 생각한다. 그래서 하나님의 나라가 성장하는 것처럼 생각한다. 그러나 마가는 '스스로' 를 강조한다. 뿌려진 씨의 성격이고, 기르시는 분의 놀라운 역사라고 한다. 하나님의 말씀을 맡은 자들은 담대하게 그리고 정확하게 하나님 말씀을 뿌려야 한다. 그리고 결과는 하나님께 맡기고 기다려야 한다.

우리는 신앙의 과정을 무시할 때가 많다. 또 자신이 어떻게 성장하고 있는지를 점검해 보지도 않는다. 그래서 신앙에 혼란이 오고 교회에 혼란이 오기도 한다. 영적 성장은 내적인 것이어서 다른 사람의 영적 성장을 함부로 말할 수는 없다. 자신이 스스로를 평가해야 한다. 그러나 이 비유에서는 신앙 성장을 위한 외적인 노력은 배제되었다. 마음의 밭만 옥토 상태를 유지하면 스스로 자란다고 한다. 신앙 성장을 행위나 어떤 노력으로 평가하는 현대의 계산법도 주님은 철저히 배제하셨다. 그리고 어느 때가 되면 낫을 댈 시기가 온다. 그때는 추수 때이다.

"추수할 때가 이르렀음이라"(29절)에서 '이르렀다'(*παρέστηκεν*, 팔레스테켄)는 동사는 완료형으로, 과거 시간에 완성을 향해 성장해서 현재적인 결과를 가져왔다는 뜻으로 해석된다. 이것은 마지막 종말과 연결된다. 그리하여 그 열매는 마지막 날에 마지막 심판을 받게 된다.

마지막 날에 우리 모두가 놀라게 될 것이다. 실패한 것처럼 보이던 것들이 열매를 맺게 되고, 성공했던 것처럼 보이는 것들이 도리어 실패한 것일 수도 있을 것이다. 여호와가 이 모든 것을 이루도록 우리는 힘써 씨를 뿌릴 뿐이다.

09

겨자씨 비유(4:30-34)

"또 이르시되 우리가 하나님의 나라를 어떻게 비교하며 또 무슨 비유로 나타낼까 겨자씨 한 알과 같으니 땅에 심길 때에는 땅 위의 모든 씨보다 작은 것이로되 심긴 후에는 자라서 모든 풀보다 커지며 큰 가지를 내나니 공중의 새들이 그 그늘에 깃들일 만큼 되느니라 예수께서 이러한 많은 비유로 그들이 알아들을 수 있는 대로 말씀을 가르치시되 비유가 아니면 말씀하지 아니하시고 다만 혼자 계실 때에 그 제자들에게 모든 것을 해석하시더라."

이 비유는 마가가 소개하는 마지막 비유이다. 하나님의 나라를 가장 작은 씨인 겨자씨에 비유한다. 하나님의 나라를 크고 눈에 기이한 것으로 비유하지 않고 눈에 잘 보이지 않는 씨에 비유한 것이 특별하다. 씨가 작으냐 크냐 하는 것은 문제가 아니다. 중요한 것은 생명력이다. 생명력만 지니고 있다면 씨가 작든 크든 땅에 심으면 다 싹이 난다. 겨자씨 비유는 하나님 나라의 위대한 생명력을 강조한 비유이다. 그러나 겨자씨에 천국을 비유한 것은 좀 특별하다 하겠다. 하나님의 나라는 처음엔 사람들에게 아주 미미하게 보인다. 겨자씨는 세상에 있는 모든 씨보다 가장 작다(the smallest seed). 겨자씨를 가장 작은 것의 상징으로 사용하면서, 하나님의 나라도 처음에는 보이지 않을 만큼 작게 시작된다고 한다. 그러나 하늘나라는 심긴 후에 자라기 시작하는 데서부터 다른 것과 비교할 수 없는 차이를 낸다. 자라서는 풀보다 커지며 큰 가지를 낸다고 하신다.

대부분 겨자씨는 일년초로 알고 있다. 그러나 예수님은 특별한 경우를 비유로 드신다. 풀보다 커지고 큰 가지를 낸다고 하신다(the greatest of all shrubs, and puts forth large branches). 마가는 풀과 가지, 두 가지 요소를 극적으로 조화를 시키고 있다. 누가는 '나무'가 된다고 했고(눅 13:19), 마태는 마가와 누가의 기록을 조화시킨, "자란 후에는 풀보다 커서 나무가 되매"(마 13:32)라고 한다. 이 비유에서 중요한 점은, 사실인가 허구인가 하는 문제가 아니라 그 과장법이다.

겨자씨 비유는 에스겔 17장 22-24절에 나오는 백향목 비유와 유사성을 갖고 있다.[155] 에스겔에서 말하는 백향목 비유는 이스라엘의 회복과 번영을 예언한 내용이다. 백향목 높은 새 가지 끝에서 연한 가지를 꺾어 높고 우뚝 솟은 산에 심는데, 이것은 이스라엘 높은 산에 심은 것이고, 그 가지가 무성하고 열매를 맺어서 아름다운 백향목이 될 것이요 각종 새가 그 아래에 깃들이며, 그 가지 그늘에서 산다는 말씀이다. 겨자씨 비유와 다른 점은 예수님은 겨자씨를 심는다고 했는데 에스겔은 백향목 연한 가지를 심는다고 한 것이다. 그러나 후에 가지가 무성하고 각종 새가 그 아래 깃들인다는 내용은 비슷하다.

예수님 비유의 특징은 정상적인 이야기에서 갑자기 비약 또는 변형을 만든다는 것이다. 겨자씨 비유에서도 작은 씨가 자라면서 갑자기 돌연변

---

155) 라마 윌리엄슨, 전게서, p.164.

이를 일으키듯이 달라진다. 오늘날 이스라엘에 가서 겨자씨 나무를 본 사람들은 이 말을 믿기가 어렵다. 그러나 이 비유를 해석함에 있어 예수님의 비유가 현실적 이치에 맞느냐 하는 것은 문제가 아니다. 단지 이 비유에서 강조하려는 것이 무엇인가가 중요하다. 세상에 가장 작은 씨로 보이던 하나님의 나라는 큰 나뭇가지를 내는 것처럼 모든 사람들이 볼 수 있도록, 그리고 새들이 깃들일 만큼 성장한다는 점이 더 중요하다. 뉴질랜드를 가보면 고사리가 자라서 야자나무만큼 성장해 있는 것을 볼 수 있다. 톰슨 박사(Dr. Thompson)는 여리고 근방에서 키가 12피트(3.65m)나 되는 겨자씨 나무를 본 적이 있다고 했다.[156]

여기서 중요한 점은 생명과 성장이다. 산 믿음은 자라게 되어 있다. 자라지 않는다면 뭔가 잘못된 것이다. 하나님나라는 생명을 지녔으며, 생명이 있기 때문에 절로 자란다. 더욱이 하나님의 나라는 비정상적으로 크게 자랄 수 있다는 게 특징이다. 자연질서를 초월한다.

누가복음 17장 5절에서 믿음을 '겨자씨' 로 비유하였다. 예수님의 말씀에 제자들은 "믿음을 더하소서"(Increase our faith) 하고 요청한다. 자기들의 현재 믿음으로는 주님이 요청하신 일을 행동으로 옮기기엔 부족하다고 느껴서 하는 말이다. 결국 제자들은 믿음이 크기도 하고 작기도 하다는 생각을 한 것이다. 여기에 대한 대답으로 "너희에게 겨자씨 한 알만한 믿음이 있었더라면 이 뽕나무더러 뿌리가 뽑혀 바다에 심기어라 하였을 것이요 그것이 너희에게 순종하였으리라"(눅 17:6)라고 하셨다.

여기서 '있었더라면' 이란 표현은 가정법 같은 느낌을 주는데, 가정법으로 해석하면 다음 구절인 "바다에 심기어라 하였을 것이요"라는 긍정적인 문장과는 대치된다. 그러므로 이 말은 '너희는 이미 겨자씨만한 믿음을 가지고 있다' 고 해석하는 게 옳다.[157] 예수님의 대답의 의도는 그

---

156) Wuest, 전게서. p.94.

런 믿음이면 충분하다는 뜻이다. 겨자씨만한 믿음이면 충분하고, 이제는 그 믿음을 의지하여 행동으로 옮기라는 것이다. 그리하면 믿음에 의지하여 한 행동에 대해서 응답하시는 분은 하나님이라고 하셨다(눅 17:6). 이렇게 보면 예수님의 말씀은 믿음에는 크고 작은 게 없다는 뜻이다. 오직 믿음의 차이는 그 믿음을 의지하고 행동하는 실천의 차이일 뿐이라고 하셨다.

하늘나라를 겨자씨에 비유한 것은 하나님의 나라는 작게 시작된다는 점이다. 하나님나라 사역은 작게, 눈에 띄지 않는 작은 일로부터 시작된다는 말이다. 다른 사람들의 눈에 보이지 않아도 된다. 계속 겨자씨를 심는 마음으로 뿌리고 섬겨야 한다. 씨를 뿌리는 자들이 큰 것만 생각하고 뿌려서는 안 된다. 눈에 보이지 않지만 꾸준히 씨를 뿌리는 것은 그리스도인들이 할 일이다. 사람들은 씨만 뿌리면 된다. 그 겨자씨와 같은 것을 큰 나무로 만들어 주시는 분은 하나님이시다. 어느 날 갑자기 큰 나무로 만들어 주신다. 후에는 그것이 자라서 큰 나뭇가지를 뻗는다는 것이다. 기독교는 큰 것만을 노리면 실패하기 쉽다. 누구나 눈에 보이지 않을 만큼 작은 일에 정성과 노력을 기울여야 한다.

마가가 소개한 비유는 말씀을 듣는 청자(聽者)의 입장을 강조한 내용들이다. 씨를 뿌리는 자도 중요하지만 말씀을 듣는 자의 마음이 중요하다는 것이다. 그런데 성경에서 '듣는다' 는 말은 언제나 행동하기 위해 듣는다는 의미가 전제되어 있다.[158] 그리고 하나님 나라의 씨는 말씀이고, 그 말씀 안에는 스스로 싹을 틔우고 생장하는 생명력이 있다고 하신다. 등경 위에 놓인 등불의 비유도 깊이 생각해 보면, 그것도 말씀을 통해서

157) *New Interpreter's Bible*, Vol. IX, Luke & John, Abingdon, 1995, p.322.

158) 신명기 6장 4절에서 말하는 "이스라엘아 들으라"란, '쉐마' 도 순종하기 위하여 들으라는 뜻이다.

그동안 숨겨진 것들이 밝히 드러날 것을 말하면서, 제자들이 말씀을 밝히 드러내도록 씨를 뿌려야 한다는 그 다음에 나오는 비유와 연결된 말씀이다.

비유는 누구나 쉽게 알아들을 수 있도록 은유(metaphor)를 이용해서 던지는 말씀이다. 은유는 어떤 상징에 의미를 담아 깨닫게 해 주는 전달 방식이다. 그래서 비유에 담긴 메타포를 읽을 줄 알면 이해하기가 쉽다. 비유를 읽으면서 이치를 따지거나 논리적으로 생각하면 큰 잘못을 범하게 된다. 은유를 통하여 던지는 의미를 이해해야 한다. 그러나 혹 이해하지 못하는 부분도 많다. 그래서 제자들은 그럴 때마다 주님과 호젓하게 있을 때에 그것에 대해 물었다.

10

바다를 잔잔하게 하시는 예수

(4:35-41)

"그날 저물 때에 제자들에게 이르시되 우리가 저편으로 건너가자 하시니 그들이 무리를 떠나 예수를 배에 계신 그대로 모시고 가매 다른 배들도 함께하더니 큰 광풍이 일어나며 물결이 배에 부딪쳐 들어와 배에 가득하게 되었더라 예수께서는 고물에서 베개를 베고 주무시더니 제자들이 깨우며 이르되 선생님이여 우리가 죽게 된 것을 돌보지 아니하시나이까 하니 예수께서 깨어 바람을 꾸짖으시며 바다더러 이르시되 잠잠하라 고요하라 하시니 바람이 그치고 아주 잔잔하여지더라 이에 제자들에게 이르시되 어찌하여 이렇게 무서워하느냐 너희가 어찌 믿음이 없느냐 하시니 그들이 심히 두려워하여 서로 말하되 그가 누구이기에 바람과 바다도 순종하는가 하였더라."

날이 저물어 갈 때이다. 마가는 "그날 저물 때"라고 한다. 그러나 어느 날인지는 확실치 않다. 마가의 내러티브에서 연결하여 읽으면, 비유를 말씀하신 그날 저녁인 것처럼 보인다. 아마도 그날도 배 위에서 설교를 하신 것 같다. 설교를 마친 후, 저편으로 건너가자고 하셨고, 제자들은 주님을 배에 계신 그대로 모시고 건너편으로 넘어가고 있는 중이다.[159] 저편 건너편은, 5장 1절에 보면 갈릴리 동쪽에 위치한 거라사 지방을 가리킨다. 이렇게 보면 예수님이 처음으로 갈릴리 지역을 넘어서 호수 건너편 거라사 지방으로 가고 계시는 것이다.

다른 배들도 함께 떠났다. 성경에는 항상 두 배가 다니는 것으로 묘사되었는데, 당시 갈릴리 호수에서는 위험을 방지하기 위하여 항상 두 배를 띄웠다고 한다. 그곳으로 가는 도중에 풍랑을 만났다. 당시 저녁 시간이면 갈릴리 호수에는 언제나 풍랑이 일어났다.[160] 그러나 여기서 말하는 풍랑은 보통 때와는 다른 풍랑을 말한다. 검은 구름이 덮이고 천둥이 치며 엄청난 양의 비를 동반한 풍랑이다.[161] 이 점에 대해서도 현재 갈릴리의 상황으로 이해하면 안 된다. 저녁이면 어김없이 강풍이 불어오던 그 당시의 배경에서 읽어야 한다. 예수님은 이 사실을 익히 알고 계셨다. 그럼에도 불구하고 갈릴리 호수를 건너가자고 하신 것은 이해하기 어렵

---

159) '모시고'라고 번역된 'παραλαμβάνουσιν'는 마태복음 2장 13절에, "일어나 아기와 그의 어머니를 데리고 애굽으로 피하여 내가 네게 이르기까지 거기 있으라"고 하였을 때 사용한 '데리고'란 단어와 동일하다. 피곤에 지치신 예수님을 그들의 보호 하에 배에 모시고 갔다는 뜻이다. 여기에 나오는 배도 큰 고기잡이 배(ploion)를 말한다.

160) 갈릴리에 저녁쯤 불어오는 바람은 서쪽 지중해에서 불어오는 것이다. 서쪽에서 북 갈릴리와 남 갈릴리 사이에 계곡으로 불다가 갈릴리 호수 근처에 오면 바람이 강해진다고 한다. 그래서 그곳을 바람계곡이라고 부른다. 그리고 강해진 바람은 갈릴리 호수 북쪽으로 돌아서 동쪽에 터진 계곡으로 몰아쳐 지중해 해면보다 682피트(208m)나 낮은 호수 면에 내리꽂으면서 풍랑을 일으킨다.

161) '큰 광풍'이란 'λαῖλαω μεγάλη'로서 메가 폭풍이란 뜻이다. Wuest, Ibid., p.96.

다. 왜 그랬을까?

제자들이 배를 저어가는 동안 예수님은 곧장 배에서 주무셨다. 아마도 너무 피곤하셨던 모양이다. 배가 얼마 가지 않아 풍랑이 몰아쳐 왔다. 마침내 풍랑은 거칠어지기 시작하였고, 배 안에 물을 계속 쏟아 부어 배는 물로 가득 차게 되었다. 배에 물이 가득 차서 침몰될 위기를 맞고 있다. 그래도 주님은 고물[162)]에서 아무 일이 없다는 듯이 조용히 주무신다. 제자들은 폭풍 속에서 고요히 잠을 주무시는 스승이 미웠을 것이다. 그래서 선생님을 깨운다. 사실 호수를 건너가자고 한 분은 선생님이다. 그런데 배에 물이 차서 이처럼 침몰의 위기에 처했는데도 주무신다며 불평할 수 있었을 것이다. 그들은 마침내 "선생님이여 우리가 죽게 된 것을 돌보지 아니하시나이까?"(38절) 하며 선생을 깨운다. 지금 자기들이 죽어가고 있다고 선생님에게 소리쳤다. 이 말 속에는 폭풍 속에서도 잠을 주무시는 선생을 꾸짖는다는 암시가 있다.

풍랑의 거친 바람 소리, 배에 부딪쳐 오는 성난 물결과 배 안에 차들어오는 차가운 물도 그분을 깨우지 못했다. 배에 물이 가득 찼다면 예수님의 몸도 물에 젖었을 터인데, 아무 일 없다는 듯이 잠을 주무셨다는 게 이상하다. 그처럼 피곤에 지치신 것인가, 아니면 다른 의도가 있으신 것인가? 풍랑 속에서도 깨어나지 않으신 그분은 살려달라는 제자들의 고함소리에 깨어나셨다. 그리곤 마치 귀신들을 쫓아내듯이 바람과 바다를 꾸짖으셨다. "잠잠하라, 고요하라." 이 말을 들은 바람이 잠잠해지고 바다는 잔잔해졌다. 성난 짐승이 조용해진 모습이다. 주님은 제자들을 책망하셨다. "어찌하여 이렇게 무서워하느냐? 너희가 어찌 믿음이 없느냐?"

예수님은 바다도 꾸짖으신다. 꾸짖다라는 동사는 명령형이다. 예수님

---

162) '고물' 이란 배의 뒷부분을 말하고, '베개' 란 조타수들이나 선장이 때때로 머리를 베고 휴식을 취하는, 가죽으로 된 낮은 의자 같은 것을 말한다.

은 바다에게 명령하시는 분이다. 그리고 제자들도 꾸짖으신다. "어찌하여 믿음이 없느냐?"(Do you still not have faith?)[163] 예수님은 아직도 제자들에게는 믿음이 없다고 보셨다. 그래서 책망하신 것이다. 누가복음 17장 6절에 나오는 겨자씨만한 믿음과는 전혀 다른, 믿음이 근본적으로 없다고 하셨다.

예수는 자연을 향해 말씀하신다. 꾸짖기도 하기고 명령하기도 하신다. 자연은 그분에게 순종한다. 모든 만물의 주인이시기 때문이다. 그런데 말을 할 줄 아는 사람들에게서는 '아니오'가 나온다. 심지어는 제자들도 예수님이 누구신가를 아직도 모른다. 아이러니다.

예수님은 풍랑이 일 것을 아셨을 텐데, 왜 호수를 건너가자고 하셨는가? 오늘 본문도 풍랑을 잔잔하게 하셨다는 것 외에는 그 어떤 것도 말하지 않는다. 그리고 다음 사건으로 넘어간다. 그 이유는 무엇일까? 이 사건은 제자들과 관계가 있다고 하겠다. 그들을 믿음이 없다고 책망한 것도 풍랑 사건과 관계가 있어 보인다. 제자들은 그들이 따르는 예수가 바람과 바다도 순종하는 분임을 보고 큰 두려움에 휩싸였다. 그러나 이런 경험이 그들을 믿음으로 인도했는지는 확인되지 않는다. 이렇게 보면 풍랑 속으로 그들을 안내하신 것은 그들의 믿음을 점검하게 하시려는 데 그 목적이 있었고, 동시에 예수님 자신이 누구신가를 자연을 통하여 알게 되고 믿음 위에 그들을 견고하게 세우려는 데 목적이 있었다고 본다.

그러나 아직도 그들은 두려워할 뿐, 믿음과는 거리가 멀다. 그들은 바람과 바다도 순종하게 하는 분이 과연 누구인지 "그렇다면 이분은 과연 누구냐" 하고 묻고만 있다. 아직도 그들은 예수가 누구인지를 확실히 깨닫지 못하고 있다.

---

163) '*ἔχετε* *ἔχω*'(가지다, 소유하다)의 3인칭, 복수, 현재 분사이다. 그리고 '*οὔπω*'는 아직도 가지지 못했느냐(not yet)는 뜻이다(마 15:17, 16:9, 24:6; 요 2:4).

11

군대 귀신 들린 사람을 고치시다

(5:1-20)

"예수께서 바다 건너편 거라사인의 지방에 이르러 배에서 나오시매 곧 더러운 귀신 들린 사람이 무덤 사이에서 나와 예수를 만나니라 그 사람은 무덤 사이에 거처하는데 이제는 아무도 그를 쇠사슬로도 맬 수 없게 되었으니 이는 여러 번 고랑과 쇠사슬에 매였어도 쇠사슬을 끊고 고랑을 깨뜨렸음이러라 그리하여 아무도 그를 제어할 힘이 없는지라 밤낮 무덤 사이에서나 산에서나 늘 소리 지르며 돌로 자기의 몸을 해치고 있었더라 그가 멀리서 예수를 보고 달려와 절하며 큰 소리로 부르짖어 이르되 지극히 높으신 하나님의 아들 예수여 나와 당신이 무슨 상관이 있나이까 원하건대 하나님 앞에 맹세하고 나를 괴롭히지 마옵소서 하니 이는 예수께서 이미 그에게 이르시기를 더러운 귀신아 그 사람에게서 나오라 하셨음이라 이에 물으시되 네 이름이 무엇이냐 이르되 내 이름은 군대니 우리가 많음이니이다 하고 자기를 그 지방에서 내보내지 마시기를 간구하더니 마침 거기 돼지의 큰 떼가 산 곁에서 먹고 있는지라 이에 간구하여 이르되 우리를 돼지에게로 보내어 들어가게 하소서 하니 허락하신대 더러운 귀신들이 나와서 돼지에게로 들어가매 거의 이천 마리 되는 떼가 바다를 향하여 비탈로 내리달아 바다에서 몰사하거늘 치던 자들이 도망하여 읍내와 여러 마을에 말하니 사람들이 어떻게 되었는지를 보러 와서 예수께 이르러 그 귀신 들렸던 자 곧 군대 귀신 지폈던 자가 옷을 입고 정신이 온전하여 앉은 것을 보고 두려워하더라 이에 귀신 들렸던 자가 당한 것과 돼지의 일을 본 자들이 그들에게 알리매 그들이 예수께 그 지방에서 떠나시기를 간구하더라 예수께서 배에 오르실 때에 귀신 들렸던 사람이 함께 있기를 간구하였으나 허락하지 아니하시고 그에게 이르시되 집으로 돌아가 주께서 네게 어떻게 큰 일을 행하사 너를 불쌍히 여기신 것을 네 가족에게 알리라 하시니 그가 가서 예수께서 자기에게 어떻게 큰 일 행하셨는지를 데가볼리에 전파하니 모든 사람이 놀랍게 여기더라."

위험을 무릅쓰고 떠난 배는 마침내 거라사 지역에 도달했다. 풍랑을 만났지만 주님의 초자연적 능력으로 잔잔해졌고, 배는 무사히 도착했다. 마가복음은 거라사(Gerasenes-Gergasa, Kursi) 지방이라고 하고[164], 마태복음은 가다라(Gadara, Gadarenes) 지역이라고 한다. 가다라 지역은 갈릴리 호수 남동쪽에 위치한 곳이다.[165] 그런데 그들이 그곳에서 만난 사람은 단지 귀신 들린 한 사람이다. 마가는 예수님을 오직 귀신 들린 그 한 사람을 만나기 위해 먼 길을 서슴지 않고 가신 분으로 그리고 있

---

164) 거라사 지방은 갈릴리 동편 해안, 히푸스(Hippus) 지역을 말한다.

165) 가다라는 요단 강과 Kefar-semah 사이에 있는 곳이어서 이것이 가능하다고 본다. 누가는 아예 지역을 표기하지 않았다. 그곳의 해안은 깎아지른 듯한 가파른 언덕으로 되어 있다. 다라라는 이름은 고대 유대인 자료에 요단 강 동쪽에 있는 한 마을 이름으로 나타나 있어서 마을이 거기 있었다는 증거가 된다. 6세기에는 하나의 큰 수도원이 그 지역에서 발견되었다(Carta, p.173).

다.[166] 그렇게 말할 수 있는 것은, 거라사에 가셔서 귀신 들린 한 사람을 고쳐 주시고, 곧장 배를 타고 다시 가버나움으로 돌아가신 것으로 마가는 그리고 있기 때문이다(1절).

귀신 들린 사람은 무덤 사이에 살고 있던 사람이다. 이때 우리나라의 무덤을 생각하면 안 되고 유대인들의 무덤을 상상하며 이 본문을 읽어야 한다. 무덤은 죽은 사람들의 뼈가 있는 곳이기 때문에 부정한(unclean) 곳이다. 이 사람은 귀신 들려 있기 때문에 부정한 사람이고, 또 이방인이기 때문에 부정한 사람이다. 어찌 보면 이 사람은 이미 사람이 아니다. 늘 짐승처럼 무덤 사이에서 살고 있다. 쇠사슬로 매어 놓아야 할 사람이지만 쇠사슬로도 매어 놓을 수 없는 사람이었다. 사람들은 그의 양발과 양손을 쇠사슬로 묶어 놓으려고 했다고 한다. 귀신에게 묶이고 쇠사슬에 묶인, 철저히 봉쇄된 인간이다. 귀신의 힘은 이런 쇠사슬을 끊어버려서 아무도 그를 제어할 수 없었다.[167] 인간의 능력을 초월하는 무서운 귀신이 들렸다는 뜻이다. 사람이 아닌 사람, 철저하게 부정한 사람을 예수님은 만나고 계신다.

가장 악한 귀신이 들린 이 사람도 어김없이 다른 여느 귀신 들린 사람들처럼 예수를 알아보았다. 그는 멀리서 예수를 알아보고 달려와 주님 앞에 무릎을 꿇어 절하면서 소리쳐 말했다. '절했다' 는 동사 '프로세큐

---

166) 누가복음에는 예수님이 나인 성에 가셔서 오직 독자를 잃은 어머니를 불쌍히 여겨 아들을 살려 주신 내용이 나온다(눅 7:11-17).

167) 바울은 여기서 사용된 '쇠사슬'(halusis)이란 단어를 그리스도에게 매인 경우에 사용하였다. "이 일을 위하여 내가 쇠사슬에 매인 사신이 된 것은 나로 이 일에 당연히 할 말을 담대히 하게 하려 하심이라"(엡 6:20). 디모데후서 1장 16절에도 같은 단어를 사용한다. 귀신에게 묶인 사람은 자기 몸을 해치면서도 불행한 것을 모른다. 그리스도에게 묶인 사람들은 그리스도를 위하여 생명을 바치며 기쁨과 행복을 느낀다.

네센'(προσεκύνησεν)[168]은 '누구에게 자기를 굴복시키다, 항복하다'는 뜻으로 해석할 수 있다. 이 사람은 예수님 앞에 무너지듯이 이마가 땅에 닿도록 엎드려 예배했다. 그는 예수님이 누구신가를 알아보았다. "지극히 높으신 하나님의 아들 예수여 나와 당신이 무슨 상관이 있나이까?"(7절) 쇠사슬도 끊고 자기 멋대로 살던 사람이 어떻게 그 무서운 힘을 가진 귀신을 억제하고 이런 고백을 할 수 있었을까? 이것은 신비이다.

'What to me and to you'(ti emoi kai soi)는 인용구이다. 한 사람이 다른 사람을 상하게 했을 때 상함을 받은 사람도 "What to me and to you"라고 말한다. 자기가 끼이고 싶지 않은 일을 강요 당했을 때, 강요 당한 사람도 그처럼 말한다(삿 11:12; 대상 35:21; 왕상 17:18). 그의 자세와 말 속에서 대립구조를 발견할 수 있다. 이 사람은 예수님께 꿇어 앉아 경배했다. "지극히 높으신 하나님의 아들 예수여! 당신이 나와 무슨 상관이 있나이까?"라는 말은 일종의 아부처럼 들리면서 자기를 그냥 이대로 놓아 달라는 완곡한 부탁이다. 예수님을 보자마자 그의 능력 앞에 무의식적으로 꿇어 엎드려 경배할 수밖에 없었다. 7절과 8절은 도치법(倒置法)을 사용하였다. 귀신 들린 사람이 이처럼 예수님을 향하여 이처럼 고분고분 엎드려 경배할 수 있는 것은 예수께서 이미 "이 더러운 귀신아 그 사람에게서 나오라"고 하셨기 때문이다. 그러나 그는 곧 마음을 바꿔서 이제는 자기를 떠나달라고 한다. 그 사람 속은 전쟁터이다. 두 인격이 치열한 싸움을 벌이고 있다. 한편으론 경배하고, 한편으로 자기를 떠나 달라고 한다. 이것이 귀신 들린 사람의 현상이다.

주님은 "네 이름이 무엇이냐?"고 물으신다. 다른 귀신 축출에서는 볼 수 없는 일이다. 이번 경우만 이름을 물으셨다. 그는 "내 이름은 군대니

---

168) προσεκύνησεν은 προσκυνέω의 직설법 단순과거형이다. 그러므로 달려와서 단번에 엎드려 절했다는 뜻이다

우리가 많음이니이다"(9절)라고 대답한다. '레기온'(Legion)이란 말은 약 6천 명쯤 되는 군대의 라틴어 이름이다. 주석가 고울드(Gould)는 이것을 "귀신 들린 사람의 일종의 수사적 그리고 과장된 표현"이라고 말했다. 이 말은 '마치 내가 천 명에게 소유되어 있는 느낌이다' 라고 했다.[169)]

그러나 이런 학자들은 귀신이 들린다는 것이 무엇인가를 전혀 모르고 하는 말이다. 필자는 목회 현장에서 '군대 귀신' 이 들린 환자를 만나 보았다. 이런 환자는 일반 귀신이 들린 사람과는 비교할 수 없이 무서운 힘을 가지고 있었다. 예수님은 그에게 이름이 무엇이냐고 물으셔서 귀신의 정체를 밝혀내신다. 귀신의 정체를 밝혀야 쫓아낼 수 있기 때문이다. 9절 하반절에 레기온이란 귀신이 무엇인가를 설명해 준다. "내 이름은 군대니 우리가 많음이니이다"(9절). 누가는 그것은 귀신이 그만큼 그 사람 안에 많이 들어와 있다는 뜻이라고 한다(눅 8:30).

7절에는 "나를 괴롭히지 마옵소서"라고 하였다. 그리고 이제는 '자기를 그 지방에서 내보지 마시기를 간구했다' 고 말한다. 궁지에 몰린 귀신의 적극적인 항거이다. 그러나 더 이상 항거할 수 없음을 안 귀신은 돼지 떼에 들어가게 해 달라고 부탁한다. 예수님이 허락하시자 2천 마리쯤 되는 돼지 떼가 바다를 향하여 비탈로 내리달아 바다에서 몰사하였다. 2천 마리나 되는 돼지가 다 죽은 것은 그만큼 많은 귀신들이 그 사람 안에 있었다는 것을 눈으로 확인하게 해주는 장면이다. 귀신 들렸던 사람은 '옷을 입고 정신이 온전하여 조용히 앉아 있었다.'[170)] 큰 폭풍이 잔잔하게 되었던 것과 비교되는 장면이다.

169) ICCC., Ibid, p.90.

170) '옷을 입고 정신이 온전하여 조용히 앉아 있었다' 는 세 동사 모두가 분사형이다. 즉 그런 상태가 지속되었다는 것을 뜻한다.

귀신 들린 사람이 고침을 받기 전과 후	
마가복음 5장 3-5절	마가복음 5장 15절
무덤 사이에 살았다.	10개 도시를 돌며 소식을 전하고 집으로 돌아갔다.
옷을 입지 않았다.	옷을 입었다.
쇠사슬로도 맬 수 없었다.	온전하여 앉아 있었다.
쇠사슬을 끊고 고랑을 깨뜨렸다.	예수와 함께 있기를 간청하였다.
아무도 제어할 수 없었다.	스스로 자기를 통제하다.
늘 소리 지르고 자기 몸을 상하게 했다.	예수 기적을 온 데가볼리에 전하다.
사람들이 버렸다.	사람들이 그를 두려워하다.

사람들의 힘으로 억제할 수 없는 군대 귀신 들린 사람을 잠잠하게 하신 것과 사람들의 힘으로 억제할 수 없는 풍랑을 잔잔하게 하신 기적은 예수님께서 초자연적인 만물과 영의 세계를 다스리시는 분임을 보여준 놀라운 사건이었다. 예수님의 기적 사건은 점점 놀라운 차원으로 올라가고 있다.

그 소문을 들은 그 마을 사람들이 달려왔다. 그들은 모두 귀신 들렸던 사람을 두려워하게 되었다. 그러나 그들의 반응은 예상 밖이었다. 마을 사람들은 예수께서 행하신 기적을 보고 자기들 지방을 떠나가기를 간청했다. '떠나가기를' 이란 동사는 예수님이 다시 온다면 그때도 그렇게 하겠다는 암시가 들어 있다. 이들의 눈에는 한 사람이 새로운 생명을 얻는 기적은 보이지 않고, 물질의 손해만 보였기 때문이었다. 돼지 한 마리 값을 25만 원으로 친다면 2천 마리의 값은 5억원이 된다. 예수님은 한 사람의 값이 돼지 2천 마리보다 귀하다고 보신 것이다. 그러나 마을 사람은 그만큼 손해를 보았다고 생각했다.

고침을 받은 사람은 옷을 입고 바른 정신으로, 예수님과 함께 있게 해 달라고 간청했다. 그러나 예수께서는 그가 따라오는 것을 거절하며 말씀하신다. 단지 "집으로 돌아가 주께서 네게 어떻게 큰 일을 행하사 너를 불쌍히 여기신 것을 네 가족에게 알리라"(19절)고 하였다.

여기서 마가는 '주'(ὁ κύριός)를 쓴다. 이 말은 하나님을 지칭하는 말이다. 누가는 '주' 대신에 '하나님' 으로 옮겼다(눅 8:39). 누가는 예수님도 주라고 불렀다(눅 19:31,34, 10:18, 24:34). '주' 란 단어를 예수께서 사용하신 것인지 아니면 마가가 의도적으로 그렇게 부른 것인지는 확실하지 않다. 그러나 제자들의 믿음 없는 것과 대조적으로 '주' 를 강조하려고 한 것만은 분명하다.

예수께서 너를 어떻게 불쌍히 여기신 것을 네 가족에게 알리라고, 말하자면 이 사실을 기억하며 살도록 일렀는데, 귀신 들렸던 사람은 데가볼리 모든 지역에 알렸다. 데가볼리는 갈릴리 동편에 있는 10개의 도시를 말하며, 이방 지역이다. 부정했던 사람이 온전하게 되면서부터, 부정하다(돼지를 치고 사는 사람들)며 유대인으로부터 따돌림을 받던 이방인들에게 복음이 전파되기 시작했다. 귀신 들렸던 사람을 통하여 이방에 처음 복음을 전하게 하시는 것도 특별하다. 돼지와 같은 이방인들도 그처럼 깨끗하게 되고 새로운 삶을 누릴 수 있다는 것을 실증적으로 보여주신 선교이다.

그리고 예수님은 다시 배를 타시고 호수 건너편 가버나움으로 가신다(18절). 마가는 예수께서 거라사에서 귀신 들린 한 사람만을 고쳐 주시고 가버나움으로 배를 타고 돌아왔다는 사실만을 단순하게 전함으로, 풍랑을 감수하고도 그곳에 가신 이유가 단지 그 한 사람을 고쳐 주기 위한 것이었다고 독자들로 하여금 느끼게 해준다.[170] 한 사람의 생명을 천하보다 귀하게 여기시는 모습이다.

171) 마가복음은 바람과 바다를 잔잔하게 한 내러티브(4:35-41)와 거라사 귀신 축출 사건이 연결되어 있다(5:1-20). 그리고 이어서 야이로의 딸과 혈루증 앓던 여인을 고쳐 준 내러티브가 연결되어 있다는 사실을 기억하고 성경을 읽어야 한다. 이런 연결이 역사적 순서인가를 묻는 데 시간을 소비하기보다는 이런 연결을 통하여 마가가 전하고자 하는 메시지를 듣는 게 중요하다.

12

두 믿음 사이에 계신 예수

(5:21-43)

"예수께서 배를 타시고 다시 맞은편으로 건너가시니 큰 무리가 그에게로 모이거늘 이에 바닷가에 계시더니 회당장 중의 하나인 야이로라 하는 이가 와서 예수를 보고 발 아래 엎드리어 간곡히 구하여 이르되 내 어린 딸이 죽게 되었사오니 오셔서 그 위에 손을 얹으사 그로 구원을 받아 살게 하소서 하거늘 이에 그와 함께 가실새 큰 무리가 따라가며 에워싸 밀더라 열두 해 혈루증으로 앓아온 한 여자가 있어 많은 의사에게 많은 괴로움을 받았고 가진 것도 다 허비하였으되 아무 효험이 없고 도리어 더 중하여졌던 차에 예수의 소문을 듣고 무리 가운데 끼어 뒤로 와서 그의 옷에 손을 대니 이는 내가 그의 옷에만 손을 대어도 구원을 받으리라 생각함일러라 이에 그의 혈루 근원이 곧 마르매 병이 나은 줄을 몸에 깨달으니니라 예수께서 그 능력이 자기에게서 나간 줄을 곧 스스로 아시고 무리 가운데서 돌이켜 말씀하시되 누가 내 옷에 손을 내었느냐 하시니 제자들이 여짜오되 무리가 에워사 미는 것을 보시며 누가 내게 손을 대었느냐 물으시나이까 하되 예수께서 이 일 행한 여자를 보려고 둘러 보시니 여자가 자기에게 이루어진 일을 알고 두려워하여 떨며 와서 그 앞에 엎드려 모든 사실을 여쭈니 예수께서 이르시되 딸아 네 믿음이 너를 구원하였으니 평안히 가라 네 병에서 놓여 건강할지어다 아직 예수께서 말씀하실 때에 회당장의 집에서 사람들이 와서 회당장에게 이르시되 당신의 딸이 죽었나이다 어찌하여 선생을 더 괴롭게 하나이까 예수께서 그 하는 말을 곁에서 들으시고 회당장에게 이르시되 두려워하지 말고 믿기만 하라 하시고 베드로와 야고보와 야고보의 형제 요한 외에 아무도 따라옴을 허락하지 아니하시고 회당장의 집에 함께 가사 떠드는 것과 사람들이 울며 심히 통곡함을 보시고 들어가서 그들에게 이르시되 너희가 어찌하여 떠들며 우느냐 이 아이가 죽은 것이 아니라 잔다 하시니 그들이 비웃더라 예수께서 그들을 다 내보내신 후에 아이의 부모와 또 자기와 함께한 자들을 데리시고 아이 있는 곳에 들어가사 그 아이의 손을 잡고 이르시되 달리다굼 하시니 번역하면 곧 내가 네게 말하노니 소녀야 일어나라 하심이라 소녀가 곧 일어나서 걸으니 나이가 열두 살이라 사람들이 곧 크게 놀라고 놀라거늘 예수께서 이 일을 아무도 알지 못하게 하라고 그들을 많이 경계하시고 이에 소녀에게 먹을 것을 주라 하시니라."

거라사에서 귀신 들린 사람을 고쳐 주시고는 곧바로 배를 타고 가버나움으로 돌아오셨다. 그를 고쳐 주시고 곧바로 돌아오셨다는 기록은 마가의 의도적인 표현이다. 위험한 풍랑을 뚫고 건너편으로 가신 이유를 간접적으로 말하기 위함이다. 사람이기를 포기한 한 사람을 위하여 가셨고, 한 사람을 고쳐 주시고 오셨다. 가버나움에 돌아오시니 사람들이 그에게 모여들었다. 사람들과 함께 바닷가에서 시간이 흘렀다. 그때 회당장 중의 한 사람인 야이로(Jairus)가 예수님을 찾아와 발 아래 엎드렸다. 야이로가 군중 속에서 예수를 기다리고 있었는지 후에 달려왔는지는 분명하지 않다. 그러나 문장으로 봐서 그도 군중 속에서 기다리고 있었다고 보는 게 좋을 것이다. 야이로란 이름의 뜻은 히브리어로 '여호와가 깨닫게 한 사람'(Whom Jehovah enlightens)이란 뜻이다. 마가는 회당장이 "와서 예수를 보고 발 아래 엎드리어"(22절)라고 강조한다. 엎드리는 자세는 존경과 경배를 뜻한다. 이처럼 간절히 예수님께 간청하는 이유는, 자기 어린 딸이 죽게 되었으니 오셔서 그 위에 손을 얹어 그로 낫게 해 달라는 것이었다.

'회당장'(ἀρχι-συναγώ̦γγων)이란 회당의 예배를 위한 계획과 조직을 주관하는 지도자를 말한다. 엎드려 간청하는 자세를 보면, 그는 평소에 예수님을 존경하고 있었던 것이 분명하다.[172] 그리고 자기의 죽어가는 딸을 고쳐 주실 수 있다고 믿고 있었다. 그러나 회당장은 자기 딸 위에 손을 얹어 낫게 해 달라고 했다. 기도와 예배를 주관하는 회당의 리더인 회당장이 예수에게 엎드린 것은 처음이다. 그는 회당장이었기 때문에 가버나움 회당에서 귀신 들린 사람을 고쳐주셨던 일(막 1:21-28)과 두 번째 회당에 가셔서 한편 손 마른 사람의 손을 고쳐 주신 일(막 3:1-6)을 직접 보았거나 알고 있는 사람이었을 것이다. 그렇기 때문에 자기 딸을 고치실 것을 믿었다. 그러나 자기 딸의 상태가 위독하기 때문에 딸에게 손을 얹어 고쳐 달라고 간청을 했다. 딸의 상태는 거의 죽게 된 상태(at the point of death)이다.

여기서 마가는 '고쳐 달라'는 말 대신에 "그로 구원을 받아 살게 하소서'라고 말한다. 여기서 사용된 단어 '소데'(σωθή)는 고쳐 달라는 말보다는 '구원하다'는 뜻이다. 야이로는 자기 딸을 고쳐 달라고 하지 않고

---

172) 누군가의 앞에 꿇어 엎드린다는 것은 그 사람의 권위를 인정하는 것이고, 자기 자신을 전적으로 굴종시키는 것을 말한다. 마태복음에서 사탄이 예수님을 시험할 때 사용하였고(마 4:9-10), 가나안 여인의 딸을 만났을 때 사용하였다(마 15:25). (한스 웨버 초청장, Ibid, p.35.)

구원해 달라고 한다. 아마도 죽음에 걸려 있는 그의 딸의 생명은 고침을 받을 정도가 아니라 죽음에서 건져 달라는 의미로 '구원'(the saving)이라고 말한 것 같다. 야이로가 말한 구원이란 말은 우리가 생각하는 구원이란 개념과는 다르다. 그러나 어찌 보면 인간이 구원받는 것도 그런 절박한 순간으로부터 받는 구원이 아닐까?

주님은 즉시 그와 함께 그의 집으로 가시는 중이었다. 자연히 많은 사람들이 앞으로 일어날 일을 기대하면서 모여들기 시작하였고, 큰 무리가 함께 그곳으로 가고 있었다. 그 집을 향하여 가고 있는 도중에 한 여인이 끼어들었다. 이 여인은 틀림없이 먼 곳에서 소문을 듣고 온 사람일 것으로, 열두 해를 혈루증으로 앓고 있었다. 혈루증은 피가 계속해서 아래로 쏟아지는 병이다. 이 여인은 예수님께 나아오는 그 시간에도 피가 쏟아지고 있었다. 마가는 이 여인이 얼마나 오랫동안 그 병으로 고생했으며 얼마나 많은 의사들을 찾아다니면서 재산을 다 허비했는가를 설명해 준다. 그 많은 의사들을 만났어도 효과가 없었고, 이제는 재산을 다 허비해서 더 치료를 받고 싶어도 받을 수 없는 상태에 빠진 여인이라고 한다. 그 여인은 더 이상 사람에게 기대하는 소망은 없다.

병으로 죽어가는 소녀와 피를 쏟으며 죽어가는 여인이 극적인 순간에 예수님 앞에 동시에 나타났다. 혈루증으로 고생하는 여인 때문에 가던 길이 지체되었을 때 야이로의 마음은 얼마나 안타까웠을까? 그리고 시간을 지체하고 있는 예수님이 얼마나 원망스러웠을까? 그러나 끼어든 여인 때문에 그들의 발길은 길에서 멈춰서게 되었다. 그녀는 예수님 앞에 떳떳하게 나타나지 못했다. 피를 흘리고 있었기 때문에 그녀는 자기가 부정하다고 생각했고, 사람들과의 접촉을 피했을 것이다(레15:19-27). 자연히 자기를 감춘 채 무리들을 헤치고 뒤로 와서 예수의 옷에 손을 대었다. '옷자락'(ἱμάτιον)은 겉옷의 끝 부분을 말한다(the outer garment). 옷자락만 만져도 나을 것을 믿었고, 그의 믿음대로 혈루 근원이 말랐다. 여기서도 마가는 그녀가 '구원을 받으리라' 고 믿었다고 전한다. 이 본문에서 두 번이나 구원 받는다는 용어를 쓰고 있다.

그녀는 자기 몸에서 피가 마른 것을 알았다. 병의 근원이 말랐다는 뜻이기도 하지만, 지금 흐르고 있는 피가 즉시 멈추었을 뿐 아니라 그 근원도 다 말라버렸다는 뜻이다.

예수님도 그 사실을 아셨다. 그에게서 능력이 그 여인에게로 흘러갔다는 사실을! 예수님은 돌이켜 사람들을 향하여 말씀하신다. "누가 내 옷에 손을 대었느냐?" 제자들은 이렇게 많은 무리들이 에워싸는 가운데 누가 밀었는지를 어떻게 알 수 있느냐고 물었다. 그러나 예수님은 그 많은 무리 가운데서도 우연히 자신의 몸에 닿는 것과 의식적으로 만진 것(encouter)을 구별해 내셨다. 그리하여 자기 옷에 손을 댄 여인을 찾으려고 둘러 보셨다. 예수님의 눈길에 여인은 두려워한다. 자기에게 이뤄진 일도 놀랍고, 또 고침을 받은 사람이 누구인가도 아시는 그분을 두려워할 수밖에 없었을 것이다. 그래서 두려워 떨며 나와서 그 앞에 엎드려 모든 사실을 털어놓았다. 여인은 두려워하였지만 예수님은 그녀를 따뜻하게 맞아 주시며 말씀하신다. 그녀를 '딸' 이라고 부르며 "네 믿음이 너를 구원하였으니 평안히 가라 네 병에서 놓여 건강할지어다"(34절)라고 선언하신다.

주님은 여인이 '구원을 받으리라' 고 믿었던 마음을 아셨다. 그래서 "네 믿음이 너를 구원하였다"고 선언하신다. 이 여인은 옷자락만 만져도 낫는다는 새로운 믿음을 창조해낸 여인이다.

혈루증을 앓고 있던 여인 때문에 시간을 끌고 있는 동안, 회당장은 얼마나 마음을 졸였을까? 그런데 드디어 불행의 소식이 집으로부터 왔다. 딸이 죽었다는 소식이었다. 마가는 회당장의 집에서 사람들이 온 시간은 "아직 예수께서 말씀하실 때"라고 한다. 마치 망원경을 가지고 양쪽의 모습을 다 보면서 말하는 것처럼 생생하게 전한다. 그러니까 여인이 고침을 받는 순간, 야이로의 딸의 숨은 멈췄다. 희망과 절망이 교차되는 순간이다. 집에서 온 사람들은 희망이 다 사라졌는데, 선생님을 더 괴롭게 할 필요가 있겠느냐고 물었다. 희망이 끊어졌는데 더 이상 무엇을 할 수 있겠는가? 인간의 생각으로는 끝이다. 이 말을 주님은 들으시고, 회당장에게 말씀하셨다. "두려워하지 말고 믿기만 하라"(36절). 이 태도가 전능하신 하나님을 대하는 태도이다. 두려워하지 말아야 한다. 그리고 믿기만 해야 한다.

예수님은 베드로와 야고보와 요한만 데리고 회당장의 집으로 간다. 그리고 떠들고 우는 자들을 향하여 책망하신다. "너희가 어찌하여 떠들며 우느냐? 이 아이가 죽은 것이 아니라 잔다." 그들이 예수님을 비웃었는데, '비웃었다'(*καττεγέλων*)는 동사가 미완료 동사인 점이 인상적이다. 울고 있던 자들이 예수님의 행동을 계속해서 비웃었다는 뜻이다. 예수님은 하는 일마다 사람들에게 비웃음이 되었다. 세리 레위의 집에서 식사하셨을 때(막 2:15), 세리 삭개오의 집에 들어가실 때(눅 19:7), 그리고 이제 죽은 자를 잔다고 하실 때 사람들은 비웃었다.

예수님은 그들을 뒤로 하시고 야이로 부부와 베드로, 야고보 그리고 요한만 데리고 들어가셨다. 그러고는 소녀의 손을 잡고 '달리다굼' 이라고 외치셨다. 그러자 즉시 소녀가 일어나더니 주변을 걸어서 돌았다. 거기 있던 사람들이 놀라고 놀랐다. '*ἐξέστησαν ἐκστάσει μεγάλῃ*' 는 크게 놀라고 놀랐다는 표현이다(42절). 그 자리에는 아이의 부모와 세 제자들이 있었다. 그러나 예수님은 아무에게도 이 사실을 말하지 말라고 하셨다. 이 사건은 나사로를 살리신 사건과 비교되는 예수님 생애 중에 하신 놀라운 사건이다.

앞에서 풍랑을 잔잔하게 하시고, 군대 귀신을 내쫓으시고, 이제는 죽은 아이를 살리셨다. 예수님의 사역의 시기는 이제 후기로 접어들고 있다. 십자가의 죽음이 앞에 보이기 시작한 때이다. 8장 31절에서 십자가와 부활을 알리실 것이다. 이런 시기를 앞에 놓고 죽은 사람을 살리신 것이다.

13

고향에서 배척을 받으시다(6:1-6)

"예수께서 거기를 떠나사 고향으로 가시니 제자들도 따르니라 안식일이 되어 회당에서 가르치시니 많은 사람이 듣고 놀라 이르되 이 사람이 어디서 이런 것을 얻었느냐 이 사람이 받은 지혜와 그 손으로 이루어지는 이런 권능이 어찌됨이냐 이 사람이 마리아의 아들 목수가 아니냐 야고보와 요셉과 유다와 시몬의 형제가 아니냐 그 누이들이 우리와 함께 여기 있지 아니하냐 하고 예수를 배척한지라 예수께서 그들에게 이르시되 선지자가 자기 고향과 자기 친척과 자기 집 외에서는 존경을 받지 못함이 없느니라 하시며 거기서는 아무 권능도 행하실 수 없어 다만 소수의 병자에게 안수하여 고치실 뿐이었고 그들이 믿지 않음을 이상히 여기셨더라 이에 모든 촌에 두루 다니시며 가르치시더라."

드디어 예수님은 고향을 찾으셨다. 나사렛은 가버나움으로부터 30km 거리이다. 가말리엘은 하루 동안 가는 거리를 대략 45km로 계산하였다고 예레미야스는 전한다.[173] 그렇다면 하루를 10시간으로 잡는다면 걸어서만 6시간이나 걸린 셈이다.

고향에는 왜 가셨을까? 누가는 사역을 시작하고 얼마 되지 않아서 나사렛을 찾은 것으로 소개한다(눅 4:16-30). 그 내용을 누가는 무려 30절에 걸쳐 자세하게 기록하였다. 그리고 결론적으로 고향 사람들이 예수님을 산 낭떠러지까지 끌고 가서 밀쳐 죽이려고 했다고 말한다. 마가는 고향 방문에 대한 이야기를 단 여섯 절로 끝낸다. 결론도 다른 복음서와는 상당히 다르다.

마가가 자주 말하는 휴식을 위한 조용한 시간을 찾기 위해 고향에 가셨다고 할 수 있다. 고향에 가서 안식일을 맞이하였으니 며칠을 그곳에 머무셨다. 모처럼 어머니와 형제들을 만나서 며칠을 지내셨을 것이다. 그분이 항상 어떤 사역을 좇아 분주히 다니셨다는 생각은 잘못된 것이다. 그리고 안식일이 되어 회당에 들어가셨다. 아마도 식구들과 함께 회당에 갔을 것이다. 아직 회당에서는 그분을 배척하지 않았다.

마가는 나사렛이란 이름을 부르지 않는다. 마태도 예수님의 고향을 나사렛이란 이름으로 부른 적이 한 번도 없다. 단지 '자기 고향'이라고만 부른다(막 6:1; 마 13:54). 누가만 나사렛이란 이름으로 부른다(눅 4:16). 복음서 저자들이 예수님을 나사렛 사람이라고 부르는 것을 꺼린 것일까? 아마도 마태와 마가는 예수님은 갈릴리에서 자라기는 했지만 유대 베들레헴 사람이라고 생각한 것 같다. 예수의 탄생 기사에서 마태는 "예수께서 유대 베들레헴에서 나시매"(마 2:1)라고 강조하고, 누가는 "요셉도 다윗의 집 족속이므로 갈릴리 나사렛 동네에서 유대를 향하여 베들레헴이라 하는 다윗의 동네로"(눅 2:4)라고 했다. 한 절에서 다윗의 집, 유대를 향하여, 베들레헴, 그리고 다윗의 동네를 특별히 강조하여 네 가지로 다윗의 동네 유대 베들레헴 사람인 것을 강조한다.

---

173) 예레미아스, p.88.

회당장은 모처럼 고향에 온 그분을 초청하여 회중에게 말씀을 전해 달라고 부탁했고, 예수님은 순순히 수락하시고 말씀을 가르치셨다.[174] 이전에 가버나움 회당장의 딸을 고쳐 주신 소식이 나사렛에까지, 그리고 회당에서 회당으로 퍼졌기 때문이었는지 모른다. 당시 회당에서는 안식일마다 정해진 성경 본문이 있었다. 누가복음 4장 17-19절에는 "선지자 이사야의 글을 드리거늘"이라고 되어 있다. 누가에 의하면 그 안식일에 읽어야 할 본문인 이사야 61장 1절을 읽고 그 말씀에 대한 해설을 요청 받았으니까 예수님은 즉석 설교를 하신 셈이다. 그런 즉석 설교를 듣고, 가르침을 들은 사람들은 무척 놀랐다고 마가는 전한다. '놀랐다' (*ἐξεπλήσσοντο*)는 단어는 '엑크프레소' (*ἐκεπλήσσω*)의 직설법 미완료 수동태이므로, 밖으로부터 한 대 얻어맞은 것처럼 큰 충격을 받은 것이 계속되고 있었다는 말이다. 놀라움이 한동안 계속되고 있었지만, 그러나 이 놀람은 마침내 의심으로 변한다. 예수님의 어린 시절을 잘 알고 있었을 그들은 이런 '지혜' (*σοφία*)를 어디서 배웠으며, 그런 '권능' (*δυνάμεις*)[175]이 어디서 왔는가고 묻기 시작하였다.[176] 그들은 예수님의 지혜가 세상

174) 1세기에 회당의 기본적인 기능은, 학자들이 성경을 읽고 회중에게 그 의미를 설명해 주는 일이었다. 토라를 읽던 것은 서서히 발전하여 안식일에 규칙적인 주기로 성경을 읽게 되었다. 예수님께서 고향 회당에서 읽고 가르쳤던 성경도 그날 회당에서 읽어야 할 내용이었을 것이다. 디아스포라에서 회당은 유대 공동체가 함께 모여 자기들의 업무를 처리하는 모임 장소로 사용되었으며, 여행자들을 위한 호텔로도 섬기게 되었다(Wylen, p.87).

175) '*δυνάμεις*' 는 신약에서는 초월적인 힘으로 어떤 일이 이뤄진 것을 말할 때 사용한다. 영어로는 mighty works로 번역할 수 있다. 제자들을 파송할 때 주었던 '*δυνάμεις*' (권세, 권위)와는 전혀 다른 예수님의 능력 자체를 말한다. 이 단어는 바울이 로마서 1장 16절에 복음의 능력에 대하여 말할 때 사용하였고, 사도행전 1장 8절에 성령이 오셔서 행할 능력으로도 사용되었다.

어디에서도 들어 본 적이 없는 말씀이고, 그가 행하신 권능이 이전에 본 적이 없는 놀라운 것이어서 매우 놀랐다. 2절에 "이런 권능이 어찌됨이냐"고 질문한 것을 보면, 병자를 고치신 것에 대한 언급은 없지만 그곳에서 말씀을 가르치시고 동시에 병자도 고치셨던 것 같다(5절).

그러다 그들은 곧 예수님의 족보를 다 내놓는다. 마리아의 아들 목수라고 말한다.[177] 예레미아스에 의하면, 예수님은 특수 분야를 다루는 목수로서, 나사렛 가까이에 있던 당시 로마의 갈릴리 행정 수도였던 도시,[178] 나사렛으로부터 4km 떨어진 지포리(zippori)에 자주 가서 놀면서 그곳에서 로마와 헬라, 그리고 심지어는 이집트 문화까지를 접할 수 있었고, 성장한 후에는 그곳에서 목수일을 했으리라고 한다. 그분이 익힌 목수일은 상당히 고급 기술로서 나무로 소품을 만든다든지 문짝을 만들든지 집 구조를 만드는 작업이므로, 돈을 많이 벌 수 있어서 중산층에 속한 가정이었을 것으로 생각하는 학자들도 있다. 그러나 반대로 돌이 많은 갈릴리 지역에서 나무로 일하는 직업은 돈을 벌 수는 없었을 것이고, 겨우 일용할 양식을 해결하는 가난한 직업이었을 것으로 본다. 그 예로 예레미아스는 마리아가 정결제물로 두 마리의 비둘기를 바쳤다는 것을 든다. 그것은 가난한 사람들을 위한 특전을 이용한 것이었기 때문이다.

나사렛 사람들이 말한 '목수'라고 사용된 단어(τέκτων)는 공예(craft)와 예술(art)을 의미한다. 처음에는 목수와 같이 나무로 집을 짓거나 나무

---

176) 지혜(σοφία): "Where did he get these ideas?" "What is this wisdom that has been given to him?"

177) 마리아만 언급하고 요셉에 대하여 언급하지 않은 것은, 주님이 사역을 시작하기 전에 요셉이 죽었을 가능성을 내비친다.

178) 지포리는 세포리(Sepphoris)라고도 부른다. 이 도시는 주후 18년까지 갈릴리의 수도였다. 그후 티베리아를 건설하여 그곳으로 수도를 옮기고, 티베리아는 주후 39년까지 갈릴리의 수도가 된다.

로 작업하는 직업을 가리켰으나 후에는 금속이나 돌로 작품을 만들거나 조각을 하는 것을 의미했다. 이렇게 보면 예수님은 평범한 목수가 아니라 나무를 다루는 특별한 목수였음을 알 수 있다.[179] 순교자 저스틴(Justin Martyr)은 그분이 30세가 될 때까지 쟁기나 소에 씌우는 멍에(yokes)에 대하여 말한 바 있다. 이렇게 생각해 보면, 주기도에서 "오늘 우리에게 일용할 양식을 주시옵고"(마 6:11)를 기도하라고 가르치신 것은 바로 30년 동안 매일 일용할 양식을 위하여 일하신 자신의 경험을 나타낸 것이라고 할 수 있다.

고향 사람들은 예수님의 형제들로 야고보와 요셉과 유다와 시몬을 언급하면서, 그들의 형제가 아니냐고 물었다. 특별히 마가는 그 자매들이 그들과 함께 있다는 사실을 언급하였다. 여기에 형제들 이름이 다 나오고 자매들에 대한 이야기도 나온다. 이처럼 고향 사람들은 자기들과 가깝고 어머니와 형제자매가 그곳에 있다는 사실을 말하면서 예수님을 배척하였다. 예수님의 설교에 대한 나사렛 사람들의 반대의 초점은 이런 것이다.

"우리는 당신의 모든 일생을 잘 알고 있다. 당신은 우리 마을(town)의 목수였다. 우리는 당신의 어머니, 형제들 그리고 자매들까지도 잘 알고 있다. 그들은 지금 우리와 살고 있다. 그래 지금 바로 여기 회당에 우리와 같이 있다. 그런데 어떻게 감히 당신이 특별한 사람이 되기를 요구하는가! 당신은 우리보다 나은 게 없다."[180]

작은 마을 사람들이 예수의 목수로서의 직업, 식구들을 언급하는 이유는 그들의 분노와 질투 때문이다. 걸어서 다닐 수 있던 마을이었는데, 그를 모를 이가 누가 있겠는가?

---

179) 예레미아스, p.159.

180) Meier, p.269.

그래서 그들은 그런 놀라운 지혜의 말씀을 듣고 기적을 보고도 그를 배척한 것이다. 마가는 예수님은 그곳에서 아무 권능도 행하실 수 없었다고 덧붙인다. 더 많은 기적을 행하실 수 있었는데 그것을 다 이루지 못했다는 아쉬움을 표현한다. 그 이유는 그들이 믿지 않았기 때문이다. 그리하여 소수의 병자만 고치실 뿐이고,[181] 그들이 믿지 않음을 이상히 여기셨다. 그들이 놀랐던 것과 믿지 않은 것이 대립되는 상황이 기이하다는 것이다. 믿음과 기적은 상관관계가 있다. 아무리 주님이라고 하여도 믿음이 없는 곳에서는 아무 기적도 행하지 않으셨다.

예수님은 고향을 나와서 주변 촌들을 돌아다니며 가르치셨다. 마치 둥지를 못 잊어 배회하는 새들처럼……. 복음서의 기록에 의하면, 이후에 주님은 자기 고향에 다시 돌아오지 않으셨다.

181) 믿음과 기적은 깊은 상관관계가 있다. 복음서는 언제나 그분이 믿음 위에 역사하셨다는 사실을 말한다.

14

제자들의 전도 파송(6:7-13)

"열두 제자를 부르사 둘씩 둘씩 보내시며 더러운 귀신을 제어하는 권능을 주시고 명하시되 여행을 위하여 지팡이 외에는 양식이나 배낭이나 전대의 돈이나 아무것도 가지지 말며 신만 신고 두 벌 옷도 입지 말라 하시고 또 이르시되 어디서든지 누구의 집에 들어가거든 그곳을 떠나기까지 거기 유하라 어느 곳에서든지 너희를 영접하지 아니하고 너희 말을 듣지도 아니하거든 거기서 나갈 때에 발 아래 먼지를 떨어버려 그들에게 증거를 삼으라 하시니 제자들이 나가서 회개하라 전파하고 많은 귀신을 쫓아내며 많은 병자에게 기름을 발라 고치더라."

예수님의 사역은 확장되었다. 제자들을 전도하도록 파송할 필요를 느끼셨을 것이다. 그래서 열두 제자를 전도자들로 파송하신다. 제자들을 선택하신 이유 중에 하나가 그들을 내보내어 전도하게 하려는 의도였다. 제자들에게 전도 여행을 보낸 이유는 두 가지이다. 하나는 그들을 훈련할 목적이었고, 또 하나는 제자들을 보내어 한 마을, 한 사람에게라도 복음을 더 전하기 위해서였다. 예수님의 사명은 복음 전파이다. 그래서 한 사람이라도 하나님께 나아가도록 하려는 것이었다. 그 사명을 위하여 이 땅에 오셨다고 말씀하셨다.[182] 그리고 이제 시간이 얼마 남지 않은 것을 알고 계셨다. 예수님은 하나님의 나라 복음을 전하는 것을 항상 종말론적으로 생각하신다. 복음 전하는 일은 바로 지금 전해야 하는 긴급한 과제이다. 이 일은 그분에게나 또한 제자들(전도자들)에게도 종말론적 과제이기 때문이다.

이제 그 목적을 실현할 단계가 왔다. 그러나 그들이 파송되기까지 상당한 훈련을 받았다는 것이 전제되어 있다고 생각해야 한다. 예수님께서 준비되지 않은 자들을 보내실 리가 없기 때문이다. 그리고 두 사람씩 짝을 지어 파송한다. 주님은 그룹의 원리를 정확하게 알고 계셨다. 아직 확실하지 못한 그들의 신앙을 서로 보완하게 해주셨다는 뜻도 있지만, 두 사람 서로서로 격려하고 협력하여 힘을 북돋아 줄 때 배 이상의 시너지 효과를 거둘 수 있음을 아셨다는 뜻도 된다. 예수님은 모든 면에서 우리의 모범이시다.

제자들에게 다시 "더러운 귀신을 제어하는 권세(또는 권위)"를 주신다(7절). 마가복음 3장 15절에서 이미 이런 권세는 주셨지만 전도 파송을 위하여 또 주셨다. 이런 위임은 계속해서 받아야 하고 확인시켜 주어야 한다. 예수 이름으로 받는 권세는 한 번 받으면 영원할 수 있다. 그러나 그들의 믿음이 아직 성숙하지 못한 상태에서는 다시 권능을 사용할 자격이 주어졌다는 사실을 확인시켜 주어야 한다. 그래야 새롭게 사역을 이루어갈 수 있다.

---

182) 요한복음에서는 사마리아 수가 성에 살던 여인을 전도하시는 중에, 자신은 이 일을 위하여 왔고 이 일은 자신에게 먹는 양식보다 소중하다고 말씀하셨다(요 4:34).

여기서 '권능' 이란 단어도 마가복음 3장 15절에 나왔던 단어와 동일한 'ἐξουσίαν' (권세)이다(막 3:15 주석 참고).[183] 능력을 소유하는 것은 아니다. 예수님 외에 누구도 능력 있는 사람은 없다. 만약 능력이 있다고 자랑하는 사람이 있다면 그는 속이는 자이다. 능력이라면 사람마다 차이가 있게 마련이다. 그러나 예수님의 능력을 사용할 권세(권위)라면 거기에는 차별이 없다. 누구에게나 사용할 권세만 주어지기 때문이다. 또 능력이라면 능력을 행사하는 사람이 자기 공로를 자랑할 수 있는 여지가 생긴다. 그러나 권세를 주셨다는 것은 권위를 주신 분을 끊임없이 의지하고 약속을 믿고 사용해야 함을 의미한다. 사용하는 사람에 따라 능력의 정도도 달라질 수 있다. 그러므로 어떤 사람을 통하여 능력이 나타났다면 그가 가진 믿음으로 나타난 것이기 때문에, 믿음도 하나님이 주신 것이요 능력을 이루는 것도 하나님이 주신 오직 은혜일 뿐이다. 그러므로 누구도 자기 공로를 자랑하지 못하고, 오직 주님만 의지하며 일할 수 밖에 없게 된다.

주님은 말씀을 선포할 권위를 주신 다음에, 여행을 위한 자세한 지침을 주셨다. 지팡이 하나만을 가지고 신만 신고 가되 두 벌 옷도 가지지 말고 떠나라 하셨다. 매우 간단한 여행 자세이다. 마태(마 10:9-10)는 지팡이조차 가지지 말라고 하였고, 누가는 여분의 지팡이를 가지지 말라고 했다. 그 외에 배낭이나 전대의 돈이나 아무것도 가지지 말라고 한다. 왜 이런 명령을 내리셨을까? 어떤 학자들은 여행을 가볍게 하라는 수사적인 표현에 불과하다고 말한다. 그렇지만 이처럼 자상한 전도 여행의 지침이

---

183) 누가복음 10장 19절에는 70인들을 전도자로 파송하면서도 "ἐξουσίαν"(권세)을 주셨다고 하였다. 이렇게 보면, 열두 사도에게나 70인에게나 동일하게 'ἐξουσίαν' (권세)을 주셨다.

과연 가볍게 여행을 떠나라는 단순한 명령일까?

물론 잠자리와 식사 문제에 대해서는 세밀한 지침을 주셨다(10절). 어디서든지 누구 집에 들어가거든 그곳을 떠나기까지 거기 유하면서 잠자리를 해결하고 먹을 것도 해결하라고 하셨다. 그러나 아무 집이나 들어가서 지내라는 것은 아니다. 영접하는 집이면 그 집에 머물고, 영접하지 아니하는 가정이라면 발 아래 먼지까지 떨어버리고 떠나라고 하셨다. 마태는 제자들에게 마을에 들어가서 머물기에 합당한 집을 만나면 거기에 머물면서 선포하라고 하였다(마 10:11-13).[184]

그런데 먼지까지 떨어버리면서 증거를 삼으라는 말은 무슨 뜻인가? 여기서 거절한다는 말은 단순히 손님을 거절한다는 말이 아니라 친밀한 교제를 거절한다는 뜻이다. 그러니까 이들이 전하는 복음 자체를 거절하는 것을 의미한다. 당시에 사람들이 샌들을 신고 다녔다. 발의 먼지까지 떨어버리는 것은 앞으로 어떤 친교도 거절한다는 단호한 표시이다. 1세기 말경에 널리 읽혔던 《디다케》에도 이런 습관이 자세하게 기록되어 있다. 그러므로 주님이 전도 여행의 지침을 주신 것이 그 후에도 초대 교회에서 그대로 실천되고 있었던 것으로 보인다.[185]

하지만 배낭이나 전대도 가지지 말라는 것은 이해하기가 어렵다. 아무리 아무것도 가지지 말고 떠나라고 한다고 해도 소지품을 넣은 배낭도 없이 다니라고 하는 것은 좀 심하다는 생각이 든다. 여행을 간소화하고 하나님을 의지하고 떠나라 하신 것은 이해가 된다. 그러나 아무것도 없이 며칠 동안을 전도한다는 것은 쉽지 않은 일이다. 과연 왜 그처럼 엄한 명령을 내리신 것일까?

당시 근동 지역에서는 걸식 수사들이 자기들의 이방 신들을 위하여

---

184) 'κηρύσο' (선포)란 말은 부여받은 권위를 가지고 담대하게 전파하는 행위를 말한다.

마을을 순회하며 모금을 하는 풍습이 있었는데, 이런 모습을 전제하고 하신 말이라고 해석하기도 한다. 즉 배낭이나 전대를 금한 것은 제자들에게 그런 돈을 모금하거나 돈을 요구하는 일은 절대로 하지 말라는 뜻이라고 해석하기도 한다. 디다케 11장 6절이 이 내용을 잘 설명해 주고 있다. "그리고 사도가 떠날 때에는 (다른 곳에) 유숙할 때까지 (필요한) 빵 외에 (다른 것은) 받지 말아야 합니다. 만일 그가 돈을 요구한다면 그는 거짓 예언자입니다."

예레미아스(Jeremias)는 두 가지 의견을 제시한다. 예수를 따라 다녔던 여인들이 사재를 털어 자금을 대주었다는 것과 예수와 그의 제자들이 편력 생활 중에 또 다른 후원금을 입수했다는 것이다. [186] 또 다른 의견에 의하면 율법학자들은 주로 구호금으로 생활하였다. 델리취는 "율법학자들이나 지혜교사들(고정된 수입이 없었고 수업료도 받지 못했다)은 학생들의 자발적인 사례비에 의존하거나……가난한 사람들을 위한 십일조의 할당금에 의존하거나, 어떤 경우에는 성전 금고에서 출연한 구호금에 의존하

---

185) 1세기 말에 널리 읽혔던 《디다케》를 보면, 예수님의 이런 지침이 초대 교회에서 후세에까지 지켜지고 있었다. 디다케 11장 3-12절의 내용을 보면 다음과 같다. 11장: "사도들과 예언자들에 관해서는 복음의 지침에 따라 이렇게들 하시오(4). 여러분에게 오는 모든 사도는 마치 주님처럼 영접 받을 일입니다(5). 그는 그러나 하루만 머물러야 합니다. 그렇지만 필요하다면 이틀을 머물러도 됩니다. 만일 사흘을 머물면 그는 거짓 예언자입니다(6). 그리고 사도가 떠날 때에는 (다른 곳에) 유숙할 때까지 (필요한) 빵 외에 (다른 것은) 받지 말아야 합니다. 만일 그가 돈을 요구한다면 그는 거짓 예언자입니다(7)." 그리고 예언자나 교사들도 다른 집에 머물며 대접을 받을 자격이 있다고 말한다. 13장: (1) 여러분 곁에 머물기를 원하는 참 예언자는 누구나 먹을 자격이 있습니다. (2) 같은 모양으로, 참 교사도 (먹을) 자격이 있습니다. 그것은 일꾼이 먹을 자격이 있는 것처럼 그도 그렇습니다."

186) 예레미아스, p.156.

였다"고 판단한다. 그런 의미에서 교사를 접대하는 일과 관련하여 우리가 기억해야 할 것은 '일하는 자가 먹을 것을 받는 것이 마땅하다'는 예수의 말이다. 바울은 예수의 이 원리를 인용하여 예수의 이 말씀이 교사들에게도 적용된다고 생각하였다.[187)]

여하튼 전도 파송에서 예수님께서 제자들에게 요구하신 내용은 한마디로 '검소'이다. 여행에 어떤 장애도 받지 않도록 검소하게 떠나라고 요구하신 것은, 다른 측면에서 보면, 예수님이 주신 권세(authority)만 의지하고 나아가라는 뜻이고, 전도에만 전념하라는 뜻일 것이다.

마가는 제자들의 활동 결과를 간략하게 전한다. 제자들은 회개하라고 전파하며, 많은 귀신을 쫓아내며, 많은 병자에게 기름을 발라 고쳤다고 한다. '전파하다'는 동사는 '*κηρύσσο*'이다. 오늘날 '설교'로 번역할 수 있는 단어이다. 이 단어는 내용보다는 전하는 행위 자체를 강조하는 말이다. 보내신 분의 권위를 가지고 담대하고 자신있게 전하라는 뜻이다. 이 단어와 비슷하게 사용되는 단어가 '*εὐαγγελιον*'이다. 이 단어는 전해야 할 내용이 강조되는 단어이다.[188)] 제자들은 명령을 받은 대로 회개하라고 열심히 선포했다. 그리고 많은 귀신을 쫓아냈고, 많은 병자들도 고쳐 주었다.

의사인 누가는 "복음을 전하며 병을 고치더라"고 간결하게 표현했고(눅 9:1-6), 마태는 제자들의 전도 파송에 대한 교훈을 길게 소개하면서 결과에 대해서는 언급하지 않았다. 마가만 특별히 기름을 발라 고쳤다고 전한다. 왜 기름을 발라 병을 고쳤을까? 기름을 약으로 사용한 것일까,

---

187) 예레미아스, p.156.

188) 누가복음 8장 1절에서는 예수님의 사역에 두 단어를 함께 사용하고 있다. '하나님의 나라를 선포하시며'(*κηρύσσων*), '그 복음을 전하실새'(*εὐαγγελιζόμενος*).

아니면 하나님께서 치료해 주신다는 확신을 주기 위한 것일까?

누가복음에 나오는 사마리아인의 비유에도 환자에게 기름과 포도주를 발라 치료해 준 내용이 나온다. 고대에는 치료 기술이 미숙했고 약도 변변치 않았다. 그래서 당시에는 올리브유(olive oil)와 포도주를 치료하는 데 사용하였다고 한다. 올리브유는 안정제로 사용되었고, 포도주는 알코올 성분이 있으므로 방부제 역할을 했다고 한다.[189)]

야고보서 5장 14절은 환자에게 기름을 바르고 기도하라고 했다. 여기서 기름을 바르고 기도하라는 권고는 기름을 약으로 사용하라는 내용과는 좀 차이가 있다고 보인다. 그닐카(Gnilka)는 그의 주석에서 이렇게 말한다. "제자들이 기름을 사용해야 하는 것이 혹시 교회 공동체의 관습이 아닌지 추측해 볼 수 있을 것이다. 기름은 병자들의 몸에 부여되는 하나님의 도움에 대한 표징이다."[190)] 그리고 초대 교회가 기름 바르는 것이 성례전적 관습 내지 성례전적 의미였을 것으로 보기도 한다. 이것은 병자들에게 기름을 바르는 천주교에 들어왔던 구원 수단의 먼 배경이 되었을 것으로 추측한다.[191)]

제자들이 전도를 성공적으로 마쳤다는 증거는 많은 귀신을 쫓아내며 많은 병자를 고쳤다는 말로 표현되었다(13절). 귀신을 많이 쫓아냈다는 것은 하나님의 통치가 이 땅에 이뤄지는 것을 말한다. 이상한 것은, 그들의 믿음이 아직 확실하지 못했는데도 그들을 통하여 기적이 이뤄졌다는 사실이다. 주님은 우리에게 완전함을 요구하지 않으신다. 주님의 약속을

189) 렌스키, 누가복음 II, p.524. 의사 히포크라테스는 종기를 위해서 이렇게 처방했다. "부드러운 양털로 싸매고 포도주와 기름을 뿌려라." 당시에 장비를 갖춘 여행자들은 이런 처방약들을 구비해 다녔다고 한다.

190) 국제성서주석, p.307.

191) 전게서, p.307

믿고 주신 권위를 얼마나 확신을 가지고 사용하느냐에 따라 그 결과가 달라질 뿐이다. 우리는 기도에 대하여도 이 원리를 적용해야 한다. 기도의 능력이 있는 사람이 따로 있는 게 아니다. 야고보도 "엘리야는 우리와 성정이 같은 사람이로되"(약 5:17)라고 강조했다. 능력을 많이 받은 사람도 없고 적게 받은 사람도 없다는 것이다. 단지 우리는 예수 이름을 사용할 수 있는 권세를 받았다. "네 이름으로 무엇이든지 내게 구하면 내가 행하리라"(요 14:14) 하셨다. '예수의 이름'을 사용하도록 우리에게 위임해 주셨기 때문에 기도할 수 있는 것이다. 그렇다면 기도의 능력을 소유한 사람은 처음부터 다른 사람과 다른 능력을 받은 것이 아니라 그 권세를 사용하는 사람의 믿음과 실천에 달려 있다고 하겠다.

기도에서 가장 중요한 점은 첫째로 하나님과의 친밀이고, 둘째로 예수 이름을 얼마나 열심히 사용하느냐 하는 문제이다. 그래서 요한복음 15장 7절에는 "너희가 내 안에 거하고 내 말이 너희 안에 거하면 무엇이든지 원하는 대로 구하라 그리하면 이루리라"고 하셨다. 야고보도 같은 의미의 권고를 주었다. "엘리야는 우리와 성정이 같은 사람이로되 그가 비가 오지 않기를 간절히 기도한즉 삼년 육개월 동안 땅에 비가 오지 아니하고 다시 기도하니 하늘이 비를 주고 땅이 열매를 맺었느니라"(약 5:17,18). 물론 이기적인 목적으로 기도를 하라는 말은 아니다. 기도는 하나님과의 교제가 우선되어야 하고, 하나님의 뜻이 중심이 되어야 한다(요1 3:21,22 참고). 결국 기도하는 만큼 얻는다는 것은 진리이다. 그런 면에서 기도하는 사람이 얻는다는 것은 진리이다.

마가에게 있어서 전도 여행 파송 사건은 사역이 새로운 국면으로 접어든 것을 의미한다. 사역은 절정으로 치닫고, 반대로 이제부터 제자들과의 갈등이 표출되기 시작하는 시기이다. 제자 파송 내러티브는 예수님 사역이 절정에 이르고 확장해 가는 시기를 알리는 사건이다. 기적 내러티브도 거라사의 귀신 들린 사람을 고쳐 주신 이후로부터 점점 큰 기적으로 발전한다. 무리들 사이에 예수님의 인기도 최고조에 달하게 된다. 이 본문 뒤에 5천 명을 먹이신 일, 그리고 수로보니게 여자의 딸을 고쳐 주신 일과 4천 명을 먹이신 내러티브가 나온다. 동시에 유대 종교 지도자들과의 충돌도 절정에 이르게 된다. 예수님의 입장에서는 유대 지도자들과 힘겨운 갈등을 견디셔야 하며, 동시에 제자들과의 갈등 속에 사역을 해나가셔야 한다. 그러면서 갈릴리 사역은 점점 마무리 단계로 들어가게 된다.

15

세례 요한의 죽음(6:14-29)

"이에 예수의 이름이 드러난지라 헤롯 왕이 듣고 이르되 이는 세례 요한이 죽은 자 가운데서 살아났도다 그러므로 이런 능력이 그 속에서 일어나느니라 하고 어떤 이는 그가 엘리야라 하고 또 어떤 이는 그가 선지자니 옛 선지자 중의 하나와 같다 하되 헤롯은 듣고 이르되 내가 목 벤 요한 그가 살아났다 하더라 전에 헤롯이 자기가 동생 빌립의 아내 헤로디아에게 장가 든 고로 이 여자를 위하여 사람을 보내어 요한을 잡아 옥에 가두었으니 이는 요한이 헤롯에게 말하되 동생의 아내를 취한 것이 옳지 않다 하였음이라 헤로디아가 요한을 원수로 여겨 죽이고자 하였으되 하지 못한 것은 헤롯이 요한을 의롭고 거룩한 사람으로 알고 두려워하여 보호하며 또 그의 말을 들을 때에 크게 번민을 하면서도 달갑게 들음이러라 마침 기회가 좋은 날이 왔으니 곧 헤롯이 자기 생일에 대신들과 천부장들과 갈릴리의 귀인들로 더불어 잔치할새 헤로디아의 딸이 친히 들어와 춤을 추어 헤롯과 그와 함께 앉은 자들을 기쁘게 한지라 왕이 그 소녀에게 이르되 무엇이든지 네가 원하는 것을 내게 구하라 내가 주리라 하고 또 맹세하기를 무엇이든지 네가 내게 구하면 내 나라의 절반까지라도 주리라 하거늘 그가 나가서 그 어머니에게 말하되 내가 무엇을 구하리이까 그 어머니가 이르되 세례 요한의 머리를 구하라 하니 그가 곧 왕에게 급히 들어가 구하여 이르되 세례 요한의 머리를 소반에 얹어 곧 내게 주기를 원하옵나이다 하니 왕이 심히 근심하나 자기가 맹세한 것과 그 앉은 자들로 인하여 그를 거절할 수 없는지라 왕이 곧 시위병 하나를 보내어 요한의 머리를 가져오라 명하니 그 사람이 나가 옥에서 요한을 목 베어 그 머리를 소반에 얹어다가 소녀에게 주니 소녀가 이것을 그 어머니에게 주니라 요한의 제자들이 듣고 와서 시체를 가져다가 장사하니라."

제자들의 갈릴리 전도 여행은 갈릴리 전역을 일깨웠다. 왜냐하면 예수의 이름이 온 세상에 드러나게 되었고, 궁중에 있는 헤롯에게까지 알려졌기 때문이다. 이 헤롯은 예수님이 여우라고 불렀던 왕이다(눅 13:32). 벵겔은 "궁전에서 영적인 소식을 듣는 데 있어서 늦었다"고 했다.[192] 세례 요한을 죽인 헤롯은 양심에 심한 가책을 느끼며 그 일에 대해 두려움을 가지고 있었다(6:1, 2).

여기에 나오는 헤롯은 대 헤롯(Herod the Great, BC 37-4년)의 둘째 아들로, 갈릴리와 베뢰아(Perea) 지역을 통치하던 헤롯 안티파스(Herod Antipas, BC 4년-AD 39년)를 가리킨다. 그는 예수님의 소문이 들려오자 자기가 죽인 요한이 살아났다고 생각할 만큼 세례 요한의 죽음에 대한 가책과 두려움을 가지고 있었다. "그러므로 이런 능력이 그 속에서 일어나느니라"(14절). 헤롯의 생각을 엿볼 수 있는 말이다. 요한은 기적을 베풀지 않았다. 그러나 요한이 살아났다면 그런 일을 능히 할 수 있다고 생각한 것이다. 살아난 요한이 자기를 위협한다고 헤롯은 생각했다. 사람들

192) 원어성서해설, p.374.

은 예수님의 행적을 보면서 엘리야라고도 하고 선지자 중의 하나와 같다고도 했다. 이런 표현은 마태복음에서는 가이사랴 빌립보 지방에서 나오는데(마 16장), 마가복음에서는 여기에 나온다. 16절에는 헤롯이 자기가 요한을 죽인 것을 두려워하는 말이 다시 한 번 나온다. "내가 목 벤 요한 그가 살아났다 하더라."

왜 헤롯은 세례 요한을 죽였을까? 요세푸스는 헤롯이 특별히 정치적 이유로 요한을 제거하였다고 말한다.

> "헤롯은 세례 요한이 좋은 사람이고 유대인들을 의롭게 살도록, 그의 이웃이나 하나님을 향하여 정의를 실천하도록, 그리고 세례에 참여하도록 권고했던 사람인 것을 알면서 요한을 죽음으로 몰아넣었다. 또 다른 한편으로는, 군중이 그의 사역에 참여하였을 때 그의 말에 의하여 백성들의 도덕적 의식이 높은 차원으로 올라갔기 때문에 헤롯은 불안해졌다. 사람들에게 큰 영향력을 미친 그의 웅변은 폭동의 형태로 인도했음에 틀림이 없다. 그러므로 백성들이 하는 모든 행동은 마치 요한이 개입되어 일어난 것처럼 보였을 것이다. 그러므로 헤롯은 어려운 상황을 내포한 폭동이 일어나기를 기다리는 것보다는 요한의 사역이 폭동을 유발하기 전에 그를 치고 제거하는 것이 더 낫다고 생각하고 결단하였다."(Ant.,XVIII.v,2)

당시 왕족들 간의 근친결혼은 대부분 정치적 목적에서 이루어졌다. 자기 왕조를 세우고 견고하게 하는 데 이런 관계가 매우 중요하기 때문이다. 성경에서는 헤롯이 자기 동생의 아내를 빼앗은 이유를 밝히지 않지만 거기에도 어떤 정치적인 목적이 있었을 것이다. 사실 헤롯의 첫째 아내는 나바티안(Nabatea) 왕국 아레타스 4세(Aretas IV)의 공주였다. 당시 그 지역의 가장 강력한 왕국인 나바티안과의 외교적 동맹관계를 위하여 그녀와 결혼했는데, 헤로디아[193)]와의 결혼을 위하여 그녀와 헤어졌다.[194] 아마도 헤롯이 자기 왕국의 안전과 강화를 위하여 동생의 아내였던 헤로디아를 빼앗아 결혼했을 것인데, 아이로니컬하게도 그 뒤에 나바티아 왕국의 아레타스 4세가 헤롯 안티파스의 점령 지역에 쳐들어 왔었다. 아레타스 4세는 헤롯을 패배시키고 자기 딸의 불명예를 갚아 주었다. 아레타스 4세는 바울과도 관계가 있던 왕이다(고후 11:32). 많은 유대인들은 그 때문에 헤롯이 세례 요한을 사형에 처한 것이라고 해석한다.

헤롯이 요한을 죽인 또다른 이유는, 당시 팔레스타인 지역에 식민지가 형성되면서 정치적 세력들과 유대 법과의 사이에 일어난 첨예화된 갈등으로 보는 견해이다. 헤롯 왕조와 같은 반유대인 왕들은 자기들에게 편리하거나 유리할 경우에만 토라의 요구에 순응한다. 이에 반하여 유대국수주의 저항세력들은 유대인들이 자기 나라를 통치하는 것이 합법적이라고 주장하고 있었다. 이런 주장에 반대하는 친로마 세력들은 요한이 이런 유대인들의 대변자라고 생각했다는 것이다. 이것이 요한이 제거된 이유라고 한다.

---

193) *Eerdmans Bible Dictionary*에서는 요세푸스의 말을 인용하여 다음과 같이 전한다. 헤로디아는 Aristobulus and Berenice 사이에서 난 딸로 자기 아버지와 배다른 형제인 삼촌 헤롯 빌립 2세와 결혼해서 살던 중, 헤롯 안티파스(그녀의 남편의 이복형)를 29년에 방문한 적이 있는데, 그때 헤롯 안티파스가 그녀에게 남편과 이혼하도록 설득했다고 한다(Josephus, *Ant.* 18.5.1 (110). p.584).

194) *Myers, Binding the Strong Man*, p.215. 나바티안 왕국은 당시 근동지역에서 가장 강력한 왕국 중 하나였다. 요르단 남쪽에 위치한 수도 페트라(Petra)를 중심으로 한때는 그 영역이 현대 시리아의 남쪽, 요르단, 이스라엘의 네게브, 시나이, 이집트의 동쪽 사막, 사우디아라비아의 북서쪽 지역에까지 이르렀다.

마가의 내러티브는 요한이 죽은 이유가 이런 정치적인 이유가 아니라고 한다. 단지 동생의 아내를 빼앗아 자기 처로 삼은 헤롯의 부도덕에 대하여 세례 요한이 공개적으로 날카롭게 비판을 계속하였기 때문이라고 한다(18절).[195] '말하다' 는 동사는 미완료 동사로, 계속해서 강조하는 것을 말한다. 헤롯은 구약의 율법을 파기했다(레 18:16; 20:21). 특히 두 가정을 파괴하고 결혼한 것이기 때문이다.

마가는 그날 밤 헤롯 왕궁에서 벌어졌던 살벌했던 분위기를 전한다. 헤롯의 생일날의 호화로운 파티에 갈릴리 지배 계급들이 다 모였다. 정부 관료들, 군인들, 갈릴리의 부자들(court officials, military commanders, leaders of Galilee)이 다 모였다. 아마도 파티는 티베리아에 있는 자기 궁에서 열렸을 것이다. 거기 모인 이들은 모두 헤롯의 권력 아래 살아가는 그의 친위부대들이다. 잔치는 무르익어 가고 그 가운데 춤추는 여자가 등장한다. 파티의 분위기가 절정에 이르렀다. 그 밤의 분위기는 운명을 결정하기에 충분했다. 드디어 때가 왔다. 갈릴리 지배 계급들이 다 모인 자리에서 흥을 돋우기 위한 헤롯의 제안이 나온다. "무엇이든지 네가 원하는 것을 내게 구하라 내가 주리라." 헤롯의 코믹한 맹세가 두 번이나 강조되어 나왔다(22,23절). 두 번째로 "내 나라의 절반까지라도 주리라" 고 맹세했다. 이쯤 되면 요한 한 사람 죽이는 것은 문제가 아니다.

마가의 내러티브에서 헤롯은 우유부단한 사람으로 그려져 있다. 또 요한을 두려워하는 사람으로 그려져 있다. 반면 세례 요한을 제거하려고 적극적으로 나서는 사람은 헤로디아라고 한다(6:24). 이렇게 보면 헤롯과 헤로디아가 결혼한 이유도 헤로디아에게서 비롯된 것이란 느낌을 받는

---

195) 헤롯 빌립은 헤롯 안티파스와 이복형제이다. 그리고 헤로디아는 헤롯 아그립바 1세(대 헤롯의 손자)의 이복동생이다. 그러니까 헤로디아는 자기 삼촌들과 결혼한 셈이다.

다. 사실상 그들의 관계를 설정했던 헤로디아의 동기는 대 헤롯이 자기 전 남편이었던 헤롯 빌립의 유산을 다 빼앗았기 때문이었다고 한다. 그래서 헤롯 안티파스와 결합하여 그의 영광을 확대해 나가려고 했다는 것이다.[196] 때문에 헤롯은 세례 요한이 자기 부도덕을 계속해서 공개적으로 비판하자, 그를 감옥에 가두었다. 그러나 가두기는 했어도 그를 어떻게 처리할지를 모르고 있었다. 마가는 "헤롯이 요한을 의롭고 거룩한 사람으로 알고 두려워하여 보호하며 또 그의 말을 들을 때에 크게 번민을 하면서 달갑게 들었음이러라"(20절)고 전한다.

헤로디아는 헤롯이 자기 딸에게 한 맹세를 이용한다. 자기 딸이 그에게 무엇을 요구할까를 물었을 때, 그녀는 준비하고 있었다는 듯이 세례 요한의 머리를 요구했다. 25절의 "made her request"는 반복해서 요구했다는 뜻이다. 아마도 헤롯은 그 요구만은 받아 주기를 거부했거나 심하게 망설이는 모습을 보여준다. 26절에는 '심히 근심하였다' 고 전한다. 하지만 헤롯은 비록 술 취한 중에 한 맹세이지만 자기의 신용을 지키기 위하여 선지자의 목을 내줄 수밖에 없었다. 헤롯 안티파스는 그의 적들에 의해 그가 바대의 도움을 받아 로마에 반역하려는 계획을 세우고 있다는 모함을 받고 AD 39년에 남부 프랑스 루그두눔(Logdunum)으로 추방을 당하고 만다. 헤로디아가 남편을 따라갔음은 물론이다.

마가의 내러티브는 열두 제자를 전도에 파송하는 사건으로부터 새로운 국면으로 들어간다. 이 새로운 내러티브를 시작하는 이야기가 바로 세례 요한의 죽음이다. 세례 요한의 죽음 이후에 예수님의 사역은 절정을 이룬다. 세례 요한의 죽음을 애통해하는 사람들이 예수님에게 더욱 관심을 갖게 되었을 것이다. 혹 예수님이 어떻게 복수를 해줄 것인지를

196) *Palestine in the time of Jesus*, p.86.

기다리는 사람들도 있었을 것이다. 요한이 죽은 후에 갑자기 큰 무리, 남자만 5천 명이 넘는 사람들이 모였다(눅 6:44)는 것도 그런 연유였을 것으로 보인다.

III

제자들과의 갈등
(6:30-8:21)

01

떡 다섯 개와 물고기 두 마리의 기적

(6:30-44)

“사도들이 예수께 모여 자기들이 행한 것과 가르친 것을 낱낱이 고하니 이르시되 너희는 따로 한적한 곳에 가서 잠깐 쉬어라 하시니 이는 오고 가는 사람이 많아 음식 먹을 겨를도 없음이라 이에 배를 타고 따로 한적한 곳에 갈새 그들이 가는 것을 보고 많은 사람이 그들인 줄 안지라 모든 고을로부터 도보로 그곳에 달려와 그들보다 먼저 갔더라 예수께서 나오사 큰 무리를 보시고 그 목자 없는 양 같음으로 인하여 불쌍히 여기사 이에 여러 가지로 가르치시더라 때가 저물어가매 제자들이 예수께 나아와 여짜오되 이곳은 빈 들이요 날도 저물어가니 무리를 보내어 두루 촌과 마을로 가서 무엇을 사 먹게 하옵소서 대답하여 이르시되 너희가 먹을 것을 주라 사시니 여짜오되 우리가 가서 이백 데나리온의 떡을 사다 먹이리이까 이르시되 너희에게 떡 몇 개나 있는지 가서 보라 하시니 알아보고 이르되 떡 다섯 개와 물고기 두 마리가 있더이다 하거늘 제자들에게 명하사 그 모든 사람으로 떼를 지어 푸른 잔디 위에 앉게 하시니 떼로 백 명씩 또는 오십 명씩 앉은지라 예수께서 떡 다섯 개와 물고기 두 마리를 가지사 하늘을 우러러 축사하시고 떡을 떼어 제자들에게 주어 사람들에게 나누어 주게 하시고 또 물고기 두 마리도 모든 사람에게 나누시매 다 배불리 먹고 남은 떡 조각과 물고기를 열두 바구니에 차게 거두었으며 떡을 먹은 남자는 오천 명이었더라."

첫 구절은 제자들이 전도 여행을 다녀와서 보고하는 내용을 전한다. 6장 12-13절의 내용은 그들의 활동이 얼마나 큰 효과를 거두었는가를 말해 준다. 믿음이 없는 제자들이 어떻게 이런 결과를 나타냈는지 궁금하다. 그러나 기도와 실천을 통한 능력 행함은 그 일을 하는 사람들에게 있지 않다. 주님은 기도의 결과는 "내가 행하리라"고 누누이 강조하셨다.[197] 그들은 이 보고를 기쁘고 자랑스럽게 스승에게 낱낱이 보고하였다(직설법 단순과거). 그러나 주님은 이 보고를 듣고 다른 이야기를 나눌 수가 없었다. 오고 가는 사람들이 너무 많아서 음식을 드실 시간도 없었기 때문이다. 단지 그들의 수고를 위로해 주시기 위하여 저들에게는 한적한 곳에 가서 쉬도록 하셨다.

예수님은 세례 요한이 죽었다는 소식을 듣고 무척 마음이 아프셨을 것이다. 사역에 지치고 세례 요한의 죽음의 소식이 전해지자 예수님도 한적한 곳에 가서 쉬고 싶으셨던 것으로 보인다.[198] 그래서 배를 타고 한적한 곳을 찾아 가시는 중이었다. 여기에도 배는 고기잡이 큰 배(ploion)

---

197) 요한복음 14장 14절, 그리고 누가복음 17장 5, 6절에서도 "주께서 이르시되 너희에게 겨자씨 한 알만한 믿음이 있었더라면 이 뽕나무더러 뿌리가 뽑혀 바다에 심기어라 하였을 것이요 그것이 너희에게 순종하였으니라"라고 한다.

198) '쉬어라' 는 동사 '*εὐχίρουν*' 은 '무엇을 위하여 기회나 쉼을 갖는다' 는 뜻이다. 마태복음에는 세례 요한이 죽었다는 소식을 듣고 제자들을 데리고 한적한 곳으로 가신 것으로 되어 있다(마 14:12-13).

를 가리킨다. 배가 출발한 곳은 가버나움이요, 배가 향하던 목적지는 벳새다 들이었던 것 같다. 누가는 벳새다 고을로 가고 있었다고 전한다. 그렇다면 배가 해안을 따라 항해하기 때문에 호숫가에서 넉넉히 배 안에 있는 사람을 식별할 수가 있게 된다.

사람들은 배를 타고 가는 분이 예수님이신 것을 알고 달음질쳐서 뒤따라 왔다. 그들은 또 예수님께서 무엇을 행하실 것이라고 생각하고 뒤쫓기 시작한 것이다. 기대를 가지고 흥분된 상태에서 그분의 뒤를 좇아 달리던 사람들이 5천 명이나 된다고 생각하면 당시로서는 가히 폭발적인 인기였다. 그러나 이것은 또한 위기가 아닐 수 없었다.

결국 무리들이 먼저 벳새다 들에 도착하여 기다리고 있었다. 무리들 때문에 모처럼의 휴식도 취소된 셈이다. 예수님은 배에서 나오시면서 큰 무리를 보았다. 얼마나 갈망하였으면 그처럼 예수님을 찾아다녔을까? 그들의 마음이 그대로 주님의 가슴에 전달되었다. 그들을 보는 순간 목자 없는 양 같은 그들의 처절한 형편을 느끼셨다.[199)]

이스라엘에서 가장 불쌍한 것은 목자 없는 양이다. 유대 광야는 풀이 없다. 그래서 목자가 풀을 찾아서 계속 이동시켜 주어야 한다. 또 사나운 짐승이 많아서 양들은 언제 어디서 공격을 받을지 모른다. 그런 환경에서 목자가 없다면 그 양은 굶어서 죽어갈 것이고, 사나운 짐승에게 노출되어 언제 먹이가 될지 모르는 처지가 된다. 자기를 찾아온 백성들이 바로 그런 양이란 말이다. 그들을 보는 순간 예수님은 창자가 찢어지는 아픔을 느끼셨다.[200)] 예수님은 선한 목자 바로 그 모습이다. 하나님이 원

---

199) 마태는 "목자 없는 양과 같이 고생하며 기진함이라"는 말을 열두 제자 파송 바로 전에 적어 놓았다(마 9:36). 백성들의 비참한 모습을 보시고, 선교를 확장해야 한다고 결심하시고(마 9:37,38), 10장에서 제자들을 부르시고 파송하신다.

하시는 지도자의 최고의 상징은 목자다.

다윗이 성전 건축을 계획했을 때 하나님께서는 나단 선지자를 통하여 그에게 복을 주셨다.

> "그러므로 이제 내 종 다윗에게 이와 같이 말하라 만군의 여호와께서 이와 같이 말씀하시기를 내가 너를 목장 곧 양을 따르는 데에서 데려다가 내 백성 이스라엘의 주권자로 삼고"(삼하 7:8).

주권자란 왕이라기보다는 이스라엘 양 떼를 치는 목자의 모습에 더 가깝다. 이처럼 다윗은 하나님과의 특별한 인격적인 관계로 들어가고, 이러한 약속은 다윗의 후손 나사렛 예수에게서 궁극적으로 이루어진다(막 1:11, 9:7; 마 16:16; 눅 1:30-33). 이사야는 이렇게 예언했다.

> "그는 목자같이 양 떼를 먹이시며 어린 양을 그 팔로 모아 품에 안으시며 젖먹이는 암컷들을 온순히 인도하시리로다"(사 40:11).

그런데 이상한 것은, 백성들을 저녁에 해가 질 무렵까지 여러 가지로 가르치셨다는 점이다. 굶주려 허기진 무리들을 저녁까지 먹이지 않고 말씀을 가르치셨던 것이다. 그분은 가르치느라 시간가는 줄을 몰랐고, 무리들은 그분의 가르침에 몰두해서 해가 저물 때까지 먹는 것조차 잊고 있었다. 주님의 우선적인 과제는 음식을 먹이는 게 아니라 말씀을 먹이

---

200) 여기에 사용된 단어도 ἐσπλαγχνίσθη σπλαγχνίξομαι의 단순과거 수동태이다. 창자가 끊어지는 아픔을 말한다. '불쌍히' 란 단어만으로는 그 의미를 충분히 드러내지 못한다. '불쌍히 여기는 연민' 이라고도 번역하면 좀 더 좋을 것이다. .

시는 것이다.[201] 말씀을 다 가르친 다음에야 먹을 것을 생각하셨다. 그러나 사실 그 무리들을 보는 순간 주님은 그들을 먹여야겠다고 결심하셨다. 그 이유가 무엇인가?

때가 저물어 가고 있지만 예수님은 계속 가르치고 계셨다. 보고만 있던 제자들이 마침내 앞으로 나서서 주님에게 아뢰었다.

> "때가 저물어가매 제자들이 예수께 나아와 여짜오되 이곳은 빈 들이요 날도 저물어가니 무리를 보내어 두루 촌과 마을로 가서 무엇을 사 먹게 하옵소서"(35,36절).

먹을 것을 좀 먹게 하고 난 후에 가르쳐도 가르쳐야 할 것이 아니겠냐고 건의한 것이다. 제자들의 이와 같은 건의는 진정으로 무리들을 생각해서 한 것이 아니라 자기들이 배고프고 지루하게 생각했기 때문이었을 것이다. 예수님도 시간을 잊고 있었고 동시에 무리들도 시간을 잊고 있었는데, 그들만 시간을 정확하게 계산하고 배고픔을 느끼고 있었다는 게 신기하기만 하다. 그들은 무리들의 분위기만 살피고 있었던 것일까?

제자들이 먹일 것을 제안했지만, 사실 주님은 그들이 예수님을 찾아왔을 때 벌써 먹일 것을 생각하고 계셨다. 주님의 대답은 "너희가 먹을 것을 주라"는 것이었다.[202] 그러나 이 말씀 속에는 백성들을 먹이실 어

201) 예수님이 광야에서 사탄과 싸우면서 얻으신 결과는, 떡이나 이적이나 정치적 문제 해결보다도 말씀이 우선이란 사실이다. 그래서 항상 모든 것보다 말씀으로 행동하였다.

202) 제자들에게 "그들을 먹이라"고 말씀하신 것은 이미 먹이고 싶은 마음을 전제하는 말이다. 그러나 그에 앞서 제자들의 마음을 떠보려는 의미도 담긴 말이다. 제자들의 믿음의 성숙도를 시험해 보는 질문이라고 할 수 있다.

떤 계획이 이미 그분에게 있었다는 느낌을 받는다. 무엇을 어떻게 먹이시려고 계획하신 것일까? 또 언제부터 무리들을 먹이실 생각을 하셨을까? 예수님은 무리들을 보고 불쌍히 여기셨을 때, 그때 벌써 먹이실 것을 결심하셨다. 여기 '연민'(σπλαγχνισθείς-splanchnistheis)이란 단어가 다시 나온다. '불쌍히' 라는 말은 곧 불쌍히 여기는 사람에게 불쌍한 사람을 도울 수 있는 행동을 유발하는 동사이다. 그들을 사랑하는 마음 때문에, 그들을 먹이고 싶으셔서 주님의 마음은 격동하기 시작한 것이다.[203)] 그때 먹이실 것을 결심하셨다. 그런데도 저녁 늦게까지 가르치고 계셨다.

여기서 제자들과 그분의 마음의 차이를 볼 수 있다.. 제자들은 가서 각자 해결하라고 제안한다. 그러나 그들에게 먹을 것이 없는 것을 아신 주님은 제자들에게 먹이라고 하신다. 그들이 흩어져 간다 해도 어디에서 무엇을 먹을 수 있겠는가? 먹이자고 제안은 했지만[204)] 그 많은 사람들을 어떻게 먹인단 말인가? 그들을 먹일 돈도 없지만, 이미 날이 저물어서 무리들에게 먹일 음식을 준비할 시간적 여유도 없지 않은가? 제자들로서는

---

203) 마태는 예수 그리스도께서 가난한 자들의 친구란 사실을 이사야의 글을 인용하여 말한다(마 4:14-16). "흑암에 행하던 백성이 큰 빛을 보고 죽음의 그늘진 땅에 거주하던 자에게 비치도다"(사 9:2). 그리고 마태복음 9장과 10장은 가난한 자들과 병든 자들, 그리고 처참한 상황에 빠진 자들과 버림받고 멸시당하는 자들을 고치시고 세우시는 말씀이 나온다. 누가는 처음부터 마리아를 통하여 이 사실을 노래한다(눅 1:50-55)

204) 요한복음에서는 예수께서 먼저 먹이라고 제안한 것으로 기록하였다. "예수께서 눈을 들어 큰 무리가 자기에게로 오는 것을 보시고 빌립에게 이르시되 우리가 어디서 떡을 사서 이 사람들을 먹이겠느냐 하시니 이렇게 말씀하심은 친히 어떻게 하실지를 아시고 빌립을 시험하고자 하심이라"(요 6:5,6).

상상도 할 수 없는 일인데 주님은 먹이라고 하셨다. 제자들의 대답은 뻔하다. 이백 데나리온[205]을 가지고도 먹일 수 없는데, 제자들의 형편으로 어떻게 먹이겠는가고 되묻는다. 그러자 주님은 너희에게 떡 몇 개나 있는지 가서 보라고 하셨다. 38절을 영어 성경은 이렇게 번역하였다. "그 많은 빵들을 어떻게 너희들이 소유하겠느냐?"(NRSV) 너희가 그 많은 빵들을 가지고 있을 리가 없으니 사람들 속에 가서 찾아보라고 하셨다. 제자들은 무리 중에 가서 찾아보고 왔다. 그 많은 사람들을 다 털어도 떡 다섯 개와 물고기 두 마리밖에 없었다. 당시 백성들의 한심한 형편을 여실히 보여주는 장면이다.

예수님은 식사 기도를 하시기 전에 무리들로 하여금 작은 무리를 지어 앉도록 하신다. '앉도록 하신다'는 동사 '아나크리나이'(*ἀνακλῖναι*)는 유대인들이 만찬 시에 의자에 기대고 앉는 자세(reclining on a couch)를 말한다.[206] 이런 모습은 일반적으로 생각하는 둥글게 떼를 지어 앉게 했다는 것과는 전혀 다른 모양이다. 39절에 '떼를 지으라'라는 뜻의 '씀포시아 씀포시아'(*συμπόσια συμπόσια*)는 일반적으로 잔치를 할 때 유대인들이 자리를 배치하는 모양대로 식탁에 앉는 것을 가리킨다. 비록 광야지만 예수님은 그들과 함께 만찬을 한다는 그런 감정이었음을 나타

---

205) 데나리온은 당시 사용하던 은전(silver coins)을 말한다. 한 데나리온은 하루 임금에 해당한다(마 20:13 참조). 데나리온의 현대적 가치를 계산한다면, 일당 5만 원으로 계산해서 200데나리온은 약 천만 원에 해당하는 액수이다.

206) '떼를 지으라'는 '씀포시아 씀포시아'는 일반적으로 잔치를 할 때 유대 방법대로 식탁에 앉는 것을 가리킨다. 그래서 옆에 앉아 있는 사람에게 빵을 옆으로 계속해서 전달하도록 하는 모습이다. 요한복음에서는 그때가 유월절이었다고 밝힌다(요 6:4). 그렇다면 예수께서 십자가를 지시기 꼭 1년 전이 된다. 그때에는 풀이 신선하고 파랗게 피어오른 때이다.

낸다.

40절의 '때로' 란 단어 '프라시아이 프라시아이' (πρασιαὶ πρασιαὶ)는 '정원의 화단' 을 의미하는 단어이다. '씀포시아 씀포시아' 가 무리의 정렬된 상태를 묘사했다면 '프라시아이 프라시아이' 는 거기 모인 사람들의 색깔을 의미한다. 제자들이 볼 때 마치 화단에 꽃들이 정렬된 것처럼 빨강, 노랑, 파랑 색깔들로 보였다는 것을 암시한다.[207)]

마치 정찬(正餐)을 하는 모습으로 무리를 앉혀 놓고, 하늘을 향하여 떡 다섯 개와 물고기 두 마리를 들고 하늘을 우러러 축사하신다. 기가 막힌 장면이다. 그 적은 양의 음식을 가지고 기도하는 주님의 마음은 어떠하셨을까? 허기지고 굶주린 백성들의 모습은 주님의 가슴을 찢었을 것이다. 요한이 말한 대로 그때가 유월절이 가까운 때라서 마치 함께 유월절 음식을 먹는 마음으로 그들을 가난과 사탄의 굴레로부터 구원할 것을 다짐한 것일까? 성경에는 전하는 말이 없지만 상상해 본다.

"떡을 떼어 제자들에게 주어"(41절)에서 떼어 주는 동작은 단순과거이고, 제자들에게 준다는 동사는 미완료로 계속적인 동작을 의미한다. 그러니까 떡을 떼고 나눠 주는 행동을 계속하는 것을 보여준다. 5천 명이란 단어도 남녀를 다 포함하는 '사람' 이란 말이 아니라, 남자 개인을 가리키는 '안드레' (ἄνδρες)이다. 마태는 여인과 아이들 외에 5천 명이라고 하였다(마 14:21).

주님은 나머지 부스러기도 버리지 않으셨다. 남은 떡과 물고기를 거두니 열두 바구니에 가득 차게 되었다. 열두 바구니는 12지파를 상징한다. 그렇다면 이 5천 명을 먹이신 때가 유월절이 가까워 온 때라면, 새로운 시대에 12지파를 상징하는 공동체를 상징했을 것이다. 요한복음에 의하면 5천 명을 먹이신 사건은 유월절이 가까이 왔을 때였다(요 6:4). 그렇

207) Wuest, p.135.

다면 이 유월절은 무리들과는 마지막 갖는 유월절 식사가 된다. 그리고 가이사랴 빌립보 사건을 마지막으로 갈릴리 사역은 끝나고 예루살렘을 향하여 올라가게 된다. 이처럼 5천 명을 먹이신 사건으로부터 서서히 예루살렘으로 올라갈 준비를 하신다. 그렇다면 열두 바구니도 12지파를 상징하는 새로운 공동체를 상상하게 해준다.

유월절 식사의 순서는 이스라엘의 과거와 현재 그리고 미래에 초점을 맞추어 진행된다고 한다. 과거의 고난과 슬픔을 기억하고, 현재의 복을 감사하며, 미래의 소망을 기원하는 순서이다.[208] 예수님도 5천 명과 함께 과거의 고난과 슬픔을 기억하고, 현재를 축복하며 감사했을 것이다. 그러나 5천 명을 먹이신 사건은 과거나 현재에만 머물 수는 없었다. 미래를 소망하는 기원이었다.

5천 명을 먹이신 기적은 네 복음서 모두에 기록되었다. 마태와 요한은 이 기적을 친히 경험한 사람들이고, 마가가 베드로의 자료를 사용했다면 적어도 제자 세 사람이 모두 기적을 기록한 셈이다. 한스 웨버는 "무리가 목자 없는 양과 같이 고생하며 지친 이런 상황이 예수의 마음을 움직이게 했는데, 이것은 곧장 이중 선교 활동을 창안케 한 결정적인 계기였다"고 한다.[209] 다시 말하면 고생하고 지친 무리들을 한 곳으로 모여 오게 하는 구심적(求心的)인 선교 활동과, 제자들을 그 무리 가운데로 파견해 보내는 원심력(遠心力)의 선교 활동을 창안하기에 이르렀던 것이다.[210]

---

208) 최명덕, 유대인 이야기, 두란노, 1999, pp.153-159 참조.

209) 한스 웨버, p.64.

210) 전게서, p.64.

02

제자들과의 갈등 노출(6:45-56)

“예수께서 즉시 제자들을 재촉하사 자기가 무리를 보내는 동안에 배 타고 앞서 건너편 벳새다로 가게 하시고 무리를 작별하신 후에 기도하러 산으로 가시니라 저물매 배는 바다 가운데 있고 예수께서는 홀로 뭍에 계시다가 바람이 거스르므로 제자들이 힘겹게 노 젓는 것을 보시고 밤 사경쯤에 바다 위로 걸어서 그들에게 오사 지나가려고 하시매 제자들이 그가 바다 위로 걸어오심을 보고 유령인가 하여 소리 지르니 그들이 다 예수를 보고 놀람이라 이에 예수께서 곧 그들에게 말씀하여 이르시되 안심하라 내니 두려워하지 말라 하시고 배에 올라 그들에게 가시니 바람이 그치는지라 제자들이 마음에 심히 놀라니 이는 그들이 그 떡 떼시던 일을 깨닫지 못하고 도리어 그 마음이 둔하여졌음이러라 건너가 게네사렛 땅에 이르러 대고 배에서 내리니 사람들이 곧 예수신 줄을 알고 그 온 지방으로 달려 돌아다니며 예수께서 어디 계시다는 말을 듣는 대로 병든 자를 침상째로 메고 나아오니 아무 데나 예수께서 들어가시는 지방이나 도시나 마을에서 병자를 시장에 두고 예수께 그의 옷가에라도 손을 대게 하시기를 간구하니 손으로 대는 자는 다 성함을 얻으니라."

일상적이지 않은 일들이 일어났다. 제자들을 재촉하사 배 타고 먼저 건너가게 하셨다. 직역하면 제자들을 몰아내신 것이다. 제자들을 먼저 배에 태워 보내고, 후에 그분이 손수 무리를 흩어 보내신 이유가 무엇일까? 이 내러티브는 5천 명을 먹이신 바로 직후에 일어난 일이다. '보내셨다'는 단어는 무리들과 갈라놓는다는 뜻이다. 시간은 아주 늦은 오후이거나 어두워졌을 때이다. 6장 35절에 '저물어가매', '호라스 폴레스'(ὥρας πολλῆς)는 오래된 시간, 늦은 시간을 가리킨다.[211] 5천 명을 먹이고 정리하면서 지난 시간이 이처럼 늦은 시간이었다. 늦은 시간이면 풍랑이 일어날 것을 아셨을 텐데도, 제자들을 밀어내듯이 배를 태워 호수를 건너가라고 하신다. 왜 그리하셨을까? 뭐가 그리도 급하셨을까? 그런 점도 이상하지만, 제자들을 무리에게서 격리시키듯 먼저 배에 태워 보내고, 자신이 무리를 흩어 보내신 것도 이상하다. 다른 때 같으면 제자들에게 시켜도 될 일을 이 경우에는 자신이 다 직접 하신 것이다. 그리고 기도하러 산으로 가셨다. 기도하러 가시려고 그리하셨을까?(46절)

이 내용이 앞에 나오는 5천 명을 먹이신 사건에 이어 나온 것을 기억하고 이 본문을 생각해야 한다. 제자들과 무리들 사이에 뭔가 이상한 일이 벌어졌을 것이다. 그래서 제자들을 무리에게서 먼저 분리시켜야 했다. 어떤 일이 일어난 것일까? 요한복음에는 5천 명을 먹이신 후에 일어난 일을 자세하게 전해 준다. 요한의 보고에 의하면, 5천 명을 먹이신 표적을 보고 사람들 사이에는 예수님이 세상에 오실 바로 그 선지자라는 여

211) 무리를 먹이실 때가 이른 오후라면 유대 시간으로 3-6시를 의미하고, 늦은 오후는 저녁 6시부터 밤 사이를 의미한다. 그러니까 제자들이 호수에 배를 띄운 시간은 저녁 6시가 넘은 후였다.

론이 확산되기 시작하였다. '바로 그 선지자' 란 말은 유대 백성들이 예수님을 기다리던 메시아라고 확신했다는 말이다. 이런 여론은 드디어 예수님을 왕으로 삼으려는 움직임으로 발전하였다. 그들의 의도를 아시고 주님은 혼자 산으로 가셨다(요 6:14,15).

무리들이 예수님을 왕으로 삼으려 했을 때 가장 흥분한 사람들은 바로 제자들이었을 것이다. 제자들은 도리어 백성들을 충동질했을 것이다. 그러므로 무리들을 안정시키기 위해서는 제자들을 무리들과 갈라놓아야 했다. 갈릴리 호수를 건너가던 제자들은 아마도 투덜대며 배를 저어가고 있었을 것이다.

제자들은 지금 바람을 거슬러 동쪽으로 가고 있다. 갈릴리 호수에 일어나는 바람은 항상 동쪽으로부터 분다. 가버나움 쪽의 들녘에서 5천 명을 먹이시고 벳새다로 보내셨으니까, 이들은 바람을 거슬러 가고 있다. 풍랑은 점점 심해져서 배는 앞으로 나아가지를 못하고, 밤이 깊어지기까지 풍랑과 싸우며 바다 위에 떠 있었다.

산으로 기도하러 가신 예수님도 밤이 깊어지자 다시 뭍으로 내려오셨고(48절), 갈릴리 호숫가에 서서 제자들의 괴롭게 노 젓는 것을 보고 계셨다.[212] 46절과 48절 사이의 예수의 움직임을 주의깊게 보아야 한다. 기도하러 산으로 가셨다(46절) 다시 내려오셔서 홀로 뭍에 계셨다(47절).[213] 그리고 제자들이 힘겹게 노 젓는 것을 보고 계셨다(48절). 예수께

---

212) '힘겹게' 란 단어는 고문을 당하다는 뜻을 지닌 '바사니조' (βασανίζω)의 수동태를 사용하였다. 능동태는 '진품을 확인하도록 테스트한다' 는 뜻이 된다.

213) '뭍에' 라는 단어는 그냥 '땅 위에' (ἐπὶ τῆς γῆς) 계셨다는 뜻이다. 이 구절을 직역하면 '그는 혼자 땅 위에 계셨다' 이다.

서는 몇 가지 이유 때문에 진정으로 기도하기를 원하셨을 것이다. 첫째는 무리들에게 인기가 폭발적으로 확장되어 가는 일을 놓고 기도하셨을 것이다. 그들이 기대하는 메시아가 아니라, 하나님의 진심을 어떻게 보여줄까를 고민하며 기도하셨을 것이다. 둘째로는 다가오는 시련과 갈등을 어떻게 극복해야 할지, 그래서 진심으로 기도하기를 원하셨을 것이다. 그분의 인간적인 모습을 적나라하게 보여주는 장면이다.

그리고 기도하시고 다시 바닷가로 내려오셔서 적어도 몇 시간은 제자들이 고통당하는 것을 보고 계셨다. 비록 풍랑으로 배가 실제로 보이지는 않았겠지만 마음으로 그들과 고통을 함께 당하셨다는 의미이다. 그들이 당하는 고통을 함께 겪고 계신 그분의 인간적인 모습을 보여준다. "제자들이 힘겹게 노 젓는 것을 보시고"란 말을 예수님의 초월적 능력으로 해석할 필요는 없다. 예수님은 바닷가에 서서 밤 사경쯤까지 제자들의 모습을 보고 계셨다. 그의 눈은 멀리서도 그들의 곤경을 곧 알아차렸다.

유대인들의 밤은 넷으로 나눈다. 오후 6-8시, 9-11시, 밤 12-3시, 오전 3-6시이다. 밤 사경이라면 맨 마지막 시간이니까 새벽 3-6시가 된다. 새벽 4시쯤에 제자들을 고통에서 건지시기 위하여 가셨다면 제자들이 풍랑과 싸우며 호수에 떠 있던 시간은 무려 9시간이나 된다. 그닐카(Gnilka)는 이 시간을 "저녁(47절)에서 아침 동틀 때까지를 시간상으로 계산해서는 안 된다"고 한다. 성경에서 아침이 되기 전의 시간은 하나님의 구원의 시간이기 때문이다.[214] 그러니까 그들은 하나님의 구원의 시간이 되기 전까지 고통 중에 있었다는 말이 된다.

마침내 예수님이 풍랑에 개입하신다. 바다 위를 걸어서 제자들에게 가

214) 그닐카, p.342. 이사야 17장 14절은 이스라엘을 멸망시키려는 제민족들에 대해 다음과 같이 말하고 있다. "해질 때 갑자기 닥쳐 온 두려움이 아침 해 뜨기 전에 가신 듯 사라진다"(시 46:6).

셨다. 왜 물 위로 걸어가셨을까? 바람이 심해서 배를 띄울 수 없는 상황이라면 걸어서 갈 수밖에 없다. 예수님이 인간을 돕기 위해 사용하시는 방법을 인간 상식에 묶어 두어서는 안 될 것이다. 그분이 사용할 수 있는 방법은 인간으로서는 상상할 수 없기 때문이다.

풍랑에 시달리는 제자들 곁에 물 위로[215] 걸어오신 주님은 그들 곁을 "지나가려고 하셨다." 그분이 지나가려고 하는 것처럼 제자들에게 그렇게 보였다는 말일까, 아니면 구약 70인역(LXX)을 사용했는지, 하나님이 시내 산에서 모세를 비켜 지나가려고 하셨던 것과 관계가 있는 것일까? '파렐데인'(*παρελθέιν*)은 '*παρα*'(옆으로)와 '*ελθέιν*'(지나가다)의 합성어로 지나가려고 하신 것을 나타낸다. 여기에 그가 원했다(He desireed 또는 He wanted)는 의미를 가진 '에델렌(*ἤθελεν*)이 사용되어서 지나가려고 하신 것이 확실하다. 왜 그들을 지나가려고 하셨을까? 성경에는 하나님이 지나가려고 하신 장면이 많이 나온다. 출애굽기 33장 19-23절, 34장 6절 그리고 열왕기상 19장 11절에도 나타난다. 예수께서는 누가복음 24장 28절에서도 지나가려고 하셨다. 이는 기회를 주시는 하나님, 그리고 인간의 결단을 촉구하시는 하나님의 모습이 아닐까?

제자들이 고통을 당하고 있는 동안에 주님은 그들 곁으로 오셨다. 밤은 깊어가고 풍랑 속에서 밤새 시달린 그들 곁에 누군가 물 위로 걸어왔을 때 놀라지 않을 수 있었을까? 제자들은 놀라서 유령이라고 소리쳤다. 그때야 예수님은 제자들에게 말씀하셨다. "안심하라 내니 두려워하지 말라"(50절). "It's I and nobody else." 그리고 지금까지 계속되어 왔던 행

215) '바다 위로' 앞에 사용된 '에피'(*ἐπί*)가 소유격과 함께 사용될 때는 접촉(contact)을 강조해서 보여준다. 즉 예수님의 샌들(sandals)이 물 위와 실제적으로 접촉한다는 사실을 강조한다. 예수님은 마치 딱딱한 아스팔트 위를 걷듯이 물의 표면을 걸었다는 뜻이다. Wuest, p.137.

동을 멈추라는 뜻으로 현재 명령형을 썼다. 그리고 즉시 바람이 그쳤다. '내니'(It's I)라는 말은 '에고 에이미'(ἐγώ εἰμι)란 특수 문장이다. 이 말은 자기를 확인하는 문구 이상의 의미를 가진다. 이것은 구약성경에서 하나님의 자기 계시를 나타내는 말로, 칠십인 역에서 'ἐγώ εἰμι'로 번역했고, 이 말이 예수님의 입에서 진술되었다. 다시 말하면 이 말은 자신이 메시아라고 진술하신 것이다.216)

그리고 나서야 배에 오르시고, 그들 곁으로 가실 때 바람이 그쳤다.

제자들이 풍랑 속에서 힘겹게 노를 젓고 있는 모습을 보고 계셨고 마침내 물 위로 걸어오신 예수님의 행동을 보면, 제자들을 호수 건너로 가게 하신 것은 단순히 무리와 제자들을 분리시키기 위하여 하신 것만은 아니라는 사실을 암시한다. 이 말은 풍랑이 일어날 것을 알고 보내셨고, 그들을 지켜보고 계셨으므로, 그들을 먼저 보낸 이유는 또 다른 데 있다는 말이다. 52절에 실마리가 나온다. 그런데 52절의 내용을 이해하기가 어렵다. "이는 그들이 그 떡 떼시던 일을 깨닫지 못하고 도리어 그 마음이 둔하여졌음이러라."

그들은 거라사로 가는 길에 풍랑을 잔잔케 하셨던 일, 그리고 5천 명을 먹이시던 일들을 다 잊고 있었다. 떡 떼시던 일을 제대로 이해하지 못했다고 한다. 제자들은 예수님이 5천 명을 먹이신 것은 단순히 굶주린 백성을 먹이신 일로만 생각했던 것이다. 왜냐하면 그들의 마음이 둔하여져 있었기 때문이다. 그래서 풍랑 위로 걸어오셔서 바람을 잔잔하게 하셔도, 또 '내가 바로 그이다' 고 하셨는데도 그들은 아직도 잘 모른다. 5천 명을 먹이신 일로 그들은 이스라엘이 그처럼 고대하던 메시아 정도로 이해하

216) 그닐카, p.343. 요한복음 18장 6절에서도 "내가 그니라"고 할 때 잡으러 왔던 군병들이 넘어졌다고 말한다.

였다(요6:4). 예수님의 마음을 이해하지 못하였고, 그분이 누구인지를 전혀 알지 못했다.

아직도 제자들의 마음은 열리지 않고 닫혀 있다. 예수께서는 5천 명을 먹이신 사건을 천국 백성을 먹이시는 하나님의 입장에서 천국 잔치를 의미하고, 제자들은 메시아(유대인들이 생각하는) 성취의 시기로 보았다. 제자들의 생각은 예수님의 생각과는 다른 평행선을 긋고 있다. 언제 그들의 마음이 열릴지, 마가복음의 갈등은 계속되어 간다. 여기서부터 제자들과 예수의 갈등은 표면화되기 시작한다.

배가 게네사렛에 정박했다. 게네사렛은 가버나움 서쪽의 비옥한 땅을 가리키는데, 벳새다로부터는 남쪽으로 13km 정도 떨어진 곳이다. 이렇게 보면, 배가 처음 출발한 곳으로부터 얼마나 멀리 떠밀려 왔는지를 알 수 있다. 그리고 배가 그곳에 닻을 내렸을 때는 새벽이 아니라 이른 아침이었을 것이다. 그처럼 이른 아침인데도 호숫가에 정박하고 예수께서 배에서 내리자마자 사람들이 몰려들었다. 그들은 거기에 계신 예수님을 바로 알아보았다. 그만큼 예수님의 인기는 하늘 높이 오르고 있었고, 무리들은 그분으로 인하여 목말라 있었다. 목자 없이 방황하던 무리들이 목자를 만났다. 그래서 한시도 목자를 떠나려 하지 않는다. 그뿐 아니라 그들은 온 지방으로 예수님을 찾아 돌아다니다가 게네사렛에 계시다는 말을 듣고, 병든 자를 침상째로 메고 나아오기도 하였다.

56절은 마가의 설명이 첨가된 내용이다. 예수님께서 지나가시는 지방이나 도시나 마을이라면 어디서든 병자를 시장에 두고 예수께 그의 옷가에라도 손을 대게 하시기를 간구하였다고 마가는 전한다. 여기서 특별히 지역을 세 가지로 분류하여 부르고 있다. 마을들(villages), 도시들(cities) 그리고 시골 지역이 그것이다. 이때는 갈릴리 지역 전도의 마지막 시기로 주님은 마을과 지역 구석구석을 누비며 다니시고 있다. 그리고 가는 곳마다 사람들은 시장에 환자들을 눕혀놓고 예수님의 옷 가에라도 손을 대게 해 달라고 간구했다는 말은 듣는 이들의 마음을 뭉클하게 한다. 예수께서 손을 대는 자들은 모두 깨끗하게 되었다. 혈루증 앓던 여인의 믿음이 전염되었던 것이다. "옷 가에라도"라는 말은, 유대인들이 옷 가에 술(the fringe)을 내려뜨리고 다니는데 바로 그 술을 말한다.[217] 예수님도 현대 유대인들처럼 옷에 술을 달고 다니셨다는 말이다. 손을 대고 나음을 입은 자들은 예수님이 누군가를 잘 알고 있다. 제자들과 비교되는 장면이다.

만진 자들만 나았다. 믿음은 하나님과의 계약을 신뢰하고 실천하는 의지적인 행동을 말한다. 예수께서 니고데모와의 대화에서 언급하셨던 구리뱀 사건도 계약이다(요 3:14,15). 구리뱀을 쳐다보는 자는 누구든지 낫게 해 주겠다는 하나님의 약속을 믿고 행동으로 옮긴 자는 다 나았다. 구리뱀을 쳐다봄으로 나은 것이 아니라 약속을 지킨 사람에게 하나님께서 약속대로 낫게 해주신 것이다.

217) Wuest, p.140.

03

마음을 보시는 하나님 앞에 장로들의 유전(7:1-23)

"바리새인들과 또 서기관 중 몇이 예루살렘에서 와서 예수께 모여들었다가 그의 제자 중 몇 사람이 부정한 손 곧 씻지 아니한 손으로 떡 먹는 것을 보았더라(바리새인들과 모든 유대인들은 장로들의 전통을 지키어 손을 잘 씻지 않고서는 음식을 먹지 아니하며 또 시장에서 돌아와서도 물을 뿌리지 않고서는 먹지 아니하며 그 외에도 여러 가지를 지키어 오는 것이 있으니 잔과 주발과 놋그릇을 씻음이러라) 이에 바리새인들과 서기관들이 예수께 묻되 어찌하여 당신의 제자들은 장로들의 전통을 준행하지 아니하고 부정한 손으로 떡을 먹나이까 이르시되 이사야가 너희 외식하는 자에 대하여 잘 예언하였도다 기록하였으되 이 백성이 입술로는 나를 공경하되 마음은 내게서 멀도다 사람의 계명으로 교훈을 삼아 가르치니 나를 헛되이 경배하는도다 하였느니라 너희가 하나님의 계명을 버리고 사람의 전통을 지키느니라 또 이르시되 너희가 너희 전통을 지키려고 하나님의 계명을 잘 저버리는도다 모세는 네 부모를 공경하라 하고 또 아버지나 어머니를 모욕하는 자는 죽임을 당하리라 하였거늘 너희는 이르되 사람이 아버지에게나 어머니에게나 말하기를 내가 드려 유익하게 할 것이 고르반 곧 하나님께 드림이 되었다고 하기만 하면 그만이라 하고 자기 아버지나 어머니에게 다시 아무것도 하여 드리기를 허락하지 아니하여 너희가 전한 전통으로 하나님의 말씀을 폐하며 또 이같은 일을 많이 행하느니라 하시고 무리를 다시 불러 이르시되 너희는 다 내 말을 듣고 깨달으라 무엇이든지 밖에서 사람에게로 들어가는 것은 능히 사람을 더럽게 하지 못하되 사람 안에서 나오는 것이 사람을 더럽게 하는 것이니라 하시고 무리를 떠나 집으로 들어가시니 제자들이 그 비유를 묻자온대 예수께서 이르시되 너희도 이렇게 깨달음이 없느냐 무엇이든지 밖에서 들어가는 것이 능히 사람을 더럽게 하지 못함을 알지 못하느냐 이는 마음으로 들어가지 아니하고 배로 들어가 뒤로 나감이라 이러므로 모든 음식물을 깨끗하다 하시니라 또 이르시되 사람에게서 나오는 그것이 사람을 더럽게 하느니라 속에서 곧 사람의 마음에서 나오는 것은 악한 생각 곧 음란과 도둑질과 살인과 간음과 탐욕과 악독과 속임과 음탕과 질투와 비방과 교만과 우매함이니 이 모든 악한 것이 다 속에서 나와서 사람을 더럽게 하느니라."

마가복음 6장 53절에서, 예수님과 제자들은 게네사렛에 배를 대고 내린 후 사람들을 만나서 사역한 일에 대하여 기록하였다. 또 7장 24절에서 예수님은 두로 지방을 향하여 다시 길을 간다. 한참 진행되던 사역이 정지되었다. 길을 향해 가는 걸음이 7장 1절부터는 멈춰지고, 시간이 전혀 흐르지 않는다. 마가복음 7장 3-4절에서 특별한 설명과 묘사가 계속되는 동안 이야기 세계에서는 시간이 전혀 흐르지 않는다. 마가는 이야기의 흐름을 끊어가면서 어떤 사건의 배경이 되는 정보를 제공하기 위하여 오랫동안 예수와 바리새인 사이의 갈등 이야기를 하고 있다. 그만큼 이 사건은 예수님의 마음을 무겁게 했다는 의미이다.

예루살렘으로부터 바리새인들과 서기관들이 내려왔다. 처음엔 지역 서기관들이 예수님에게 도전하고 비판했다. 그들이 헤롯 당과 손을 잡고 그분을 죽이려고 의논한 후부터 예루살렘에서 율법사들이 갈릴리로 내려오기 시작하였다(막 3:22). 처음에는 서기관들만 내려왔다. 그러나 이제는 바리새인과 서기관들이 함께 내려왔다.[218] 바리새인들이 산헤드린의 다수를 차지하고 있었으므로 이들이 예루살렘으로부터 내려온 것은 산헤드린이 공식으로 조사단을 파견한 것이고, 산헤드린이 예수님의 사건에 적극적으로 개입하기 시작했다는 의지가 보이는 일일 것이다. 그들은 마침내 문제를 발견했다. 그 문제가 무엇인가를 말하기 전에 마가는 먼저 문제가 얼마나 중요한가를 길게 설명해 준다.

드디어 바리새인들은 제자들이 손을 씻지 않고 음식을 먹은 것에 대하여 예수님을 공격한다. 예수님도 주저하지 않고 그들의 공격에 일침을 가한다. 일대 혈전이 벌어졌다. 왜 예수님은 그들의 주장에 이처럼 심하게 공격해야만 했을까?

율법을 철저하게 지키기 위하여 율법학자들은 수세기 동안 무수한 세칙과 규정을 만들어 왔다(막 7:3; 마 15:2). 이것이 문서화된 것은 3세기 중엽인데, 그 이름이 《미슈나》(Mishnah)이다. 여기에 63개의 논문이 들어 있다(영어로 번역하면 800페이지에 이름). 율법학자들은 여기에 만족하지 않고 미슈나의 주해작업을 시작했다. 이것이 《탈무드》이다(예루살렘 탈무드 12권, 바벨론 탈무드 60권). 그중에 의식적인 정결 예식과 씻는 예식이 있다. 유대인들에게 정결 예식은 대단히 중요한 예식이었다. 예레미아스(Jeremias)는 바리새파 사람들이 가장 강조했던 것은 안식일법과 정결법

---

218) 처음에는 지역 서기관들이 나타났다(2:6). 다음엔 바리새인의 서기관들이 나타났다(2:16). 그리고 예루살렘에서 서기관들이 내려왔다(3:22). 이제는 예루살렘에서 바리새인과 서기관들이 함께 내려왔다(7:1).

이었다고 한다. 바리새파 공동체의 신입회원은 바리새파적 정결 규정들과 십일조 규정들을 의무적으로 준수해야 했고,[219] 바리새파 공동체 가운데 압도적인 대다수를 차지하고 있었던 평민들도 바리새파적 십일조 규정들과 경결규정들을 준수해야 할 의무를 가지고 있었다고 한다.[220]

그들이 그처럼 강조한 정결 의식에서 중요한 것은 씻는 예식이다. 음식을 먹기 전에 반드시 손을 씻어야 한다. 그렇다면 어떤 방법으로 손을 씻어야 할까? 계란 껍질 절반 정도의 물로 손을 씻어야 하는데, 손을 위로 치켜들고 그 위에 물을 부어 물이 팔꿈치에 흘러내릴 때까지 해야 한다. 그런 후에 그 손바닥을 다른 손의 주먹으로 깨끗이 닦아야 하고, 손가락을 아래로 해서 물이 손가락 끝으로 흘러내리도록 해야 한다. 이렇게 하는 것이 하나님을 기쁘시게 하고, 그렇게 하지 않으면 죄를 짓는 일이다.[221]

바리새인들과 서기관들은 '장로들의 전통을 준행하지 아니하고 부정한 손으로 어떻게 떡을 먹는가?' 하고 공격해 왔다. 이들의 공격의 초점은 부정한 손을 씻지 아니한 데 있는 게 아니라 장로들의 전통을 지키지 않았다는 점이다. 그들은 자신들이 세운 법을 지키도록 강요하였다. 그들의 비판에 예수님은 이사야의 글을 인용하여 반박하였다. 이사야의 글에 대한 해석이 "너희가 하나님의 계명(command)을 버리고 사람의 전통(tradition)을 지키느니라"(8절)는 말씀이다. 이 말을 바꾸어 말하면, 사람의 전통을 지키기 위하여 하나님의 계명을 버린다는 말이다. 인간들이 세운 전통이 철저하게 백성과 하나님 사이를 갈라놓았다. 그리고 죄인과 의인을 심판하는 것은 자기들이 세워놓은 법이기 때문에 그들 자신이 심판 자리

219) 예레미아스, p.321.

220) 전게서, p.329.

221) 윌리엄 바클레이, 예수의 사상과 생애, pp.211-233 참조.

에 앉아 있게 되었다. 예수님은 조상들의 전통으로 하나님의 말씀을 폐하는 일을 행한다는 사실을 여러 번 반복하여 말씀하셨다(8,9,13절). 내러티브 해석에서 반복되는 구절은 대단히 중요하게 생각해야 하는 강조점이어서, 이 점이 예수님이 그들의 법을 철저하게 배격하신 이유가 된다.

세 가지 종류의 논쟁:

1. 첫 번째 논쟁은 바리새인들이 지키는 손 씻는 정결예식에 관한 짧은 관점으로 시작된다(1-5절).
2. 두 번째 논쟁은 정결 코드에 관한 것이 아닌 바리새인의 구두전승(oral tradition)에 대한 도전으로 시작된다(6-13절).
3. 세 번째 논쟁은 정결 코드(the purity code)인 정결 규정(kosher regulations)을 포기하도록 함으로써 다시 처음 주제로 돌아간다(14-23절).[222]

여기에 대한 예수의 논쟁은 다음과 같다.

"사람을 부정하게 만드는 것은 사람으로부터 나오는 것이다"(15절).

"이 모든 것들은 안으로부터 나오고, 사람을 부정하게 만든다"(23절).

예수님은 그들의 주장을 철저하게 배격하셨다. 잘못된 것은 그들의 규범이지만, 그보다는 정결법을 지키면 하나님을 기쁘시게 하고 그렇게 하지 않으면 죄를 짓는 일이라고 주장하여 사람들을 장로들의 법에 종속시킨 것이 더 큰 문제였다. 즉 종교를 무거운 짐으로 만들었고, 형식주의로 만들어버렸기 때문이다. 하나님이 받으셔야 하는 예배와 존경을 그들이 갈취하였기 때문이다. 이사야 시대가 입술로 하나님을 섬기나 마음은 하나님으로부터 멀어진 시대였다면(6절), 예수님 당시는 사람의 법이 하나

222) Myers. p.218.

님의 법을 대신해버렸다. 그래서 백성들이 계명을 지키는 것처럼 보인다. 그러나 하나님에게서 너무나 멀리 떠나 있었다.

예수님과 유대인들과의 대립은 토라를 인간들의 내적 자아(Inner self)에 적용할 것이냐, 외적 행동에 적용할 것이냐 하는 문제였다. 예수님은 토라는 단순히 행동에 적용하라고 주신 것이 아니라 내적 자아에 적용하도록 하나님께서 주신 것이라는 점에서 유대 지도자들을 날카롭게 비판하였다. "이 모든 악한 것이 다 속에서 나와서 사람을 더럽게(부정하게) 하느니라(23절)"는 말은, 필요한 것은 마음의 깊은 차원인 자아의 내적 변화라는 말씀이다. 즉 필요한 것은 문화에 중심을 두는 게 아니라 성령 안에 중심을 두라고 초청하신 것이다.[223] 마음의 생각은 사람들의 말과 행동을 만들어낸다. 그것이 곧 그 사회의 문화가 된다. 예수님은 마음에 변화를 받아야 한다는 것이 사회에서 탈출하는 것이라고 말씀하지 않는다. 내적 중심이 변화되어 살아감으로 믿음의 공동체를 이루도록 초청하는 것이다. 하나님의 나라(the kingdom of God)는 행동이 일시적으로 변했다고 이뤄지는 게 아니라 그 마음의 근본이 바뀜으로 이뤄지는 것임을 말한다.[224]

예수님은 그들의 법의 모순을 예로 든다. 유대 종교 지도자들이 세운 법 가운데 고르반이란 법이 있었다. 고르반(corban)이란 하나님을 위한 선물이란 뜻으로, 훗날에 하나님께 드릴 선물이라고 해서 따로 떼어 놓

223) Mergs, pp.109-111.

224) Marcus J. Borg는 그의 책 Jesus a New Vision에서 예수의 비전은 이와 같이 크리스천 생활의 세 가지 중심 이미지의 내용을 준비했다. 성령 안의 삶, 제자의 삶, 그리고 하나님나라 안에서의 삶. 이 각각의 이미지는 세상의 주인들이나 세상 왕국이 아닌 하나님 안에 중심을 두고 살아가는 것을 가리킨다. p.199.

는 것을 말한다. 그런데 부모를 공경하기 싫으면, 부모님에게 드려야 할 것이 고르반 즉 하나님께 드림이 되었다고 핑계를 댐으로 부모를 섬기는 책임을 면제받았다. 모세는 "네 부모를 공경하라" 하고 또 "아버지나 어머니를 모욕하는 자는 죽임을 당하리라"고 했는데, 모세를 통하여 준 율법도 조상들이 세운 전통인 고르반 앞에서 무용지물이 되는 것을 지적하셨다. 이들에겐 하나님보다 사람이 더욱 높은 위치에 있다. 이것은 사람의 유전을 지킴으로 하나님의 법을 파기하는 것이다(13절).

이제는 무리들을 불러서 큰 소리로 말씀하신다(14절). 예루살렘에서 온 바리새인과 서기관들 앞에서 백성들에게 말씀하시는 것이다. 이런 자세는 백성들에게 장로들의 유전을 지키지 말라고 가르치는 것이며, 종교지도자들 입장에서는 그들과 백성들을 이간시키는 행위이다. 그뿐 아니라 그들의 잘못의 근본이 무엇인가를 꾸짖는 행위이다. 이제는 예수님은 직접적으로 유대 율법을 무리들 앞에서 공격하신다.[225)]

바리새인들은 손을 씻지 않고 먹은 일에 대하여 항의하였는데, 예수님은 너희들의 악한 속마음에서 악이 나오고 있다고 그들의 심장을 공격하셨다. 말은 곧 그 사람의 생각이요 사상이다. 마음에 품은 것이 겉으로 나오는 법이다. 이렇게 보면 바리새인들의 속이 악으로 물들어 있다는 것이다.

---

225) 갈라디아서에서 다른 복음을 주장하는 자들은, '사람들의 전통' 을 하나님의 명령보다 더 우위에 두고 강조하며 사는 자들이다. 그것을 '초등교사' (ῳαιδαγωγὸς)라고 바울은 불렀다. 초등교사란 표현은 성경의 토라를 말하는 것이 아니라 사람들이 주장하는 그들의 전통을 말한다. 이런 전통은 사람들을 죄의 노예 상태에 가두는 무시무시한 감시자를 뜻한다(마 11:28-30 참조). 바울은 바리새인이요 서기관이었다. 그러므로 그는 유대 전통이 얼마나 허무하고 무서운 것인가를 깊이 알았기에 철저히 배격하였다.

포스트 모던 시대에서는 인간의 언어가 철학적 주제를 이룬다. 인간의 사고가 언어의 영향을 받으며, 언어는 문화의 산물이라는 것이다. 인간의 언어는 특정한 문화의 산물이기에, 인간이 무가치적인 입장에서 중립적이고 객관적 사고를 한다는 것이 현실적으로 가능하지 않다는 것이다. 그들의 언어는 곧 그들의 문화요 그들의 정체성이다. 그들은 제자들이 씻지 않고 먹음으로 자기들의 정결법을 어겼다고 항의했지만, 예수님께서 '속에서 나오는 것이 사람을 부정하게 하는 것'(23절)라고 하심으로, '너희들 자신이 부정(impurity) 자체'라고 혹독하게 비판하셨다.[226]

예수님은 계속적으로 토라를 단순한 행동보다는 내적 자아에 과격하리 만큼 적용시켰다. 필요한 것은 새 마음이었다. 이런 강조가 유대 전통에서 새로운 것은 아니다. 시편 51편 저자는 새 마음을 주시라고 하나님께 탄원하였다. 예레미야는 새로운 계약을 말했다. 가슴 안에 새겨야 하는, 가슴 안에 있어야 하는 계약이다. 예수와 그 시대 지도자와의 갈등은 새로운 종교 사이의 갈등(기독교와 옛 종교-유대주의)이 아니었다. 종교의 두 길, 즉 유대주의와 기독교와 같은 종교의 갈등이었다. 그것은 외적으

---

226) 유대인들에게 중요한 것은 정결 시스템(purity system)이다. 이런 법은 사회적 계급을 형성하였다. 정결을 판단하는 기준은 성전이었고, 그 법을 따르는 것이었다. 그들에게 있어서 의로운 사람이란 정결법을 따르는 사람이고, 부정한 사람은 그 법을 따르지 않는 사람들을 말한다. 또 정결법은 직업을 구별한다. 세리, 목자, 병자, 나환자들은 모두 부정한 사람들이다. 이방인은 부정하고 갈릴리 사람들도 부정하다. 부자들이 자동적으로 정결한 자에 속하지는 않지만 대부분 정결한 자들이고, 가난한 자들은 대부분 불결하다고 본다. 예수님은 '연민'(compassion)으로 정결법을 대치하려고 하였다. '연민'은 하나님의 지배적 성품이고 예수님의 생동 원리였기 때문에, 예수님은 연민의 '에토스'(ethos)와 정책으로 새로운 공동체를 이루려고 하셨다(*Meeting Jesus again*, pp.51-52 참고).

로 법을 지키는 종교적 존재가 되는 길(conventional wisdom)과 내적 변화에 의존하는 신앙인이 되는 길과의 갈등이었다. 이와 같이 예수에 의하면, 필요한 것은 깊은 차원의 자아의 내적 변화이다. 필요한 것은 새 마음, 순수한 마음이며, 이런 마음이 좋은 열매를 맺는다. 변화된 마음의 중심 자질은 다음 이미지를 지시한다.

> 고대 유대 심리학에 의하면, 마음의 성격은 지향하는 것에 의존된다. 즉 '무엇을 향하느냐 또는 무엇에 중심을 두느냐' 에 따라 열매를 맺는다. 사람 안에, 육신 안에 있는 마음은 나쁘다. 그리고 모든 것을 속이게 된다. 이와 같이 문제는 자신의 깊은 속에 있는 자아가 무엇을 지향하는가 하는 것이다. 그 중심의 문제이고, 근본적인 충성의 자리이다. 예수는 마음의 충성을 위하여 다투고 대조되는 중심 사이에 하나를 바르게 선택할 것을 말씀하셨다.[227]

집에 들어가서 제자들이 묻는다. 제자들도 유대 일상생활에 젖어 살고 있다. 그래서 특별하게 이해하지 못한다. 먹은 음식물은 다 배출한다. 그러나 사람 속에 도사리고 있는 잘못된 생각들은 마침내 언젠가는 행동으로 나오게 되는데, 이런 것들은 음란과 악독과 속임과 음탕과 질투와 비방과 교만과 우매함이라고 하신다(21-22절). 사람들의 생각이 처음에는 말로 표현된다. 그것은 구체적인 아이디어로 발전한다. 그리고 아이디어는 마침내 유형(有形)의 행동으로 옮겨지게 된다.[228]

"너희가 하나님의 계명은 버리고 사람의 전통을 지키느니라 또 이르시되 너희가 너희 전통을 지키려고 하나님의 계명을 잘 저버리는도다"(8-9절). 예수님은 하나님의 계명과 사람의 전통 사이의 갈등을 지적하기 시

---

227) *Jesus A New Vision*, p.110-111.

228) Charele J. Lee, p.49.

작하신다. 이 갈등은 8장 33절에서 베드로를 책망하는 곳에서 더욱 분명하게 밝혀진다. 베드로와 제자들도 결국은 사람의 전통이나 가치에 매여 살고 있다는 것이다.

04

이방 여인을 구원하시다(7:24-30)

"예수께서 일어나사 거기를 떠나 두로 지방으로 가서 한 집에 들어가 아무도 모르게 하시려 하나 숨길 수 없더라 이에 더러운 귀신 들린 어린 딸을 둔 한 여자가 예수의 소문을 듣고 곧 와서 그 발 아래 엎드리니 그 여자는 헬라인이요 수로보니게 족속이라 자기 딸에게서 귀신 쫓아내 주시기를 간구하거늘 예수께서 이르시되 자녀로 먼저 배불리 먹게 할지니 자녀의 떡을 취하여 개들에게 던짐이 마땅치 아니하니라 여자가 대답하여 이르되 주여 옳소이다마는 상 아래 개들도 아이들이 먹던 부스러기를 먹나이다 예수께서 이르시되 이 말을 하였으니 돌아가라 귀신이 네 딸에게서 나갔느니라 하시매 여자가 집에 돌아가 본즉 아이가 침상에 누웠고 귀신이 나갔더라."

예수께서 거기서 일어나셨다. 마가는 일어나셨다는 말에 힘을 준다. 그들과 논쟁만 하고 있을 수 없다는 뜻이다. 가야 할 길이 아직도 멀기에 예수님은 멈췄던 길을 다시 가신다. 그리고 이번에는 거기를 떠나 전혀 다른 나라인 두로 지방으로 가셨다. Nestle-Aland 헬라어 판에는 접촉사 '데'($\delta\epsilon$)란 말이 있다. 개역개정판에서는 그 접촉사의 해석을 생략했다. 그러나 이야기의 전개 방향을 알기 위해서는 이 단어를 해석하는 것이 좀더 도움이 된다. 이 접촉사는 지금까지 이야기되던 내용과는 반대되는 것을 말할 때도 사용된다. 문자적으로 해석한다면, '일어나사 거기로부터' 라고 할 수 있다. 즉 바리새인들과의 논쟁에서 일어나서, 거기로부터 이제는 갈릴리 지경을 넘어 다른 나라인 두로 지방으로 가신 것을 강조한다.[229] 두로 지방으로 단순히 국경을 넘어가신 것이 아니라 그 도시 안으로 깊숙이 들어가신 것을 말한다.

두로 지방으로 가신 이유는 한 집에 들어가 아무도 모르게 지내시려는 것이었다. 식사할 겨를도 없이 몰려오는 무리들 때문에 지치기도 하셨고, 또 예루살렘의 지도자들과의 싸움에서 에너지를 다 소모하셨기 때문이기도 할 것이다. 마가는 예수님이 한적한 곳에서 쉬기를 원하셨다는 내용을 자주 언급한다. 주님도 쉬기를 원하셨다. 그러나 어디에 가도 한적한 곳을 찾을 수 없어 이제는 국경을 넘어 가셨건만, 거기에서도 자신을 숨길 수가 없었다. 주님은 이미 다른 나라에까지 널리 알려져 있었기 때문이다.

찾아온 사람들 중에 한 여인이 있었다. 이 여인은 예수님이 그 지역에 들어오셨다는 말을 듣자마자 달려나온 여인이다. 그는 헬라인이요 수로보니게 족속에 속한 여인이다. 마가가 이 여인을 이처럼 자세하게 소개하는 이유가 무엇일까?

헬라인이란 말은 종족으로서의 헬라인이라기보다는 유대인이 아닌 이방인이란 사실을 강조한다. 그 여인은 수리아어를 사용하며, 종족으로

229) 두로 지방으로: 헬라어에서는 '안으로' 라는 전치사를 그 도시 안으로 깊숙이 들어간 의미로 '$\epsilon i\varsigma$' 를 쓴다.

는 수로보니게에 속한다. 수로보니게(Syrophoenician)이란 말은 그녀가 속한 종족을 가리키는 말이다. '수로'(Syro)란 말은 북 아프리카 지역의 페니키아(Libophoenicia) 지방과 구분되는 수리아(시리아) 지역의 페니키아 여인임을 가리킨다.[230] 이렇게 보면 그녀는 종족과 언어에 있어서 철저히 이방인이다. 또 신앙에 있어서도 유대와는 전혀 다른 신앙을 가진 여인이란 사실을 강조한다.

이런 여인이 예수님이 그곳에 오셨다는 말을 듣자마자 나왔다. 그리고 주님 발 아래 엎드렸다. 엎드려 계속해서 자기 딸에게서 귀신을 쫓아내 주시기를 간청하였다. 이런 자세는 간절함과 낫고자 하는 열망을 나타낸다. 그러나 마가에게서 발 아래 엎드리는 행위는 존경과 경배 즉 예배를 의미한다.[231] 마가복음에서 이런 표현을 세 번이나 사용하였다(막 1:40 나병환자의 경우, 5:22 야이로의 경우, 10:17 젊은 부자의 경우, 막 5:33 참고).

이 여인은 한 번도 예수님을 만난 적이 없는 먼 나라 이방 여인이다. 그런데 예수님에 대하여 정확하게 알고 있고 경배하는 여인이다. 어떻게 이런 믿음을 갖게 되었을까? 성경은 여기에 대하여 말이 없다. 그러나 3장 7, 8절에서 마가는 이미 두로와 시돈에서 많은 무리들이 예수님을 찾아왔다고 언급한 바 있다. 두로는 예루살렘으로부터 약 150km나 떨어져 있는 곳이었다. 그러나 팔레스타인과의 교통은 아주 빈번하였다. 그러므로 예수님의 소문은 멀리 그곳까지 전파되어 있었을 것이다. 매스컴이 없던 시대, 교통이 불편하던 시대란 점을 고려할 때 이것은 놀라운 일이 아닐 수 없다.

---

230) ICCC., p.135.

231) 예배란 뜻으로 가장 많이 쓰는 단어는 '프로스규네오'(*προσκυνέω*)인데, '신에게 복종을 표한다'는 의미이다., 그런 의미에서 '엎드려 예배하다'(fell down and worship)란 뜻이다(*Greek-English Lexicon*, Ibid. p.693).

그녀의 계속되는 간청에 "자녀로 먼저 배불리 먹게 할지니 자녀의 떡을 취하여 개들에게 던짐이 마땅치 아니하니라"(27절)고 하셨다. '내 아이가 먼저 만족해야지, 그 빵을 먼저 개에게 던져 주는 것은 옳지 않다'는 뜻이다. 지금까지의 사역은 팔레스타인 지역을 넘어간 적이 없다. 예수님의 선교는 이스라엘 지역을 중심으로 이루어졌고 이스라엘로 찾아오도록 하는 선교이지 찾아가는 선교는 아니었다. 그런 의미에서 자녀(이스라엘)로 먼저 배부르게 해야 한다는 것이다. 그러나 먼저라는 말이, 지금은 그렇지만 후에는 이방으로 넘어갈 것이란 암시를 주고 있다.

"개들에게 던짐이 마땅치 아니하니라"는 말에서 '개'란 집 안에 개들(house-dogs)이며, 거리의 개들을 의미하지는 않는다. 작은 개로서 pets를 의미하기도 한다. 그렇다면 아이들이란 유대인이다.[232] 또 개들이란 유대인들이 이방인을 멸시하여 사용하는 말이지만, 예수님의 표현에서는 '집 안의 개들'(*κυναρίοις*)이라고 바꿔놓음으로 전혀 다른 어감을 느끼게 한다. 집 안에 있는 개들이란 개들에게 머물 장소(place)를 허락하셨다는 말씀이다. 하나님의 세계 안에 이방인을 위한 장소가 마련되기 시작한 것이다.[233] 또 '먼저'라는 말을 사용하여 선교의 우선순위를 말하였다. 이방인에게 복음을 완전히 거절한다는 의미가 아니라 먼저는 유대인이지만, 다음에는 이방인에게 넘어가야 한다는 여유를 주었다. 여기서 예수님은 처음으로 이방인의 시대가 왔다는 힌트를 주셨다.

여자는 예수님의 마음을 읽었다. 개들이 아이들과 같이 지내고 함께

---

232) 유대인을 아이로 부르고 있으므로 아직도 복음을 깨닫지 못하고 있는 상태를 은유적으로 표현하고 있다. 그래서 그들에게 먹을 것을 좀더 주어야 한다는 뜻이다. 바울은 빌립보서 3장 2절에서 아이로니컬하게도 유대인들을 개들이라고 부른다. '개들을 조심하라'(Beware of the dogs)라는 문구는 미국 가정에 개를 조심하라고 할 때 흔히 울타리에 써붙이는 문구이다.

233) ICCC., pp.136-137.

부스러기라도 먹는다는 사실을 기억하고 예수께 다시 부탁한다. 자녀로 배부르게 해야 한다는 것은 예수님의 이념이었다. 지금 처음 갈릴리 지경을 넘어오셨다. 그런데 이방 여인이 자기 딸에게 은혜를 입혀달라 하니 거절하신 것이다. 그러나 예수님의 대답에는 단순한 거절보다는 예수님이 그 여인의 믿음을 시험하는 생각이 담겨 있다. 그녀의 믿음을 다시 확인하고 싶으셨던 것이다.

예수님의 마음을 바로 이해한 여인은 대답한다. "주여 옳소이다마는 상 아래 개들도 아이들이 먹던 부스러기를 먹나이다"(28절). 여인의 말을 간략하게 줄이면 "예, 주여, 그리고 개들도……먹습니다"이다. 여인은 자기도 먹어야 할 자격과 권리가 있다고 당당하게 주장하였다. 여인의 대답은 말장난이 아니다. 예수님이 던진 표면적인 경고 속에 숨겨진 유비(analogy)와 영적 진실을 발견하고 더욱 확신을 가지고 드리는 강청이었다. 예수님은 "돌아가라 귀신이 네 딸에게서 나갔으니라"고 선언하신다.

개는 이방인이다. 그러나 이제는 개들(이방인들)도 부스러기를 먹어야 할 때라고 했다. 그러므로 당연히 자기에게 은혜를 베풀어 달라는 것이다. 이 여인은 자신을 개라고 부르지만 자녀와 함께 은혜에 참여하게 해 달라고 함으로 이방인들을 하나님 안에서 자녀들과 같이 은혜를 나누는 위치로 올려놓은 여인이다. 여인의 말은 자기 딸을 위한 탄원이지만, 이 말은 예수님의 복음을 이제는 이방인들에게도 나눠 주어야 한다는 시작을 알리는 신호로 마가는 이해하고 있다.

이렇게 보면, 이 여인의 말은 선교 역사를 바꿔놓는 발언이다. 그녀는 직감적으로 느끼고 있었다. 자신이 하나님의 은혜의 세계 안으로 받아들여지고 있다는 사실을! 그리고 그녀의 대답은 하나님이 개입하실 수 있는 길을 마련해 놓았다. 이것이 믿음의 핵심이다. 주님은 그녀를 즉시 받아 주셨다. 그리고 딸을 만나지도 않으셨으며 오직 말씀으로 선포하셨을 뿐이다. "귀신이 네 딸에게서 나갔느니라"(29절).

이 여인은 예수님의 말씀만 듣고 돌아갔다. 그리고 아이에게서 귀신이 나가고 침상에 누워 있는 것을 발견했다. 말씀만으로 자기 딸을 고쳐 주셨다는 확신을 가지고 간 것이고, 그 믿음대로 되었다는 사실을 확인한다. 이방이 복된 소식을 들을 때가 온다는 상징이 아닐까?

믿음의 새로운 발전이다. 유대 종교 지도자들과, 더욱이 제자들도 아직도 그분을 이해하지 못하는데, 이방 여인이 이런 믿음을 가졌다는 점이 놀랍다. 이 여인은 이방인들에게도 신앙의 가능성이 넉넉하다는 것을 보여준 사건이다.

마가복음 5장 21-43절에 나오는 열두 해 혈루증으로 고생했던 여인과 7장 24-37절에 나오는 수로보니게 여인의 치유 사건은 유사성을 가지고 있다. 두 여인이 모두 버려진 여인들로서 예수님에게 받아들여졌다는 점이다. 한 여인은 유대 사회에서 내쫓긴 여인이다. 또 다른 여인은 유대로부터 내쫓긴 이방 여인이다. 그런데 그녀들의 믿음으로 이 여인들이 예수님에게 받아들여졌다. 혈루증을 앓았던 여인에게 주님은 "딸아 네 믿음이 너를 구원하였으니 평안히 가라"고 하셨고, 수로보니게 여인에게는 자녀의 떡을 주심으로 하나님의 백성으로 받아 주셨다. 마가는 두 여인의 이야기를 중요한 사건 속에 편집함으로 버려진 이들에게 가장 먼저 하나님 나라가 임했다는 사실을 부각시켰다. 마이어스(Ched Myers) 교수는 이 사건은 해방신학에서 주장하는 '가난한 자들의 우선권'을 극적으로 표현한 것이라고 말한다.[234]

---

234) Myers, p.198.

05

소경과 제자들(7:31-37)

"예수께서 다시 두로 지방에서 나와 시돈을 지나고 데가볼리 지방을 통과하여 갈릴리 호수에 이르시매 사람들이 귀먹고 말 더듬는 자를 데리고 예수께 나아와 안수하여 주시기를 간구하거늘 예수께서 그 사람을 따로 데리고 무리를 떠나사 손가락으로 그의 양 귀에 넣고 침을 뱉어 그의 혀에 손을 대시며 하늘을 우러러 탄식하시며 그에게 이르시되 에바다 하시니 이는 열리라는 뜻이라 그의 귀가 열리고 혀가 맺힌 것이 곧 풀려 말이 분명하여졌더라 예수께서 그들에게 경고하사 아무에게도 이르지 말라 하시되 경고하실수록 그들이 더욱 널리 전파하니 사람들이 심히 놀라 이르되 그가 모든 것을 잘하였도다 못 듣는 사람도 듣게 하고 말 못하는 사람도 말하게 한다 하니라."

예수님은 다시 길을 떠나신다. 이제는 두로 지역을 따나 시돈을 거쳐 갈릴리를 통과하여 데가볼리 지역에 도착하였다. 지역으로 보면 페니키아 지역은 갈릴리로부터 북서쪽에 위치한 먼 지역이다. 데가볼리 지역은 갈릴리 남동쪽 해안 지역이다. 걸어서 가기에는 먼 길이다. 이제 데가볼리 지역으로부터 다시 갈릴리로 오셨다. 데가볼리 지역에 왜 가셨는지, 무엇을 하셨는지에 대해서는 마가는 침묵한다. 여하튼 먼 길을 다녀오셨다는 것만은 확실하다. 우리는 마지막 갈릴리 사역을 놓고 바쁘게 다니며 전도하시는 모습을 그려 볼 뿐이다.

갈릴리 호수에 이르자, 사람들은 기다렸다는듯이 모여들었다. 여기에 등장한 사람은 귀먹고 말 더듬는 자였다. 예수님은 환자를 따로 데리고 무리를 떠나사 고쳐 주셨다. 왜 그랬을까? 예수님은 자신의 기본 사역이 백성들의 영적 필요를 채워 주고 하나님께 가까이 가도록 하는 것이지, 병자를 고치는 것이 아니란 것을 늘 보여주기를 원하셨다. 주님에게 치유 사역은 언제나 영적 필요를 채워 주시는 일의 다음 사역이었다. 그러나 환자의 입장에서 생각하면, 지금 예수님이 하시려는 일에 환자의 주의를 집중시키려는 뜻이 담겨 있다. 동시에 그에게 나을 수 있다는 확신을 넣어 주기 위한 행동으로도 볼 수 있다. 또 다른 면에서는 무리들에게서 이 환자를 격리시켰다기보다는 제자들에게서 분리했다고 생각하는 입장이다. 예수님은 그렇지 않아도 제자들이 유대적 메시아의 환상에 잡혀 있는데, 그들이 병자를 고치는 일이 그분의 기본 사역인 양 생각하는데 마음을 빼앗기게 하지 않으시려는 의도였다고 본다.[235] 이런 의도는 36절에 "그들을 경고하사 아무에게도 이르지 말라"고 하신 것을 보면 이해가 된다.[236]

예수님은 오른 손가락을 그의 한 귀에, 그리고 왼 손가락을 그의 다른

235) ICCC., p.138.

236) '그들에게 경고하다'는 말은 헬라어의 중간태로서, 그들에게 경고한 이유가 바로 주님 자신을 위한 데 있다는 의미이다. 즉 주님의 사역을 위하여 그리고 사역에 대한 미래를 위하여 경고하셨다는 의미이다.

귀에 넣으셨다. 그리고 침을 뱉어 그의 혀에 대며 말씀하셨다. 귀가 완전히 기능을 상실하여 아무 말도 들리지 않는 사람의 양쪽 귀를 막았으니 더 깜깜할 수 밖에 없었을 것이다. 그리고 말씀하셨다. 하늘을 우러러 탄식하시고 그에게 이르시되 "에바다" 하셨다(34절). '에바다' (ephphatha)란 '열려라' (be open!)란 말이다. "그의 귀가 열리고 혀가 맺힌 것이 곧 풀려 말이 분명해졌다"(35절).

그러나 금할수록 널리 전파된다. 사람들은 공공연하게 이 사실을 전파하였다. 사람들은 예수님의 기적의 능력에 놀랐다. '놀랐다' (ἐξεπλήσσοντο, 에크스프레손토)는 말은 마가가 자주 사용하는 말이다(막 1:22,27, 2:12, 5:42, 6:7,51).

"그가 모든 것을 잘하였도다"(37절). 예수님이 하신 놀라운 기적들에 대하여 어떤 확신을 얻게 되었다는 의미이다. "못 듣는 사람도 듣게 하고, 말 못하는 사람도 말하게 한다."

06

4천 명을 먹이시다(8:1-13)

"그 무렵에 또 큰 무리가 있어 먹을 것이 없는지라 예수께서 제자들을 불러 이르시되 내가 무리를 불쌍히 여기노라 그들이 나와 함께 있은지 이미 사흘이 지났으나 먹을 것이 없도다 만일 내가 그들을 굶겨 집으로 보내면 길에서 기진하리라 그 중에는 멀리서 온 사람들도 있느니라 제자들이 대답하되 이 광야 어디서 떡을 얻어 이 사람들로 배부르게 할 수 있으리이까 예수께서 물으시되 너희에게 떡 몇 개나 있느냐 이르되 일곱이로소이다 하거늘 예수께서 무리를 명하여 땅에 앉게 하시고 떡 일곱 개를 가지사 축사하시고 떼어 제자들에게 주어 나누어 주게 하시니 제자들이 무리에게 나누어 주더라 또 작은 생선 두어 마리가 있는지라 이에 축복하시고 명하사 이것도 나누어 주게 하시니 배불리 먹고 남은 조각 일곱 광주리를 거두었으며 사람은 약 사천 명이었더라 예수께서 그들을 흩어 보내시고 곧 제자들과 함께 배에 오르사 달마누다 지방으로 가시니라 바리새인들이 나와서 예수를 힐난하며 그를 시험하여 하늘로부터 오는 표적을 구하거늘 예수께서 마음속으로 깊이 탄식하시며 이르시되 어찌하여 이 세대가 표적을 구하느냐 내가 진실로 너희에게 이르노니 이 세대에 표적을 주지 아니하리라 하시고 그들을 떠나 다시 배에 올라 건너편으로 가시니라."

갈릴리 사역의 마지막으로 가고 있다. 큰 무리가 또 모였다. 이제는 무리가 사흘이나 예수님과 함께 지냈다. 이때도 예수님은 휴식할 수 있는 조용한 시간을 찾았지만 모여온 무리 때문에 계획을 취소하고 그들을 가르치며 병을 고쳐주는 일에 몰두하셨다. 사흘 동안 그들을 가르치셨을 것이다. 주님은 가르치는 데 정열을 다 쏟으신다. 제자들은 다른 데 마음을 쓰고 있지만 백성들은 예수님의 말씀을 청종한다. 또 이 기간에 많은 환자도 고쳐 주셨으리라고 여겨진다. 어떤 학자들은 위에 언급된 귀먹고 말 더듬는 사람을 고쳐 주신 사건이 바로 이 기간에 일어난 일이라고 본다. 그러나 그들에겐 먹을 것이 없었다. 그 중에는 멀리서 온 사람들도 있다고 예수님이 직접 언급하신다. 혹 그들이 돌아가다가 기진할 것 같다고 염려도 하신다. 그들을 보시는 주님의 마음이 얼마나 아팠을까? 주님은 "내가 무리를 불쌍히 여기노라"고 마음을 토로하신다. 주님은 연민(compassion)이시다. 그동안 그분의 연민은 행동으로만 나타나셨지 말로 표현된 적은 없다. 그런데 이제는 그분의 마음이 겉으로 확실하게 표현되었다.

"무리를 불쌍히 여기노라." 이 말은 영어의 "My heart goes out to them"이란 말과 비슷한 표현이다. 영어 표현을 직역하면, "내 심장이 밖으로 뛰쳐나와 그들에게로 들어갔다' 는 말이다. '스프랑크니조마이'(σπλαγχνίζομαι)는 복음서에 13번 언급되었고, 선한 사마리아인의 비유(눅 10:33)에서와 돌아온 아들의 비유(눅 15:20)를 제외하고는 오직 예수님에게만 사용된 단어이다. 렌스키는 그의 《누가복음 주석》의 '사마리아인 비유' 부분에서 이렇게 말한다.

"그는 불쌍히 여겼다. 희랍인들은 정서를 심장, 폐, 간과 같은 '내장' ($\sigma\pi\lambda\alpha\gamma\chi\nu\alpha$) 안에 위치시켰다. 그래서 동사 '스프랑크니조마이' 는 내장까지 움직인다는 뜻, 즉 동정과 연민으로 가득 차게 된다는 의미로 사용한다. 이 단어는 예수와 관련하여 사용된다(마 9:36, 7:13; 눅 10:35 등). 이 예화에서 본질적인 것은 이 정서이다. 그것이 그 다음의 모든 배후에 놓여 있다."[237]

본문의 내용 중에 많은 부분이 5천 명을 먹이시던 경우와 비슷하다. '무리를 명하여 앉게 하셨다' 는 말도 '식탁에 비스듬히 앉는 것' (recline)을 말한다. '축사하시고', '나누어주시고' 또 '배불리 먹고 남은 조각을……거두었다.' 다른 점은 이곳에서는 "하늘을 우러러 축사하시고"(막 7:41)가 생략되었고, 떡 일곱 개와 작은 생선 두어 마리로 먹은 사람이 4천 명이란 점이다. 그리고 예수께서 그들을 흩어 보내시고, 제자들과 함께 달마누다 지방으로 가셨다. 이 구절도 5천 명을 먹이실 때의 내용과 비슷하게 예수께서 무리들을 흩어 보내시지만, 다른 점은 배를 타고 제자들과 함께 달마누다(dalmaanutha)[238] 지방으로 가신 점이다.

이 두 기적 사건은 많은 부분이 유사하기 때문에 한 사건의 반복 기록으로 보는 학자들이 많다. 그러나 당시 가난한 사람들이 예수님을 좇아다니던 상황으로 보아서 같은 일들이 반복해서 일어났다고 보아야 할 것이다. 예수님의 '연민' 은 그들을 계속해서 먹이고도 남았을 것이다. '연민' 은 예수님 사역의 중심이었기 때문에 그런 어려운 상황이면 언제나 같은 행동을 반복할 수 있었을 것이다.

---

237) 렌스키, 누가복음 주석, 복음서원, 1978, p.524(이연길, 이야기 설교학, p.159에서 재인용).

238) 달마누다 지역은 알려진 바가 없다. 아마도 마가단(Margadan) 지방의 작은 마을이었을 것으로 추측된다(마 15:39).

라마 윌리엄슨(Lamar Williamson Jr.)은 5천 명 급식 사건과 4천 명을 먹이신 사건에서 광주리 수를 우화적으로 해석했던 초대 교부 주석가들의 견해를 그의 《마가복음 주석》에서 소개했다.

> "어거스틴(Augustine)이나 베데(Bede)와 같은 초기 기독교 교부 주석가들은 이 수치들을 우화적으로 해석했다. 첫 번째 5천 명 먹이신 사건에서 다섯 조각과 5천 명은 모세 오경을 상징한다고 했고, 두 번째 급식사건은 신약을 상징한다고 했다. 즉 일곱 조각은 성령의 일곱 은혜를 상징하고, 4천 명은 사복음서에 나타난 교회를 나타낸다. 20세기 주석가들은 그 수치들을 유대인들(열두 광주리는 열두 지파)과 이방인들(일곱 광주리는 전 인류의 완성, 또는 이방인 70나라들)과 연결시켰다."[239]

마가복음 8장 19절과 20절에서, 12광주리로 사용된 단어와 7광주리에 사용된 단어가 다르다. 12광주리의 경우는 '코피노스'(κοψίνος)로 작은 바구니를 말하지만, 이 단어는 후기에 유대인들이 사용하는 단어였다. 7광주리로 사용된 '스프리스'(σπυρίς)는 좀 큰 바구니를 말하지만, 언어상으로는 헬라인들이 사용하는 단어이다.[240] 왜 마가는 같은 본문에서 이처럼 광주리란 단어를 각각 다르게 썼을까? 12광주리는 이스라엘 12지파를 상징하는 것으로서 이제는 12제자로 상징되는 새로운 하나님 나라의 도래를 알리는 것이다. 그리고 7광주리는 이방에 복음이 충만하게 펴져 나갈 것을 암시한 것으로 해석한다.[241]

---

239) 라마 윌리엄슨, 마가복음, 현대성서주석, 한국장로교출판사, 2000, pp.226-227.

240) *Binding the Strong Man*, pp.225-226, *Greek-English Lexicon*, Ibid, p.447.

241) 전게서, p.226.

두로와 데가볼리 지역으로 다니는 동안 보이지 않았던 바리새인들이 다시 막달라 도시에 등장하였다. 손 씻는 정결법을 가지고 예수님과 한바탕 논쟁을 벌였던 이후에 처음으로 다시 나타난 것이다. 마태는 바리새인과 사두개인들이 함께 나타났다고 했다(마 16:6). 그렇다면 문제는 심각하다. 당시 사두개인들은 제사장 그룹이고 바리새인들은 서기관 그룹을 이루고 있기 때문에, 이들이 함께 내려온 것은 예수님의 사역에 결정적인 단서를 잡으려고 온 것이므로 아주 불길하다. 그들은 예루살렘의 거룩한 의자를 버리고 데가볼리에 속한 이방인의 도시에 왔다.[242]

바리새인들이 예수님을 힐난하며 그를 시험하여 하늘로부터 오는 표적을 구한다(11절). '표적을 구한다' 에서 '구하다' 는 단어는 묻기를 시작했다는 말로, 서로 번갈아 가면서 질문을 계속 던졌다는 뜻이다.[243] 이들은 하늘로부터 온 표적을 구하였다. 이 말은 예수님으로 하여금 기적을 행하여, 그 기적이 과연 하나님의 권위나 은혜로 된 것인지를 판단할 수 있도록 보여 달라고 요구했다는 뜻이다. 즉 이들은 예수가 메시아인지 아닌지를 확인해야겠다는 말이다. 이 바리새인들도 4천 명을 먹일 때 그곳에 있었을 것이다. 그곳에서 그들은 기적을 다 본 사람들이다. 그런데 다시 표적을 구한다.

예수께서는 마음속으로 깊이 탄식하셨다. 그리고 악한 세대에 표적을 주지 아니하리라 하시고 배를 타시고 그곳을 떠나셨다(13절). '이 세대' 란 말은 '가족' 을 뜻하며 때때로 전체 이스라엘을 지칭하기도 한다. 그러나 여기서는 예루살렘으로부터 파견되어 온 지도자들을 가리킨다. 벨

---

242) 웨스트는 막달라 지역을 데가볼리 지역으로 분류하고 이방인의 땅이라고 말한다. Wuest, p.159.

243) 여기서 사용된 '스제테인'(συζητεῖν)은 '함께 시험하다, 함께 찾는다, 또는 논쟁하다' 는 의미로, 현재 부정형으로 계속되는 동작을 말한다.

로(Belo)는 바리새인들의 요구를 거절한 내용을 이렇게 해석한다.

> "파워풀한 예수의 실행은 하늘을 불러오지는 않았다……이 사실은 우리로 하여금 예수의 거절 이유를 읽게 만들어 준다……너희들은 충분한 표적들을 이미 여기 땅 위에서 펼친, 내가 실제로 이룬 사역 속에서 보았다. 무리들이 이미 읽었던 사인(sign)들을……그러므로 이 사인들을 읽어라. 나의 내러티브의 독자가 되어라……더 이상의 하늘로부터 오는 사인은 없다. 왜냐하면 이 모든 것들이 땅에 있는 사인들이기 때문이다."[244)]

마가가 4천 명 먹이신 사건을 통하여 하늘나라의 사인은 모든 사람들이 '먹고(ate) 그리고 만족했다(be satisfied)' 고 말하는 새로운 질서 속에서 이미 세상에 보이도록 와 있는 것임을 선언한 것이라고 해석한다. 예루살렘에서 온 그들이 요구한 것은 광야에서 사탄이 요구한 것과 비슷한 점이 있다. 사탄도 "네가 만일 하나님의 아들이어든 명하여 이 돌들로 떡덩이가 되게 하라"(마 4:3)고 시험하였다. 그러나 예수님은 그런 시험을 원천봉쇄하신다.

244) Belo, Fernando, *A Materialisit Reading of the Gospel of Mark*, Maryknoll, N.Y.: 1981, p.147. *Bindging the Strong Man*에서 재인용, p.224.

07

들어도 깨닫지 못하는 제자들

(8:14-21)

"제자들이 떡 가져오기를 잊었으매 배에 떡 한 개밖에 그들에게 없더라 예수께서 경고하여 이르시되 삼가 바리새인들의 누룩과 헤롯의 누룩을 주의하라 하시니 제자들이 서로 수군거리기를 이는 우리에게 떡이 없음이로다 하거늘 예수께서 아시고 이르시되 너희가 어찌 떡이 없음으로 수군거리느냐 아직도 알지 못하며 깨닫지 못하느냐 너희 마음이 둔하냐 너희가 눈이 있어도 보지 못하며 귀가 있어도 듣지 못하느냐 또 기억하지 못하느냐 내가 떡 다섯 개를 오천 명에게 떼어 줄 때에 조각 몇 바구니를 거두었더냐 이르되 열둘이니이다 또 일곱 개를 사천 명에게 떼어 줄 때에 조각 몇 광주리를 거두었더냐 이르되 일곱이니이다 이르시되 아직도 깨닫지 못하였느냐 하시니라."

예수님은 배를 띄우고 적의를 띤 지역을 발에 흙을 털어버리듯이 떠나셨다. 배를 타고 급히 떠나면서 아마도 먹을 것을 챙기지 않았던 것 같다. 배에 타고서야 떡이 한 개밖에 없는 것을 안 그들은 떡이 하나밖에 없다고 서로 염려하며 말했다. 예수님의 말씀은 비약한다. 누가복음 17장 4절과 5절에도 비약이 있다.[245] 몇 개를 앞서 생각하고 하시는 말씀이다. 그래서 사람들은 그 말을 이해하기가 쉽지 않다. 성경 해석자들은 이런 구절을 놓치지 말고 이해하도록 해야 한다고 강조한다.

그 말을 들으신 예수님은 바리새인들의 누룩과 헤롯의 누룩을 주의하라고 하셨다(15절). 누룩은 부패하게 만드는 것이기 때문에 주의하라고 하셨건만, 제자들은 "우리에게 떡이 없음이로다"라며 수군거렸다. 제자들과 예수는 대화가 막힌 지 이미 오래다. 마가복음 6장 7절에 제자들을 전도 파송을 보내신 후에 예수님과 제자들의 대화는 거의 없었다. 5천 명과 4천 명을 먹이신 경우에 "우리가 가서 이백 데나리온의 떡을 사다 먹이리이까"(6:37), "이 광야 어디서 떡을 얻어 이 사람들로 배부르게 할 수 있으리이까"(8:4) 등이 고작이다. 그들은 말씀을 듣고도 무슨 뜻인지 깨닫지 못하였다. 예수님은 아직도 달마누다 지역에서 있었던 불쾌하고 불길한 바리새인들의 요구를 생각하고 "누룩을 조심하라"고 하셨지만 제자들은 전혀 깨닫지를 못한다.

제자들은 전혀 엉뚱한 내용을 놓고 자기들끼리 수군거렸다. 여기서도 대화가 되지 못한다. '누룩을 주의하라' – '떡이 없다' – '몇 바구니를 거두었더냐?' –이것은 12바구니를 거두었다는 숫자를 말하는 것이 아니다. 4천 명이나 먹고도 12바구니가 남았다는 사실을 기억하게 하려는 것인데, 제자들은 전혀 이해하지 못한다. 어두워진 마음을 열 줄을 모른다. 주님은 다시 물으셨다. "아직도 깨닫지 못하였느냐?"(19절, Do you still not understand?)는 '기억하라'(신 32:7, LXX, mnēsthēte)는 신명기적 주제의 인

245) 형제의 허물을 하루에 일곱 번이라도 용서하라는 말씀 뒤에 5절에서, 제자들의 '우리에게 믿음을 더하소서' 라는 탄원이 나온다. 여기에는 그들이 그렇게 왜 질문했는지 그 이유를 밝히지 않고 비약한 것이다.

용이다(Do you not remember……? ou mnemoneuete). 18절 전체의 내용도 모세가 모든 기적과 이적을 다 경험하고도 믿지 못하는 이스라엘에게 한 말의 인용이다.[246)]

예수님은 네 가지로 질문하신다.

1) 너희는 마음이 둔하냐? 2) 눈이 있어도 보지 못하느냐? 3) 귀가 있어도 듣지 못하느냐? 4) 기억하지 못하느냐?

예수께서는 우둔한 이스라엘을 책망하였던 모세의 말을 인용하여 제자들을 책망하셨다. 이렇게 함으로 제자들을 옛 조상 이스라엘의 어리석음과 대조시켰다. 이런 점은 예수님께서 구약성경에 얼마나 정통해 계시는가를 알려 준다.

바리새인들은 표적을 보여 달라고 하고, 제자들은 아직도 떡이 모자란다고 한다. 형태는 다르지만 내용은 비슷하다. 바리새인들이나 제자들 모두 기적의 떡을 먹거나 보고도 그분의 메시아 되심을 받아들이지 못하고 있다. 떡을 먹고도 12바구니가 남았었고, 7광주리가 남았던 것을 기억하지 못하느냐는 말은 떡 5개와 물고기 2마리, 떡 7개와 생선 2마리로 많은 무리를 먹이신 것을 보고도 떡이 없다고 염려하는 제자들을 책망하신 것이다. 또 이미 예수께서 제자들을 파송하면서, "양식이나 배낭이나 전대의 돈이나 아무것도 가지지 말라"(6:8)고 하셨던 말씀을 그들은 잊고 있었다는 것이다. 그때는 어두워진 시간이다. "그들의 마음이 둔하여졌

---

246) 신명기 29장 2-4절, "모세가 온 이스라엘을 소집하고 그들에게 이르되 여호와께서 애굽 땅에서 너희의 목전에 바로와 그의 모든 신하와 그의 온 땅에 행하신 모든 일을 너희가 보았나니 곧 그 큰 시험과 이적과 큰 기사를 네 눈으로 보았느니라 그러나 깨닫는 마음과 보는 눈과 듣는 귀는 오늘 여호와께서 너희에게 주지 아니하셨느니라."

다"(6:52). 어두워진 시간과 그들의 마음이 상징적으로 비교되고 있다.

그렇다면 무엇이 제자들을 이처럼 어둡게 만들었을까?

규탄 내용(Accusation)	대상(Directed at)
3:5 마음이 완악함	회당의 반대자들
4:11f. 하나님 나라 비밀 보았으나 깨닫지 못함 들으나 이해하지 못함	외인들
6:52 마음이 둔하여짐 깨닫지 못함	제자들
8:17f. 깨닫지 못함 눈이 있으나 보지 못하고 귀가 있느나 듣지 못하고 기억하지 못함[247]	제자들

247) Myers, p.227.

08

소경과 이스라엘(8:22-26)

"벳새다에 이르매 사람들이 맹인 한 사람을 데리고 예수께 나아와 손대시기를 구하거늘 예수께서 맹인의 손을 붙잡으시고 마을 밖으로 데리고 나가사 눈에 침을 뱉으시며 그에게 안수하시고 무엇이 보이느냐 물으시니 쳐다보며 이르되 사람들이 보이나이다 나무 같은 것들이 걸어 가는 것을 보나이다 하거늘 이에 그 눈에 다시 안수하시매 그가 주목하여 보더니 나아서 모든 것을 밝히 보는지라 예수께서 그 사람을 집으로 보내시며 이르시되 마을에는 들어가지 말라 하시니라."

예수께서 벳새다에 오셨다. 거기서 사람들이 데리고 온 한 맹인을 만난다. 이 내러티브는 4천 명을 먹이신 사건과 가이사랴 빌립보 사건 사이에 끼어 있는 짤막한 이야기이다. 다시 말하면 4천 명을 먹이시고, 바리새인들이 표적을 구하고 그리고 제자들의 마음이 둔한 것을 책망한 내용을 앞에서 말하고, 이곳에서 눈먼 사람을 고치심으로 앞 절과 절묘하게 연결되어 있다.

제자들은 아직도 예수님을 이해하지 못하고 있다. 그래서 바리새인과 헤롯의 누룩을 조심하라고 하셨건만 그들은 이해 못한 채 자기들의 잘못 때문이라고 수군거린다. 뭔가 예수님 앞에 자기들이 떳떳하지 못하다는 것을 스스로 알고 있었다는 말이다. 그들을 향하여 "아직도 알지 못하며, 깨닫지 못하느냐? 너희 마음이 둔하냐? 너희가 눈이 있어도 보지 못하며, 귀가 있어도 듣지 못하느냐? 또 기억하지 못하느냐?"(8:17,18)고 하셨다. 그 말씀에 이어서 이 이야기가 나온다.

한 맹인을 만난 예수님은 맹인을 친절하게 손을 붙잡고 마을 밖으로 데리고 나가사 눈에 침을 뱉으시며 안수하시어 고쳐 주셨다. 그리고 무엇이 보이느냐고 물으셨다. 맹인은 처음에는 "사람들이 보이나이다"라고 하고, 이어서 "나무 같은 것들이 걸어 가는 것을 보나이다"라고 대답한다. 예수님은 그의 눈에 다시 안수하여 주신다. 그는 주목하여 보더니 눈이 '완전히 나아서' 모든 것을 밝히 보았다고 한다.

이 기적 사화에는 다른 경우와는 좀 다른 면이 있다. 귀 먹고 말 더듬는 사람은 "에바다" 하시니 즉시 나았다(막 7:31-37). 그런데 여기서는 두 번이나 안수하여 단계적으로 고치셨다. 처음엔 나무 같은 것들이 걸어다니는 것을 보았다. 그리고 다시 안수하니 완전히 나아서 정상으로 보게 되었다. 마가는 여기 '본다'는 단어 앞에 세 가지 합성 접두어(*ανα, δια, εν*)를 쓴다. 24절 상반절에 사용된 단어 '보나이다'(*διέβλέψας*, 아나프레파스)는 '그가 위를 올려다 보았다'는 뜻이다. 그러니까 실상은 본 것이 아니라 엉뚱한 것을 보면서 '본다'고 말한 것이다. 그리고 두 번째 24절 하반절에 사용된 '보나이다'(*διέβλέψας*)는, '꿰뚫어 보다'(look through)는 뜻이다. 전보다는 좀더 자세히 보려고 했으나 사람이 나무들이 걸어다니는 것처럼 보였다고 하였다. 25절에서는 사용한 '보나이다'(*ἐνέβλεψεν*)는 자세히 보기 위하여 '가깝게 들여다 본다'(look into)는 뜻이다. 다시 안수하시매, 이제는 명확히 보게 되었다는 의미이다.

이 세 단계는 제자들의 믿음의 눈이 더디게 뜨이는 상태를 보여주는 상징이다. 제자들이 보려고는 하는데 아직 확실하게 보이지 않는 상태이다. 그들의 신앙은 눈은 떴으나 아직은 완전하지 못한 상태에 머물고 있다(8:18). 그들의 무지가 바리새인들과 같이 고집 센 거절의 형태로 나타난 무지함은 아니었다. 그것은 단지 둔감한 것이었다.[248] 그런 상태에서 자기 스승을 보면서 함께 다니고 있는 것이다. 그러나 이 내러티브는 하나님의 기적 행위만이 보지 못하는 눈을 뜨게 할 수 있다는 것을 분명하게 보여준다. 다시 말하면 제자들의 눈도 하나님의 은혜로 뜨일 수 있다는 희망을 보여준다. 그러나 베드로와 제자들의 눈을 뜨게 해주는 데에는 더 많은 수고를 할 필요가 있다는 것을 암시한다(8:33-37).[249]

우리들 같으면 눈이 뜨인 사람을 세워 놓고 제자들에게 즉석 설교를 하였을 것이다. 그러나 예수님은 그 사람을 집으로 보내며, 마을에는 들어가지 말라고 하신다. 이 일로 마을이 떠들썩하게 되는 것을 막으려는 뜻일 것이다. 예수님은 직접적으로 가르치거나 책망하는 방법을 쓰지 않으시고, 눈으로 보고 경험하게 하시면서 제자들이 스스로 깨달을 때까지 기다려 주는 지혜로운 선생(the sage)이셨다.

---

248) 윌리엄스, 마가복음, p.226.

249) 독일성서공회해설, 마가복음 8장 22-26절 참조.

I

제자들에게 십자가의 길을 가르치심 (8:1-10:52)

마가복음은 길 위에서 시작된다. 나사렛으로부터 요단 강으로 세례를 받으러 오시는 길 위에서 시작되고, 가이사랴 빌립보 지경으로 가는 길 위에서 시작된다. 이 길은 갈릴리 지역을 넘어 수리아와 접경지역이다. 길을 가신다. 갈릴리에서 예루살렘으로, 그리고 십자가로 가는 길을 가신다. 길 위에 계신 주님은 십자가를 향해 올라가는 길 위에서 모든 일을 이루신 것으로 마가는 그린다.

전반부는 세례 요한의 지지를 받으며 조금은 화려하게 시작된다. 그러나 여기서는 제자들만 데리고 십자가를 준비하면서 시작된다.

마가는 처음부터 예수님은 하나님의 아들이라고 밝히고 시작한다. 또 그분이 온 백성들이 기다리던 메시아 즉 그리스도라고 밝히고 시작한다. 제2부의 출발은 아이로니컬하게도 "너희는 나를 누구라 하느냐"(8:29)는 질문으로 시작된다. 이 질문으로부터 제자들과의 갈등이 본격화된다. 그리고 앞에서 그리도 많이 나오던 유대 지도자들의 모습은 잠시 나타나지 않고 마가복음 12장까지는 침묵을 한다.

마가의 두 책 안에 있는 구조적 요소[1]		
내러티브 주제	첫 번째 부분	두 번째 부분
서론/제자들을 부르심	1:1-20	8:27-9:13
사역의 캠페인	1:21-3:35	11:1-13:3
새로운 질서를 세우심	4:35-8:10	8:22-26, 9:14-10:52
확대된 설교	4:1-34	13:4-37
고난(passion) 전승	6:14-29	14:1-15:38
상징적 후기	8:11-21	15:39-16:8

1) Myers, p.112.

01

가이사랴 지경에서 자신을 나타내심(8:27-38)

"예수와 제자들이 빌립보 가이사랴 여러 마을로 나가실새 길에서 제자들에게 물어 이르시되 사람들이 나를 누구라고 하느냐 제자들이 여짜와 이르되 세례 요한이라 하고 더러는 엘리야, 더러는 선지자 중의 하나라 하나이다 또 물으시되 너희는 나를 누구라 하느냐 베드로가 대답하여 이르되 주는 그리스도시니이다 하매 이에 자기의 일을 아무에게도 말하지 말라 경고하시고 인자가 많은 고난을 받고 장로들과 대제사장들과 서기관들에게 버린 바 되어 죽임을 당하고 사흘 만에 살아나야 할 것을 비로소 그들에게 가르치시되 드러내 놓고 이 말씀을 하시니 베드로가 예수를 붙들고 항변하매 예수께서 돌이키사 제자들을 보시며 베드로를 꾸짖어 이르시되 사탄아 내 뒤로 물러가라 네가 하나님의 일을 생각하지 아니하고 도리어 사람의 일을 생각하는도다 하시고 무리와 제자들을 불러 이르시되 누구든지 나를 따라오려거든 자기를 부인하고 자기 십자가를 지고 나를 따를 것이니라 누구든지 자기 목숨을 구원하고자 하면 잃을 것이요 누구든지 나와 복음을 위하여 자기 목숨을 잃으면 구원하리라 사람이 만일 온 천하를 얻고도 자기 목숨을 잃으면 무엇이 유익하리요 사람이 무엇을 주고 자기 목숨과 바꾸겠느냐 누구든지 이 음란하고 죄 많은 세대에서 나와 내 말을 부끄러워하면 인자도 아버지의 영광으로 거룩한 천사들과 함께 올 때에 그 사람을 부끄러워하리라."

예수께서는 제자들을 데리고 가이사랴 빌립보로 가셨다. 가이사랴 빌립보 지역은 유대의 가장 북쪽 변방지역인 갈릴리와 시리아 국경지역으로, 갈릴리로부터 북쪽으로 40.8km 떨어져 있는 지역이다. 그 시기는 예수의 공생애 마지막 시기로 생각된다. 왜냐하면 마가복음 전체 맥락에서 보면 베드로의 고백 사건은 갈릴리 사역의 맨 마지막에 일어난 사건이고. 이 일 후에 변화산 사건이 있고, 그리고는 곧장 마지막 예루살렘 길로 올라가신 것으로 되어 있기 때문이다. 마태복음도 마가와 같은 질서를 따라 가고 있다. 가이사랴에 가셨던 그때는 장막절(초막절)이 가까웠던 시기였을 것으로 추정한다(막 9:5 주해 참조). 예수님으로는 십자가를 약 6개월 정도 앞두고 있던 시기였다. 그렇다면 그런 긴박하게 돌아가던 시기에 예수님이 이스라엘 지역의 가장 끝인 북쪽으로 가신 이유가 무엇이었을까?

마태는 예수께서 가이사랴 빌립보 지경에 가신 이유는 제자들로 하여금 신앙고백을 하게 하고(마 16:16), 그 고백 위에 교회를 세우시려고 하신 것으로 기록하였다(마 16:18).[2] 그러나 마가는 마태와는 달리 이 사건

2) 가이사랴 빌립보 사건에 대한 마태복음의 기록은, 먼저 베드로의 고백이 나오고 베드로를 칭찬하신 후, "또 내가 네게 이르노니 너는 베드로라 내가 이 반석 위에 내 교회를 세우리니 음부의 권세가 이기지 못하리라"(마16:18)고 하심으로 교회의 기초를 놓으셨다. 그러므로 가이사랴 빌립보 사건의 핵심은 교회를 세우려는 데 있다.

도 길(way) 위에서 일어난 일로 기록하고 있다. 예수께서는 가시던 길 위에서 "사람들이 나를 누구라 하느냐?"고 물으셨다.

마가복음은 '길'(The way) 위의 복음이다. 마가복음에서 '길'은 16번이나 사용되었다. 마가가 말하는 길에서는 예수의 여행 경로보다는 그가 여행하고 있다는 단순한 사실이 더 중요하다. 이러한 의미에서 여행 자체가 배경이 된다. 마가에게서 길은 하나님이 세우신 목표를 향해서 움직여 나아가는 의미를 갖는다.[3] 그 길은 결국 십자가를 향해 가는 길이다. 그래서 길(The way)은 초대 교회를 지칭하는 단어이고(행 9:2), 제자란 그 길을 따르는 자들을 말한다. 지금도 길을 가시면서 대화를 하고 있는데, 이 길은 예루살렘을 향해 가는 길, 즉 십자가를 향해 가는 길임을 암시하고 있다.

"사람들이 나를 누구라 하느냐?"고 물으신 것이, 다른 사람들이 자기를 어떻게 생각하는지를 알고 싶은 호기심에서 물으신 것은 아닐 것이다. 이 질문은 아마 다음에 나오는 질문을 던지기 위한 서두였을 것이다. 제자들은 '세례 요한, 더러는 엘리야, 더러는 선지자 중에 하나라고 한다'고 대답했다. 이어서 예수께서는 "너희는 나를 누구라고 하느냐?"고 물으셨고, 베드로가 "주는 그리스도시니이다"고 대답하였다. 그리스도라는 말은 히브리 말로는 '메시아'란 뜻이다. 그러나 마태는 '주는 그리스도시요 살아 계신 하나님의 아들'이라고 고백한 것으로 소개한다. 마태와 비교해 보면, 마가복음에는 '하나님의 아들'이라는 구절이 없다(29절). 베드로의 고백 후에 예수님의 반응에서도 차이가 난다. 마태는 베드

---

3) 마가복음 1장 2, 3절에서 세례 요한은 예수의 길을 예비한다. 제자들을 여행 보내기도 한다(6:8). 예수는 예루살렘을 향해서 여행을 시작하시는데(10:32), 그가 도착할 때 그는 거기서 '하나님이 길을 가르치시는 분'이라는 위선적인 아첨을 듣는다(20:21).

로의 고백 이후에 예수께서 베드로를 칭찬하신 것으로 되어 있다.[4] 그러나 마가는 "이에 자기의 일을 아무에게도 말하지 말라"고 경고하실 뿐(30절), 베드로에 대한 칭찬이라든지, 또 시몬의 이름을 베드로라고 불러 주신 일 등은 일체 언급을 하지 않는다.

이상한 것은, 초대 교회 입장에서는 시몬이란 이름이 베드로로 바뀐 이유가 대단히 중요했을 터인데, 이 점에 대해서 침묵하고 있다.[5] 마가에게 있어서 베드로로 불리게 된 것이 그리 중요하지 않은 것처럼 보인다. 그렇다면 베드로가 '주님은 그리스도이시다'라고 한 고백은 어떻게 받아들여야 할까? 예수님을 하나님의 아들이신 그리스도로 고백한 것인가, 아니면 유대적 메시아로 고백한 것인가? 이것이 분명하지 않다.

《스토리로서의 마가복음》(*Mark as Story*)[6]이란 책에서, 저자는 "제자들은 획기적인 약진을 하면서 예수님을 기름 부음 받은 사람이란 점을 인정한다"고 말한다.[7] 즉 지금까지 자기 스승을 이해하지 못해 갈등을

---

4) 마태는 베드로의 "주는 그리스도시요 살아 계신 하나님의 아들이시니이다"는 고백에 이어 "바요나 시몬아 네가 복이 있도다 이를 네게 알게 한 이는 혈육이 아니요 하늘에 계신 내 아버지시니라"고 칭찬하셨다. 그리고 이어서 그에게 베드로라는 이름을 주셨다(마 16:16-18).

5) 마가는 처음 제자들을 세울 때 제자들을 소개하면서 "시몬에게는 베드로란 이름을 더하셨고"라고 간단하게 언급할 뿐, 마태복음 16장 16-18절에서 전하고 있는 내용이 없다. 누가는 마가복음의 내용을 그대로 따르고 있다. 마가는 베드로와 동역한 자로서 이름을 변경하는 과정은 누구보다 잘 알고 있을 터인데도 여기에 대해 언급하지 않은 이유가 있을 것이다. 아마도 아직 베드로가 바뀐 이름, 곧 베드로(반석-Rock)란 이름에 부합할 만큼 바른 제자로 인정받을 단계가 아니라고 생각한 마가복음의 특수성 때문일 것이다.

6) 이 책은 '이야기 마가'란 이름으로(양재훈 역) 이레서원에서 번역, 출판하였다. 그러나 필자는 영어 대본을 사용하였음을 밝혀 둔다.

겪고 있었던 제자들이 이 단계에서는 예수님을 그리스도로 인정하면서도, 예수님과 제자들의 관계는 좀 다른 차원의 갈등으로 번져 나가는 계기가 되었다고 말한다. 그렇다면 베드로는 자기 선생님이 지금까지 하신 일들을 통하여 그분을 유대 백성들이 대망하는 하나님의 아들 메시아로 깨달았다는 말인가, 아니면 베드로도 예수를 단순히 유대인들이 갈망하는 인간 메시아라고 고백한 것인가? 그닐카(J. Gnilka)는 그의 《마가복음》 주석(International Biblical commentary)에서 뮬러(Müller)의 주장을 인용하여, "단독적인 표현 형식에서 그리스도교적 신앙이 분명히 표현되어 있다고 본다"고 했다.[8] 물론 '예수를 그리스도라고 하는 신앙고백'은 확실히 초대 교회의 신앙고백 형식인 것만은 틀림이 없다. 그러나 '그리스도'라는 말이 단순히 '메시아'를 가리키는 것이라면, 베드로가 예수를 그리스도라고 고백한 내용으로는 그의 진심을 가려내기가 쉽지 않다. 마가복음 맥락에 의하면 베드로가 예수님을 하나님의 아들 메시아로 고백했다고 쉽게 단정할 수 없다.

마가는 예수님은 끝까지 자신의 정체를 감추시고 행동하시는 분으로 그리고 있다. 지금까지 예수님의 행동은 유대의 메시아와는 다른 메시아적 사역을 이루어 오셨다. 기적을 베푸시고, 병자를 고치시고, 귀신들이 그분을 '하나님의 아들'이라고 고백했다. 그러나 정작 예수님 자신의 입에서는 자신이 메시아이거나 하나님의 아들이란 말이 전혀 나오지 않는다. 제자들의 입에서도 '예수는 하나님의 아들'이란 말이 한 번도 나오지 않았다. 베드로도 그의 고백에서 이 칭호를 사용하지 않았을 뿐 아니라 이후에도 이런 칭호를 사용한 적이 없다.

또 베드로가 '주는 그리스도시다'라고 고백하였을 때, 예수께서는 거

---

7) *Mark as Story*, p.91.

8) 그닐카, p.24.

기에 대하여 아무런 언급도 하지 않으셨다. 왜 그랬을까? 이유는 그가 고백한 '그리스도(메시아)' 란 표현이 단지 유대인들이 대망하는 메시아 사상과 다름이 없다고 생각한 것은 아니었을까? 다음에 나오는 대화를 생각해 보자.

베드로의 고백 사건에 이어서 예수께서는 앞으로 다가올 수난과 죽음에 대하여 말씀하셨다(31절). 그리고 장로들과 대제사장들과 서기관들에게 버린 바 될 것과 죽임을 당하고 사흘 만에 살아날 것을 말씀하셨다. 사흘 만에 살아난다는 사실은 인자가 영광 중에 다시 이 땅에 재림하실 것을 동시에 언급하심으로, 부활은 동시에 종말론적 심판이란 점도 명시하였다(38절).

예수는 여기서 자신의 죽음과 부활에 대하여 첫 번째 언급을 하신다. 여태껏 자신에 대하여 이처럼 '누구에 의하여 죽으시고, 사흘 만에 살아난다' 고 뚜렷하게 밝히신 적은 없다. 가이사랴 빌립보 지역에서 비로소 주께서 이처럼 드러내 놓고 말씀하셨다. "드러내 놓고 말씀하시니"(32절)는 아무런 거리낌 없이 그리고 남김 없이 모든 것을 말씀했다는 뜻이다. 그리고 '말씀하셨다' (엘랄레이, ἐλάλει)는 헬라어 미완료 시제로, 예수께서 그것을 반복해서 말씀하셨다는 뜻을 나타낸다.[9)]

예수께서 자신의 수난과 죽음에 대하여 말씀하자, 베드로는 즉각적인 반응을 나타냈다. 베드로는 예수님을 한쪽으로 이끌고 가서 꾸짖었다.[10)] 아마도 아주 위험한 토픽(topic)을 여러 사람들 앞에서 발설하는 것을 원

---

9) 원어연구해석, p.405.

10) '항변' 은 꾸짖었다는 의미인데, '꾸짖다' (ἐπιτιμᾷν)는 의미는 예수가 한 말을 논박했을 뿐 아니라 그 말이 가치가 없다고 꾸짖는 것을 의미한다. 여기서 베드로는 예수의 인자 즉 하나님의 아들인 사실을 부인한 셈이다(참고 ICCC, p.155).

하지 않았기 때문일 것이다. 개역개정판 성경에서는 꾸짖다는 말을 '항변(抗辯)했다' 고 번역했다. 그러나 항변이란 말은 옳은 번역이 아니라고 생각한다. 왜냐하면 이곳의 꾸짖다는 단어는 4장 39절에서 예수께서 바람을 꾸짖었을 때 사용한 '꾸짖다'(ἐπιτιμᾷν)와 똑같은 단어이기 때문이다. 베드로는 길에서 예수를 조용한 곳으로 불러서 자기 스승을 책망하였다.[11] ICCC 주석은 이것은 "상징적인 의미로는 그가 예수를 따로 불러서 자기 입술에 손을 대며 '쉿'(Hush) 하고 말했다는 뜻이다"라고 했다.[12]

베드로의 꾸짖음을 들으신 예수님은 제자들을 향해 돌이키며 베드로를 도리어 꾸짖으셨다. 베드로에 의하여 한쪽으로 이끌려간 곳에서 돌이켜 제자들을 보며 베드로를 꾸짖으신 것이다. 베드로는 조용한 곳으로 불러서 예수님을 책망했지만, 그분은 모든 제자들이 알도록 드러내 놓고 베드로를 꾸짖었다. 아마도 베드로의 생각이 모든 제자들의 공통된 의견이었기 때문이었을 것이다. 그분이 사용한 '꾸짖다' 는 동사는 베드로가 예수님에게 사용한 것과 똑같은 단어이다. 심지어 베드로에게 "내 뒤로 물러가라"[13]고 하셨고, 사탄이라고 꾸짖으셨다.

베드로가 예수님을 꾸짖은 이유는, 그분이 예고하신 그리스도로서의 죽음이나 부활은 그가 기대하던 메시아(그리스도)의 모습이 아니었기 때문이었을 것이다. 이렇게 생각할 수 있는 이유는 예수께서 베드로를 왜 책망하셨는가를 설명하는 부분에서 좀더 명확해진다. 예수께서 베드로를 다시 꾸짖으신 것은 베드로가 품고 있는 인간 메시아 사상, 그래서 죽

11) '붙들고' 라는 단어는 문자적으로는 예수를 한쪽을 따로 불러서 말했다는 말이다.

12) ICCC, p.154.

13) 이 말은 '내 앞에서 사라져라' 는 강력한 표현이다.

는다는 것은 있을 수 없는 일이라는 그의 생각을 책망하신 것이고, 동시에 그들에게 자신이 걸어가야 할 길이 하나님의 뜻을 이루어갈 신성한 메시아 사역인 것을 다시 확인시켜 주신 것이다.

마가 내러티브에서 플롯(plot)은 이곳에서 스승인 예수와 제자들의 갈등이 노골화되고 있다는 사실을 암시하고 있다. 왜 이 시점에서 예수와 제자들의 갈등이 심화된 것일까? 33절에서 명확한 대답을 한다. 이 구절은 예수와 유대 지도자들, 그리고 제자들과의 갈등을 일으키는 이유를 밝히는 마가의 핵심 구절이다. 33절 하반절부터, 예수님은 이어서 복음의 진수 그리고 참된 제자의 길을 말씀하셨다. 베드로가 십자가의 길을 부정한 것은 하나님의 가치와 세상의 가치를 구별하지 못했기 때문이라고 하신다. 사람의 일을 중요하게 생각했기 때문에 하나님의 가치를 거부한 것이라고 하셨다. 예수님을 따라다니며 하나님의 나라를 여태껏 배운 베드로가 세상 가치의 대변자로 나선 것이다. 즉 그는 사탄의 입장을 대변한 사람이 되었다.

여기서 예수와 제자들 간에 지금까지 내적으로 잠재하던 갈등이 폭발하였다. 예수께서는 이것이 하나님의 가치(value)와 사람의 가치의 차이, 즉 하나님의 가치와 사람의 가치의 충돌이라고 하셨다. 이전에 예루살렘에서 내려온 바리새인들과 서기관들과의 논쟁에서 이미 예수님은 하나님과 가치와 사람의 가치를 놓고 충돌한 바 있다(막 7:8). '하나님의 계명과 사람의 전통과 충돌(7:8)' '사람이 전한 전통과 하나님의 말씀과의 충돌(7:13)' 등이다. 예수님은 베드로의 생각도 이들의 생각과 크게 다르지 않다고 보신 것이다.

이곳에서 베드로의 생각과 예수님의 생각은 갈등을 일으키면서 충돌을 한다. 이유가 무엇일까? 드디어 베드로의 속셈을 예수께서 드러내신 것이 아닐까?

하나님의 가치와 사람들의 가치를 비교해 보자.

하나님의 일	사람의 일
믿음	믿음의 결핍
용기와 담대	두려움
자신을 위한 좋은 소식을 잃음	자신의 생명을 얻음
인간 세상에서 작아짐	인간 세상에서 큰 자
사람들을 섬김	사람들 위에 군림
다른 사람을 구원	다른 사람을 해침
세상을 위해 하나님께 헌신	그룹이나 자신에게 충성
이웃을 사랑함	그룹과 자신을 사랑함
소유를 포기	세상을 얻음
다른 사람을 위해 생명을 버림	자신이나 그룹을 위해 생명 얻음[14]

유대 지도자들이 전통의 가치를 가지고 하나님의 가치를 배격했다면, 제자들은 일반 사람들이 중요하게 여기는 부(富)와 명예와 지위 등의 세상적 가치로 하나님의 가치를 배격하였다. 여기서 유대 지도자들과의 갈등은 이제는 마침내 제자들과의 갈등으로까지 번진 것이다. 또한 제자들이 자기 스승을 메시아로 받아들이기는 하지만 십자가의 길을 받아들이지 못한 이유는, 그들도 당시 유대인들이 가지고 있던 메시아 사상을 그대로 간직하고 있기 때문이었다.

마가복음 8장에 이르러 유대 지도자들과 예수님의 갈등은 정점에 이르렀다(8:11-13). 동시에 제자들과도 갈등이 본격적으로 나타나기 시작하였다. 예수님의 적은 유대 지도자들과 동시에 제자들이기도 하다. 어찌 보면 사탄은 양동작전(陽動作戰)을 펴고 있다고 볼 수 있다. 하나는 종교

14) *Mark as Story*, p.45.

지도자들을 이용하는 전술이고, 또 하나는 제자들을 이용하는 전술이다.

.... 역사와 상황 6 ....

유대인들의 메시아 사상

유대인들은 대제사장에 의하여 통치되는 데 대단히 만족하고 있는 것처럼 보였다. 유대인들은 자기들을 하나님이 직접 통치하시는 신정정치를 가지고 있다고 자랑스럽게 여기기까지 했다. 그러나 세월이 지나면서 통치자들에 대하여 불만을 갖게 되면서 유대인들은 다윗 왕조에 속한 왕(a king)이 돌아오기를 열망하기 시작했다. 이런 열망은 다양한 종파들로부터 일어났는데, 그런 각 종파들의 열망에서 통일된 점은 하나님으로부터 직접 선택을 받고 유대인을 위하여 초자연적 기적을 행하는 왕을 원한다는 점이었다. 그 왕은 유대로부터 억압과 부정을 추방하고, 악의 모든 세력을 몰아내고, 하나님의 참된 통치를 세우는 데 선도하는 사람이어야 했다.

성경의 예언자들, 특별히 이사야와 같은 선지자들은 미래 이스라엘에 일어날 인간 왕(The hunman king of Israel)으로서의 메시아에 대하여 말하였다. 이사야는 히스기야가 제사장과 선지자들의 가르침을 따르는 선한 왕으로서의 메시아-히스기야를 언급했다. 확실히 선지자들의 예언들은 미래 메시아에 대한 예고라는 사실에 있어서 유대인들이나 기독교인들은 동시에 일치하고 있다. 그러나 그것을 예수에게 적용시키는 데에는 일치하지 않는다.[15]

왜 베드로가 사탄이 될까? 예수님 사역 초기에 그분에게 정복당했던 사탄이 이제는 베드로를 이용하고 있다. 베드로에게 "내 뒤로 물러가라"

15) 위렌, p.25

고 하신 것은 베드로가 사탄에게 정복당한 상태는 아니며 마귀에게 이용당하고 있다는 뜻이다. 베드로만 사탄이라고 꾸짖으신 것이 아니라 제자들을 함께 꾸짖은 것은, 제자들이 공통적으로 가지고 있던 생각들과 태도가 사탄적이라고 지적하신 것이다.[16] 베드로는 광야에서 사탄이 시험했던 것과 똑같은 내용으로 예수를 유혹했다. 사탄이 광야에서 제시한 세 가지 유혹들, 즉 빵과 기적과 정치적 세력을 얻으라는 유혹은 모두가 세상적으로 가치 있는 일이었다(마 4:1-11).[17] 그때도 예수님은 "주 너의 하나님께 경배하고 다만 그를 섬기라"고 하심으로 세상적 가치를 배격하고 하나님만을 높이셨다. 이렇게 보면, 하나님의 가치와 세상적 가치의 대립은 예수 사역 초기부터 계속되었던 주제였다.

복음서에서는 사탄을 등장시켜 직접 말하게도 하고, 대리자인 귀신들을 통해서 간접적으로 역사하게도 한다. 마태, 마가는 사람들의 입장에서 생각하는 것이 사탄의 관점을 표방하는 것이라고 분명히 규정하고 있다(마 16:23; 막 8:33).[18] 베드로의 경우가 특별한 점은, 당시 유대 종교 지도자들은 예수를 십자가에 처형하기를 원하는 반면 사탄은 베드로를 통

---

16) "내 뒤로 물러가라"는 말의 또 다른 의미는, 제자로서 내 뒤만을 따르라는 의미도 된다. 지금 예수께서는 예루살렘으로 마지막 길을 올라가시기 때문에 '내 뒤를 묵묵히 따르라' 고 하신 것이다. 이처럼 말씀하신 이유는 다른 제자들도 베드로의 생각과 동일하다고 생각하셨기 때문이었을 것이다(막 9:33).

17) 마태복음 4장 1-11절의 내용은 사탄이 예수에게 세상적 가치를 선택하라고 유혹한 것이다. 첫 번째 유혹은 "네가 만일 하나님의 아들이어든 명하여 이 돌들로 떡덩이가 되게 하라"는 내용이다. 사탄은 "이 돌들이 떡덩이가 되게 하라"고 함으로써, 빵 문제의 중요성을 예수의 굶주린 개인적인 상황을 떠나 인류의 문제로 확대한 것이다.

18) 마크 A. 포웰, p.56.

하여 예수가 십자가를 지는 것을 막으려 했다는 점이다(막 8:32). 이것이 마가가 말하는 아이러니이다. 결국 예수께서 제자들을 데리고 가이사랴 빌립보 지역으로 가신 이유는 조용한 곳에 가셔서 자신이 누구인가를 가르쳐 주고 십자가와 부활에 대하여 말씀하시려던 것이었다. 그러나 그곳에서 심각하게 말씀하신 그것도 제자들은 받아들이지 않았을 뿐 아니라 그들이 가지고 있던 잘못된 메시아관을 수정하려고도 하지 않았다. 결국 마가의 내러티브에서는 보이는 것은 가이사랴 빌립보에서 제자들의 신앙고백이 확실하지 않은 채 예수님과 제자들의 갈등만 표면화되고 말았다는 것이다.

복음서 플롯의 결정적인 요소는 종교 지도자들과 예수 사이의 갈등이 아니라 그의 제자들과의 갈등이라는 사실이다. 이 이야기가 실제로 말하고자 하는 것은 더 깊은 차원에서의 갈등, 즉 하나님과 사탄 사이의 갈등이다. 갈등 양상이 하나님과 사탄의 대립으로 나타나지는 않는다. 하나님은 사탄에 반대하는 예수 안에서 역사하실 뿐이다(마 13:36-43).[19] 그리고 예수는 사탄의 반대에도 불구하고 굽힘 없이 꿋꿋하게 그 길(The way)을 걸어가신다.

예수의 생각과 사람들의 생각은 평행선을 유지할 뿐 가까워질 줄을 모른다. 지금도 이 평행선은 그리스도의 사람들 안에서도 지속되고 있다. 문제는 인간의 생각이나 노력으로는 이 간격을 절대로 좁힐 수 없다는 데 있다. 부활 이후에도 이 간격은 좁혀지지 않았다. 오직 오순절 이후에야 비로소 이 갈등이 해소되었다. 이것은 성령의 지배하에 살 때만이 해결될 수 있는 문제이다. 그래서 바울은 "육신의 생각은 사망이요 영의 생각은 생명과 평안이니라"(롬 8:6)고 전하고 "누구든지 그리스도의 영이

---

19) 마크 A 포웰, p.90.

없으면 그리스도의 사람이 아니라"(롬 8:9)고 단호히 선언한다.

특별한 점은 여기에서 처음으로 '장로들과 대제사장들과 서기관' 들이 나온다는 것이다(31절). 이 세 그룹은 당시 이스라엘에서 독재자들로 알려진 사람들이다.[20] 이 세 그룹이 뭉치면 큰 사건이 벌어지는데, 이들의 이름을 언급함으로 예수는 장차 이들에 의하여 죽임을 당하실 것을 예고하셨다.[21] 이런 언급은 예수를 죽이기 위하여 산헤드린 공의회가 이 사건에 직접 개입하기 시작했다는 사실을 암시한 것이다.

베드로를 꾸짖은 후에 예수는 진정한 제자의 도를 가르치신다. 마가는 무리와 제자들 앞에서 말씀하셨다고 한다.[22] 이것은 새로운 제자의 길이고, 가장 높은 제자의 길이다. 제자들을 한 단계 높은 차원으로 끌어올리기 위한 새로운 말씀이다. 예수님이 죽으셔야 하는 것처럼 제자들도 죽어야 한다는 말씀이다. "누구든지 나를 따라오려거든 자기를 부인하고 자기 십자가를 지고 나를 따를 것이니라"(34절). 이것은 자기 목숨을 잃어버리는 것이요, 자기 생명을 포기하는 것이다. 버리면 얻는다는 진리

---

20) *Palestine in the time of Jesus*, p.147.

21) '장로들'(The Elders)이란 명칭은 산헤드린 회원을 지칭하는 단어인데, 여기에 나오는 대제사장들 그룹과 서기관들 그룹을 뺀 나머지 회원들을 지칭하는 말이다(ICCC, p.154). 산헤드린(The Sanhedrin)은 유대 자치 정부의 최고의 기관으로 산헤드린 의장은 정신적인 유대의 왕처럼 여겨졌다. '산헤드린' 이란 명칭은 헬라어이다. 아마도 헬라가 지배하던 시대(프톨레미, Ptolemaic)나 셀루시드(Seleucid) 시대에 생긴 것으로 추측된다. Wylen, Stephen M, *The Jews in the Time of Jesus*, p.70

22) 어떻게 알았는지 변방의 무리들이 예수가 그곳에 왔다는 말을 듣고 몰려와 있었다(34절). 그리하여 34절부터는 제자들만 아니라 무리들과 함께 예수의 궁극적 관심사에 대하여 나누고 계신다.

를 보여준 것이 십자가이다. 제자는 예수 그리스도를 위하여 그리고 복음을 위하여 목숨을 버리는 자들이다. 그래야만 생명을 얻을 것이다.

이 죽음의 길이 육체적 죽음을 의미하지는 않는다. 예수는 죽음의 내적 과정을 은유화하셨다. 바울은 나는 날마다 죽는다고 했다. 자아가 죽는 것은 자기 관심의 중심으로서의 자아의 죽음이다. 다른 한편으로는 안전과 정체성의 중심으로 세상에 대하여 죽는 것을 말한다. 즉 세상 일과 관심에서 죽는 것을 말한다. 반드시 죽어야 하는 자아는 자기 지배적인 자아(self-preoccupied self)이기 때문이다. 그래야만 하나님 안에, 성령 안에 중심을 둔 자아가 탄생하고 세상 문화 안에서 죽는 것이다.[23]

"누구든지 자기 목숨을 구원하고자 하면 잃을 것이요 누구든지 나와 복음을 위하여 자기 목숨을 잃으면 구원하리라." 잃고 얻는 극적인 대립을 말씀하셨다. 예수가 말하는 생명과 사람들이 말하는 생명은 전적으로 타협할 수 없는 다른 개념이다. 죽고 사는 개념도 완전히 다르다. 오늘도 우리는 이 두 개념 속에서 방황하고 있는 것은 아닐까? 그것이 우리의 혼란이다. 예수의 교훈은 타협이 아니다. 이것과 저것을 동시에 다 수용하는 것이거나 타협하는 것이 아니다. 그의 교훈은 옛것을 버리고 새것을 취해야 하는 공격적이고 파괴적인 가르침이다. 예수의 가르침에서는 두 가지를 동시에 선택할 수 있는 여백이 없다. 예수님이 말씀하시는 하나님의 통치는 인간들에게 인기가 있는 문화적인 규범을 뒤집는다는 사실을 밝히신 것이다. 하나님으로부터 나온 능력(power)은 방황하는 사람들의 생명을 살리지만, 반대로 인간 중심에서 나온 다른 힘(power)은 하나님 나라의 규범의 가치들을 파괴하는 것이라고 하셨다.

여기에 반하여 인간들은 두 가지를 동시에 갖기를 원한다. 이런 점에서 예수의 가르침은 언제나 종말론적이고, 이 점에서 사람들은 넘어지고

---

23) *Jesus A New Vision*, p.113.

한다. "천하를 얻는다"(36절)는 말은 세상의 재물이나 명예나 지위를 얻는 지상적인 소유를 쌓으려는 인간적 노력을 말한다. 그러나 인간적 소유가 늘 유익한 것만은 아니다. 때로는 가진 것 때문에 복음에서 멀어지고 죽음으로 끌려가는 경우도 많다. 예수께서 가르치신 제자의 길은 "인간은 지상적인 삶 그 이상의 존재인 그의 삶을 잃지 않도록 주의하며 행동해야 한다는 것이다."[24]

······················ 비교 연구 3 ······················

가이사랴 빌립보에 관한 마가와 마태의 내러티브 비교

가이사랴 빌립보의 내러티브는 마가와 마태의 내용이 확연히 다르다. 마태는 우선 그 지역 자체에 상당한 강조점을 둔다. 그 지역은 1세기까지도 헬라의 팬(Pan) 신을 섬기던 곳이고, 또 대 헤롯이 로마 황제를 기념하여 웅장한 대리석 신전을 지어 바쳤던 곳이기도 하다. 그러므로 그곳은 로마 황제가 곧 신(lord)이라고 선언된 곳이다.[25] 아이로니컬하게 예수께서는 그곳에서 제자들에게 너희는 나를 누구냐고 물으셨다고 마태는 소개한다. 그러나 마가는 단지 길을 가시면서 나눈 대화라고 가볍게 취급한다.

마가는 가이사랴 빌립보 내러티브를 수난에만 결부시키는 데 반하여, 마태는 이 사건을 교회를 세우는 일에 결부시킨다. 마태는 베드로의 고백 이후에 "또 내가 네게 이르노니 너는 베드로라 내가 이 반석 위에 내 교회를 세우리니 음부의 권세가 이기지 못하리라"(마 16:18)는 구절에 강조점을 더 두고 있다. 마태 문맥

24) 그닐카, Ibid, p.38.

25) Clinton E. Arnold(Editor), *Zondervan Illustrated Bible Backgrounds commentary*, Vol. I. Zondervan, 2002. p.255.

의 흐름을 보면, 베드로의 신앙고백은 교회를 세우기 위한 기초를 놓기 위해 필요한 신앙고백으로 취급된 인상을 받는다. 물론 신앙고백 자체도 중요한 것은 사실이다.

그런 면에서 마태는 베드로의 고백을 '주는 그리스도시요 살아 계신 하나님의 아들이라' 고 소개하지만, 마가는 '주는 그리스도이시다' 라고만 소개한다. 마가가 이처럼 베드로의 고백을 간략하게 소개하는 이유는, 마가복음 전체 맥락에서 가이사랴 빌립보 사건을 예수와 제자들이 정신적으로 결별하는 결정적 사건으로 이해했기 때문이다.

마태복음에서는 시몬을 베드로라고 소개한다. 가이사랴 빌립보는 헤롯과 그의 아들 필립에 의하여 세워졌다. 그 지역은 뛰어난 경관을 자랑하는 곳으로, 도시 가까이에 높은 암벽이 있고, 팬 신에게 바쳐진 동굴이 있다. 베드로(Rock)란 이름은 그곳의 높은 절벽 바위를 보고 지어 주신 것 같다.[26]

38절은 마가의 해석이다. 마가복음을 저술할 당시 벌써 복음을 부끄러워하는 자들이 있었다는 것을 암시해 준다. 왜 사람들은 목숨을 버리면 얻고, 얻으려면 잃어버린다는 사실을 이해하면서도 예수와 복음을 위하여 자기 생명을 버리는 것을 주저하게 되는 것일까? 마가는 그 대답을 35절에 내놓았다. 베드로에게 주신 말씀이지만, 이 말씀은 다른 제자들과 이후에 독자들 모두에게 준 말씀이다. 우리가 하나님의 일을 생각하지 않고 사람의 일만 생각하기 때문이다. 예수는 늘 하나님의 입장에서 생각하셨다.[27]

바울은 예수님의 중심을 바르고 명확하게 이해하고 산 사람이다. 갈라디아 6장 11절 이하에서 십자가를 피하기 위해 할례로 돌아가는 교인들을 책망하였다. 그리고 그는 이렇게 고백한다. "그러나 내게는 우리 주

---

26) Carta, p.174.

예수 그리스도의 십자가 외에 결코 자랑할 것이 없으니 그리스도로 말미암아 세상이 나를 대하여 십자가에 못 박히고 내가 또한 세상을 대하여 그러하니라[28]……이 후로는 누구든지 나를 괴롭게 하지 말라 내가 내 몸에 예수의 흔적을 지니고 있노라"(갈 6:14,17).

여기서부터 예수는 혼자다. 혼자만이 고독한 길을 걸으신다. 예수 혼자서만 고독하게 십자가를 향해 걸어가신다.

비교 연구 4

하나님의 종교와 인간 종교의 위험성

예수와 제자들과의 갈등은 '하나님의 종교' 와 '인간 종교' 의 갈등이다. 인간들은 항상 하나님을 향한 신앙을 인간 편으로 끌어내리기에 바쁘다. 유대 지도자들은 토라(모세 오경)를 철저히 지키고 하나님께 순종하기 위하여 자세하고 명확한 세칙을 세우고 지키려고 노력했다. 그러나 그들의 노력의 결과, 자기들이 전해 준 전통을 지키려다가 하나님의 말씀을 버리게 되었다. 즉 그들은 하나님을 믿는 신앙을 종교를 인간 종교로 끌어내리고 만 것이다. 그뿐 아니라 유대교를 특별한 종교 전문가들의 종교로 전락시켰다.

---

27) 하나님의 입장에서 생각하는 결정적인 예는 겟세마네에서 하셨던 기도였다. 두려워하고 고민하고 기도했지만 마지막엔 하나님의 승리로 기도를 마치셨다. "그러나 나의 원대로 마시옵고 아버지의 원대로 하옵소서"(막 14:36).

28) 바울은 여기서 하나님의 가치의 절정을 십자가로, 그리고 세상의 가치를 세상으로 표현한다. 그리고 십자가와 세상을 대립 구조로, 세상을 자기 안에서 죽이고 십자가를 선택하라고 강권한다.

여기서 유대 종교 지도자들이 말하는 '죄' 와 예수님이 말씀하시는 '죄' 에 대한 관점이 갈라진다. 종교 지도자들은 인간의 유전을 잘 지키는 사람이 의인이라고 하고 유전을 잘 지키지 않는 사람은 악인으로 규정한다. 그래서 그들은 기도하면서도 '세리와도 같지 아니함을 감사했다' (눅 18:11). 그러나 주님은 도리어 세리가 하나님으로부터 의롭다 하심을 받고 그의 집으로 내려갔다고 하신다. 예수님이 말씀하는 의인은 규례와 법도를 잘 지키는 사람이 아니라 하나님과 좋은 관계로 살아가는 사람들이요, 하나님과 바른 관계 안에서 살아가는 사람이다.

오늘날도 교회 성장이나 선교를 위해 만든 많은 프로그램을 잘 따르는 사람은 좋은 크리스천이고 그렇지 않은 사람은 별로인 사람이라고 규정함으로, 기독교의 본질에서 떠나고 있지 않은지 반성해야 한다. 프로그램을 실행해 나가는 동안 그 프로그램들이 하나님께 나아가는 길을 막는 것은 아닌가 돌아보아야 한다. 하나님 신앙을 인간의 종교로 전락시키는 위험에 떨어지지 않도록 교회 지도자들은 늘 조심해야 한다.

02

변화산으로의 초대(9:1-13)

"또 그들에게 이르시되 내가 진실로 너희에게 이르노니 여기 있는 사람 중에는 죽기 전에 하나님의 나라가 권능으로 임하는 것을 볼 자들도 있느니라 하시니라 엿새 후에 예수께서 베드로와 야고보와 요한을 데리시고 따로 높은 산에 올라가셨더니 그들 앞에서 변형되사 그 옷이 광채가 나며 세상에서 빨래하는 자가 그렇게 희게 할 수 없을 만큼 매우 희어졌더라 이에 엘리야가 모세와 함께 그들에게 나타나 예수와 더불어 말하거늘 베드로가 예수께 고하되 랍비여 우리가 여기 있는 것이 좋사오니 우리가 초막 셋을 짓되 하나는 주를 위하여, 하나는 모세를 위하여, 하나는 엘리야를 위하여 하사이다 하니 이는 그들이 몹시 무서워하므로 그가 무슨 말을 할지 알지 못함이더라 마침 구름이 와서 그들을 덮으며 구름 속에서 소리가 나되 이는 내 사랑하는 아들이니 너희는 그의 말을 들으라 하는지라 문득 둘러보니 아무도 보이지 아니하고 오직 예수와 자기들뿐이었더라 그들이 산에서 내려올 때에 예수께서 경고하시되 인자가 죽은 자 가운데서 살아날 때까지는 본 것을 아무에게도 이르지 말라 하시니 그들이 이 말씀을 마음에 두며 서로 문의하되 죽은 자 가운데서 살아나는 것이 무엇일까 하고 이에 예수께서 묻자와 이르되 어찌하여 서기관들이 엘리야가 먼저 와야 하리라 하나이까 이르시되 엘리야가 과연 먼저 와서 모든 것을 회복하거니와 어찌 인자에 대하여 기록하기를 많은 고난을 받고 멸시를 당하리라 하였느냐 그러나 내가 너희에게 이르노니 엘리야가 왔으되 기록된 바와 같이 사람들이 함부로 대우하였으니라 하시니라."

9장 1절이 어디에 속해야 좋을 것인지는 학자들 간에 의견이 많다. 8장 38절에 이어 나오는 구절로 보는 게 자연스럽지만 이 구절은 9장 2절부터 나오는 변화산 사건과 어울리는 구절이다. 만약 윗절과 연결을 강조하면 9장 1절의 내용이 그리스도의 죽음과 재림이란 연결 선상에서 강조점을 얻게 된다. 또 38절, "인자도 아버지의 영광으로 거룩한 천사들과 함께 올 때에 그 사람을 부끄러워하리라"는 구절과도 잘 연결된다. 그러나 9장 2절과 연결시켜 본다면 예수의 변형 사건은 장차 완성될 '하나님의 나라' 의 예시가 될 것이다.

예수는 "여기 서 있는 사람 중에는 죽기 전에 하나님의 나라가 권능으로 임하는 것을 볼 자들도 있느니라"고 말하셨다. 하나님의 나라가 권능으로 임한다고 하셨는데, 과연 그때는 언제를 말하는 것일까? 이 말은 이런 일이 마지막 때, 예수의 재림과 함께 일어날 일을 예언한 것으로 해석하도록 하는 데 힘을 실어 준다. 제자 중에 어떤 사람은 죽기 전에 인자가 올 것을 볼 수 있을 것이라는 의미이니까, 이렇게 보면 이 구절은 종말론적 사건을 가리킨 것이 분명하다. 그러나 인자의 오심이 종종 하나님의 나라가 임하는 것과 동일시되었던 것(마 16:28; 눅 18:9)[29]을 감안하면, 이것은 동시에 예수의 생전에 볼 수 있다는 이중적 의미(coincide)를 가진 말이 되기도 하다. 마가는 '임하는 것'(1절)이란 단어로 완료 능동태 분사(ἐληλυθυῖαν)를 사용하였는데, 이것은 '이미 이르렀다' 는 뜻이다. 여기에 '능력으로' 가 덧붙여졌을 뿐이다. 그러므로 이 구절은 장차 권능으로 재림할 것을 의미함과 동시에 이 지상에서 임한 것을 본다는 의미가 복합된 것으로 보는 게 좋을 것이다.[30] 그렇다면 변화산의 사건과도 자연스럽게 연결이 된다.

예수께서는 제자들의 이해 부족과 오해에도 불구하고 실망하시거나 그들을 버리거나 하지 않으신다. 도리어 신앙의 더 높은 단계로 그들을 인도해 가신다. 그리하여 제자들 중 베드로와 야고보 그리고 요한을 데리고 높은 산으로 올라가셨다. 과연 이 산은 어디를 말하는 것일까? 어떤 사람들은 다볼 산이라고 한다. 가이사랴 빌립보 지역의 어떤 산이라고 주장하기도 한다. 누가는 그때가 밤이었던 것으로 암시한다(눅 9:32).[31] 누가의 주장대로라면 제자들이 힘겹게 산에 올라갔고, 그때는 이미 깊은 밤이었다고 한다. 이렇게 보면 다볼 산이 아니며, 상당히 높은 산으로 올라가신 것으로 보인다. 그리고 깊은 밤에 갑자기 그들 앞에서 변화되셨다. 그 시간이 누가가 전하는 대로 깜깜한 산속의 밤이었다면 변화된 예수의 모습은 얼마나 빛났을까? 눈이 부셔서 바라볼 수가 없었을 것이다. 본문은 그분의 옷이 "광채가 나며, 세상에서 빨래하는 자가 그렇게 희게 할 수 없을 만큼 희었다"(3절)고 진술한다. 마태복음에는 '눈과 같이' 라

29) 삭개오의 집에 들어가신 예수는 "그 집에 구원이 이르렀다"고 선언하셨다. 그 집에 들어온 예수는 현존하시는 하나님이기에, 그분이 온 것은 그 가정에 하나님의 나라가 이뤄진 것을 의미한다. '이르렀다' 는 'ἐγένετο' (일어났다)는 부정 과거로 '현재 일어난 사실' 을 강조한다.

30) 어떤 학자들은 부활과 결부시키기도 하고 오순절과 결부시키기도 한다.

31) 누가는 제자들이 밤에 깊은 잠에 빠진 상태라고 말한다. 아마도 이른 저녁에 산에 오르게 되었고 제자들은 곧 잠에 빠지게 되었을 것이다. 같은 단어가 겟세마네 동산에서의 제자들에게도 사용되었다(마 26:43; 눅 21:34).

는 문구가 첨가되었다(마 17:2). 아마도 눈 덮인 헤르몬 산 꼭대기가 바로 그날 밤에 보였기 때문에 그처럼 표현한 것일지도 모른다. 하늘나라에 속한 세계를 어떻게 인간의 말로 표현할 수 있을까? 그렇기 때문에 마가는 '빨래하는 자가 그렇게 희게 할 수 없다' 는 표현을 통하여 그것은 인간의 한계를 초월한 흰빛이라고 말하고 있다. 그러면서 그때의 나타난 신비한 현상은 독자의 상상에 맡긴다.

동시에 엘리야가 모세와 함께 나타나 예수와 더불어 말하였다고 한다(9:4). 이미 하늘나라에 있어야 할 엘리야와 모세가 함께 나타나서 예수와 이야기를 나누고 있었다. 그런데 왜 통상적인 성경의 표현인 모세와 엘리야로 말하지 않고 엘리야를 먼저 언급하였을까?[32] 모세는 율법을 이스라엘에 전해 준 사람이다. 그리고 엘리야는 그 율법을 수호하기 위하여 온갖 고난과 고통을 감수해야 했던 선지자이다(막 9:12 참고). 그리고 마침내 그는 엘리사가 보는 앞에서 회오리바람으로 하늘로 올리워 갔다(왕하 2:11).[33] 마가복음에서 마가가 그리고 있는 예수는, 율법을 전해 주는 입장이 아니라 하나님의 말씀을 바르게 삶으로 옮겨내며 그 율법을 완성하려고 인간 종교주의자들과 혈투를 하고 계시는 분이다. 이런 입장에서 볼 때 마가의 그리스도는 모세보다는 엘리야의 모습과 더 가깝다. 장로들의 유전을 수호하겠다는 유대 지도자들에 의하여 고통을 당하고 죽음에까지 내몰리는 예수님의 입장이 어떤 면에서 엘리야와 비슷하고, 앞으로 부활과 승천을 기다리고 있는 모습이 하늘로 올리워 가는 엘리야

---

32) 마태와 누가는 '모세와 엘리야' 라고 했다(마 17:3; 눅 9:30). 예수께서 부자와 나사로의 비유를 말씀하실 때도 '모세와 선지자들' 이라고 모세를 먼저 언급하신 것으로 누가는 기록하고 있다(눅 16:31).

33) 엘리야가 불병거를 타고 하늘로 올라간 것은 아니다. 열왕기하 2장 11절은 이렇게 기록되었다. "두 사람이 길을 가며 말하더니 불수레와 불말들이 두 사람을 갈라놓고 엘리야가 회오리바람으로 하늘로 올라가더라."

의 모습과도 비슷하다. 또 엘리야는 메시아가 오기 전에 먼저 주의 길을 준비하는 자로 성경에 소개되었기 때문에 여기서도 엘리야를 먼저 언급하였을 것이다. 9장 11-13절에도 엘리야의 사역에 대하여 언급한다(막 9장; 말 4:5 참고).[34] 이런 이유 때문에 마가는 엘리야를 모세 앞에 의도적으로 언급했을 것이다.

엘리야와 모세가 나타나서 예수와 나눈 대화 내용에 대해서는 언급이 없다. 누가는 대화 내용이 '엑소도스'(τὴν ἔξοδον)였다고 전한다.[35] 'τὴν ἔξοδον'(엑스오돈)은 엑소도스란 말의 대격으로, 출애굽을 의미하는 말이다. 변화산에서 엘리야와 모세가 나타나서 예수의 출애굽에 대하여 말했다는 것은, 예수의 주검은 유골(해골)이 되어서 애굽을 나온 요셉의 주검 같은 것이 아니라 그 민족의 해방을 완수한 모세의 출애굽 같은 의미를 가진 것으로써, 인류를 죄와 죽음에서 건져내어 출애굽하게 하시는 점을 강조한다. 이런 면에서 마가와 누가는 차이가 있다.

누가의 기술과는 다르게 마가는 예수가 변형되는 과정과 엘리야와 모세가 나타나서 이야기를 나누고 있는 모습을 세 제자들이 다 보고 있었던 것으로 묘사하고 있다. 그리고 그런 모습은 제자들을 철저히 공포에 몰아넣었다고 한다(6절).[36] 그 황홀경은 제자들로 하여금 넋을 잃게 만들

---

34) 사람들이 나를 누구라 하느냐고 물으셨을 때, 세례 요한이나 엘리야라고 하는 사람들이 있었고, 세례 요한을 엘리야로 생각하는 사람들이 있었기에(요 1:21), 엘리야는 예수를 증거하는 사람으로 먼저 언급됐을 것이다.

35) 누가복음 9장 31절, "영광중에 나타나서 장차 예수께서 예루살렘에서 별세하실 것을 말할새." 개역개정판에서는 'τὴν ἔξοδον'를 '별세하다'로 번역했다.

36) 두려워했다는 'ἔκφοβοι'(엑크스포보이)는 완벽하게 놀라고 두려워하는 상태를 말한다. 우리말로 넋을 잃었다는 표현과도 같은 말이다.

기에 충분했을 것이다. 겨우 정신을 차린 베드로는 자기가 무슨 말을 하는지도 모르면서 다음과 같이 말했다. "우리가 초막 셋을 짓되 하나는 주를 위하여, 하나는 모세를 위하여, 하나는 엘리야를 위하여 하사이다"(5절). 매우 황홀해서 거기에 있고 싶었을 것이다. 그래서 초막을 짓겠다고 한다. 그러나 마가는 베드로가 놀라서 무슨 말을 해야 할지 모르는 상태에서 한 말이라고 한다. 《원어 연구 해석》의 저자인 로버트슨(Archibald T. Robertson)는 마가복음 해설에서, 장막을 짓겠다고 말한 것은 그때가 장막절이 임박했던 시기였기 때문에 그렇게 말했을 것이라고 해석했다.[37] 그 산속에 초막절에 임시로 짓고 지내는 초막을 짓자고 한 것은 정말 정신없는 발언이다.[38] 그때는 10월 중순이기 때문에 그런 초막에서는 추위를 견딜 수 없기 때문이다. 그렇다면 베드로의 발언에는 그곳에서 영원히 살자는 의도였는가? 그것은 분명치 않다. 베드로가 무슨 말을 해야 할지 모르는 상태에서 뭔가를 이야기해야 한다는 생각으로 내뱉은 은 말이기 때문이다.

그렇다면 마가는, 왜 예수께서 제자들을 데리고 산 위에 올라가서 변형된 모습을 보여주셨다고 생각할까? 마가는 이 사건을 어떤 관점에서 기록하고 있는가? 마가는 엘리야와 모세가 나타나서 나눈 대화의 내용도 전하지 않고 단지 예수 자신의 변형된 모습과 그들이 대화를 나누었다는

37) 마가복음 9장 5절 '초막'(οκηνάς)은 초막절(장막절)에 짓는 '초막'(οκηνάι)과 똑같은 단어이다. 이로 미루어 보아 베드로가 정신없이 말한 초막은 당시 그의 마음에 초막절을 준비하면서 생각했던 단어를 끄집어 낸 것으로 보인다. 같은 단어를 사용한 것은 마가의 언어의 유희(遊戱)로 보인다.

38) 초막을 짓는 규칙은 첫째는 초막 안에서 하늘이 보여야 한다. 둘째는 밖이 보여야 하고 바람이 불어와야 한다. 추워지는 계절에 깊은 산속에서 어떻게 그런 초막을 짓고 살 수 있겠는가?

사실만을 보도한다. 그리고 그들이 두려워하는 것을 위로하듯이 구름이 와서 그들을 덮었다고 말한다. 결국 마가의 내러티브에서는 하늘의 모습을 보여줌으로, 예수와 함께 하늘나라가 이 땅에 이뤄진 사실을 보여주려는 데 목적이 있었다. 9장 7절에 나오는 말씀도 세례 받으실 때 들려왔던 음성의 현현으로, 여기서 강조되는 점은 "너희는 그의 말을 들으라"는 말이다. 제자들이 예수의 말을 주의 깊게 듣지 않고 자기들의 생각대로 나가고 있으므로 '그의 말을 들어야 한다' 고 주의를 환기시켰을 것이다.

산에서 내려오면서 예수는 다시 자신의 죽음에 대하여 말씀하신다. "그의 말씀을 들으라"는 하늘의 음성을 들은 후에 들려 주신 말이어서 그 의미가 더욱 심각하다. 그때 주신 말씀은 십자가에 죽으심과 부활이다. 그러나 제자들은 여전히 이 두 가지를 전에도 이해하지 못했고, 지금도 이해하지 못한다(10절). 그들의 생각이 도달한 곳은 겨우 엘리야이다. 그래서 그들은 "어찌하여 서기관들이 엘리야가 먼저 와야 하리라 하니이까" 하고 물었다. 예수의 대답은 엘리야의 이야기를 '인자' 와 결부시키고, 사람들이 엘리야가 왔으되 함부로 대우하였다고 함으로써, 세례 요한이 예수 자신을 증거한 것을 간접적으로 시사한다. 아직도 예수와 제자들의 대화는 접촉점이 없다.

03

귀신 들린 아이와 믿음 없는 세대

(9:14-29)

"이에 그들이 제자들에게 와서 보니 큰 무리가 그들을 둘러싸고 서기관들이 그들과 더불어 변론하고 있더라 온 무리가 곧 예수를 보고 매우 놀라며 달려와 문안하거늘 예수께서 물으시되 너희가 무엇을 그들과 변론하느냐 무리 중의 하나가 대답하되 선생님 말 못하게 귀신 들린 내 아들을 선생님께 데려왔나이다 귀신이 어디서든지 그를 잡으면 거꾸러져 거품을 흘리며 이를 갈며 그리고 파리해지는지라 내가 선생님의 제자들에게 내쫓아 달라 하였으나 그들이 능히 하지 못하더이다 대답하여 이르시되 믿음이 없는 세대여 내가 얼마나 너희와 함께 있으며 얼마나 너희에게 참으리요 그를 내게로 데려오라 하시매 이에 데리고 오니 귀신이 예수를 보고 곧 그 아이로 심히 경련을 일으키게 하는지라 그가 땅에 엎드러져 구르며 거품을 흘리더라 예수께서 그 아버지에게 물으시되 언제부터 이렇게 되었느냐 하시니 이르되 어릴 때부터니이다 귀신이 그를 죽이려고 불과 물에 자주 던졌나이다 그러나 무엇을 하실 수 있거든 우리를 불쌍히 여기사 도와 주옵소서 예수께서 이르시되 할 수 있거든이 무슨 말이냐 믿는 자에게는 능히 하지 못할 일이 없느니라 하시니 곧 그 아이의 아버지가 소리를 질러 이르되 내가 믿나이다 나의 믿음 없는 것을 도와 주소서 하더라 예수께서 무리가 달려와 모이는 것을 보시고 그 더러운 귀신을 꾸짖어 이르시되 말 못하고 못 듣는 귀신아 내가 네게 명하노니 그 아이에게서 나오고 다시 들어가지 말라 하시매 귀신이 소리 지르며 아이로 심히 경련을 일으키게 하고 나가니 그 아이가 죽은 것같이 되어 많은 사람이 말하기를 죽었다 하나 예수께서 그 손을 잡아 일으키시니 이에 일어서니라 집에 들어가시매 제자들이 조용히 묻자오되 우리는 어찌하여 능히 그 귀신을 쫓아내지 못하였나이까 이르시되 기도 외에 다른 것으로는 이런 종류가 나갈 수 없느니라 하시니라."

마가는 산 아래에서 어떤 일이 벌어지고 있었는지를 말하고, 이어서 그곳에 산 위에서 내려온 예수님과 세 제자들이 도착했다고 전한다. 산 아래에는 아홉 제자들이 남아 있었다. 예수께서 그곳에 도착하자 온 무리들이 그분에게로 몰려와 문안 인사를 올렸다. 아마도 예수를 잘 알고 있던 사람들이라고 생각되는데, 그들은 이제야 뭔가 새로운 일이 벌어지리라고 기대한 것 같다. 그래서 기대를 갖고 예수에게 몰려왔다. 마가는 산 아래까지 서기관들이 와 있었고, 서기관들과 제자들이 변론을 하고 있었다고 전한다. 제자들이 서기관들과 무슨 변론을 했는지는 확실하지 않지만, 놀라운 것은 어떻게 그곳까지 서기관들이 왔는가 하는 점이다. 예수를 책잡으려고 산헤드린은 그 먼 북쪽 지역까지 정탐꾼들을 보낸 것이다.

제자들이 서기관들과 나누었던 토론의 주제는 아마도 귀신 들린 아이에 대한 문제였던 것 같다. 제자들이 귀신을 쫓아내지 못한 것을 놓고 그들의 선생에 대한 비방과 시비로 대화가 이어지지 않았을까 추측해 본다. 마치 선악과 아래 있던 하와를 사탄인 뱀이 찾아와 그녀의 마음을 흔들

고 유혹하던 것처럼 말이다.[39)]

무리 중에 한 사람이 나서서 그동안 산 아래에서 일어났던 일에 대하여 자세히 설명하기 시작했다. 그 사람은 귀신 들린 아이의 아버지였다. 그는 자기 아들의 상태를 설명하기를, 귀신이 그를 잡으면 어디서든지 거꾸러져 거품을 흘리며 이를 갈고 파리해진다고 했다. 그래서 제자들에게 귀신을 내쫓아 달라고 아들을 데리고 왔지만 그들이 능히 쫓아내지 못하더라는 것이다. 여기까지 듣고 있던 예수님의 감정이 폭발한다. "믿음이 없는 세대여 내가 얼마나 너희와 함께 있으며 얼마나 참으리요"(19절). 여기서 믿음이 없는 세대는 귀신 들린 아버지에게 해당되는 말이 아니라 제자들에게 해당되는 말씀이다. 그 아버지가 자기 아이를 제자들에게 데리고 왔으나 그들이 능히 쫓아내지 못했다고 한 말에 이어서 주신 말씀이기 때문이다(18절). 믿음이 없는 세대는 정말 슬프게도 제자들이다.[40)] 가이사랴 빌립보 지경으로부터 변화산에 이르기까지, 예수는 심중

---

39) 창세기 3장 1-7절의 배경은 하와가 선악을 알게 하는 나무 밑에 있는 것을 암시하고 있다(창 3:6). 그때 사탄이 하와를 찾아왔다. 하와와 사탄의 대화 내용을 보면, 하와 자신의 마음이 흔들리고 있었고 하나님의 명령에 의심을 하고 있었으며(창 3:1-5), 사탄은 하와가 의심하고 있던 그 부분을 집중적으로 공격하였다. 제자들의 흔들리는 신앙을 서기관들은 파고들었을 것이다.

40) 마가복음에서 지금까지 '믿음' 이란 단어는 단 네 번 나온다. 2장 5절에 중풍병자를 고치시면서, 4장 40절에 풍랑을 잔잔하게 하면서 제자들이 믿음 없다고 책망하신 경우, 5장 34절에 혈루증을 앓던 여인을 향해, 그리고 오늘 본문에 나온다. 이렇게 보면, 예수님이 사람들에게서 믿음을 보신 경우는 중풍병자와 그를 메고 온 사람들과 혈루증에서 나은 여인의 경우뿐이다. 비록 믿음이란 단어를 사용하지 않았지만 '믿음' 으로 인정할 만한 경우는 깨끗함을 받은 나병 환자(막 1:40-45), 수로보니게 여인(막 7:24-30) 그리고 회당장의 경우이다(막 5:21-24, 35-43). 그러나 제자들은 아직도 믿음이 없다.

의 깊은 것을 다 말했고 하늘의 영광까지 보여주었는데도 돌처럼 굳어진 마음의 의심이 풀릴 줄 모르는 제자들에게 하신 말씀이다.

사실 제자들은 이전에 스승의 명령을 받고 전도 여행을 떠났고, 많은 귀신을 쫓아내며, 많은 병자를 고친 적이 있던 사람들이다(막 6:12,13). 그런데 이 경우엔 아무것도 할 수 없는 무능력에 빠져 있다는 게 이상한 일이다. 그런 제자들의 믿음에 대하여 답답했던 감정이 폭발한 것이다. 어찌보면 아홉 제자들이 귀신을 쫓아내지 못한 것은 당연한 결과이었는지 모른다. 산 위에서 하늘나라를 체험한 세 제자들도 아직 예수가 누군지를 모르는데, 산 아래 있던 그들이 어찌 알겠는가? 예수를 확실히 알지 못하는데, 그들의 믿음이 흔들리고 있는 데, 어떻게 귀신을 쫓아낼 수 있겠는가? 이들은 산 아래 있으면서 처음보다 더 믿음이 흔들리게 되었을 것이다. 그런데 그들을 통하여 어찌 기적이 일어날 수 있었겠는가?[41)]

"얼마나 너희와 함께 있으며 얼마나 너희에게 참으리요." 그들을 향한 예수의 탄식도 당연한 것이다. 이 구절을 통하여 마가는 제자들을 향하여 참아오던 감정의 폭발을 보여주고 있지만, 마가복음 맥락에서 보면, 그동안 예수와 제자들 사이에 쌓여온 갈등이 얼마나 깊었는가를 보여주고 있다. 유대적 메시아로 이해하는 제자들과 예수님 사이에 갈등의 계곡은 십자가까지 계속해서 넓게 벌어져 갈 것임을 암시하고 있다.

예수님은 귀신 들린 아이를 데려오라고 하셨다. 아이를 그분 앞으로 데리고 오자마자 귀신은 그 아이에게 경련을 일으키게 하여 아이가 땅에 엎드러져 구르며 거품을 흘렸다. 아이러니다. 그처럼 오랫동안 예수와 함께 지낸 제자들은 아직도 예수가 누구인가를 알지 못하는데, 귀신은 예수님 앞에 나오자마자 그분이 아무 말씀도 하지 않았는데도 무서워서

---

41) 야고보서 1장 5, 6절에는, 의심하면서 구하는 자는 마치 바람에 밀려 요동하는 바다 물결 같아서 기도의 응답을 받을 수 없다고 했다.

그 아이를 땅에 넘어뜨리며 구르며 거품을 흘리게 한 것이다. 이미 귀신은 제정신을 잃은 상태다. 이런 모습을 보시고 주님은 그 아버지에게 언제부터냐고 물으셨다. 아이의 아비는 어려서부터라고 대답하고 주님께 "무엇을 하실 수 있거든 우리를 불쌍히 여기사 도와주옵소서"(22절)라고 청한다. 그 아버지는 예수님 앞에서 보인 아이의 발작이 그분 때문에 귀신이 무서워서 일으킨 것인지를 모르고, 늘 하던 대로 귀신이 발작을 일으킨 것이라고 생각했던 것 같다. 그렇기에 그런 모습인데도, '할 수 있는지'(*ἀλλ' εἴ τι δύνῃ*) 가능성을 물었던 것이다. 이런 정도의 귀신인데도 고칠 수 있겠는가 하는 의구심을 나타낸 표현이다. 제자들 때문에 예수에 대한 불신도 커졌을 것이고, 그래서 제자들은 하지 못했지만 당신은 혹시 하실 수 있을지 모르겠다고 말한 것이다. 여기서 분명한 것은, 병 고치는 책임이 기도하는 사람에게 있다고 말씀하신 점이다. 제자들에게 그 책임이 있었고, 지금은 예수에게 있었다고 말한다. 여기에 대해 예수는 똑같은 질문으로 되물었다. 그러나 문장의 의미는 전혀 달라졌다. "할 수 있거든이 무슨 말이냐 믿는 자에게는 능히 하지 못할 일이 없느니라"(23절). 병을 고치는 것은 예수 자신의 문제가 아니라 병고침을 받아야 할 사람의 믿음이라고 지적하신 것이다.

물론 제자들의 경우는 병을 고치려고 한 제자들이나 그 아버지의 믿음, 모두가 문제였다. 그러나 지금은 제자들과는 문제가 다르다는 것이다. 전적으로 병 고침을 받아야 할 사람의 문제라는 것이다. 그것은 바로 그 사람이 가지고 있는 믿음이다. 나사렛에서도 주민들에게 믿음이 없으므로 '아무 권능도 행하실 수 없었다'(막 6:5,6)고 하였다. 여기서 그분은 믿음의 전능성(The omnipotence of faith)을 제시하셨다.[42] 믿음만 있으면 하지 못할 일이 없다는 뜻이다. 그러니까 치유가 일어날 수 있는 책임이

42) ICCC, p.169.

바로 기도를 받는 당사자들에게 있다는 말이다. 우리의 경우에는 기도 받는 사람들에게만 책임을 물을 수는 없다.

"믿는 자에게는 능히 하지 못할 일이 없느니라"(23절). 이 구절에서 제기되는 문제는, 믿음만 있으면 능히 하지 못할 일이 없다는 것인가 아니면 믿는 자들에 대해서 예수께서 하시지 못할 일은 없다는 말인가 하는 점이다. 여기 문맥으로 보아서, 예수에게 전적인 신뢰를 가지고 의지하는 사람에게 예수 자신은 못할 일이 없다는 뜻이다.[43] 예수 안에 있는 하나님의 전능하신 능력을 표현하는 말이고, 믿음은 하나님께서 역사하시도록 근거를 제공하는 기적의 자리(foundation)라는 것이다.

그러자 아이의 아버지는 마치 자기가 믿음이 없어서 고침을 받지 못한 것처럼 "내가 믿나이다 나의 믿음 없는 것을 도와주소서"라고 고백한다. 예수는 그의 믿음에 근거하여 더러운 귀신을 꾸짖으시고,그 아이에게서 나오고 다시 들어가지 말라고 명령하신다(25절). 귀신은 즉시 소리지르며 아이로 하여금 심히 경련을 일으키게 하고 떠나갔다.

예수께서 귀신을 쫓아내실 때에는 무리들이 모여들고 있었다(25절). 아마도 결과를 보려고 몰려왔을 것이고, 그 때는 예수님의 입장에서는 자신의 능력과 신성(神性)을 보여주실 수 있는 절호의 기회이었다. 그런데도 무리가 몰려오는 동안에 예수께서는 귀신을 쫓아내셨다. 이런 그분의 행동은, 귀신을 쫓아내는 능력을 무리들에게 보여주고 싶은 의도가 전혀 없으셨다는 것을 나타낸다.[44]

물론 제자들은 예수님이 하시는 말씀들을 다 들었고, 귀신을 쫓아내

---

43) ICCC, p.169.

44) '무리가 달려와 모이는 것'은, 그 결과를 보기 위해 예수와 간질병 걸린 소년에게로 재빨리 모여드는 무리들을 생생하게 묘사해 준다.

는 장면을 다 보았다. 죽은 것 같던 아이가 다시 일어나는 것도 다 보았다. 그들은 놀랐을 것이다. 집으로 들어온 제자들은 알고 싶은 게 있었다. 그래서 조용히 물었다. "우리는 어찌하여 능히 그 귀신을 쫓아내지 못하였나이까." 이런 물음은 예수께서 제자들에게 평소에 하고 싶던 질문이었을 것이다. 이 질문은, 동시에 과연 기도란 무엇인가 하는 질문이기도 하다.

예수님의 대답의 내용을 살펴보면, 제자들에게 믿음이 부족하다고 말씀하지 않았다는 점이다. 단지 기도가 없었기 때문이라고 하셨다. 그들은 귀신을 쫓아내려고 몸부림쳤을 것이다. 하나님을 부르고 귀신에게 나가라고 명령하기도 했을 것이다. 그러나 그 외침은 이뤄지지 않았다. 과연 무엇이 기도인가? 예수님이 말씀하시는 주제도 능력(power)이 아니라 기도이다. 능력은 기도하는 사람 안에 존재하는 게 아니기 때문이다.[45] 기도는 얼마나 하나님의 능력을 의지하고 신뢰하는가를 보여주는 믿음의 표현이며, 하나님을 움직이는 힘(power)이다. 기도는 믿음과 직결되어 있다. 하나님을 전적으로 의지하고 기도하는 사람에게만 기적은 가능

---

45) 마가복음 6장 7절 주석 참고: 이 구절에 나오는 '권능' 이라고 번역한 단어는 '*ἐξουσίαν*' (엑수시안)으로, 이 단어는 능력(Ability)이나 힘(might)을 의미하기도 하지만 주로 권리(right)나 권위(authority) 또는 보증이란 의미로 사용된다. 참고로 누가복음 9장 1절에는 '*δύναμις*' (두나미스)와 '*ἐξουσίας*' (엑수수아스)를 동시에 사용하여, 능력을 사용할 수 있는 권리를 제자들에게 부여한 것으로 표현했다. 렌스키(R. C. H. Lenski)는 누가복음 주석에서 이렇게 말한다. "예수는 그 자신의 능력과 비슷한 능력으로 그들을 무장시킨다. 그러나 그들의 능력은 그에게서 유래하였고, 그의 능력은 그 자신에게 본래 있는 것이다. 두나미스와 엑수시안이 덧붙여졌다. 능력을 사용할 권리와 재능을 말한다. 그들은 그래서 귀신들을 축출하고 병을 고칠 수 있다." 렌스키, 누가복음 II, 진연섭 역, 백합출판사, p.430.

한 것이다.[46] 현재 제자들의 상태는 기도할 단계가 되지 못한다. 예수를 전적으로 신뢰하지 못하기 때문이며 그분의 능력을 전적으로 의지하지 않기 때문이다. 예수님을 믿고 전적으로 그분의 능력을 의지하고 하는 기도가 아니라면, 그것은 아무리 기도의 행위를 했다고 해도 기도가 아니다. 이 사건은 제자들의 영적이며 정신적인 상태를 잘 보여주는 이야기로, 가이사랴 빌립보 사건 이후로 제자들의 마음이 예수님으로부터 얼마나 멀리 떨어져 있는가를 보여준다.

46) ICCC, p.171. 누가도 믿음의 문제는 작고 큰 것에 대한 문제가 아니라 있느냐 없느냐의 문제로 예수의 담화를 소개하고 있다. 누가복음 17장 5-6절에 나오는 겨자씨만한 믿음은 씨 중에 가장 작은 겨자씨만한 믿음만 있어도 충분하다는 의미로 해석해야 한다.

04

죽음과 부활을 두 번째 알리심

(9:30-37)

"그곳을 떠나 갈릴리 가운데로 지날새 예수께서 아무에게도 알리고자 아니하시니 이는 제자들을 가르치시며 또 인자가 사람들의 손에 넘겨져 죽임을 당하고 죽은 지 삼 일 만에 살아나리라는 것을 말씀하셨기 때문이더라 그러나 제자들은 이 말씀을 깨닫지 못하고 묻기도 두려워하더라 가버나움에 이르러 집에 계실새 제자들에게 물으시되 너희가 길에서 서로 토론한 것이 무엇이냐 하시되 그들이 잠잠하니 이는 길에서 서로 누가 크냐 하고 쟁론하였음이라 예수께서 앉으사 열두 제자를 불러 이르시되 누구든지 첫째가 되고자 하면 뭇사람의 끝이 되며 뭇사람을 섬기는 자가 되어야 하리라 하시고 어린아이 하나를 데려다가 그들 가운데 세우시고 안으시며 제자들에게 이르시되 누구든지 내 이름으로 이런 어린아이 하나를 영접하면 곧 나를 영접함이요 누구든지 나를 영접하면 나를 영접함이 아니요 나를 보내신 이를 영접함이니라."

빌립보 가이사랴 지역에서 변화산으로 그리고 다시 갈릴리로 돌아오셨다. '그곳을 떠나' 란 말은 빌립보 지역을 떠나셨다는 뜻이고, '갈릴리 가운데로 지날새' 라는 말은 갈릴리를 통과해서(30절) 가버나움으로 들어오셨다는 뜻이다(33절). 마을로 돌아오셨지만 그분은 사람들을 만나려 하지 않으셨다. 한적하게 집에서 지내기를 원하셨다고 해석할 수 있다. 마가는 그 이유는 제자들에게 자신의 죽음과 3 일 만에 살아날 것을 말씀하시기 위함이라고 밝힌다.[47] 이것은 자신의 죽음과 살아나심을 두 번째로 알리신 때이다. 왜 그것이 한적한 곳에서 쉬시려고 하게 된 이유일까?

가이사랴 빌립보에서 있었던 사건이 초막절을 앞두고 있었던 일이라면 이제 십자가를 불과 6개월 남겨둔 시점이다. 그분은 더 이상 갈릴리의 영웅이 아니시다. 마가는 더 이상 백성들이 예수께 몰려왔다는 이야기를 하지 않는다. 단지 십자가를 준비하시는 그리스도로 그린다. 그런 어려운 시기에 내적으로는 제자들과의 심한 갈등을 겪고 계신다. 더욱이 9장 33절의 내용은 변화산에서 갈릴리로 돌아오는 길에서 무슨 일이 있었는지를 말해 주고 있다. 그들의 대화가 예수님의 마음을 상하게 했다는 것이다.

제자들이 서로 논쟁한 주제가 무엇이었을까? 그들이 논쟁한 주제는 서로 '누가 크냐' 는 싸움이었다. 여기에 사용된 '쟁론' 이란 예수님이 들으실 만큼 크게 다투었다는 표현이다. 십자가에 죽고 다시 살아나실 것을 말했는데도, 제자들은 깨닫지 못한 채 누가 크냐고 쟁론하는 것을 보신 주님은 조용히 쉬고 싶으셨을 것이다. 제자들은 여전히 그 말씀을 깨

47) 마태와 누가는 예수께서 갈릴리로 돌아오셔서 다시 죽음과 부활에 대하여 말씀하신 것으로 기록했다(마 17:22,23; 눅 9:44). 그러나 마가의 경우는 단지 '그 말을 하셨기 때문이라' 고 한다. 그러나 그 말을 하신 시기가 언제인지는 밝히지 않는다. 가이사랴 빌립보 지역에서 하신 것을 말하는지, 가버나움에 오셔서 다시 말씀하셨는지는 분명하지 않다.

닫지 못했고, 이제는 다시 묻기도 두려워하고 있었다고 마가는 전한다.[48] 그만큼 그때 예수님의 모습은 무거웠고 비장했을 것이다.

9장 33절의 내용도 가버나움 집에 와서 한적하게 계시는 동안 일어난 일이다. 조용한 시간에 그분은 제자들에게 물으셨다. "너희가 길에서 서로 토론한 것이 무엇이냐?" 앞에서 그들이 토론했던 내용을 마가는 기록하지 않았다. 마가는 그 말을 언급하기조차 부끄러웠던가 보다. 마가는 '길에서 서로 누가 크냐 하고 쟁론했다' 고만 밝힌다. 선생의 질문을 받은 제자들도 잠잠하여 한동안 아무 말도 하지 못했다(34절). 이 내용은 스승도 제자들도 입 밖에 내기가 부끄러운 일이라는 암시를 준다. 그래서 마가가 대신하여 길 위에서 그들이 나눈 대화의 내용이 무엇인가를 말해준다(34절). 그러나 예수님은 그들이 나눈 대화의 내용을 이미 알고 물으셨다. 대화의 내용이 무엇인지, 직접 언급도 또 책망도 하지 않으신 채 그들의 대화의 내용을 두고 제자의 길을 가르치신다.

"누구든지 첫째가 되고자 하면 뭇사람의 끝이 되며 뭇사람을 섬기는 자가 되어야 하리라"(35절). 이 말에 의하면 그들의 주제가 무엇이었는가가 분명해진다. 그들은 누가 첫째가 될 것인가를 놓고 논쟁을 벌인 것이다.[49] 예수님은 그들의 야심에 대해서 책망하지는 않으시고, 도리어 제

48) '두려워하더라' (*ϵφοβοῦντο αὐτὸν*, 에포분토 아우톤)는 미완료 시제를 사용하여, 계속 두려워하고 있었다는 의미이다. 제자들은 아마도 베드로가 사탄이라고 꾸지람을 당하는 모습을 기억하면서 두려워하고 있었던 것 같다. 자기들과 예수님의 생각이 다른데 무엇이 다른지조차 물을 수 없는 분위기였음을 알린다.

49) Mark as Story에서는 "누구든지 첫째가 되고자 하면"이란 말을 '누구든지 가장 중요한 인물이 되기를 원한다면' (If anyone wants to be most important)이라고 번역했다(p.25).

자들(크리스천들)의 야심을 채울 수 있는 길을 보여주셨다. 그 방법이 역설적이다. 첫째가 되고자 하는 크리스천들이 선택해야 하는 길(the way)은 맨 끝이 되는 것이다. 끝이 된다는 말은 사람들의 눈에 잘 띄지 않는다는 말이다. 예수님이 요구하신 것은 단순하게 낮아지라는 말이 아니라 구체적으로 섬기는 행동이었다. 제자들은 높아지고 유명해지기를 원했다. 그러나 예수께서는 제자들은 이미 위대한 사람들이라고 하신다. 제자가 되었다는 것은 기독교 내의 신분으로는 이미 최고의 자리에 앉은 것이다. 그 이상 무엇을 바라겠느냐는 것이다. 그러므로 이제는 단순하게 섬기는 자세로 살아야 한다고 말씀하신 것이다.[50)]

예수님과 함께 생활해 본다는 것 자체가 누구도 넘볼 수 없는 위치에 올라 있는 것이다. 그렇다면 이제 제자란 높아지는 사람이 아니라 섬기는 자들로서, 선생이 걸어가고 계시는 길을 가야 한다. 그 길을 가도록 예수님은 "나를 따르라"고 제자들을 부르셨다. 그런데 그들은 누가 높은가를 놓고 다투고 있다. 이 시기는 가이사랴 빌립보 지역에서 죽음과 부활의 예고, 베드로를 향하신 책망, 변화산의 영광, 그리고 산 아래에서 귀신 들린 아이를 고쳐 주신 일들이 눈앞에 있는 상황에서 일어난 사건들이다. 예수님은 그들은 자신의 길을 이해시키기 위해 무던히도 애쓰셨건만 그들에겐 변한 게 하나도 없다는 것을 보신 것이다. 지금 그분이 걸어가시는 길이 고통스런 예루살렘의 수난과 십자가의 길인데도, 이들은 전혀 이해하지 못하고 엉뚱한 것들을 원하고 있다. 참으로 난센스이고 아이러니이다.

---

50) 겨자씨 비유에서 보았던 것처럼, 하늘나라에서 사는 것은 겨자씨를 심는 것과 같다. 결과는 하나님께 맡기고, 아무도 관심 가져 주지 않고, 누구의 눈에도 띄지 않게 겨자씨를 심는 마음으로 섬기고 봉사하고 살아가는 것이다. 그러면 어느 날 그 작은 겨자씨를 큰 나무로, 가지가 뻗는 나무로 자라게 하시고 새들이 깃들도록 만들어 주신다.

예수님은 어린아이 하나를 데려다가 그들 가운데 세우시고 가슴에 그 아이를 안으셨다. 안으신 것은 지극한 애정의 표시이다. 그리고 제자들에게 말씀하셨다. "누구든지 내 이름으로 이런 어린아이 하나를 영접하면 곧 나를 영접함이요 누구든지 나를 영접하면 나를 영접함이 아니요 나를 보내신 이를 영접함이니라." 헨리 나우웬은 이렇게 말한다.

> "하나님은 우리에게 가까이, 아주 가까이, 지극히 가까이 오기를 원하신다…… 그래서 하나님은 작은 아기가 되셨다. 누가 작은 아기를 무서워하겠는가?……하나님은 그렇게 아주 무력한 사람이 되어, 많은 사람의 도움 없이는 먹거나 마시거나 걷거나 말하거나 놀거나 일할 수 없도록 되기를 원하셨다……자기 품에서 어르고 있는 아기를 어떻게 두려워할 수 있겠는가? 그렇게 작고 연약한 아기를 어떻게 우러러볼 수 있겠는가? 애정에 대한 반응으로 오로지 미소 짓는 것만 할 줄 아는 아기를 어찌 부러워하겠는가? 이것이 바로 성육신의 신비이다."[51]

"누구든지 내 이름으로 이런 어린아이 하나를 영접하면 곧 나를 영접함이요 누구든지 나를 영접하면 나를 영접함이 아니요 나를 보내신 이를 영접함이니라"(37절). '나의 이름으로'(*ἐπί οτ ἐν τῷ ὀνόματι*)라는 관용구는 비록 헬라어로 기록했지만, 헬라어 용법이 아닌 히브리적 용법이다. '내 이름으로' 란 한 사람이 다른 사람과 인격적으로 깊은 관계가 있기 때문에, 그 사람에게 속한 어떤 조건이든지 배제하지 않고 다 받아들이는 것을 나타내는 용법이다.[52] 다시 말하면 히브리어에서 '이름' 은 그 사람 자신은 물론 그 사람의 인격, 권위, 힘 그리고 신분을 나타낸다. 그러므로 '내 이름으로 작은 자 하나를 영접하라' 는 말은, 예수님의 이름

51) 헨리 나우웬, 영성의 길, p.65.
52) ICCC., p.174.

을 사용하는 사람이 예수님과 깊은 관계가 있다는 것이 전제되어 있고, 예수님이 부탁한 사람은 누구든지 예수 이름의 명예를 걸고 영접하고 섬겨야 한다는 뜻이다. 그분이 부탁한 사람을 거절하면 예수님 자신을 거절하는 것이요, 그분을 영접하는 것은 곧 그분을 부탁한 예수님을 영접하는 것이다. 그리스도 안에서 섬김이란 예수님을 사이에 두고, 예수의 이름 때문에 전혀 다른 사람들이 조건 없이 만나고, 영접하고, 사랑하고 섬기는 것을 말한다.

마더 테레사를 찾아온 어느 기자가 "어떻게 나병 환자들을 그처럼 사랑할 수 있는가?" 하고 물었을 때, 그녀는 "나는 나병 환자들을 사랑하지 않습니다. 나는 오직 예수님을 사랑하기 때문에 그들을 돌보는 것뿐입니다"라고 대답했다고 한다. 그녀의 대답은 본문 37절의 정신을 정확하게 이해하고 산 사람의 대답이다. 이런 관계는 더 넓게 하나님에게까지 확장된다. 예수님은 세상에서 자기를 나타내지 않으시고 언제나 하나님만을 나타내셨다.

그러므로 '예수의 이름으로'의 의미는, 어떤 사람을 영접하는 것은 그 사람을 위해서 하는 일이 아니라 예수님 때문에 영접하는 것이다. 예수님 때문에 사랑하는 것이요, 예수님 때문에 영접하는 것이다. 본문에서는 예수님과 제자들의 관계가 예수님과 어린아이와 연결된다. 그래서 어린아이를 영접하는 것은 예수님을 영접하는 것이요, 그것은 곧 예수님을 보내신 하나님을 영접하는 것이다. 여기에서 다시 35절을 생각해 보자. "첫째가 되고자 하면 뭇사람의 끝이 되며 뭇사람을 섬기는 자가 되어야 하리라." 예수의 이름으로 섬기며 사는 공동체 안에서는 많이 섬기는 자가 가장 중요한 사람이 되고 적게 섬기는 자가 작은 자가 된다.

그렇다면 영접해야 하는 어린아이는 누구인가?

어린아이는 그 당시 상황에서는 가장 낮은 계층에 속하는 존재로 보았다. 랍비 요하난(Jochanan)은 "성소가 파괴된 후에는 예언자들에게서 예언이 거두어져 바보들과 어린이들에게 주어졌다"(bBB 12b)고 했다. 이 표현에서 볼 수 있듯이 그 당시에는 어린이를 바보들과 동일시했던 것 같다. 마가복음 10장 13절에는 부모들이 아이들을 예수께서 만져 주시기를 바라고 데리고 왔을 때 제자들은 그들을 꾸짖었다. 그만큼 그 시대 사람들은 아이들을 낮게 보았다.[53)]

"누구든지 내 이름으로 이런 어린 아이하나를 영접하면"(37절)이란 구절로, 어린아이들이 가진 성품을 사용하여 교훈하신 것이 아니라 힘없고, 신체적으로 약하고, 자기들의 힘으로 무엇을 할 수 없는 어린아이들의 현실적 상태를 이미지로 표현한 것이다. 어린아이란 말을 문제 그대로 받아들이는 것이 가장 좋다. 그래야 예수님이 가르쳐 주신 섬김이 무엇인가를 바르게 이해할 수 있기 때문이다. 어린아이처럼 힘없고, 신체적으로 약하고, 베풀어 주지만 아직은 그들에게 아무것도 기대할 수 없는 그런 사람을 섬기라고 하신 것이다. 산상설교에서 "너희가 너희를 사랑하는 자를 사랑하면 무슨 상이 있으리요 세리도 이같이 아니하느냐 또 너희가 너희 형제에게만 문안하면 남보다 더하는 것이 무엇이냐 이방인들도 이같이 아니하느냐"(마 5:46, 47)고 하신 것도 바로 이런 섬김의 기본정신을 말한 것이다.

예수님께서는 '어린아이' 란 말을 또 영적으로 어린아이 같은 수준에 있는 사람을 나타내기 위해 사용하기도 하셨다. 마태복음에서는 제자들의 미숙한 상태를 어린아이로 표현하기도 한다(마 11:25). 우리의 시대적 상황에서 말한다면, 어린아이는 사회에서나 교회에서 무시당할 수 있는 위치에 있는 사람들이라고 생각할 수 있다. 그러므로 어린아이를 영접하

53) 구약성경에 의하면 어린이는 방자하고 이해력이 부족하며 하나님과 인간의 엄한 훈육을 필요로 하는 것으로 묘사되었다. 국제성서주석, 마가복음, p.79

는 것(섬김)은 곧 가장 낮은 자를 섬기라는 뜻이다. 이 말은 낮은 자들만을 섬기라는 뜻이 아니라 낮은 자로부터 모든 사람을 섬기라는 뜻으로 해석해야 한다.[54]

하나님의 나라에서 섬김이란 어떤 의미를 갖는가? 섬김은 섬기는 사람과 섬김을 받는 사람이 그리스도와 함께 만나 그리스도 안에서 하나가 되고, 마침내 하나님에게로 연결되는 통로이다. 이것은 하나님나라를 형성하는 기본구조이다. 그러므로 하나님의 나라는 섬김으로 세워져 가고, 그 나라의 질서는 섬김으로 유지된다. 하나님나라에서 섬김의 기본정신은 바로 예수님께서 그처럼 세우고자 하셨던 바대로 '가슴 저리도록 아픈 연민'(스플랑크니조마이, *σπλαγχνιζομαι*)이다. 그 사랑 때문에 예수님은 그 사회에서 버려진 모든 사람들을 영접하셨다. 그분이 영접했다면 그의 제자들은 무조건 그들을 조건 없이 영접하고 섬겨야 한다. 그것 때문에 예수께서는 유대 종교 지도자들의 인습적이고 관습적 지혜와 구조(conventional system)들과 처음부터 맞서 싸워 오신 것이요, 그것 때문에 십자가를 지신 것이다.

마가의 내러티브는 전반부는 예수께서 연민의 사랑을 직접 보여주셨다. 그리고 중반부에서는 연민으로부터 나오는 섬김을 제자들이 지켜야 할 도(the way)라고 제자들에게 가르치신다. 그리고 후반부는 다시 그 사랑을 완성하기 위하여 예루살렘으로 올라가시는 것으로 그리고 있다.

---

54) 누가는 예수님이 암 하아레츠(people of the land)들을 섬기기 위해서 오셨다고 증언한다(눅 1:12, 15-19). 특히 마태는 낮고 천하고, 가난한 자들에게 복음을 전파하는 일이 정말로 '그리스도의 본질적 행위'라고 말한다. 메시아는 가난한 자들 가운데 있는, 하나의 가난한 자로서의 그리스도이시다! 이 사실이 바로 유대인들에게는 걸려 넘어지는 스캔들(치욕과 문제거리)였다(한스 웨버, pp.73-74 참조).

05

예수 이름으로 사는 사람들

(9:38-50)

"요한이 예수께 여짜오되 선생님 우리를 따르지 않는 어떤 자가 주의 이름으로 귀신을 내쫓는 것을 우리가 보고 우리를 따르지 아니하므로 금하였나이다 예수께서 이르시되 금하지 말라 내 이름을 의탁하여 능한 일을 행하고 즉시로 나를 비방할 자가 없느니라 우리를 반대하지 않는 자는 우리를 위하는 자니라 누구든지 너희가 그리스도에게 속한 자라 하여 물 한 그릇이라도 주면 내가 진실로 너희에게 이르노니 그가 결코 상을 잃지 않으리라 또 누구든지 나를 믿는 이 작은 자들 중 하나라도 실족하게 하면 차라리 연자맷돌이 그 목에 매여 바다에 던져지는 것이 나으리라 만일 네 손이 너를 범죄하게 하거든 찍어버리라 장애인으로 영생에 들어가는 것이 두 손을 가지고 지옥 곧 꺼지지 않는 불에 들어가는 것보다 나으니라 만일 네 발이 너를 범죄하게 하거든 찍어버리라 다리 저는 자로 영생에 들어가는 것이 두 발을 가지고 지옥에 던져지는 것보다 나으니라 만일 네 눈이 너를 범죄하게 하거든 빼버리라 한 눈으로 하나님의 나라에 들어가는 것이 두 눈을 가지고 지옥에 던져지는 것보다 나으니라 거기에는 구더

기도 죽지 않고 불도 꺼지지 아니하느니라 사람마다 불로써 소금 치듯 함을 받으리라 소금은 좋은 것이로되 만일 소금이 그 맛을 잃으면 무엇으로 이를 짜게 하리요 너희 속에 소금을 두고 서로 화목하라 하시니라."

예수님의 가르침에 어떤 응답을 해야 한다고 생각해서인지, 아니면 어색한 분위기를 바꾸려는 의도에서 했는지 모르지만, 요한은 화제를 북쪽 갈릴리 지역에서 내려 오는 동안에 있었던 일로 돌렸다. 마가복음에서 요한이 특별하게 나온 경우는 처음이다. 어떤 자가 예수님의 이름으로 귀신을 쫓아내는 것을 제자들이 보고, 자기들을 따르지 아니하므로 그 일을 금지시켰다는 보고였다. 그런데 여기서 요한은 선생이라고 부른다. 이 말은 히브리어로는 랍비라는 말이다. 마가복음에는 제자들이 예수를 부를 때 '주여'(κύριε)[55]라고 불렀다고 기록한 곳이 어디에도 없다. 우리 번역에는 '주여' 로 되어 있지만 사실은 모두 랍비, 아니면 당신이란 단어이다(당신(Σύ)-8:28, 9:38, 10:28, 14:31, 랍비-9:5,11:21). 마태는 마태복음 16장 16절의 베드로의 고백에서 그가 예수를 '주여'(κύριε)로 불렀다고 소개함으로 마가와 차이를 나타낸다.

제자들이 길에서 만난 사람은 예수의 이름으로 귀신을 쫓아냈다. 여기에 사용된 관용구 '예수의 이름으로' 는 위에서 언급한 '예수의 이름으로'(ἐπί οτ ἐν τῷ ὀνόματι)와 동일한 표현법이다. 그러므로 그들이 예수의 이름을 사용하여 귀신을 쫓아냈다면 그들은 예수님의 권위(authority)로 그 일을 했다는 의미이다. 즉 예수님과 관계를 맺고 있는 사람들이 그 이름의 능력을 믿고 사용함으로 귀신을 쫓아낸 것을 말한다. 그런데 제자들이 그들이 하는 일을 막았다고 한다. 왜 그들은 그 일을 하

55) '주여'(κύριε)란 용어는 시편 118편 26절에 의하면 '야훼'(yahweh)의 헬라 번역이다.

지 못하도록 막았는가?

사실 그 사람이 '예수 이름으로' 귀신을 쫓아냈다면, 그 사람이 쫓아낸 것이 아니라 '예수의 이름의 권세' 가 쫓아낸 것이다. 그런데도 제자들은 그들이 하는 일을 금지시켰다고 보고했다. 제자들이 그들을 금지시킨 이유는 무엇인가? 38절에는 그 사람이 예수님의 이름으로 귀신을 쫓아내기는 했는데,[56] 자기들을 따르지 아니하므로 그 일을 금지시켰다고 한다. 요한이 보고한 내용에는 '우리를 따르지 않았다' 는 표현을 두 번이나 반복한다. 처음 어두에서 '우리를 따르지 않는 어떤 자' 라고 전제하고 시작하고(38절상), 후미에 '우리를 따르지 아니하므로 금하였다' 고 반복한다(38절하). 요한은 '자기들을 따르지 않았다' 는 사실을 강조하는 강조법을 사용하였다. 그러니까 그를 금지시킨 것을 귀신을 쫓아냈기 때문이 아니라 자기들을 따르지 않았기 때문이라는 뜻이다. 즉 자기들 안에(inner circle) 속하지 않은 자들이 귀신을 쫓아내는 일을 금지시켰다는 말이다.

그 사람은 분명 예수의 이름을 사용하였다. 그런데 금지시켰다. 그렇다면 제자들은 누구를 위하여 금지시켰는가? 예수님의 명예 때문인가, 아니면 자기들 때문인가? 그들이 예수 이름을 바르게 사용했는가는 그들이 행한 결과가 말해 주었다. 그런데도 제자들은 자기들에게 속하지 않았다는 이유 때문에 무조건 반대한 것이다.

이 사건은 변화산에서 내려와 자기들이 귀신을 쫓아내지 못해서 주님으로부터 책망을 들었던 사건 바로 뒤에 일어난 일이다. 제자들을 따르지 않은 그 사람의 행동이 제자들에게는 자기들의 권위를 무시한 것처럼 보였을 것이다. 그러나 그보다는 그가 예수의 이름으로 귀신을 쫓아낸

---

56) 혹 그 사람은 '기도 외에는 다른 것으로는 이런 종류가 나갈 수 없다' 는 가르침을 듣고, 즉시 실천해 보았는지도 모른다.

결과에 그들이 완전히 압도된 것이다. 그 사람은 자기들이 귀신 쫓아내기에 실패했던 일(9:18)을 예수 이름으로 완전히 해냈기 때문이다.

제자들은 이 일을 보고하면서 예수의 동의를 구하고 있었다. 그러나 그들이 한 행동은 바알세불을 인하여 귀신을 쫓아낸다고 비방했던 문제이다. 귀신의 편이면서 어떻게 예수 편이 될 수 있는가? 예수 편이라면 어떻게 귀신 편이겠는가? 귀신 편이라면 어떻게 귀신을 쫓아낼 수 있었겠는가? 사탄에게 적의를 가진 사람이기 때문에 예수 이름으로 귀신을 쫓아낸 것이 아니겠는가? 그렇다면 그는 예수와 한편이란 결론이 나온다. "사탄이 어찌 사탄을 쫓아낼 수 있느냐"(막 3:23:), 또 "만일 집이 스스로 분쟁하면 그 집이 설 수 없다"(3:25)는 말씀이 그들에게 없었다는 증거이다.

바리새인들이 예수님에게 "누구의 권세로 그런 일을 하느냐?"고 물었던 것은 예수께서 자기들처럼 정식 과정을 통하여 배운 바가 없다는 것 때문에 그분의 일들을 금지시키려고 한 것이다. 그런데 지금 제자들이 예수님에게서 배운 바가 없기 때문에 예수 이름으로 귀신을 쫓아낸 사실을 인정할 수 없다고 한다. 제자들의 특권을 침해하는 어떤 행동도 받아들일 수 없다는 논리이다. 비록 예수의 이름으로 하는 일까지도! 제자들의 속내가 유대 종교인들과 속과 아주 똑같음을 보여준다.

요한은 예수님의 동의를 얻으려는 자세를 취하고 기다렸다. 그러나 대답은 기대와는 전혀 달랐다. 예수님은 단호하게 "금하지 말라"고 명령하셨다.[57] "금하지 말라 내 이름을 의탁하여 능한 일을 행하고"(39절)에서 "내 이름"을 강조하신다. 예수께로부터 직접 배웠든지 안 배웠든지 '내 이름을 의탁하여 행했다면' 똑같이 인정해야 한다는 것이다. 권위(자격) 문제가 아니라 믿음으로 실행하는 것이 더 중요하다고 하신다. 예수님은 독점이나 특권을 인정하지 않으신다. "우리를 반대하지 않는 자는 우리를 위하는 자라"(40절)고 하심으로 제자의 범위를 '예수의 이름으로' 하나님의 나라를 세워나가는 모든 사람으로 확대하셨다. 말할 때마다 제자들은 스승의 관점이 자기들과는 매우 다른 것을 느꼈을 것이다. 그러나 제자들은 아직도 자기들에게 무엇이 문제인가를 파악하지 못하고 있다.

요한은 동의를 구하는 마음으로 이 말을 했다. 그러나 예수님은 단호하게 "금하지 말라"(Don' t stop him)고 말씀하심으로 제자들의 제안을 거절하셨다. 그리고 예수의 이름으로 행동하는 것이 얼마나 소중하고 하나님 앞에서 큰 일인가를 설명하신다. "누구든지 너희가 그리스도에게 속한 자라 하여 물 한 그릇이라도 주면 내가 이르노니 그가 결코 상을 잃지 않으리라"(41절). 이 구절을 《이야기 마가》에서는 이렇게 번역했다. "너희가 기름 부음을 받은 사람 밑에 있다는 것 때문에 그 이름으로 인하여 너희에게 물 한 잔이라도 주는 사람은 분명히 자기의 보상을 잃지 않을 것이다."[58] 우리말 성경에는 '이름 안에서' 또는 '이름으로' 란 구절이 빠져 있다.[59] '그리스도에게 속한 자' 를 대접한다는 말은 대접하는 사람이 '예수의 이름으로 대접했다' 는 말과 동일한 의미를 가진다. 여기에 메시아(그리스도) 칭호가 나온다. 메시아의 이름을 지닌 사람 누구에게든 물

---

57) 'έιπεν' 또는 'λέγω', 'λέγω' 가 대화 중에 사용되는 경우에는 강조하는 어감을 가진다. 그래서 이 말은 '주장하다, 선언하다, 명령하다' 는 뜻을 가진다. 여기서 예수님은 단호하게 제자들에게 명령하셨다. 직설법, 단순과거 능동태이다.

58) *Mark as Story*, p.77.

69) 'έν ὀνόματι' 에서 *ὀνόματι*는 'ὄνομα' 의 중성 단수 명사이다. 그러므로 문자대로는 '이름 안에' 또는 '이름으로' 라는 뜻이다. NIV는 이렇게 번역했다. "I tell you the truth, anyone who gives you a cup of water in my name because you belong to Christ will certainly not lose his reward."

한 잔을 주는 아주 작은 봉사도 결코 상을 잃지 않으리라는 것이다.[60] 여기서는 의미의 도치법을 사용하셨다. 41절에서는 누가 너희들(제자들)을 그리스도에게 속한 자(예수 이름으로)라 하여 물 한 그릇이라도 대접했다면 결코 상을 잃지 않으리라고 제자들의 입장에서 말씀하셨지만, 이 말속에 숨겨진 뜻은 반대로 제자들이 거절했던 그 사람도 '그리스도에게 속한 자' 이기 때문에 대접했어야 했고, 그 일이 얼마나 큰 일인가를 암시하는 말이다.

"너희가 그리스도에게 속한 자라 하여"(41절)에서 예수는 자기를 그리스도로 표현한다. 그러나 아직도 제자들은 랍비라 부르므로, 큰 대조를 이룬다.

42절은 41절과 대조되는 문장이다. 41절에서는 예수의 사람들이 대접을 받는 경우이고, 42절은 예수의 사람을 실족하게 하는 경우를 말한다. "누구든지 나를 믿는 이 작은 자들 중 하나라도 실족하게 하면 차라리 연자맷돌이 그 목에 매여 바다에 던져지는 것이 나으리라"(42절). 여기서 말하는 '나를 믿는 작은 자' 가 꼭 제자들을 말한다고 해석할 필요는 없다. 제자들이 거절했던 그 사람의 경우로 해석할 수 있다. 그런 사람을 실족하게 하면 결과적으로 그를 죽이는 것과 똑같다는 말이다. '믿음을 가진 작은 자' [61]는 믿음이 작은 자라는 뜻이 아니라 믿음을 가진 작은 자, 믿음은 있으나 아직 성숙하지 못한 자들이란 뜻이다. 제자들은 귀신을 쫓아낸 그 사람에게 이미 상처를 주었다. 그런 제자들의 행동이 얼마나 무서운 일인가를 지적하시는 말씀이다.[62] 43절부터는 좀더 구체적이고 적극적인 제자의 자세를 말한다. 제자로서 손으로 범죄하면 손을 찍어버리고(43절), 발이 범죄하면 발을 찍어버리며(44절), 만일 그 눈이

60) *Binding the Strongman*, p.262.
61) 믿음이 작고 클 수 있는가?(눅 17:5, 6 참조)

범죄하면 눈을 빼버리라고 하신다(45절).

43절과 44절에는 영생으로 들어간다고 하고, 45절에는 영생이 하나님의 나라로 변한다. 그리고 결과에 대한 말은 '지옥에 던져진다'로 세 경우가 동일하다. 지옥은 '게헨나'(Gehenna)를 말한다.[63] 43절에서는 지옥의 불이 '꺼지지 않는 불'이라고 설명한다. 그리고 48, 49절에는 지옥이 얼마나 무서운 곳인가를 설명한다. 지옥은 구더기도 죽지 않는 곳이다. 불이 꺼지지 않는 곳이다. 그리고 사람마다 불로써 소금 치듯 함을 받는 곳이다. 이 말이 불로써 소금 치듯 해서 고통이 가중된다는 말인지, 아니면 50절 이하에 연결된 문장으로 보아서 소금이 하는 일을 강조한 것인지가 불분명하다. 그러나 여기의 소금은 맛을 내고 부패를 방지하는 역할로 제자의 도를 말씀하시는 것으로 보는 게 좋다(50절). 마이어스(Ched Myers)는 이것은 공동체 안에서 소금과 불로써 맛을 내는 것을 가리킨다고 했고, 플레더만(Fledderman)은 소금과 불은 고대에 치료약으로써 상처를 절단한 후에 아물도록 하기 위해 사용되었다고 말한다.[64]

마가의 내러티브는 소금으로 발전한다. 예수님은 "너희 속에 소금을

62) 마태, 누가는 이 말씀을 제자들에게 목회를 가르쳐 주는 교훈의 하나로 소개한다(마 18:6; 눅 17:1,2). 마태는 "나를 믿는 자 중 하나를 실족하게 하면"이라고 말하고, 누가는 "실족하게 하는 것이 없을 수는 없으나 그렇게 하게 하는 자에게는 화로다"고 했다. 마태와 누가의 경우는 모두 장차 교회를 섬길 제자들에게 가르쳐 주신 지도자의 자세를 말한다.

63) 지옥은 헬라어인 '게헨나'를 번역한 것으로 보는데, 이 말은 히브리어 '게(벤)힌놈'을 배경으로 한다. 힌놈(아들)의 골짜기는 예루살렘 서쪽과 남쪽에 있는 골짜기인데 기드론 골짜기와 만난다. 이곳은 요시야가 종교개혁을 벌이기 전까지 아이들을 몰록에게 제물로 바치는 장소였다. 그러나 개혁 이후에 이곳은 외국인들의 묘지와 쓰레기 하치장으로 쓰였는데, 불이 꺼지지 않고 탄다고 해서 그곳(게헨나)을 지옥이란 의미로 사용하였다.

64) Myers, p.264.

두고 서로 화목하라"(50절)고 하신다. 그렇다면 예수 그리스도의 이름 안에 사는 자들끼리 화목하라는 뜻이고, 위에서 언급된 예수 이름으로 귀신을 쫓아낸 사람과도 화목해야 한다는 뜻이 된다.

마이어스(Ched Myers)는 소금은 계약의 상징이라고 말한다.

'소금을 가진다'는 말은 '화평이 된다'는 말과 동의어이다. 구약성경에서 소금은 계약(covenant)의 한 상징이다. 분명한 사례 중 하나는 레위기 2장 13절에 나타난다. "네 모든 소제물에 소금을 치라 네 하나님의 언약의 소금을 네 소제에 빼지 못할지니 네 모든 예물에 소금을 드릴지니라." 이런 아이디어는 아마도 음식에 소금을 치는 것에서 왔을 것이다(겔 4:14). 어떤 사람과 소금을 친다(나눈다)는 것은 그 사람과 친교를 나눈다는 의미이고, 그 사람과 계약 안에 있다는 의미이다.[65)]

소금은 제자의 삶의 상징이다. 전적으로 자기를 희생해야 한다. 그리고 다른 사람 속에 들어가 맛을 내주어야 한다. 동시에 다른 사람들과 계약관계를 이루고 서로 돕고 화목하며 그분의 사역을 이루어 가야 한다. 그래서 예수님은 "너희 속에 소금을 두고 너희끼리 화목하라"(50절)고 하셨다.[66)]

65) 전게서 p.264.

66) 마태는 소금에 대한 교훈을 산상설교에 기록해 놓았고, 그리스도의 사람들이 세상에서 어떻게 살아가야 하는가를 보여주는 예로 삼았다. 마가는 '예수의 이름으로' 사는 삶을 그리기 위하여 여기에 삽입해 놓았다.

06

이혼에 대한 예수의 교훈

(10:1-12)

"예수께서 거기서 떠나 유대 지경과 요단 강 건너편으로 가시니 무리가 다시 모여들거늘 예수께서 다시 전례대로 가르치시더니 바리새인들이 예수께 나아와 그를 시험하여 묻되 사람이 아내를 버리는 것이 옳으니이까 대답하여 이르시되 모세가 어떻게 너희에게 명하였느냐 이르되 모세는 이혼 증서를 써 주어 버리기를 허락하였나이다 예수께서 그들에게 이르시되 너희 마음이 완악함으로 말미암아 이 명령을 기록하였거니와 창조 때로부터 사람을 남자와 여자로 지으셨으니 이러므로 사람이 부모를 떠나서 그 둘이 한 몸이 될지니라 이러한즉 이제 둘이 아니요 한 몸이니 그러므로 하나님이 짝지어 주신 것을 사람이 나누지 못할지니라 하시더라 집에서 제자들이 다시 이 일을 물으니 이르시되 누구든지 그 아내를 버리고 다른 데에 장가드는 자는 본처에게 간음을 행함이요 또 아내가 남편을 버리고 다른 데로 시집 가면 간음을 행함이니라."

예수님은 유대 지경과 요단강 건너편으로 가셨다. 이제는 예루살렘으로 올라가는 길을 선택하고 마지막 십자가의 길을 가고 계신다. 유대 지방으로 가려면 요단강 동쪽 길을 타고 베뢰아 지역으로 내려 가다가 여리고로 들어가게 된다. 이 길은 소위 '왕의 길'(King's Hyghway)이라고 말하는 길로, 북쪽 다메섹에서 베뢰아를 지나 남쪽 아카바 만(The Gulf of Aqabah)까지 내려가는 길을 말한다.[67]

백성들은 예수님만 보면 놀라고, 몰려든다(9:25,10:1). 유대 종교 지도자들도 예수를 체포하려고 혈안이 되어 있고 제자들이 정신적으로 스승에게서 멀어진 그 순간에도 무리들은 아직도 예수님을 존경하고 따르는 게 아이로니컬하다. 무리들을 만나서 예수께서는 길을 가시면서 전례대로 가르치셨다. 그때 바리새인들이 끼어든다. 예수님이 변화하셨던 변화산에도 서기관들이 있었고, 지금 예루살렘으로 올라가는 길에도 바리새인들이 끼어 있다.[68] 예수님은 예루살렘에서 체포 명령이 떨어져 있었고, 이제는 체포할 수 있는 명목만 찾던 시기였던 같다.

그들이 올무로 던진 질문은 이혼에 대한 문제였다. 그들은 토라 때문에 먹고 살고, 존재의 의미를 느끼는 사람들이기 때문에 말끝마다 토라를 들먹인다. "사람이 아내를 버리는 것이 옳으니이까"(2절). 그들은 모세가 전해 준 율법에 대한 질문을 던짐으로써 예수님과 모세를 대립관계로 몰아넣으려고 시도한다. 만약 예수께서 모세를 반대하면 그것은 분명히 그분을 고소할 명목이 될 것이다. 그들은 모세란 말은 감추고 물었다. 그러나 예수님은 모세의 이름을 밝히면서 말씀하신다. 아마도 그들은 예

---

67) King's Highway는 출애굽 당시 에돔 왕과 아모리 왕 시혼이 이스라엘이 그 길 통과하는 것을 반대했던 길이다(민 20:17,18, 21:22,23; 신 2:27-30).

68) 서기관의 대부분이 바리새인이다. 바리새인들은 에스라를 자기들의 아버지로 생각하였기 때문일 것이다. 이런 바리새인들이 당시 산헤드린의 다수를 차지하여 산헤드린을 장악하고 있었다.

수께서 자기들과는 다르게 모세의 율법을 존중하고 있다는 것을 느꼈던 것 같다. 그래서 이제는 자신과 모세와의 차이를 헤집고 집요하게 질문하였다.[69)]

"모세가 어떻게 너희에게 명하였느냐"(3절). 그들의 심중을 헤아리고 하신 말씀이다. 토라(모세 오경)를 훤히 암기하고 있는 그들은 즉시 대답했다. 모세는 이혼 증서를 써 주어 버리기를 허락했다는 그들의 대답에 예수님은 주석을 다셨다. 모세가 이혼을 허락한 것은 당시 사람들이 너무나 악했기 때문이라고 하시면서 예수님은 모세 이전의 창조 때로 올라가서 이야기를 전개하신다. 모세 이전에 창조 때는 이혼이 허락되지 않았으므로, 그 시대의 법을 따라야 한다는 것이다. 모세가 이혼을 허락한 것은 출애굽이란 중간 시점에서의 현실이라고 하셨다. 그러므로 예수님은 마음이 완악해지기 전, 즉 태초에 그랬던 것처럼 지금도 그렇게 살기를 원하셨다(5절).[70)] 그것은 토라를 모든 법에 우선하는 것으로 숭상하는 바리새인들을 공격하신 것이다. "사람이 그 부모를 떠나서 그 둘이 한 몸이 될지니라 이러한 즉 이제는 둘이 아니요 한 몸이니 그러므로 하나님이 짝지어 주신 것을 사람이 나누지 못할지니라"(7-10절).[71)] 예수님은 모세의 토라에 갇혀 있는 유대 종교 지도자들의 좁은 시야를 넓혀 창조 시의 차원으로 끌어올려 놓으려고 하셨다. 또 이 말씀을 통하여 모세의 명

---

69) 바리새인들은 토라는 모세의 율법뿐만 아니라 세부 규정과 조상들의 구전까지를 포함한다고 생각했다. 예수는 그들의 세부 규정이나 사람들이 전해 준 유전(tradition)은 백성들에게 짐을 지우는 것이며 제거될 대상으로 생각하셨기 때문에 지금까지 그 문제로 충돌해왔던 것이다(막 7:13; 마 23:13).

70) 마츠 A. p.136.

71) 이 말씀의 근거는 창세기 2장 24절이다. "이러므로 남자가 부모를 떠나 그의 아내와 합하여 둘이 한 몸을 이룰지로다"라고 하신 말씀에 해석을 첨가하였다.

령(3절)과 창조 시에 주셨던 하나님의 법을 날카롭게 대립시켰다.[72)]

이제 예수님은 집으로 들어오셨다. 마가는 마가복음 10장을 예루살렘으로 올라가시는 길에서 일어난 일들로 기록하고 있다. 여리고에 들어가셨든지 아니면 베다니에 들어가셨을 것이다. 제자들은 길에서 있었던 주제를 다시 끄집어내어 물었다(10절). 이혼 문제는 그때나 이때나 큰 이슈인가 보다. 이혼에 대한 예수님의 태도에는 타협이 없다.

"누구든지 그 아내를 버리고 다른 데에 장가 드는 자는 본처에게 간음을 행함이요 또 아내가 남편을 버리고 다른 데로 시집 가면 간음을 행함이니라"(11, 12절).

예수님이 이혼에 대하여 반대하신 것 같지는 않다. 이혼 후 두 번째 결혼에 대하여 말씀하셨다. 6절에 결혼은 하나님이 짝지어 한 몸이 된 것이라고 하셨다. 이처럼 한 몸이 된 것은 만약의 경우에 이혼을 한 경우에도 유효하다는 것이다. 한 번 하나 된 몸은 영원히 하나라는 것이다. 그러므로 이혼한 남자가 다른 여자에게, 이혼한 여자가 다른 남자에게 두 번째 결혼을 하는 것은 한 몸 된 남자와 여자에게 범죄하는 것이라고 하셨다. 현대처럼 다음 결혼을 전제하고 이혼하는 것을 절대로 금하셨다.

바울 사도는 고린도전서 7장 10, 11절에서 예수님의 말씀에 대한 해석을 첨부했다. "결혼한 자들에게 내가 명하노니 (명하는 자는 내가 아니요 주시라) 여자는 남편에게서 갈라서지 말고 (만일 갈라섰으면 그대로 지내든지 다시 그 남편과 화합하든지 하라) 남편도 아내를 버리지 말라."

---

72) 히브리서는 예수를 아들이요 모세를 종으로 묘사한다. 그리고 예수님을 믿는 사람들도 아들의 반열에 있음을 명시한다(히 3:1-6, 2:11). 하나님을 믿는 신앙은 모든 인간을 넘어 하나님을 향하는 것이다.

07

어린아이들을 높여 주시다

(10:13-16)

"사람들이 예수께서 만져 주심을 바라고 어린아이들을 데리고 오매 제자들이 꾸짖거늘 예수께서 보시고 노하시어 이르시되 어린아이들이 내게 오는 것을 용납하고 금하지 말라 하나님의 나라가 이런 자의 것이니라 내가 진실로 너희에게 이르노니 누구든지 하나님의 나라를 어린아이와 같이 받들지 않는 자는 결단코 그곳에 들어가지 못하리라 하시고 그 어린아이들을 안고 그들 위에 안수하시고 축복하시니라."

예수께서 가는 길에는 아직도 사람들이 모여든다. 이제는 아이들까지 데리고 왔다. 사람들은 자기 아이들에게 예수의 축복을 받게 하고 싶었다. 그러나 제자들은 아이들 데리고 오는 것을 꾸짖었다. 아직도 그들은 아이들이 귀찮은 존재이고 별 볼일 없는 존재들이라고 생각하고 있는 것 같다.

"만져 주심을 바라고"(13절)에서, 만져 주는 행위는 다른 사람에게 사랑을 표현하는 가장 일반적인 행동이다. 동물도 식물도 만져 줌으로 건

강하게 성장한다. 그러나 예수의 만져 주심은 관습적인 것은 아니다. 그분의 신체적 접촉을 통하여 치료되고 회복되며 몸과 마음이 병든 자들이 일어난다. 이처럼 복(blessing)을 전달하는 방법으로 예수님은 사람들을 터치해 주셨다. 사람들은 그분의 터치가 얼마나 놀라운 결과를 가져오는지를 잘 보아왔다. 그래서 이제는 부모들이 만져 주심을 바라고 아이들을 주께로 데리고 왔다. 그러나 제자들은 어린이를 데려오는 것으로 자기 스승이 바빠지는 것, 또 아이들에게 관심을 갖는 사소한 것으로 인해 중요한 일에 대한 관심을 빼앗긴다는 생각 때문에 아이를 데리고 온 사람들을 꾸짖었다. 그러나 예수님은 이런 제자들의 태도에 분노하신다.[73] 이전과는 상당히 다른 태도였다. 그런 일로 즉각 화를 내신 경우는 거의 없었다. 왜 이런 일이 예수님을 그처럼 화나게 한 것일까?

그 이유를 알기 위하여 마가복음 9장 30절에서 10장 12절의 내용을 다시 읽어야 한다. 지금 제자들의 마음속에 일어나는 관심은 무엇인가? 왜 작은 자들을 섬기라고 하셨는가? 그런데 제자들은 아직도 어린아이를 섬기라고 하신 예수님의 말씀을 전혀 기억하지 못하는 것 같다. 아니 안중에도 없는 것 같다. 제자들은 아직도 자기들의 신분 상승에만 관심이 있다. 그러니 아래를 내려다 볼 시간이 없었던 것이다. 예수님의 생각과 제자들의 생각은 좁혀질 줄을 모르고 평행선을 유지하고 있다.

"노하여 이르시되 어린아이들이 내게 오는 것을 용납하고 금하지 말라 하나님의 나라가 이런 자의 것이니라"(14절). 이제는 아이들을 놓고 하나님나라에 대하여 적극적으로 가르치기 시작하신다. 하나님의 나라가 이런 자들의 소유라는 것이고, 어린아이들같이 하늘나라를 받들어야

---

73) *ἐπετίμων αὐτοῖς*: 꾸짖다는 동사는 마가복음 8장 33절에서 베드로가 예수를 꾸짖은 데서 사용된 단어이다. 그리고 '분노하다'(*ἠγανάκτησε*)는 동사는 단순과거로서, 즉시 분노하게 된 상태로 들어간 것을 말한다.

한다는 것이다. 하늘나라가 왜 이런 어린아이들의 것일까? 이 문장에서 중요한 것은 '어린아이들' 같이이다. 어린아이들이 천국의 소유자들이란 말이 아니라 어린아이 같은 자들이 천국의 소유자가 된다는 뜻이다.

그렇다면 어린아이들 같다는 것은 어떤 의미인가? 어린아이 같다는 말은 아이들의 속성 중에 어떤 면을 말하는 것으로, 당시 제자들의 마음과 비교해서 하신 말씀이다. 지금 제자들이 고집스럽고 배우려 하지 않고 높아지려는 욕망에 사로잡혀 있는 데 반하여, 고집스럽지 않고 유순하며 배우려는 정신 그리고 겸손한 마음의 아이들을 말한다. 또 그들이 갖는 부모에 대한 의존성과 복종하는 태도를 말하고, 어떤 자리(position)에 매달리지 않으며, 마음이 깨끗하고 분명한 성품을 말한 것이다. 물론 이 점에서도 현대 아이들의 모습으로 예수께서 언급하신 아이들을 이해하면 안 된다. 과거에 아이들의 태도를 들어 완고하고, 배우려 하지 않고, 자기들 속에 계획된 것만을 성취하려는 집념에 갇혀 있는 제자들을 깨닫게 하려고 하신 교훈으로 받아야 한다.

두 번째의 경우는, 아이들같이 하나님의 나라를 받아들이라고 하신다. 하나님의 나라를 받아들인다는 것은 하늘나라의 본질, 통치, 하나님의 권위를 말하는 것으로, 아이들이 부모의 명령을 무조건 받아들이는 것처럼 하나님의 통치와 그 나라의 질서에 무조건 복종하는 것을 말한다. 15절의 강조점은 "하나님의 나라를 어린아이와 같이 받들지 않는 자"인데, 여기서 '받든다'(δέξητι)는 '받아들이다, 영접하다'는 뜻이다. 하나님 나라를 '받아들여야 하되, 어린아이같이' 하라는 말이다. 그렇지 않으면 '하나님나라에 들어갈 수 없다'고 하셨다. 이 구절에서 '받아들인다'는 말과 '들어간다'는 말이 대칭을 이루고 있다.[74] 즉 받아들인다는 것은 곧 그 나라에 들어가는 것을 말한다.[75] 이것이 믿음의 본질이다.

"그곳(하나님나라)에 결단코 들어가지 못하리라"(15절)는 이 말씀은 니고데모에게 하신 말씀과 매우 비슷하다.[76] 니고데모는 하나님나라에서 멀리 있었다. 그런데 제자들도 지금 하나님나라에서 너무 먼 곳에 살고 있다. 현대 교회에서 믿는다는 것을 믿는 행위 자체로만 제한하여 이해하려고 하는 것은 크게 잘못된 것이다. 비록 믿는 사람들이 이 지상에 살고 있어도 영적으로는 하늘나라 안에 들어가서 사는 삶을 살아야 한다. 믿기는 하지만 하나님나라와는 아무 상관이 없다면 어찌 예수 그리스도를 믿는다고 할 수 있겠는가? 유진 피터슨은 이런 신앙의 입장을 '영지주의 신앙' 으로 흐르는 것이라고 경고했다.

하늘나라가 이런 자의 것이기 때문에 제자들에게 아이들처럼 되라고 하신다. 여기서 어린아이는 마가복음 9장 37절에서 말했던 어린아이의

---

74) *'ἄν μὴ δέξηται τὴν βαοιέιαν Θεοῦ" "μὴ εἰσέλθη είς αὐτήν.'* '영접하다' (*δέξηται*)는 가정법 단순과거 중간태이고(중간태는 영접하는 자가 자기를 위하여 영접한다는 의미가 있다), '들어가다' (*εἰσέλθη*)는 가정법 단순과거 직설법이다. 영접하면 즉시 들어간다는 뜻이다. '들어간다' 는 '들어가서 그 안에 산다' 는 의미가 된다.

75) 니고데모에게 하신 말씀도 믿음은 하나님의 나라에 들어가는 것이라고 하셨다(요 3:3) "거듭나지 아니하면 하나님의 나라를 볼 수 없느니라"는 말씀에는 논리의 비약이 있다. 하늘나라에 들어가 있어야 비로소 그 나라를 볼 수 있는데, 니고데모는 하늘나라에 들어가지도 못한 사람이면서 하나님나라의 이야기를 하기 때문이다. 우리는 믿음으로 구원을 강조한다. 그러나 예수님은 믿음으로 하나님나라에 들어가는 것을 강조하신다.

76) 예수님은 하나님나라에 들어가는 것을 더 강조한다. 요한복음 3장 1-8절에서 니고데모에게 말씀하신 내용에서도 믿는다는 것은 하나님의 나라에 들어가는 것이란 사실을 강조하셨다. 또 중생이란 믿음으로 하나님나라에 들어가고, 하나님 안에서 함께 살아가는 것을 말하는 것이라고 하셨다. 중생을 마음의 감정으로만 이해하고 하나님나라에서 성령과 함께 사는 삶이 이뤄지지 않는다면 그 사람은 중생하지 못한 사람이다. 예수께서 구원을 '아브라함의 자손이 되는 것' 으로 선포하신 것도 이런 맥락에서 이해해야 한다(눅 19:9; 갈 3:28, 29).

개념과는 전혀 다른 개념이다. 후자는 신체적으로 작은 아이들을 가리키셨다면, 전자는 영적, 정신적으로 순수한 사람들이라는 개념으로 아이들을 말한다. 마태는 예수의 제자가 된다는 것은 곧 어린아이가 된다는 것과 같은 뜻이라며 아이들을 모델로 삼아 교훈하셨다고 기록했다(마 18:3,4).[77)]

갈릴리 사역을 마치며 일어난 사건에 대한 복음서 비교		
마가복음	**마태복음**	**누가복음**
이혼에 대한 질문	19:1-12	없음
아이들에게 복을 내리심	19:13-15	18:15-17
젊은 부자 청년	19:16-30	18:18-30
죽음의 예고	20:17-19	18:31-34
야고보와 요한의 요구	20:20-28	없음
여리고의 소경	20:29-34	18:35-43

예수께서는 그 어린아이들을 안으시고, 그들 위에 안수하시고, 축복하셨다. 제자들이 심하게 꾸짖었던 그 아이들을 예수께서는 안수하시고 축복해 주셨다. 예수님의 태도와 제자들의 태도가 극적으로 대조되고 있다.

위에서 보는 바와 같이 복음서가 거의 비슷하게 같은 사건을 같은 순서로 다루고 있음을 알 수 있다. 그러나 마태와 누가는 같은 사건이라도 다루는 목적과 상황을 다르게 취급하고 있다.

77) "너희가 돌이켜 어린아이들과 같이 되지 아니하면 결단코 천국에 들어가지 못하리라 그러므로 누구든지 이 어린아이와 같이 스스로를 낮추는 사람이 천국에서 가장 큰 자니라"(마 18:3,4).

08

예수께 나아온 재물이 많은 사람

(10:17-34)

"예수께서 길에 나가실새 한 사람이 달려와서 꿇어 앉아 묻자오되 선한 선생님이여 내가 무엇을 하여야 영생을 얻으리이까 예수께서 이르시되 네가 어찌하여 나를 선하다 일컫느냐 하나님 한 분 외에는 선한 이가 없느니라 네가 계명을 아나니 살인하지 말라, 간음하지 말라,도둑질하지 말라, 거짓 증언 하지 말라, 속여 빼앗지 말라, 네 부모를 공경하라 하였느니라 그가 여짜오되 선생님이여 이것은 내가 어려서부터 다 지켰나이다 예수께서 그를 보시고 사랑하사 이르시되 네게 아직 한 가지 부족한 것이 있으니 가서 네게 있는 것을 다 팔아 가난한 자들에게 주라 그리하면 하늘에서 보화가 네게 있으리라 그리고 와서 나를 따르라 하시니 그 사람은 재물이 많은 고로 이 말씀으로 인하여 슬픈 기색을 띠고 근심하며 가니라 예수께서 둘러보시고 제자들에게 이르시되 재물이 있는 자는 하나님의 나라에 들어가기가 심히 어렵도다 하시니 제자들이 그 말씀에 놀라는지라 예수께서 대답하여 이르시되 얘들아 하나님의 나라에 들어가기 얼마나 어려운지 낙타가 바늘귀로 나가는 것이 부자가 하나님의 나라에 들어가는 것보다 쉬우니라 하시니 제자들이 매우 놀라 서로 말하되 그런즉 누가 구원을 얻을 수 있는가 하니 예수께서 그들을 보시며 이르시되 사람으로는 할 수 없으되 하나님으로는 그렇지 아니하니 하나님으로서는 다 하실 수 있느니라 베드로가 여짜와 이르되 보소서 우리가 모든 것을 버리고 주를 따랐나이다 예수께서 이르시되 내가 진실로 너희에게 이르노니 나와 복음을 위하여 집이나 형제나 자매나 어머니나 아버지나 자식이나 전토를 버린 자는 현세에 있어 집과 형제와 자매와 어머니와 자식과 전토를 백 배나 받되 박해를 겸하여 받고 내세에 영생을 받지 못할 자가 없느니라 그러나 먼저 된 자로서 나중 되고 나중 된 자로서 먼저 될 자가 많으니라 예루살렘으로 올라가는 길에 예수께서 그들 앞에 서서 가시는데 그들이 놀라고 따르는 자들은 두려워하더라 이에 다시 열두 제자를 데리시고 자기가 당할 일을 말씀하여 이르시되 보라 우리가 예루살렘으로 올라가노니 인자가 대제사장들과 서기관들에게 넘겨지매 그들이 죽이기로 결의하고 이방인들에게 넘겨주겠고 그들은 능욕하며 침 뱉으며 채찍질하고 죽일 것이나 그는 삼 일 만에 살아나리라 하시니라."

마가는 이 내러티브를 특별하게 다루고 있다.[78] 그래서 길고도 자세하게 다룬다.

배경은 예루살렘으로 마지막 올라가는 길이다. 한 사람이 예수님께로 달려왔다. 그리고 그는 길 위에 꿇어앉아 물었다. "선한 선생님이여 내가 무엇을 하여야 영생을 얻으리이까"(17절). 영생은 유대인 사회에서는 여기와 거기(here and hereafter)에서 동시에 누릴 메시아적 왕국의 축복을

78) 누가는 이 젊은이의 이야기를 '선한 사마리아인의 비유' 앞에서 놓아서 이 젊은이가 '누가 내 이웃인가'를 물었던 질문에 사마리아인 비유로 대답하신 것으로 편집해 놓았다.

의미했다.[79] 이 사람은 그런 축복을 얻기 위하여는 무엇을 해야 하는 것으로 생각하고 있다. 그래서 '무엇을 해야 영생을 얻을 것인가?' 를 물었다.

길에서 이처럼 무릎을 꿇고 영생의 문제를 진지하게 묻는 이 사람은 과연 어떤 사람인가? 마가는 이 사람에 대하여 단지 '재물이 많은 사람'(22절)이라고만 밝히고 다른 면에는 모두 침묵을 지킨다. 누가는 '*ἄρχων*' - '아르콘'(눅 18:18)이라고 말하는데, 이 단어를 우리 개역성경 누가복음 14장 1절에서는 '바리새인의 지도자' 라고 번역했고, 마태복음 9장 18절에서는 '회당장' 으로 번역했다. 요세푸스는 이 단어가 산헤드린 회원을 가리키는 말이라고 했다.[80] 예레미아스(Jeremias)는 '관원' 은 당시 유대 사회의 5%에 속하는 사람들이라고 말한다.[81] 그렇다면 당시 유대 사회의 엘리트임에 분명하다.

마태는 이 사람의 나이를 '청년'(*νεανίσκος*)이라고 밝히는데(마 19:22), 이 '*νεανίσκος*' - '네아니스코스' 란 단어는 유대의 24세에서 40세 사이의 남자를 지칭하는 단어이다.[82] 이렇게 보면 이 사람은 아무래도 예수님보다는 나이가 더 들었다고 추측할 수 있다. 그런 유대 사회의 최고 엘리트

---

79) ICCC, p.190.

80) Kenneth S. Wuest, *Word Studies in the Greek New Tesament*, Vol. I. Eerdmans, pp.200-201.

81) 관원-요세푸스에 의하면, "팔레스타인 안에 유대인들의 주요 산업은 농업이었다"(Ag. Ap.1.60). 비교 연구에 의하면 예수 당시 유대인 인구 중의 80-90%가 농업에 종사하였다고 한다(Lenski, 1984; pp.199-200, 266-278). 인구의 5%가 엘리트 그룹(rulers, soldiers, scribes, administrators and so on), 즉 농업에 종사하지 않는 사람들이었다. Palestine in the time of Jesus, p.104.

82) 렌스키, p.255.

가 예수님을 찾아와 길 위에서 꿇어 엎드려 묻고 있는 것이다.

이런 사람이 예수님께 나아와서 영생을 얻는 길을 묻는 진정한 의미는 무엇일까? 10장 2절에 책잡으려고 예수께 나아와 물었던 바리새인들과 같은 종류의 사람이었을까? 많은 이가 그렇게 생각해 왔었다. 10장 18-20절의 대화를 보면 그가 찾아온 동기가 의심되기도 한다. 더욱이 "이것은(계명) 내가 어려서부터 다 지켰나이다"(20절)라는 대답을 들으면 그렇게 생각되기도 한다.

그가 예수님을 '선한 선생'(*Διδάσκαλε ἀγαθέ*, 디다스카레 아가데)이라고 부른 것도 특별하다. 웨스트(Wuest)는 '*Διδάσκαλε ἀγαθέ*'를 '선생님, 선한 이여'(Teacher, Good one)라고 읽기를 주장한다.[83] '*ἀγαθός*'란 말은 내적인 가치, 특히 도덕적인 가치에 있어서는 완전한(perfect) 것을 의미하기도 한다. 이렇게 보면, 이 사람은 예수님을 이 땅에 존재하는 최고의 선생으로 생각하고 불렀다는 것이다. 그런데 예수님은 이런 칭찬을 거절하셨다. 선한 이는 하나님 한 분뿐이라는 게 거절의 이유였다. 예수님의 지혜는 하나님으로부터 온 것이기 때문이다. 물론 예수님의 지혜는 이 지상에서 성장한 것이기도 하지만(눅 2:52), 예수님은 언제나 하나님을 높이시며 사람들에게 하나님만 보여 주기를 원하셨다. 이것이 자신의 신성을 부인하는 것은 아니다. 인간 됨의 겸손을 동시에 말하고 있는 것이다.

예수께서 젊은이에게 말씀한 계명은 십계명 중 5계명에서 10계명까지의 내용이다. 이 젊은이는 서슴지 않고 그런 계명은 어려서부터 다 지켰다고 대답하고 "아직도 무엇이 부족하니이까" 하고 물었다(마 19:20). 주께서는 아직 완전하지 않다고 하셨다. 그래서 마가는 예수께서 "네게 아직도 한 가지 부족한 것이 있으니"(21절)라고 하셨다고 전한다. 마태의

83) Wuest, 전게서, p.201.

기록에 의하면, “네가 온전하고자 할진대 가서 네 소유를 팔아 가난한 자들에게 주라 그리하면 하늘에서 보화가 네게 있으리라 그리고 와서 나를 따르라”(마 19:21)고 하셨다. 예수님의 견해에 따르면, 자선을 위해 재산을 사용하는 것이 계명을 철저히 이행하는 일이라는 사실이 밝혀진다. 이런 의미에서 이 부자는 한 가지 부족한 점이 있는 사람이다. 그러나 그는 자기의 부족함이 무엇인가를 몰랐다.

그분에게 찾아온 청년이 율법을 다 지켰다고 하는 말은 우리가 율법을 다 지켰다고 하는 것과는 개념이 다르다는 사실을 기억해야 한다. 후기 유대교의 토양에서는 장로들의 유전을 다 지키면 완전한 의인이라고 했다.[84] 그러나 우리는 하나님의 율법(토라)을 모두 지킨다는 것은 불가능하다고 생각한다. 여기에 차이가 있다. 이 부자 청년은 장로들의 유전을 다 알고 있었고, 그대로 살았다는 말이다.[85] 그렇기 때문에 이 젊은 부자가 다 지켰다고 대답한 것은 위선이 아니라 그들의 관습에 의하여 대답한 것이다. 여기서 중요한 것은, 그를 대하고 계신 예수님께서 그를 어떻게 생각하셨는가 하는 점이다. 아마도 이 사람은 바리새인이었을 것이다. 그렇다면 이 사람은 유대 종교 지도자로서 예수님의 복음에 직면하여 서 있는 사람을 대표한다고 볼 수 있다. 그 차이를 알았고, 그래서 유대 종교의 한계를 넘어가려고 고민하고 있는 사람이다.

예수님은 ‘그를 보시고 사랑하셨다’ 고 마가는 전한다. ‘보시고, 사랑

---

84) 예레미아스, p.174.

85) 그래서 예수께서는 유대인들의 의인관에 대한 허구를 지적하면서, ‘형제에게 노하는 자, 라가라 하는 자는 살인한 자’(마 5:21,22)라고 하셨고, ‘마음에 음욕을 품고 여자를 보는 자마다 마음에 이미 간음한 것이다’(마 5:27)고 지적하셨다.

하셨다'에서 동사 '보시다'와 '사랑하다'($\dot{\alpha}\gamma\alpha\pi\acute{\alpha}\omega$)는 단순과거 분사와 동사를 사용하여 반짝이는 사랑을 언급한다. 예수께서는 이 매력적인 젊은이를 보시고 사랑에 빠졌다는 의미이다.[86] 이 젊은이의 무엇이 그처럼 사랑스러우셨을까? 주께서 그를 사랑하신 것은 완전해서 사랑한 게 아니다. 그의 부족함에도 불구하고 사랑하셨다. 우선 그의 영생에 대한 간절함이 위대하였다. 그리고 관점에 차이는 있지만 그 사람 나름대로 율법을 다 지키려고 노력했다는 점도 위대하다. 더욱이 율법을 다 알고 그 율법대로 따라 산 사람, 아마도 바리새인이었을 가능성이 높은데, 그런 사람이 영생에 대하여 묻기 위하여 그분에게 나아왔다는 점도 그 당시로서는 생각할 수 없는 일이다.

예수님은 그에게 사랑을 느꼈다. 그래서 사랑의 당부를 하신다. "네게 아직 한 가지 부족한 것이 있으니 가서 네게 있는 것을 다 팔아 가난한 자들에게 주라 그리하면 하늘에서 보화가 네게 있으리라 그리고 와서 나를 따르라." 그에게 부족한 것이 있다는 말은 부정적인 면이 아니라 긍정적이다. 예수께서 이 젊은이를 사랑하기 때문에 주신 말씀이다. 지금 재물이 많은 것이 그에게 문제가 되었다. 그가 계명대로 살려고 노력했고 영생을 추구하느라 고민한 것을 보면 불의한 재물은 아니라고 보인다. 그러나 자기가 가지고 있는 재물이 늘 마음에 걸렸던 것 같다. 그 재물을 다 누리고 살면서 어떻게 영생을 얻을 수 있을까 하는 것이 그의 고민이었다. 이런 물질에 대한 고민이 깊어지면서 그의 재물이 그의 궁극적 관심(ultimate concern)이 되었을 것이다. 어떤 사물이나 사람이 그 사람의 중심 자리를 차지하면 궁극적 관심이 되게 마련이다. 궁극적 관심은 곧 우상이 된다는 말이다.

궁극적 관심은 오직 하나님 한 분이 되어야 하는데, 이 부자에게는 궁

86) 원어연구해설, 마가복음 p.425.

극적 관심이 둘이 된 셈이다. 그렇다면 하나는 우상이다. 아마도 그는 그런 고민 때문에 예수님에게 나아와 영생에 관한 질문을 던졌을 것이다. 예수님은 그의 문제를 정확하게 아셨다. 그래서 재산을 팔아 가난한 자들에게 주라는 말씀은, 단순하게 재물을 팔아 구제하라는 말이 아니라 부자가 가지고 있는 하나님 외의 궁극적 관심, 즉 그의 우상을 버리라는 뜻으로 해석해야 한다. 또 "나를 따르라"고 하신 것을 보면, 그를 제자 삼고 싶어하셨다고도 볼 수 있다.

예수께서 그에게 "가서 네게 있는 것을 다 팔아 가난한 자들에게 주라"(21절)고 한 말에서 '모든' 이란 말을 문자적으로 '전체' 로 이해해서는 안 된다고 예레미아스는 말한다. 그 당시의 《미슈나》에 따르면 사람들은 자기 재산의 일부만을 성소에 바치도록 허용되었고 그 이상의 행위는 부당하다고 되어 있다. 《미슈나》의 구절에 있는 '재산의 5분의 1이상을 자선에 사용해서는 안 된다' 는 규정은 이미 주후 1세기에 통용되고 있었다.[87] 그러므로 '모든 것을 팔아' 란 말은 그의 재산의 5분의 1을 의미한다고 보아야 한다. 그의 재산의 일부를 팔아 가난한 사람에게 줌으로 그 사람의 부족한 부분을 보충하고, 또 그리하면 하늘에서 보화가 있으리라고 하셨다. 그리고 나를 따르라고 하셨다. 또 다른 의미에서는, 이 젊은이에게 재물이 궁극적 관심이 되어 있다면 그의 재물을 팔아 가난한 자들에게 주라고 하심으로 젊은이의 우상을 제거해 주려고 하신 것이다.

마가는 이 사건이 예수께서 갈릴리 사역을 마치고 고난으로 들어가는 입구에서 일어난 일로 취급하였다. 이것은 고난과 십자가를 앞에 둔 예수께서 제자들에게 제자의 도가 무엇인가를 다시 한번 깨우쳐 주려고 하신 것으로 해석하고 있다. 제자는 '있는 것을 팔아 가난한 자들에게 주는

---

87) 예레미아스, p.173

자이다.' 그리고 예수를 따르는 자들이다. 전적으로 하나님만 의지하고 사는 자들이다. 그리고 하늘의 보화만을 바라보고 사는 자들이다. 그리하면 하늘에서 보화가 그에게 있다는 것이다.

여기에 감춰진 또 하나의 의미는, 예수님을 따르는 것 자체가 영생이란 점이다. 그러나 젊은이는 슬픈 기색을 띠고 떠나갔다. 예수님의 권고는 실패한 것인가? 슬픈 기색을 띠고 떠나갔다는 마가의 표현이 담고 있는 의미는 무엇일까?

결과는 알 수 없다. 마가는 그 결과에 대해서는 침묵으로 남겨 놓았기 때문이다. 그러나 10장 23-31절로 이어지는 담화를 바로 이 젊은이가 돌아간 후에 이어진 것으로 본다면, 이 젊은이의 이야기는 아직 끝나지 않았다. 돌아가는 그 사람 뒤에서 예수께서는 제자들에게 말씀하셨다. "재물이 있는 자는 하나님의 나라에 들어가기가 심히 어렵도다"(23절). 그 말에 제자들이 다 놀랐다. 이어서 예수께서 말씀하신다. "얘들아 하나님의 나라에 들어가기가 얼마나 어려운지 낙타가 바늘귀로 나가는 것이 부자가 하나님의 나라에 들어가는 것보다 쉬우니라"(24-25절). 제자들이 이제는 매우 놀라 서로 "그런즉 누가 구원을 얻을 수 있는가" 하고 말한다. 예수님의 대답은 의외로 간단하셨다. "사람으로는 할 수 없으되 하나님으로는 그렇지 아니하니 하나님으로서는 다 하실 수 있느니라"(27절). 바늘귀를 현실적인 방법으로 해석하려고 하는 것은 잘못이다. 예수의 비유는 어떤 비슷한 사실을 빗대어 말하지만 전혀 다른 의미를 표현하기 때문이다. 비유에서 표현하는 이미지는 이미지 그대로 받아들여야 하고, 뉘앙스는 뉘앙스 그대로 받아들여야 한다. '바늘귀' 가 한 사람이 겨우 지나갈 수 있는 성벽의 작은 출입구를 지칭한다느니 하는 해석은 잘못된 시도들이다.[88]

---

88) 독일성서교회 해설집, 마가복음 10장 25절 해석.

'하나님으로는 할 수 있다' 는 말 속에 예수님의 권고를 받고 돌아간 그 사람도 해당된다면 예수님은 그 사람에게도 희망을 가지셨다는 말이다. 예수님은 29-30절에 제자의 도를 말씀하신다. 제자는 전토를 버리는 자이다. 그리고 예수 한 사람을 선택하는 사람이다. 그러나 그것은 잃어버리는 것이 아니라 백 배나 받되, 때로는 박해를 겸하여 받게 되며, 영생을 얻지 못할 자가 없다고 하셨다. 마태는 이곳에 베드로의 질문을 첨가했다.[89] 그러나 마가복음에서는 마태가 소개하는 베드로의 이야기가 생략되었을 뿐 아니라 인자의 영광의 날에 열두 보좌에 앉아서 이스라엘 열두 지파를 심판하리란 내용도 생략되었다.

슬픈 기색을 띠고 갔다는 마가의 표현은 부정적 이미지인가, 긍정적 이미지인가? 부자 청년의 이야기를 마가복음 10장 17-31절로 생각한다면 이 본문의 결론은 31절이 된다. "먼저 된 자로서 나중 되고 나중 된 자로서 먼저 될 자가 많으니라." 그렇다면 먼저 된 자는 누구이고, 나중 된 자는 누구인가? "But many who are most important will be least and the least most important."[90] 예수님의 길은 하나님이 세우신 목표를 향해서 나아가는 길이다. 제자란 그 길을 따르는 자들이다. 이 젊은이는 길을 가시는 예수님에게 나아왔다. 예수는 그에게 길을 따르도록 초청하였다. 그러나 그는 슬퍼하며 떠나갔다. 마가는 결론을 내리지 않

89) 베드로는 "보소서 우리가 모든 것을 버리고 주를 따랐사온대 그런즉 우리가 무엇을 얻으리이까"(마 19:27)라고 물었다. 그러자 예수께서는 "내가 진실로 너희에게 이르노니 세상이 새롭게 되어 인자가 자기 영광의 보좌에 앉을 때에 나를 따르는 너희도 열두 보좌에 앉아 이스라엘 열두 지파를 심판하리라"고 하셨다.

90) *Mark as Story*에서는 사역에서 '첫째 되는 자' 는 '가장 중요한 사람' (most important), 그리고 '나중 된 자' 는 '가장 작은 자' (the least)로 번역했다. p.26.

는다. 열어 둔 채로 다른 이야기로 넘어간다. 그러나 22절, 27절, 31절이 부자 청년에 대한 예수님의 기대 내지 희망을 담고 있는 것은 확실하다.

32절은 31절과는 시간적인 차이가 있다. 예수께서 예루살렘으로 계속 올라가시는 중이다(32절상). 제자들은 그분의 뒤를 따르고, 더 많은 무리들이 그들의 뒤를 따르고 있었다. 그런데 따라가던 제자들은 그분의 모습을 보고 놀라고[91](32절중), 다른 사람들은 두려워했다(32절하).

앞서 가시는 스승의 어떤 모습이 그들을 그처럼 놀라게 하고 사람들을 두려워하게 했을까? '놀라다' 는 단어 '에담분토'(ἐθαμβοῦντο)는 '담베오'(θαμβέω)의 미완료 과거 수동태로, 그들이 무엇인가 타의에의해서 반복적으로 놀라고 있었다는 것을 나타낸다. 그러니까 예수님의 어떤 모습에 그들은 놀라고 있었던 것이다. 그 모습이 다른 사람들에게는 두려움을 주었는데, 제자들은 놀라게 했다. 무엇인가 자기들이 기대했던 것과는 전혀 다른 모습이었을 것이다. 예루살렘에서 그분을 체포하려고 기다리고 있는 것을 알면서도 당당하게 올라가는 각오와 모습이 그들을 놀라게 했는지 모른다. 그래서 자기들의 기대와는 정반대의 결과가 올 것 같은 예감 때문이었을 것이다.

그러자 예수께서는 다시 그들 곁으로 와서 말씀하기 시작하셨다. "보라 우리가 예루살렘으로 올라가노니 인자가 대제사장들과 서기관들에게 넘겨지매 그들이 죽이기로 결의하고 이방인들에게 넘겨 주겠고 그들은 능욕하며 침 뱉으며 채찍질하고 죽일 것이나 그는 삼 일 만에 살아나리라 하시니라." 세 번째로 십자가와 부활에 대하여 말씀하셨다. 여기서는 자신의 죽음에 대하여 좀더 구체적으로 진술하신다. 대제사장들과 서기

---

91) 'ἐθαμβουντο' 는 'θαμβε,ω' 의 미완료형, 과거 수동태이다. 그들이 놀란 상태가 계속된 것을 의미한다.

관들에 의하여 고난 받으실 것을 예고하신다(33절, 8:31 참조). 그리고 어떤 수치와 멸시를 당할지를 밝히셨다. "이방인에게 넘겨 주겠고, 능욕을 받고, 침 뱉음을 당하며, 채찍질하고 죽일 것이다. 그러나 삼 일 만에 살아나리라."

마가 내러티브에서 이 부자 청년의 사건은 중요한 위치를 점하고 있다. 이 사건은 갈릴리 사역을 끝내고 예루살렘으로 올라가면서 일어났다. 그런데 이 청년은 세상의 가치와 하늘나라 가치 사이에서 아직도 결정을 하지 못하고 방황하고 있다. 이런 방황은 현재 예수님을 따르고 있는 제자들의 마음 안에서도 똑같이 일어나고 있다. 단지 제자들은 그리스도를 따르고 있고, 부자는 떠나갔을 뿐이다. 그러나 이들의 마음 상태에서 일어나고 있는 갈등은 똑같다. 마가는 이 부자의 모습을 통하여 제자들의 갈등을 보여주고 있다. 그렇기 때문에 마태가 베드로를 칭찬해 준 보좌의 영광을 마가는 말하지 않았을 것이다. 예수님은 이 부자의 이야기를 통하여 제자들이 어떤 결단을 내려야 하는지를 보여주고 있다고 보겠다.

09

두 제자의 어리석은 요구

(10:35-45)

"세베대의 아들 야고보와 요한이 주께 나아와 여짜오되 선생님이여 무엇이든지 우리가 구하는 바를 우리에게 하여 주시기를 원하옵나이다 이르시되 너희에게 무엇을 하여 주기를 원하느냐 여짜오되 주의 영광 중에서 우리를 하나는 주의 우편에, 하나는 좌편에 앉게 하여 주옵소서 예수께서 이르시되 너희는 너희가 구하는 것을 알지 못하는도다 내가 마시는 잔을 너희가 마실 수 있으며 내가 받는 세례를 너희가 받을 수 있느냐 그들이 말하되 할 수 있나이다 예수께서 이르시되 너희는 내가 마시는 잔을 마시며 내가 받는 세례를 받으려니와 내 좌우편에 앉는 것은 내가 줄 것이 아니라 누구를 위하여 준비되었든지 그들이 얻을 것이니라 열 제자가 듣고 야고보와 요한에 대하여 화를 내거늘 예수께서 불러다가 이르시되 이방인의 집권자들이 그들을 임의로 주관하고 그 고관들이 그들에게 권세를 부리는 줄을 너희가 알거니와 너희 중에는 그렇지 않을지니 너희 중에 누구든지 크고자 하는 자는 너희를 섬기는 자가 되고 너희 중에 누구든지 으뜸이 되고자 하는 자는 모든 사람의 종이 되어야 하리라 인자가 온 것은 섬김을 받으려 함이 아니라 도리어 섬기려 하고 자기 목숨을 많은 사람의 대 속물로 주려 함이니라."

세베대의 아들 야고보와 요한이 주께 나아와 물었다. "선생님이여, 무엇이든지 우리가 구하는 바를 우리에게 하여 주시기를 원하나이다." 아직도 그들은 예수님을 선생으로 부른다.[92] 주께서 물으셨다. "너희에게 무엇을 하여 주기를 원하느냐?" 그들이 대답한다. "주의 영광 중에 우리를 하나는 주의 우편에, 하나는 좌편에 앉게 하여 주옵소서."

이때가 어느 시기인가? 마가의 진술에 의하면, 이들이 이런 요구를 하고 있는 시기는 대제사장들과 서기관들에 의하여 고난 받으실 것(10:33), 즉 이방인에게 넘겨주겠고, 능욕을 받고, 침 뱉으며, 채찍질하고 죽임을 당할 것이라고 예고하신 바로 그 뒤에 일어난 일이다. 그리고 예수께서는 지금 마지막 고난을 받고 십자가를 지시기 위하여 예루살렘으로 올라가시는 중이다(10:32). 또 8장 27절에서부터 9장 38절까지 계속해서 제자의 도를 가르치던 중이었다. 이런 와중에 야고보와 요한의 이런 요구를 하고 나왔다는 것은 전혀 이해할 수 없는 일이다.

10장 32절에는 그들이 예수의 뒤를 따르면서 두려워하였다고 말하고 있다. 무슨 일인지는 모르지만 뭔가 좋지 않은 일들이 일어나고 있으리란 점을 느끼고 있는 그런 상황이다. 그런데 그런 와중에서 자기들이 얻을 영광을 놓고 자리다툼을 한 것이다. 그런 이들을 정상인이라고 말할 수 있을까? 예수님은 고난 당하고 죽임을 당한다고 말씀하셨지만, 이들은 고난과 죽음은 듣지 않고 삼 일 만에 살아난다는 말만 기억했기 때문

---

92) 계속 선생이다. 9:5, 9:35, 11:2. 주께서 자신을 '그리스도' 라고 부른다. 마가복음 9장 5절에서는 랍비라 하며, 마태복음 17장 4절에는 '큐리에', 우리 성경에 "주"로 번역되었다. '당신' 이란 곳은 8:28, 9:38, 10:28, 14:31.

일까?

예수님 시대에 유대인들의 일반적 관심은 네 가지였다. 가족, 부요, 명예 그리고 종교(religion)였다. 이 중에 가장 중심적인 것이 종교였다. 가족, 부, 명예는 종교적 존재로부터 흘러오는 축복이나 보상으로 모두 이해되었다.[93] 이 두 사람은 자기들이 인간 메시아로 알고 있는 예수로부터 가족의 행복이나 부요와 명예를 구하고 있다. 이렇게 보면, 이들에게 있어서 종교란 자기들의 인간적 욕망을 만족시켜주는 일종의 수단으로 생각하는 것이다. 그리고 이들은 더 나아가서 인간 메시아를 통한 영광을 구하고 있다.

"주의 영광 중에서 우리를 하나는 주의 우편에, 하나는 좌편에 앉게 하여 주옵소서"(37절). 이 영광은 어떤 영광인가? 지상에서 메시아 등극으로 인하여 얻을 영광인가, 아니면 하늘나라에서 얻을 영광을 말하는가? 그러나 마가복음 내러티브에서 아직도 그들이 예수를 이해하지 못하는데 미래의 영광을 이야기했을까? 예수께서는 그들이 아직도 이해를 못하는 것을 책망하신다. "너희는 너희가 구하는 것을 알지 못하는도다"(38절). 그리고 그들을 향하여 "내가 마시는 잔을 너희가 마실 수 있으며 내가 받는 세례를 너희가 받을 수 있느냐"고 말씀하신다. 8장 25절부터 예수께서는 자신의 십자가의 죽음과 부활에 대하여 계속해서 제자들에게 말씀해 오셨다. 그러나 그들은 오직 한 가지 생각에만 잡혀 있다. 자기들이 곧 받을 영광에 대한 생각이다.

예수께서 제자들에게 요구한 마셔야 할 잔과 받아야 할 세례는 무엇을 의미하는가? 예수님은 제자들에게 잔을 마시도록 요구하였다. '잔을 마신다'(Drinking the cup)는 말은 신적(divine) 심판에서 마셔야 하는 고통의 잔을 말한다. 그리고 세례는 고통 속에 깊이 잠기는 이미지를 보여

93) *Jesus A New Vision*, p.104.

준다. 두 가지는 고난과 동시에 죽음의 이미지이다. 두 제자들이 요구한 것을 누가 담당하고 있는가를 갈보리에서 보게 될 것이다. 두 제자가 요구하는 것을 예수께서 허락했다면 그들의 미래는 어찌되었을까를 그들은 몰랐다. 예수께서는 이미 그들에게 말한 바 있다. "누구든지 자기 목숨을 구원하고자 하면 잃을 것이요……자기 목숨을 잃으면 구원하리라" (막 8:34).

10

바디매오의 믿음(10:46-52)

"그들이 여리고에 이르렀더니 예수께서 여리고에서 나가실 때에 디매오의 아들인 맹인 거지 바디매오가 길 가에 앉았다가 나사렛 예수시란 말을 듣고 소리 질러 이르되 다윗의 자손 예수여 나를 불쌍히 여기소서 하거늘 많은 사람이 꾸짖어 잠잠하라 하되 그가 더욱 크게 소리 질러 이르되 다윗의 자손이여 나를 불쌍히 여기소서 하는지라 예수께서 머물러 서서 그를 부르라 하시니 그들이 그 맹인을 부르며 이르되 안심하고 일어나라 그가 너를 부르신다 하매 맹인이 겉옷을 내버리고 뛰어 일어나 예수께 나아오거늘 예수께서 말씀하여 이르시되 네게 무엇을 하여 주기를 원하느냐 맹인이 이르되 선생님이여 보기를 원하나이다 예수께서 이르시되 가라 네 믿음이 너를 구원하였느니라 하시니 그가 곧 보게 되어 예수를 길에서 따르니라."

마가는 예수님께서 변화산에서 내려오셔서 갈릴리 가버나움에 잠시 들렀다가 곧바로 예루살렘으로 올라가시는 것으로 기록한다. 그리고 예루살렘으로 올라가는 길목에 있는 여리고로 들어가시는 예수를 소개한다. 제자들이 그 뒤를 따르고 많은 무리들도 예수를 따르고 있었다. 그러나 제자들은 아직도 예수님을 인간 메시아로 알고 따르고 있다. 마가의 내러티브는 마지막 예루살렘 길에서도 제자들은 그 스승을 하나님의 아들로 믿고 있지 않다고 전제하고 있다. 그 증거로 두 번이나 예수님으로부터 믿음이 없다고 책망을 받은 사실을 들 수 있다(막 4:40, 9:19). 제자들이 따르고 무리들이 따르지만 예수님 고난의 길은 혼자서 가시는 길이다.

그때 바디매오가 나타난다. 여리고를 빠져 나가실 즈음에 디매오의 아들 바디매오가 길 가에 앉았다가 예수가 지나가신다는 소리를 듣고 소리 질러 외친다. 여리고가 마가복음에 처음 소개되고 있다. 누가복음에서는 바디매오 사건에 이어 삭개오의 사건을 여리고에서 일어난 일들로 소개한다.[94] 누가에 의하면 바디매오는 여리고 입구에서, 그리고 삭개오는 여리고를 지나가시는 길에서 만난 것으로 기록하였다.

지나가시는 예수를 놓칠세라 바디매오는 소리 질러 외친다. "다윗의 자손 예수여 나를 불쌍히 여기소서"(47절).[95] '나사렛 예수, 다윗의 자손' 이라는 메시아적 환호가 터져나왔다. 이런 표현은 마가복음에서는 지금까지 나온 적이 없다. 이 소경이 처음에 '나사렛 예수, 다윗의 자손' 이라고 고백한다. 이런데도 제자들은 그를 꾸짖어 잠잠하라 한다. 아이러니다. 여리고의 버림받은 인간, 가장 낮은 사회계층에 속한 걸인 바디매오는 예수가 누구인지를 알았는데, 3년이나 예수님과 함께 살아온 제자

94) 누가복음 19장 1-11절.

95) ICCC(p.204)와 *Mark as Story*의 사역에서는 "began to scream"이라고 했고(p.27), 영어성경 KJV에서는 "He began to cry out, and say, Jesus,thou Son of David, have mercy on me"라고 했다.

들은 그분이 누구인지를 아직도 모른다. 그곳에서 평생 구걸하며 살던 맹인 바디매오가 어떻게 그런 믿음을 가질 수 있었을까? 그곳을 지나던 사람들의 이야기를 듣고 믿음이 생긴 것일까?

어린아이를 데리고 온 부모들을 꾸짖었던 제자들은 바디매오를 또 꾸짖는다. 바디매오는 불결한 사람이다. 그동안 사람 취급을 받지 못한 사람이다. 그뿐 아니라 인간 메시아가 왕으로 등극할 것을 기대하는 제자들에게 예루살렘을 향한 길의 바디매오는 거침돌에 불과했을 것이다. 그동안 예수께서 가르쳐 주신 교훈은 안중에도 없는 것 같다. 이들의 생각을 사로잡고 있는 것은 무엇이었기에 이처럼 우둔하게 행동하는 것인가?

제자들의 꾸짖음에도 아랑곳하지 않고, 소경은 다시 "다윗의 자손이여 나를 불쌍히 여기소서"라고 외친다. 제자들은 꾸짖었지만 반대로 예수님은 그 소리를 들으시고 그를 받아 주셨다. 그래서 그를 불러오라고 하신다. 예수님이 사람을 대하시는 자상하고 사랑이 넘치는 태도를 볼 수 있다. 모든 사람들이 버린 사람도 예수님에게는 천하보다 귀하다.

예수님과 제자들의 엇박자는 계속되고 있다. 세상적 가치의 어리석음은 제자들을 통하여 계속해서 노출되고 있다. 그만큼 세상 가치를 떨쳐버리는 일이 어렵다는 것을 마가는 계속 보여 주고 있다. 바디매오는 겉옷을 내버리고 뛰어 일어나 예수께로 간다. '겉옷을 내버리고', '뛰어 일어나', '예수께로 간다.' 마가가 이처럼 구체적으로 표현한 이유는 무엇일까? 마가는 바디매오 내러티브를 갈릴리 사역을 마치고 예루살렘으로 올라가는 마지막에 일어난 사건으로 그리고 있다. 아직도 제자들은 자기 스승 예수가 누군지를 명확하게 이해하지 못한 상태이다(막 10:38). 그런데 바디매오는 예수님의 부름을 받자 겉옷을 벗어던지고 힘있게 예수를 향해 뛰어간다. 이 사람이 보여 준 행동은 제자들의 행동과는 아주 대조적이다. 제자들은 아직도 옛옷을 벗어던지지 못한다. 그리고 예수님을 향해 힘차게 뛰어가지도 못한다. 그러므로 '겉옷을 벗어던지고' '뛰어 일어나' '예수께로 간다' 는 표현은 제자들에게 그처럼 과감하게 옛 세상적 가치를 벗어던지라는 말은 아닐까? 그리고 용수철처럼 뛰어 일어나 예수께로 가야 한다는 암시적 교훈은 아닐까? 제자들의 어둠과 암울한 영적 상태를 조소하듯이 말이다. 그러나 이것은 독자들에게 던지는 암시적 교훈이기도 하다.

예수님은 드디어 그에게 물으신다. "내가 무엇을 하여 주기를 원하느냐"(51절).[96] 그가 무엇을 원해서 이처럼 몸부림치는지를 모르시지는 않았을 것이다. 그런데 무엇을 하여 주기를 원하는지를 물으셨다. 그에게 믿음의 구체성을 요구하신 것이다. 그는 "선생님이여, 보기를 원하나이다"라고 대답했다. 그는 어떤 의원도 보는 것을 회복시켜 주지 못한 것을 주님께서 회복시켜 주시기를 원했다. 그는 보게 될 것을 믿었을 뿐 아니라 그분이 회복시켜 주실 것을 믿었다. 주님은 그의 믿음을 보셨다. "가라 네 믿음이 너를 구원(회복)하였느니라"(52절). 여기서 마가는 '보기를 원하다' 는 말을 강조하는 인상을 준다. 여기에 사용된 '본다' 는 동사 '아나브레포'(ἀναβλέψω)는 단순과거 능동태이다. 그는 즉시 단번에 보게 될 것을 믿었다는 뜻이다.

마가가 사용하고 있는 본다(see)는 말은 이해한다(understand)는 말의 동의어이다. 제자들도 소경이고, 바디매오도 소경이다. 그런데 소경은 보기를 원하지만, 제자들은 바르게 보기를 원하지 않는다. 그런 제자들

---

96) 이 구절은 36절에, 예수께서 제자들에게 물으셨던 질문이다. 그때 제자들은 '주의 영광' 을 구한다고 했다. 그런데 바디매오는 '선생님이여, 보기를 원하나이다' (51절)라고 한다. "보기를 원하나이다"는 말은 이중의 의미를 가진다. 눈을 뜨는 것이기도 하지만 뭔가를 알기 원한다는 뜻이기도 하다. 마가는 소경이 말한 '보기를 원하나이다' 고 말한 것을 보도함으로 영광의 자리를 원하고 있던 제자들에게 이제는 진실을 보아야 한다, 즉 진실을 깨달아야 한다고 강조하였다. 주님도 그에게 '네 믿음이 너를 회복시켰다' 고 하셨다.

에게 너희들도 보기를 원해야 한다고 외치는 것처럼 보인다. 예수께서 "네 믿음이 너를 구원하였느니라"(52절)고 하시자, 그가 그의 믿음대로 곧 보게 되어 예수를 길에서 따랐다.

이 구절에서 '소조'(σώζω)란 단어를 썼다. 이 단어는 기독교에서 구원(salvation)이란 의미로 사용되는 단어이다. 그러나 이곳에서는 보지 못하던 상태에서 보도록 회복된 것을 의미한다. 이 단어는 '회복'이라고 번역해도 좋을 것이다. 죄에서의 회복만이 아니라, 죄에서 회복됨과 동시에 인간들이 갇혀 있던 모든 것에서 해방받는 것을 일컫는 포괄적인 의미를 가진 단어이기 때문이다. 그래서 사도 바울은 구원의 상태를 하나님과 '화평을 누리는 것'이라고 표현하였다(롬 5:1). 바디매오는 즉시 그는 시력을 회복했다. 그리고 그 길에서 예수를 따랐다. 예수께서 지금 길을 가고 계시는 중이므로(In the way) 그 길을 따랐다는 말은 그의 제자가 되었다는 의미로 해석할 수 있다.[97] 정확하게는 예수님이 가시는 그 길을 따라가는 사람이 되었다는 말이다. 길가(roadside)에 앉아 있던 사람(maginal person)이 예수 사역에서 주류에 속한 일꾼으로 일하기 시작했다는 말이다. 누가복음에서 삭개오에게

는 믿음이란 단어를 쓰지 않고, 바로 구원이 이 집에 이르렀다고만 하셨다.[98]

바디매오는 예수님이 누구인가를 분명히 알고 있었다는 증거가 많다. 1) 나사렛 예수라는 말을 듣고 "다윗의 자손 예수여"라고 부르짖었다. 2) "선생님이여 (즉시) 보기를 원하나이다"라고 고백했다. 3) 그는 옷을 벗

---

97) '따르다'는 헬라어는 ἠκολούθει는 'ἀκολουθέω'의 미완료 직설법이다. 그래서 이 말은 그를 따랐다는 뜻이기도 하지만, 예수님을 계속해서 따랐다는 의미이므로 제자(be a disciple)가 되었다는 의미로 볼 수 있다.

98) 믿음과 구원이 연결된 구절 5:34, 11:52, 중풍병자에게는 믿음이 죄를 사했다고 함(2:5).

바디매오와 삭개오 사건의 비교	
바디매오(막 10:46-52)	삭개오(눅 19:1-11)
여리고 입구	여리고 안
예수를 기다리고 있었음	나무 위에서 예수를 기다리고 있었음
불쌍히 여겨 달라고 소리 지름	예수께서 삭개오에게 먼저 말씀하심
사람들이 책망함	
겉옷을 내버리고 뛰어감	즐거워하여 급히 내려옴
	사람들이 불평함
	예수께서 삭개오 집에 머무심
	재산을 내놓음
믿음으로 구원받음	구원이 그 집에 이르다[99]

예수의 제자가 되었다.

마가복음에 나타난 믿음은 다음과 같다. 마가복음 2장 5-12절에서 지붕을 뜯어내고 환자를 달아내린 친구들과 중풍 병자의 믿음, 5장 28-34절에 나오는 혈루증 앓던 여자의 믿음, 그리고 믿음이란 단어를 사용하지 않았지만 그들의 행위를 믿음으로 볼 수 있었던 나환자의 경우(막 1:40-45)와 수로보니게 여인의 경우(막 7:24), 그리고 회당장 야이로의 경우(막 5:21-24)를 들 수 있다. 그리고 10장 52절에 바디매오의 믿음이 나

99) 삭개오는 여리고란 큰 세관이 있는 곳의 세리장이다. 그는 예수님을 만나기를 오래 전부터 기다려 왔던(ἐζήτει-ξητέω의 직설법 미완료) 사람이다. 마침내 주님은 죄인의 집으로 들어가신다. 사람들은 죄인의 집에 들어가신다고 예수님의 귀에 대고 불평을 퍼부어대는데도 그 집에 머물기(μεῖναι-μένω의 단순과거 부정사) 위하여 그 집으로 가신다. 이것이 주님이 이 땅에 오신 목적이다. 삭개오의 경우는 군중과의 만남의 차이를 보여준다. 삭개오 이야기에서 특별한 점은 예수가 우선권을 갖고 행동하신 것과 삭개오의 반응이다.

온다. 이들의 공통점은 모두 예수님을 정확하게 안 사람들이란 점이다. 그리고 그분의 능력을 철저하게 믿었던 사람이고, 그를 믿는 믿음에 의지하여 적극적으로 행동한 사람들이다. 그런 그들이 예수님의 기적을 체험하였다. 바디매오의 믿음은 마가복음에서는 마지막에 나오는 믿음이다. 예수께서 십자가를 지기 위하여 올라가시는 길에서 만난 마지막 믿음이기에 큰 의미를 가진다.

Ⅱ

홀로 가시는 예루살렘 길

마가복음의 첫 번째 갈릴리 사역과 두 번째 예루살렘 사역의 순서를 비교해 보자.

첫 번째 갈릴리 사역	두 번째 예루살렘 사역
1:16 해변으로 가시다(첫 번째 방문)	11:1 베다니에 이르시다(첫 번째 방문)
1:20 첫 번째 가버나움 회당에 들어가심	11:11 첫 번째 예루살렘 성전에 들어가심
갈등 내러티브의 주요 사이클	
3:7 배척 받아 가버나움 회당을 마지막으로 떠나시다	13:1-3 배척 받아 마지막으로 성전에 들어가심
4:1 긴 설교를 위하여 바닷가에 앉으시다	13:3 긴 설교를 위하여 감람산에 앉으시다

01

예루살렘 입성(11:1-14)

"그들이 예루살렘에 가까이 와서 감람산 벳바게와 베다니에 이르렀을 때에 예수께서 제자 중 둘을 보내시며 이르시되 너희는 맞은편 마을로 가라 그리로 들어가면 곧 아직 아무도 타 보지 않은 나귀 새끼가 매여 있는 것을 보리니 풀어 끌고 오라 만일 누가 너희에게 왜 이렇게 하느냐 묻거든 주가 쓰시겠다 하라 그리하면 즉시 이리로 보내리리라 하시니 제자들이 가서 본즉 나귀 새끼가 문 앞 거리에 매여 있는지라 그것을 푸니 거기 서 있는 사람 중 어떤 이들이 이르되 나귀 새끼를 풀어 무엇 하려느냐 하매 제자들이 예수께서 이르신 대로 말한대 이에 허락하는지라 나귀 새끼를 예수께로 끌고 와서 자기들의 겉옷을 그 위에 얹어 놓으매 예수께서 타시니 많은 사람들은 자기들의 겉옷을, 또 다른 이들은 들에서 벤 나뭇가지를 길에 펴며 앞에서 가고 뒤에서 따르는 자들이 소리를 지르되 호산나 찬송하리로다 주의 이름으로 오시는 이여 찬송하리로다 오는 우리 조상 다윗의 나라여 가장 높은 곳에서 호산나 하더라 예수께서 예루살렘에 이르러 성전에 들어가사 모든 것을 둘러보시고 때가 이미 저물매 열두 제자를 데리시고 베다니에 나가시니라 이튿날 그들이 베다니에서 나왔을 때에 예수께서 시장하신지라 멀리서 잎사귀 있는 한 무화과나무를 보시고 혹 그 나무에 무엇이 있을까 하여 가셨더니 가서 보신즉 잎사귀 외에 아무것도 없더라 이는 무화과의 때가 아님이라 예수께서 나무에게 말씀하여 이르시되 이제부터 영원토록 사람이 네게서 열매를 따 먹지 못하리라 하시니 제자들이 이를 듣더라."

드디어 그분은 예루살렘에 가까이 오셨다. 마가복음에서는 예루살렘에 올라오신 것은 처음이요 마지막이다. 베다니와 벳바게는 감람산 반대편 남쪽 끝에 있고, 베다니는 예루살렘에서 3km 떨어져 있는 마을이다.[100] 마가복음에서 베다니와 벳바게도 처음 나온다. 그곳에서 예루살렘으로 들어가실 준비를 한다.

이때 예수님의 마음이 어떠했을지를 상상해 보자. 마가는 지금까지 예수님의 마음을 직접적으로 기술한 적이 거의 없다. '변화산에서 갈릴리로 내려오실 때, 침묵 속에서 내려오셨다'(30절). 앞서 가시는 예수의 모습에서 그들이 '묻기도 두려워했다'(32절)는 구절, 이것이 전부이다. 그러나 예수님도 인간으로서의 고뇌가 있었을 것이다. 그 아픔을 느끼면서 이 부분을 읽어가야 한다.

마태는 두 번째 수난을 예고하신 후에 제자들이 '매우 근심하더라' 고 전했고(마 17:23), 누가는 마가의 표현을 그대로 따르고 있다(눅 9:43). 폭풍 전의 고요처럼, 전쟁을 앞둔 고요처럼 조용하다. 서기관들도 보이지 않는다. 예루살렘으로 올라가는 길에 예수께서 제자들에게 길 가로 나

---

100) 여리고를 통하여 예루살렘으로 들어가기 전에 만나는 마을이다. 순례객들의 숙소가 있는 곳이기도 하다. 예수님도 예루살렘에서 주무셨다는 기록은 없다. 단지 베다니에서 머물렀다고 성경은 기록하고 있다.

있는 문 앞에 매여 있는 새끼 나귀를 끌고 오라고 하신다. 당시 좀 여유 있는 집들은 길에서 좀 들어가서 문을 만들었다. 베다니는 여리고에서 예루살렘으로 통하는 길목에 있는 마을이 아니라 길에서 좀 들어가 있는 마을이다.[101)]

여기서 예수는 초자연적 통찰력(supernatural insight)을 사용하신다. 예수께서 자신을 가리켜 '그리스도'란 용어를 쓰신다. 그리스도가 쓰시겠다 하라고 하신다. 지금까지 제자들은 한 번도 그리스도란 말을 쓰지 않았다. 그리스도란 용어는 오직 그분이 자신을 가리키는데 사용했다. 9장 41절 "누구든지 너희가 그리스도에게 속한 자라 하여", 그리고 11장 3절 "주(그리스도)가 쓰시겠다고 하라"에서 사용하셨다. 예수님은 예루살렘 길에서 자신을 그리스도라고 자주 언급하신다. 제자들에게 암암리에 자신이 메시아(그리스도)이신 것을 나타내시지만 제자들은 그것을 깨닫지 못한다.

드디어 예수께서는 나귀를 타고 예루살렘으로 입성하신다. 빌려온 나귀 새끼 위에 겉옷을 얹어 타시니 많은 사람들이 자기 옷을, 또는 종려나무 가지를 길에 펴며 앞서 가는 사람들 그리고 뒤따르는 자들이 소리치며 환호하였다. "호산나 찬송하리로다 주의 이름으로 오시는 이여 찬송하리로다 오는 우리 조상 다윗의 나라여 가장 높은 곳에서 호산나"(9, 10절). 옷을 깔아 주는 것은 존경의 표시이다(민 19:2; 신 21:3; 삼하 6:8). 또 왕에게 존경을 표하는 태도이다(왕하 9:13). 나귀를 타신 것은 겸손을 나타낸다(슥 9:9). 그러나 마가는 담담하게 예수님의 예루살렘 입성을 보

---

101) 누가복음 10장 38절의 "그들이 길 갈 때에 예수께서 한 마을에 들어가시매"라는 말을, 여리고 길에서 사마리아 비유를 말씀하시고 베다니로 들어갔다고 주장하는 학자들도 있다.

여줄 뿐이다.

예수께서 유월절을 맞이하여 예루살렘에 입성하실 때 그를 따르는 무리들이 종려나무 가지를 들고 "호산나! 호산나!"를 환호하면서 맞이하던 모습은 초막절을 지키는 축제와 같은 모습이라고 한다.[102] 그리고 '호산나' 는 갈채나 환호가 아니라 이것은 기도의 한 형태이다. 그 뜻은 '지금 구원하소서' 또는 '여호와께서 자기 백성에게 호의를 베푸실 것이다' 는 기도이다. 시편 118편 25절에 보면 다양한 기도의 내용으로 번역되었다. "호산나, 다윗의 아들-다윗의 자손에게 행운이 있기를!", "그리스도의 이름으로 오시는 이에게 복이 있으라."

군중은 예루살렘에 입성하시는 예수님에게 "주(kupiou)의 이름으로 오시는 이여"라고 소리친다. 여기서 '주의 이름으로' 오신다' 는 말은 하나님의 이름으로 오시는 분이란 뜻이다. '주' 란 말은 야훼(yahweh)의 번역이기 때문이다(시 118:26). 메시아의 호칭이 바디매오에 이어 사람들의 입에서 나왔다. 그러나 그들은 다윗의 자손으로 인간 메시아로 오신 것을 환영하는 것이지, 고난의 종으로 하나님의 아들로 '자기 백성을 죄에서 구원할'(마 1:21) 메시아로서의 그분을 환영하는 것은 아니었다.

예수님은 성전으로 들어가신다(11절). 그리고 성전을 둘러보셨다. 성전이란 지성소가 있는 성전 자체를 의미하는 '나오스'(*ναός*)가 아니라 '히에론'(*ἱερόν*)으로, 이것은 성전 뜰과 밖에 모든 건물들을 총칭해서 일컫는 말이다. 이곳을 둘러보셨다. '둘러보셨다'(*περιβλψάμενος*, 페리프레파메노스)는 단어는 단순한 의미로 둘러본다는 뜻이다. 그러나 단순하게

102) 랍비 위렌은 기독교가 유대 3대 절기 중에 유월절과 오순절은 채택했는데 초막절만은 채택하지 않은 이유가 무엇인가를 물으면서, 예루살렘 입성 시에 있었던 Palm Sunday 행사에 초막절 행사를 도입했기 때문인 것 같다고 했다(위렌, p.101).

둘러보셨다는 말은 아닐 것이다. 마이어스는 "심각하게 슬픔으로 그리고 심판의 눈으로 둘러보신 것이다"라고 했다.[103] 그리고 행동은 내일로 미루시고 날이 저물었으므로 그곳을 떠나셨다. 11장 15-19절을 보면 성전 청결은 하루 종일 이루어졌다. 아마도 해야 할 일이 너무도 많다고 생각되어서 내일로 미루신 것 같다.

입성을 하시고, 성을 둘러보시고, 저물었을 때 베다니로 내려오셨다. 여리고에서 올라오시고, 저녁 무렵에 예루살렘에 도착하셨을 것이다. 그러기에 본문에는 '지금(now)은 늦은 시간이 되었다'(11절)고 말한다. 베다니는 나사로가 있는 곳이고, 마리아와 마르다가 있는 동네이다(요 11:1,2). 주님은 이곳에서 종종 머무셨다. 마지막 예루살렘 사역 시기에도 줄곧 이곳에서 머무셨다.[104] 슬픔과 비통의 사람 예수님은 인간의 동정과 사랑을 필요로 했을 것이고, 이곳에서 그런 사랑을 발견하셨을 것이라고 웨스트(Wuest)는 말한다.[105]

저녁에 베다니에서 주무시고 아침에 성전으로 다시 올라가셨다. 마태는 "이른 아침에"라고 시간을 밝혔다(마 21:18). '이른 아침'(πρωΐ)이란 오전 3시부터 6시까지를 의미하니까, 아마도 해가 뜰 시간에 예수님께서 베다니를 나오셨던 같다. 주를 사랑하는 사람들이 있는 마을에서 밤을 지냈는데, 왜 아침 일찍 그곳을 나오시고 시장해하셨을까? 성전을 돌아보시고 마음이 아파서 잠을 주무시지 못하고 나오신 건 아닐까? 아니면 마음이 급하여 아침도 마다하고 나오신 건 아닐까? 성전으로 올라오시는

103) Wuest, p.219.

104) 주일날 예루살렘으로 올라오신 후 줄곧 수요일 저녁까지 이곳에서 머무셨다.

105) p.219.

길에, 멀리 떨어진 곳에 서 있는 무화과나무를 보시고 열매가 있을까 하여 다가가서 찾아보셨다. 예루살렘으로부터 예루살렘 동쪽의 베다니에 오르는 길에는 나무들이 늘어서 있었다(마 21:8; 막 11:8). 이 여러 나무들 가운데 한 그루의 무화과나무가 따로 떨어져 있었음에 틀림없다.[106] 그러나 잎사귀 외에는 아무것도 없었고, 예수께서는 그 무화과나무에게 "이제부터 영원토록 사람이 네게서 열매를 따 먹지 못하리라"(14절)고 저주하셨다. 마가는 열매가 없는 이유를, 무화과 때가 아니기 때문이라고 한다. 무화과나무는 3월에 잎이 나기 시작해서 5월 하순, 6월에 들어서야 열매를 맺는다. 본격적인 무화과 수확의 시작은 8월이다.[107]

예수님이 예루살렘 성전에 올라가는 시기는 유월절기라 4월 중순이다. 이때는 무화과나무 잎이 막 피어날 때이다. 그런데 이 나무는 잎이 무성했다. '잎사귀가 있다'(ᾄχουσαν φύλλα)는 표현은 잎사귀가 무성했다는 말이다. 그러니까 이 나무는 때이르게 잎이 무성해서 열매가 있는 것처럼 보였다는 것이다. 그래서 예수님께서도 혹 열매가 있는지를 보려고 가셨을 것이다. 그러고는 나무에 열매가 없는 것을 아시고 심하게 저주하셨다. 14절 저주의 내용에서, 단어의 순서와 이중의 부정, μηκέτι(no more)와 μηδεὶς(no one)을 통하여 저주의 무게를 더해 주고 있는 점을 주의해서 보아야 한다. 다른 어떤 의도가 없었다면 나무를 그처럼 저주

106) 벳바게란 '열매 없는 무화과나무들의 집' 이란 말로 번역하는 것이 가장 적절할 것이다(예레미아스, p.67).

107) 무화과나무는 2-4m를 자라고 잎이 크고 두꺼우며 무성하다. 히브리 이름은 '뻗어나가다'(to spread out)는 뜻을 가진 '티나하'(teenah)인데, 덥고 마른 땅에서 그늘을 제공하는 나무 가치만큼이나 그 모양에 관계된 듯하다. 열매는 일 년 동안에 열 달을 맺는데, 세 가지 형태의 열매를 맺는다. 늦은 가을 무화과, 겨울 무화과, 그리고 처음 익은 무화과 등이다. 무화과의 주된 수확철은 9월이다.

하신 것은 좀 심하셨다는 생각이 들 만큼 잔인한 행동이었기 때문이다.

이 무화과나무 저주 사건이 성전 청결의 서막이 되고 있는 11장 11절과 성전을 청결하게 하신 사건(11:15-18) 사이에 놓인 점도 시사하는 바가 있다. 구하려는 열매를 얻지 못했다는 단순한 이유로 무화과나무를 저주하지는 않으셨을 것이다. 그렇다면 무화과 저주 사건은 다음에 나오는 성전 청결 사건과 관계가 있을 것이다.

마가는 아직 무화과 철이 아니라고 소개한다. 드물기는 하지만 봄에 아직 덜 익은 무화과가 열리기도 하고, 사람들은 그 열매들을 즐겨 먹었다. 그런데 무화과 철이 아니라고 한 것을 보면 마가가 식물학적인 지식에 대해 거의 관심이 없었다고 보기도 한다.[108] 그러나 마가의 이런 언급은 도리어 무화과 철이 아닌데도 예수께서 나무를 저주하셨다고 암시함으로 저주 사건에 숨겨진 어떤 의도를 이해하도록 독자들을 도우려 했다고 생각해야 한다.

솔로몬 시대(10C B.C.E)로부터 무화과와 포도는 이스라엘 번영의 상징이었다(왕상 4:25). 시몬이 하스모니안(Hasmoneans) 왕국을 세웠을 때(2C B.C.E.) 번영의 표현을 다음과 같이 했다. "모든 사람이 그의 포도나무와 무화과나무 아래 앉았고, 거기에는 그들을 두렵게 할 자가 아무도 없었다"(1Macc 14:12).[109] 그렇다면 예수께서 저주하신 무화과나무는 무엇을 가리키는 것인가? 구약의 예언자들은 무화과를 통하여 많은 예언을 하였

---

108) 그닐카, 국제성서주석, 마가복음, p.168

109) *Palestine in the Jesus' time*, p.105. 예수께서 나다나엘에게 한 "내가 너를 무화과나무 아래 있을 때 보았다"(요 1:47-48)는 말에 대해 요한복음은 예수 시대에 많은 일반인들의 열망을 암시한 것이라고 한다. 그들의 열망은 누구의 지배하에 소작인으로 살기보다는 스스로 토지를 경작하며 사는 전통적 농부가 되는 것이었다.

다.[110] 그 중에서 미가 7장 1절 이하가 오늘 본문과 가장 가깝다.

> "재앙이로다 나여 나는 여름 과일을 딴 후와 포도를 거둔 후 같아서 먹을 포도송이가 없으며 내 마음에 사모하는 처음 익은 무화과가 없도다 경건한 자가 세상에서 끊어졌고 정직한 자가 사람들 가운데 없도다 무리가 다 피를 흘리려고 매복하며 각기 그물로 형제를 잡으려고 하고 두 손으로 악을 부지런히 행하는도다 그 지도자와 재판관은 뇌물을 구하며 권세자는 자기 마음의 욕심을 말하며 그들이 서로 결합하니 그들의 가장 선한 자라도 가시 같고 가장 정직한 자라도 찔레 울타리보다 더하도다"(7:1–4상).

텔포드(Telford)는 예언서에 나오는 무화과에 대한 다섯 개의 중요한 구절을 살핀 후에 다음과 같이 결론을 내렸다.

> "무화과나무가 꽃이 피거나 열매를 맺는 것은, 야훼께서 복(blessing)을 가지고 그의 백성을 방문하심을 묘사하는 성경의 서술적 방법이다. 반면 무화과나무가 마른 것, 즉 그 열매가 없거나 마른 것은 야훼께서 그 백성이나 그들의 원수 위에 심판을 내리시는 것으로 상징되었다. 심판 주제는 예언서에서 더욱 분명하게 선언되었고, 빈번하게 그 이유가 주어졌는데……그것은 예배의식의 탈선……성전 제사와 제사제도의 부패를 의미했다. 어떤 경우는 무화과나 무화과나무는……나라 자체의 상징으로 사용되었다."[111]

---

110) 호세아 9장 10절은 이스라엘을 '맏물 무화과'(열매)로 부른다. 예레미야는 환상 가운데 두 개의 광주리를 보는데, 그중에 좋은 무화과는 충실함을 지킨 추방민을 상징하고, 나쁜 무화과는 고향에 남은 불충실한 자들을 상징한다(국제성서주석, p.168 참고).

111) Myers, pp.297-298.

잎은 무성한데 열매가 없는 무화과나무 이야기는 예수 당시 지도층의 억압에 눌려 있던 상황을 상징한다고도 한다.[112]

위에서 살펴본 대로 무화과나무 사건은 하나님의 심판을 의미하는 종말론적 사건이다. 그렇다면 예수님께서 저주하신 무화과나무란 무엇을 상징하는 것일까? 분명 이스라엘이다. 그러나 이 사건이 성전 청결 사건과 관련지어 생각해 보면, 무화과나무는 이스라엘 위에 군림하는 종교 지도자들이다. 메시아로서 종교 지도자들에게 열매를 찾기 위해 오셨지만 아무 열매가 없는 것을 심판하시는 상징이다. 다음에 나오는 20-26절의 내용과 연결시켜 다시 생각해 보자.

---

112) *Palestine in the time of Jesus*, p.105.

02

성전을 회복하심(11:15-19)

"그들이 예루살렘에 들어가니라 예수께서 성전에 들어가사 성전 안에서 매매하는 자들을 내쫓으시며 돈 바꾸는 자들의 상과 비둘기 파는 자들의 의자를 둘러 엎으시며 아무나 물건을 가지고 성전 안으로 지나다님을 허락하지 아니하시고 이에 가르쳐 이르시되 기록된 바 내 집은 만민이 기도하는 집이라 칭함을 받으리라고 하지 아니하였느냐 너희는 강도의 소굴을 만들었도다 하시매 대제사장들과 서기관들이 듣고 예수를 어떻게 죽일까 하고 꾀하니 이는 무리가 다 그의 교훈을 놀랍게 여기므로 그를 두려워함일러라 그리고 날이 저물매 그들이 성 밖으로 나가더라."

어제 밤에 성전을 둘러보시고, 아침에 다시 성전으로 들어오셨다. 이날은 유월절 나흘 전인 월요일 아침이다. 이제부터는 예수님의 시간은 하루 단위로 계산되고 있다. 막연했던 시간들이 하루 단위로 계산되면서 그만큼 마가의 내러티브는 십자가를 향하여 다가가는 긴박한 시간에 긴장감을 더해 주고 있다. 십자가 처형 이야기는 더 세분되어 3시(15:25),

6시(15:33), 그리고 9시(15:34)에 대한 언급으로 진행된다.

성전(*ἱερόν*)이란 성전을 포함하여 성전 뜰과 밖의 건물들을 총칭해서 일컫는 말이다. 성전 안에서 성전을 청결하게 하는 일은 아침부터 저녁까지 진행되었다. 장사 행위를 하는 자들을 쫓아내시고, 돈 바꾸는 자들의 상과 비둘기 파는 자들의 의자를 둘러 엎으시고, 아무나 물건을 가지고 성전 안으로 지나다님을 금하셨다. 성전 안이라고 단순하게 표현했지만, 이 지역을 구체적으로 말하면 이방인의 뜰을 말한다. 이방인의 뜰에서 하는 장사 행위를 금하신 것이다. 이방인의 뜰에서 매매하는 자들을 책망하신 이유는 그들이 성전에서 매매하는 것 때문만이 아니라[113] 이방인의 뜰에서 예배하는 것을 방해하고 있기 때문이다. 이들은 장사의 목적으로 온 세계에서 온 이방인들이 예배하는 장소인 이방인의 뜰을 다 빼앗아 버렸다.[114] 예수님의 눈에는 이것은 단순히 이방인 개종자들이 모여 예배하는 곳이 아니라 장차 예수 그리스도의 이름으로 온 세계 사람들이 모여와 예배할 자리로 보였던 것이다.

돈 바꾸는 상을 뒤엎고 비둘기 파는 자들의 의자를 둘러 엎으시는 모습은 당시 유대인들에게는 상상도 할 수 없는 일이었다. 이 모습은 많은 사람들을 그분 곁으로 끌어들였을 것이다. 그리하여 모여온 사람들을 대상으로 가르치기를 시작하셨다. "내 집은 만민(For all the Gentile naitions)이 기도하는 집이라"는 말은 유대인에게도 기도의 장소이지만 '만민' 즉 온 세계인들을 위한 예배의 자리가 되어야 할 곳이란 뜻이다. 마가는 이

---

113) 본래 성전 밖 저자거리에서 장사하도록 되어 있던 것들이 성전 안으로 들어와 이방인의 뜰을 점유하고 있었기 때문이다.

114) 사도행전 8장 27절에 나오는 에디오피아 국고를 맡은 관리인 간다게가 예루살렘에 와서 예배한 곳이 바로 이방인의 뜰이다.

사야 56장 7절의 칠십인 역을 여기에 인용하였다.

"강도의 소굴을 만들었도다"(17절)라는 말씀은 예레미야 7장 11절의 인용이다.[115] 예레미야는 이스라엘이 이웃들 사이에 의를 행하며 이방인과 고아와 과부를 압제하지 아니하고 무죄한 자의 피를 흘리지 않으면, 하나님께서 그들을 성전에 거하도록 하겠다고 하시는 신탁을 전한다(렘 7:5-7). 그러나 거짓말을 하고 도둑질하고 살인하며 간음하며 바알에게 분향하며 알지 못하는 신들을 섬기면서 성전에 들어와서 우리가 구원을 얻었나이다라고 하면 실로가 무너짐같이 성전이 무너질 것이라고 하셨다(렘 7:8-15 참조).

그러나 예수께서는 그들이 짓고 있는 죄는 그 이상이라고 하신다. 그들을 도둑(thieve)이 아니라 약탈자(robber)라고 하셨다. 약탈자나 강도는 커다란 조직을 가지고 떼로 다니면서 약탈하는 자들이다. 성전에서 봉사하는 자들을 강도 떼라고 하셨다. 하나님 앞에서 봉사한다는 자들이 예배드리러 오는 백성들을 갈취하는 강도들이고, 그래서 성전은 강도들의 소굴이 되었다고 비판하셨다. 약탈자들이라고 부른 것은 성전에서 매매하는 행위를 정죄한 것 이상의 의미로, 겉으로는 하나님의 집이란 간판을 붙여놓고 실질적으로는 백성들의 소유를 약탈하는 강도 떼라는 것이다. 이것은 성전에 대한 예수님의 심판이다. 성전 뜰에서, 더욱이 모여온 군중 앞에서 이처럼 대제사장들과 서기관들을 비판했다는 것은 죽음을 각오한 선언이다. 유대적인 틀 속에 갇혀 있는 종교는 타락하고 냄새나며 썩어가는 종교가 되었다고 심판하셨다.

예수님은 이방인의 뜰에서 장사하는 자들을 내쫓으심으로 성전을 장사의 소굴에서 기도하는(하나님을 예배하는) 곳으로 회복시키고자 하셨다.

---

115) "내 이름으로 일컬음을 받는 이 집이 너희 눈에는 도둑의 소굴로 보이느냐 보라 나 곧 내가 그것을 보았노라 여호와의 말씀이니라"(렘 7:11).

동시에 이제부터는 이방인들도 하나님의 성전의 뜰에 들어와야 한다는 선포이다. 이것은 이방인에 대한 하나님의 성전 개방, 즉 복음의 개방을 의미한다. 장사하는 자들을 내쫓고 그곳을 다시 성전으로 회복시킨 것은 신앙의 자유의 자리를 열어 놓으신 것이고, 단지 장사치들을 제거한 것만이 아니라 더 큰 의미로는 성전 예배의 종식과 성전의 파괴를 의미한다.

예수께서는 성전을 '내 집' 이라고 부르셨다. 이것은 메시아의 선언이다. 성전을 청결하게 하신 것은 메시아의 권위를 행사하신 것이고, 메시아 시대의 도래를 선언한 행동이다. 그리스도가 세상에 오심으로 성전에서 새로운 예배가 이루어질 것을 선언하신 것이다. 예수님은 성전을 파괴한 마지막 성전이시다. 이런 의미에서 보면, 성전 안에서 매매하는 자들을 쫓아내신 것(15절)은 하나님의 나라가 이루어지는 길목을 막고 서 있는 자들을 제거하신 것이다. 이런 자들이 있는 한 하나님의 나라는 뻗어나갈 수 없음을 상징적으로 보여 주셨다.

'만민이 기도하는 집' 의 뜻은 단순히 기도하는 집을 일컫는 것은 아니다. 기도를 단지 인간 편에서 하나님께 간구하는 행위로만 여기도록 만든 것도 기도를 타락시킨 한 예이다. 성경에서 말하는 기도는 현재 우리가 생각하는 기도의 개념을 넘어서 예레미야 7장 23-29절에서 말하는 하나님과의 교제 그리고 친밀을 의미한다.116) 예수님은 "너희는 먼저 그의 나라와 그의 의를 구하라 그리하면 이 모든 것을 너희에게 더하시리라" (마 6:33)는 말씀을 통하여 기도가 무엇인가를 명확하게 가르쳐 주셨다.

드디어 대제사장들과 서기관들이 나타난다. 성전을 모독하는 당국의 권리를 가진 자들이다. 그들이 매매하는 자들에게 이런 권리를 팔았다. 그러므로 성전 청결 사건은 이들에게 직격탄을 날린 것이나 다름이 없다. 그래서 이들이 이 사건에 개입하고 나섰다. 그러나 그처럼 당당한 성전의 권리를 가지고 있던 그들이 예수께서 하신 일에 직접 반대를 하거나 체포하지 않은 것은 이상하다. 아마도 즉시 체포하고 싶었을 것이다. 그러나 거기 모여 있는 군중 때문에 행동으로 옮기지 못했을 뿐이다(18절). 그래서 어떻게 예수를 죽일까를 연구하기 시작하였다. '죽일까' 란 헬라어 '아포레소신'(ἀπολέσωσιν)은 '부수고 분쇄하는 것' (destroy)을 말한다. 미움과 분노가 얼마나 가득한가를 보여준다. 헨리 나우웬은 이렇게 말한다.

> "하나님은 우리 세상을 바라보며 울고 계신다. 권력을 향한 강한 욕망이 인간의 심령을 함정에 빠뜨리고 부패시키고 있기 때문에. 감사 대신 원한이 있고, 칭찬 대신 비판이 있고, 용서 대신 복수가 있으며, 치유 대신 상처가 있고, 동정심 대신 경쟁이 있고, 협력 대신 폭력이 있고, 사랑 대신 한없는 두려움이 있기 때문이다."117)

날이 저물어 예수님과 제자들은 성 밖으로 나갔다. 아마 성전 문을 닫는 시간이 되었을 것이다. 아침에 아무것도 먹지 못해 시장하셨는데, 하

116) 예레미야 7장은 타락한 이스라엘 백성들이 성전에 모여서 예배하고 기도하는 행위를 규탄한 내용으로 가득 차 있다. 그들은 기도 행위를 자랑했다(7:8,10,13,16). 예레미야는 그런 기도 행위를 중단하라고 외친다. "네게 간구하지 말라 내가 네게서 듣지 아니하리라"(16하). 도리어 듣기를 원하셨고, 그대로 순종하며 살기를 원하셨다(23, 24, 26, 28절). "오직 내가 이것을 그들에게 명령하여 이르기를 너희는 내 목소리를 들으라 그리하면 나는 너희 하나님이 되겠고 너희는 내 백성이 되리라 너희는 내가 명령한 모든 길로 걸어가라 그리하면 복을 받으리라"(23절). 기도는 하나님과의 교제 그리고 친밀을 위한 행위가 선행되어야 한다.

117) 헨리 나우웬, p.65.

나님의 일을 하느라 시장한 것도 잊고 지나셨을 것이다. 성전을 청결히 하는 데에만 하루를 다 보내셨다. 그리고 휴식을 위하여 베다니로 돌아오셨다.

03

무화과나무의 교훈(11:20-26)

"그들이 아침에 지나갈 때에 무화과나무가 뿌리째 마른 것을 보고 베드로가 생각이 나서 여짜오되 랍비여 보소서 저주하신 무화과나무가 말랐나이다 예수께서 그들에게 대답하여 이르시되 하나님을 믿으라 내가 진실로 너희에게 이르노니 누구든지 이 산더러 들리어 바다에 던져지라 하며 그 말하는 것이 이루어질 줄 믿고 마음에 의심하지 아니하면 그대로 되리라 그러므로 내가 너희에게 말하노니 무엇이든지 기도하고 구하는 것은 받은 줄로 믿으라 그리하면 너희에게 그대로 되리라 서서 기도할 때에 아무에게나 혐의가 있거든 용서하라 그리하여야 하늘에 계신 너희 아버지께서도 너희 허물을 사하여 주시리라 하시니라."

화요일 아침이다. 이른 아침에 예수님의 무리가 지나다가 무화과 나무가 뿌리째 마른 것을 보았다. 마가는 11장 14절에서 "제자들이 이를 듣더라"고 심각하게 전하고 있었다. 특별히 베드로는 그 말씀을 가슴에 깊이 새겨 두고 있다가 말씀하신 것이 결과로 나타난 것을 보고 큰 충격을 받았다. 그래서 베드로가 말했다. "보소서 저주하신 무화과나무가 말랐나이다." 베드로의 어조는 저주하셨기 때문에 말랐다고 불평하는 듯하다. 여전히 그는 왜 나무를 저주하셨는가를 불평할 뿐, 그 사건을 통하여 자기들에게 보여 주려고 하신 것을 보는 데는 실패하고 말았다.

예수님은 무화과나무에 대한 화두를 다른 곳으로 돌리셨다. "하나님을 믿으라"고 하신다. 하나님을 믿는다는 것은 무엇인가? 그것은 마음에 의심하지 않고 산더러 들리어 바다에 던져지라고 하는 것이다. 그리하면 그대로 되리라고 하셨다. 이것은 단순히 믿음으로 행하는 능력을 강조한 것이 아니라 하나님을 믿고 행동한다는 것이 얼마나 위대한 힘을 지니고 있는가를 말씀하신 것이다. 그리고 이 말씀은 누가복음 17장에 사용된 구절이다. 기도에 대한 교훈으로 발전해 나간다.

'하나님을 믿으라'(*Εχετε πιστιν Θεοῦ*)를 문자대로 번역하면 '하나님을 믿는 신앙을 가지라' 이다. 여기서도 하나님이 강조되고 있다는 점을 주의해야 한다. 그러므로 하나님의 흔들림 없으신 모습처럼, 의심하는 단순한 행동을 버리고 계속적으로 믿으라고 강권하신 것이다.

"무엇이든지 기도하고 구하는 것은 받은 줄로 믿으라 그리하면 너희에게 그대로 되리라"(24절). 여기서 주의 깊게 보아야 할 곳은 '받은 줄로 믿으라' 는 동사형이다. '엘라베테'(ἐλαβετε)는 제2과거 능동태로, 이미 받아 가지고 있는 상태를 말한다. 어떤 일이 일어나기도 전에 성취된 것을 보는 것이다. 기도하는 자들에게 기도하는 내용이 이미 이루어진 것처럼 믿고 기도하라는 말씀이다. 그리하면 그대로 된다고 하셨다. 그뿐 아니라 단순과거형은 응답의 즉각성을 암시해 준다. 또 '기도하는 것이나 구하는 것을 받은 줄로 믿는 기도' 는 기도하는 사람의 마음에 있는 기도까지도 암시한다. 24절의 내용은 23절과 긴밀히 연결되어 있는 내용으로, 기도란 하나님을 믿고 행동하는 믿음의 연속선상에 놓인 것이라고 하셨다. 즉 기도도 믿음을 행동으로 옮기는 과정으로, 기도하지 않으면 받을 수 없다는 것을 전제하고 있다.

22-24절의 내용 중에 '믿음'(πιστις)이란 단어가 세 번이나 나온다. 믿음은 하나님과 기도하는 사람을 연결시켜 주는 끈이다. 우리는 이 믿음이란 연결고리를 통하여 기도하고, 하나님은 믿음이란 연결고리를 통하여 응답하신다. 변화산 밑에서 귀신을 쫓아낸 사건을 통하여 제자들에게 하나님께 의존하는 것이 믿음이라고 가르치려 하셨다면, 여기서는 하나님에 대한 믿음 위에 그 능력을 실행하는 방법으로서의 기도의 실제를 그들에게 가르쳐 주려고 하셨다. 그리고 기도의 방법으로 발전해 나간다.

"서서 기도할 때에 아무에게나 혐의가 있거든 용서하라"(25절). 기도할 때 꼭 서서 기도하라는 말은 아니다. 단지 유대인들의 기도 습관을 말씀하신 것이다. 기도할 때마다 혹 어떤 사람과 서로 등진 일이 있다면(새번역), 용서하라 하신다. 이 말씀에서 예수님은 죄에 대한 하나님의 용서와 기도에 응답해 주시는 하나님의 호의를 연결시키셨다. 그렇게 해야 할 이유는, 그렇게 해야만 하늘 아버지로부터 우리의 허물을 용서받을 수 있기 때문이다. 허물이란 뜻의 '파랖토마타'(παραπτώματα)'는 '옆으로 떨어진 것', '바른 길로부터 떨어진 것'을 말한다.

과연 예수께서 무화과나무를 말라 죽게 하신 이유가 무엇일까? 말라 죽은 무화과나무를 통하여 주신 교훈은 '하나님을 믿는 신앙을 가지라, 의심하지 말고 믿음을 행동으로 옮기라. 그리고 의심하지 말고 기도하라'는 교훈으로 이어졌다. 이것은 성전에서 봉사하는 지도자들이 하나님을 잃어버리고 자기들의 배를 채우는 데 급급한 현실과 대조를 이룬다. 이렇게 보면 무화과 열매는 실제 열매라기보다 그들이 맺고 있는 신앙적 열매를 상징하는 것이다.

이스라엘 종교 지도자들은 겉으로는 잎이 무성하여 열매가 있어 보였다. 그러나 그들에게는 열매가 전혀 없었다. 무화과나무를 저주하여 뿌리째 말라버린 것은 그들이 장차 심판을 받고 철저하게 말라질 것을 밝히신 것이다(시 1:4,5 참조).

마태복음은 주기도에 이어서 용서 문제를 언급했다(마 6:14). 그리고 마태는 용서에 대한 것을 기도와는 연결시키지 않았다.

04

권위 논쟁(11:27-33)

"그들이 다시 예루살렘에 들어가니라 예수께서 성전에서 거니실 때에 대제사장들과 서기관들과 장로들이 나아와 이르되 무슨 권위로 이런 일을 하느냐 누가 이런 일 할 권위를 주었느냐 예수께서 이르시되 나도 한 말을 너희에게 물으리니 대답하라 그리하면 나도 무슨 권위로 이런 일을 하는지 이르리라 요한의 세례가 하늘로부터냐 사람으로부터냐 내게 대답하라 그들이 서로 의논하여 이르되 만일 하늘로부터라 하면 어찌하여 그를 믿지 아니하였느냐 할 것이니 그러면 사람으로부터라 할까 하였으나 모든 사람이 요한을 참 선지자로 여기므로 그들이 백성을 두려워하는지라 이에 예수께 대답하여 이르되 우리가 알지 못하노라 하니 예수께서 이르시되 나도 무슨 권위로 이런 일을 하는지 너희에게 이르지 아니하리라 하시니라."

마지막 수요일 아침이다. 성전에 들어간 예수님은 혼자 거닐고 있었다. 매튜 헨리는 예수께서 거닐면서 무리들을 가르치고 있었다고 한다.

바클레이도 《마가복음 주석》에서 "예수께서 이방인의 뜰 남쪽에 있는, 직경이 1.8m, 높이가 9m나 되는 기둥 162개가 도열된 공랑(供廊)으로 '왕가의 회랑' 이라 부르는 곳이 있었는데, 이곳은 랍비들이 이 기둥 사이로 거닐며 제자들을 가르치는 곳이었다"고 한다. 아마도 예수께서 바로 이곳에서 백성들을 가르치고 계셨을 것이라고 한다.[118] 마가복음 12장에 나오는 비유를 보면, 성전에서 가르치시던 것을 계속하신 것으로 생각할 수도 있다.

바로 그때 제사장들과 서기관들과 장로들이 다 주께 나아왔다. 대제사장과 서기관 그리고 장로들 모두에게 각각 '호이'(*oi*)란 관사가 붙어 있어, 이들은 각기 자기 그룹의 대표자인 것을 나타낸다. 18절에 나타나지 않았던 '장로들' 까지 이곳에 나타났다. 이스라엘을 대표하는 독재자들이 다 한자리에 다 모였으니, 이것은 유대의 권력기관이 총동원된 모습이다. 이들은 성전의 관리자로 예수께서 성전을 깨끗하게 한 일을 놓고 밤에 모여 예수를 멸할 어떤 결론에 도달했던 것 같다. 그래서 그날 함께 예수님에게 도전해 왔다. 예수께서 무리들을 가르치고 계셨다면 그들도 군중이 있는 앞에서 이 질문을 던진 셈이 된다. 공개적인 질문이다. 한 판의 결전이 예상되는 순간이다.

이들이 던진 질문은 산헤드린을 대표한 질문으로 보아야 한다. 이들의 질문은 두 가지이다. '어떤 종류의 권위로'(what kind of authority)와 '무슨 권위로'(What authority)라는 질문이다. 전자가 권위의 종류 즉 권위의 본질을 묻는 질문이라면, 후자는 누구로부터 받은 권위인가를 묻는 질문이다. 여기서 그들이 가정법을 쓰고 있다는 점에 주의해야 한다. 종

---

118) 성서주해, 마가복음 p.479. 성전 구내에 회랑 둘이 있었는데, 하나는 이방인의 뜰 동편에, 하나는 그 남쪽에 있었다고 한다. 예수께서 가르치고 계셨을 회랑은 남쪽에 위치한 것이다.

교 전문가들은 보통 사람에겐 하나님에 대하여 말할 권리를 주지 않았다. 그래서 예수님으로 하여금 침묵을 하도록 하려고 결심한 것이다. 그래서 권위 문제를 들고 나왔다.

사실 예수께서 성전을 청결하게 하실 때, 그분은 이미 권위를 사용하셨다. 종교 지도자들도 그것을 다 알았다. 그래서 그들은 구체적으로 예수가 주장하는 권위가 어디에 속한 것인지를 알고 싶어했다. 무슨 권위로 성전을 청결하게 했는지 그리고 그 권위는 누가 주었기에 이런 일을 하였는지를 물었다. 이 질문은 두 가지의 올무를 놓고 있다. 권위가 없다면 즉시 체포하여 처벌할 것이고, 하나님의 권위라고 하면 신성모독 죄에 해당한다고 할 것이다. 예수님은 반대로 질문을 던지심으로 그들의 질문에 대답하셨다. "나도 한 말을 너희에게 물으리니 대답하라 그리하면 나도 무슨 권위로 이런 일을 하는지 이르리라 요한의 세례가 하늘로부터냐 사람으로부터냐 내게 대답하라"(29, 30절).

세례 요한의 세례의 권위는 이미 증명되었다. 예수님은 누구도 부정할 수 없는 권위에 대하여 대답하라고 물으셨다. 세례 요한의 권위가 하늘로부터 온 것이 확실하다면 그의 증거를 받고 있는 예수님의 정체성도 분명해진다. 또 거기에는 세례 요한의 권위를 인정하는 백성들이 많이 모여 있었다. 마가는 '그들이 백성을 두려워했다' 고 전한다. 그들이 세례 요한의 명성을 훼손하면 폭동이 일어날지도 모르는 상황을 그들은 읽고 있었다는 말이다.[119] 백성들 때문에 산헤드린 공의회 대표들이 세례 요한을 인정할 수도 부정할 수도 없게 되었다. 하늘로부터 왔다고 말한다

119) 세례 요한을 선지자로 보는 보편적인 대중의 견해를 그들은 알고 있었다. 누가복음은 '그들이 다 우리를 돌로 칠 것이다' 라고 한다. 헤롯 안티파스가 세례 요한을 죽이기는 했으나 두려워했던 것처럼 그들도 세례 요한을 두려워하고 있었다(원어연구해석, 마가복음, 벧엘성서간행사, 1984, p.441).

면 예수께서 왜 그의 말을 믿지 아니하느냐고 반문할 것이다. 그들은 자신들이 분명하고도 예리하게 두 가지 딜레마에 빠져 있다는 것을 알았다.[120] 그래서 '알지 못한다'고 고백하고 말았다. 자신들의 권위가 아무것도 아님을 스스로 드러낸 것이다. 이 말을 들은 예수님은 "나도 무슨 권위로 이런 일을 하는지 너희에게 이르지 아니하리라"고 하셨다.

마가복음 앞 부분에서 예수님과 세례 요한 그리고 엘리야가 서로 혼합되어 사용되었다. 마가복음 6장 14-16절에서 헤롯은 예수의 이름을 듣고 세례 요한이 죽은 자 가운데서 살아났다고 했고, 다른 사람들은 엘리야라고 했다(막 8:28 참조). 그러나 이런 예수님의 정체성에 대한 수수께

---

120) 유대 랍비인 Stephen M. Wylen은 그의 책 *The Jews in the Time of Jesus*에서 말라기 3장에 나오는 '하나님의 날'(The Day of God)의 요점을 유대인의 관점에서 다음과 같이 정리하고 있다.

1. 그날에 대하여 종교적으로 비웃고 의심하는 자들에 대하여 말라기는 유대인들에게 성전에 거룩한 예물을 가져오도록 격려하였고, 또 제사장들에게 그에 합당한 경외하는 마음으로 그것을 받고 사용하도록 격려하였다.

2. 유대인들은 하나님의 날을 기다려야 한다는 것이다. 첫 성전의 선지자들은 그날을 사회의 불공평에 대한 신의 저주의 날로 표현하였다. 말라기는 하나님의 법에 복종하는 이들을 위하여 개인적 변호의 날로 하나님의 그날을 해석한다. 그리고 불법으로 부정한 이익을 추구하며 비웃으며 불순종하는 사람들에 대하여는 심판하실 것으로 해석했다.

3. 그날이 올 것을 기다리는 유대인들은 토라에서 주어진 법들에 따른 삶으로 반드시 준비해야 할 것이며, 이런 법(rule)은 제2성전 시대에 살던 유대인들에게는 경건과 헌신의 필수적인 법이었다.

4. 유대인들은 선지자 엘리야가 반드시 돌아온다고 기대했다. 말라기 시대에 엘리야는 과거 역사적 인물이었다. 300년 전에 엘리야는 북이스라엘에서 활약했고, 열왕기에 의하면 그는 결코 죽지 않았고, 병거를 타고 하늘로 옮겨졌다. 말라기는 지금 엘리야가 하늘로부터 심판의 날 바로 전에 세상에 반드시 올 것을 가르치고 있다(*The Jews in the Time of Jesus*, p.31).

끼는 요한의 정체성이 밝혀지는 이곳에서 분명하게 해결되었다. 세례 요한은 선지자이고, 예수님은 세례 요한 이상의 권세를 지니신 분으로 밝혀진 것이다.[121)]

예수께서 거절하신 내용에 무엇이 포함되었는지를 알아야 한다. 첫째는 그들이 가진 사회와 종교적 사건에 대한 공적 권위를 부정한 것이고, 그들이 요구한 것을 거절하신 것은 그들의 권위에 대하여 부정한 것이다. 둘째로는 그들이 '알지 못한다' 고 한 것은 그들 자신이 심판할 권위가 없음을 고백한 것이기 때문에 예수님께서도 대답을 거절한 것이다. 이것은 예수님께서 심문에서 침묵을 지키신 이유이기도 하다.[122)] 예수님은 간접적이지만 자신의 권위가 하늘로부터 왔다고 분명히 밝히셨다. 단지 그분이 누구인지 밝히지 않았을 뿐이다.

이들은 자기들이 받은 인간적인 권위에 매여 진리를 보지 못하는 소경들이다. 예수의 권위는 하나님의 아들의 권위 이전에 사랑하는 권위이다.

---

121) 본문에서 요한에 대하여는 "요한의 세례가 하늘로서냐, 사람에게서냐"고 물으시고, 예수님은 자신은 '무슨 권세로 이런 일을 하는지 이르리라' 고 하심으로 세례 요한과 자신을 차별화하셨다.

122) ICCC., p.219.

05

포도원 농부들의 폭행

(12:1-12)

"예수께서 비유로 그들에게 말씀하시되 한 사람이 포도원을 만들어 산울타리로 두르고 즙 짜는 틀을 만들고 망대를 지어서 농부들에게 세로 주고 타국에 갔더니 때가 이르매 농부들에게 포도원 소출 얼마를 받으려고 한 종을 보내니 그들이 종을 잡아 심히 때리고 거저 보내었거늘 다시 다른 종을 보내니 그의 머리에 상처를 내고 능욕하였거늘 또 다른 종을 보니니 그들이 그를 죽이고 또 그 외 많은 종들도 더러는 때리고 더러는 죽인지라 이제 한 사람이 남았으니 곧 그가 사랑하는 아들이라 최후로 이를 보내며 이르되 내 아들은 존대하리라 하였더니 그 농부들이 서로 말하되 이는 상속자니 자 죽이자 그러면 그 유산이 우리 것이 되리라 하고 이에 잡아 죽여 포도원 밖에 내던졌느니라 포도원 주인이 어떻게 하겠느냐 와서 그 농부들을 진멸하고 포도원을 다른 사람들에게 주리라 너희가 성경에 건축자들이 버린 돌이 모퉁이의 머릿돌이 되었나니 이것은 주로 말미암아 된 것이요 우리 눈에 놀랍도다 함을 읽어보지도 못하였느냐 하시니라 그들이 예수의 이 비유가 자기들을 가리켜 말씀하심인 줄 알고 잡고자 하되 무리를 두려워하여 예수를 두고 가니라."

예루살렘은 예수님의 적대 지역이다. 그곳은 산헤드린의 소굴이다. 그분은 지금 그들의 소굴 안에 들어와 있다(11:27). 마가복음 11장 27절부터는 바로 적대 지역에서 일어난 일이란 사실을 염두에 두고 읽어야 한다. 예레미아스(Jeremias)에 의하면 당시 예루살렘 인구가 2만 5천에서 3만 정도였고, 제사장과 레위인들이 약 1만 8천 명을 차지했다고 한다. 요세푸스는 제사장만 약 1만 명이었다고 한다. 또 바리새인의 인구가 6천 명이라고 하니, 이렇게 계산하면 예루살렘은 산헤드린의 도시라고 해도 과언이 아니다.[123] 오늘의 비유도 바로 적대 지역에서 이뤄졌다. 적대자들로 둘러싸여 있는 가운데 홀로 서서 그들과 논쟁을 벌이고 계신 그분의 모습을 상상해 보면서 이 비유를 생각해야 한다. 그 무리들을 향해서 들려 주신 말씀이 바로 이 포도원 비유다. 거기에는 제자들과 무리들 그리고 산헤드린 회원들이 빙 둘러 있었다. 포도원 이야기는 일반적으로 대중에게 선포된 것처럼 느끼지만, 사실 이 비유는 청자(聽者)에 따라서는 각기 다르게 들릴 수 있는 내용이다.

한 사람이 포도원을 만들었다. 산울타리를 두르고, 즙 짜는 틀을 만들고 망대를 지었다. 여기까지 들으면서 누구나 이사야 5장 1-2절에 나오는 포도원의 노래를 생각했을 것이다.[124] 물론 포도원의 노래는 이스라

123) Jeremias, p.323, *Palestine in the time of Jesus*, p.181.

124) "땅을 파서 돌을 제하고 극상품 포도나무를 심었도다 그중에 망대를 세웠고 또 그 안에 술틀을 팠도다 좋은 포도 맺기를 바랐더니 들포도를 맺었도다"(사 5:2). 이사야가 노래한 포도원의 노래는, 하나님의 사랑을 포도원에 쏟아 부었으나 그 기대에 미치지 못한 이스라엘을 비유해서 부른 노래이다. 울타리를 두른 것은 다른 곳과 구별된다는 의미를 갖는다. 이스라엘을 다른 나라와는 구별되게 취급하셨던 하나님의 섭리를 담고 있다.

엘을 비유한 노래이다. 그러나 다음 내용부터가 달라진다. “그것을 농부들에게 세로 주고 멀리 떠났다. 때가 되어서 그 주인은 농부들에게서 포도원 소출의 얼마를 받으려고 한 종을 농부들에게 보냈다”(막 12:1하-2). 포도원 주인은 하나님이시고, 종교 지도자들은 그의 관리인에 불과하다는 것을 명백하게 밝히셨다.

포도원을 만든 주인은 포도원 소출을 계산할 권리가 있다. 그래서 관리자들에게 계산하도록 종들을 보냈다. 그런데 첫 번째로 보낸 종을 잡아 때리고 빈손으로 보내고, 두 번째 종은 머리를 때리고 능욕해서 보냈다. 세 번째 그 종을 보냈더니 그들은 종을 죽였다. 여기까지 듣던 유대 종교 지도자들은 그 땅을 책임지도록 위임받은 농부들이 바로 자기들이란 사실을 알아채기 시작했을 것이다. 농부는 바로 그 지도자들, 예수를 잡아 해치려고 하는 산헤드린의 대표자들인 대제사장, 서기관들 그리고 장로들이다. 마태는 대제사장과 바리새인들은 비유가 그들을 겨냥한 것이란 사실을 알았다고 했다(마 21:45). 마태는 이 비유를 유대 엘리트들에게 한 비유라고 하고, 누가는 백성들에게 한 비유라고 한다(눅 20:1). 세 번째 종의 이야기는 얼마 전에 헤롯에 의하여 죽임을 당한 세례 요한을 생각하게 한다.

이야기는 다시 이어진다. 그 주인에게 단 한 사람, 곧 사랑하는 아들이 남았는데, 그 아들은 존중해 주겠지 하고 보냈다. 그러나 농부들은 ‘이 사람은 상속자다. 그를 죽여 버리자, 그러면 유산은 우리 차지가 될 것이다’(7절)라고 하면서 그를 잡아 죽이고, 포도원 바깥에다가 내던졌다. 여기까지 듣던 그들의 머리는 복잡해졌을 것이다. 이 비유는 유비(analogy)가 아니라 알레고리(allegory)이다. 듣는 사람들은 특별히 해석하지 않아도 그 내용이 자기 이야기처럼 들린다. 그래서 알레고리 안의 아들은 곧 예수 자신을 가리키고, 하나님의 종 선지자들을 배척한 나라는 마침내 메시아적 왕으로 오신 그 아들 자신을 죽이려고 한다는 것을 누구나 쉽게 알 수 있었다.

이 비유는 굉장히 포괄적이다. 이 비유는 다른 비유처럼 초점이 어떤 한곳에 맞춰진 것이 아니라 이스라엘의 전체 역사로부터 현재 그리고 미래까지를 보여 주는 것이다. 비유의 초점은 구약의 선지자들로부터 시작하여 세례 요한까지, 그리고 그들이 죽이려고 노리고 있는 예수 자신의 이야기와 얼마 전에 있었던 성전 청결 사건까지를 포괄한 내용들이고, 아들을 죽이려고 하는 무리들의 상태까지를 정확하게 지적해 준다.

우선 이 비유를 통하여 가장 확실해진 것은, 예수님 자신이 상속자요 하나님의 아들이란 사실이다. 유대 종교 지도자들이 죽이려고 하는 아들이 곧 예수님 자신이란 사실이다. 마가는 처음부터 이 사실을 간접적으로 표현해 왔다. 세례 사건에서 하늘에서 들린 소리가 "너는 내 사랑하는 아들이라"(1:11)였고, 안식일 논쟁에서 "인자는 안식일에도 주인이니라"(2:28)고 하셨으며, 바알세불 논쟁에서 성령과 예수 자신이 하나라고 주장하시고(3:20-30), 베드로의 고백을 통해서도 드러났다. 또한 변화산에서 들린 음성도 이 내용이었다. 그리고 예수님 자신이 행동으로 옮기신 모든 사건과 기적들이 다 자신이 하나님의 아들임을 당당하게 선포하신 것들이었다. 그러나 종교 지도자들은 그 이유 때문에 죽이려고 한다. 그리고 그 제자들도 그분을 이해하지 못하고 당황해하고 있다.

두 번째로 확실해진 것은 그들이 상속자를 죽이려는 이유이다. 상속자를 죽여야 유산이 자기들 차지가 되기 때문이다. 이것에 대해서는 성전 청결을 통하여 분명하게 드러났다. '강도의 소굴을 만들었다' 는 말 속에 다 포함되었다. 그들은 하나님의 이름을 팔고 성전을 팔아 자기들의 배를 채우는 강도들이었다. 강도들은 재물을 갈취하는 재미에 취해서 포도원 주인의 아들 따위는 안중에도 없다는 것이다. 이 사실을 포도원 비유에서 또 다시 밝히셨다.

유대의 최고 통치기관은 산헤드린이었다. 산헤드린은 전 이스라엘의 모든 행정, 사법 그리고 입법의 기능을 가지고 있었던 최고 통치기구이다. 71명의 회원으로 되어 있고, 의장은 대제사장이 맡았으며[125) 의장을 나시(Nasi)라고 불렀다.[126) '나시'는 '라반'(Rabban)이라고도 하는데, 이 말은 '우리들의 랍비'(Our Rabbi)란 뜻이다. 지방의회들도 역시 같은 이름을 사용하였고, 전통적으로 각각 23명의 회원이 있었다. 예루살렘에도 두 개의 지방 산헤드린이 있었다. 산헤드린은 제사장 그룹과 바리새인과 서기관들 그리고 장로들로 구성되어 있었다. 이들은 막강한 권력을 가지고 있었고 이런 힘을 유지하기 위하여 모든 일을 할 수 있었다. 예수님은 이들을 정면으로 공격하셨다. 하나님은 이스라엘에 막중한 책임을 주셨고, 하나님으로부터 받은 복은 반드시 나눠주어야 하는 책임을 동반한다(창 12:2-3; 출 19장 참조). 그것을 결산하기 위해 아들이 왔다는 것이다. 이것은 이스라엘 역사에 대한 엄청난 결산을 의미한다. 지금 그 책임을 종교 지도자들에게 묻고 계신다.

셋째로 확실해진 것은, 이스라엘은 조상 대대로 하나님을 거역하며 살아왔다는 사실이다. 5절에서, 이스라엘의 역사를 한 절로 설명한다. "또 다른 종을 보내니 그들이 그를 죽이고 또 그 외 많은 종들도 더러는 때리

125) 대제사장(Hebrew kohen gadol; Greek archiereus): 예루살렘 성전의 최고 책임자로서, 로마 시대에는 몇 개의 지도적(leading) 제사장 가정으로부터 선출되었다. 유대가 로마의 속국이 되고 대제사장직이 정치적 지위가 된 이래로 로마 황제, 헤롯 왕가 그리고 총독에 의해서 선출되었다. 주요 임무는 성전 조직의 수장이 되고 모든 주요 절기(특히 대속죄일)를 관장하며, 산헤드린의 의장이 되는 것이다. 그는 역시 사두개파와도 관계되어 있다(행 5:17. Palestine, p.175).

126) Nasi는 군주(Prince)나 족장(Patriarch)이란 뜻이다. 산헤드린 의장은 정신적으로 유대인들의 왕이었다(위렌, p.71).

고 더러는 죽인지라." 그들을 사랑하여 애굽으로부터 구출해서 풍성한 포도원을 갖춰 주고 기뻐하셨건만(사 5:1-2) 그들은 그 사랑을 거절하고 들포도를 맺고 살았고, 그들에게 돌아오라고 권고한 예언자들을 모두 핍박하고 죽였다. 그리고 지금도 하나님의 아들을 죽이려고 기회를 노리고 있다. 여기서 예수님은 자신이 거절받아 죽게 될 것을 모든 사람들 앞에 분명히 밝히셨다.

이 비유의 결론은 간단하다. 그러니 "포도원 주인이 어떻게 하겠느냐"의 결과는, 포도원을 그들에게 빼앗아 다른 사람에게 주는 것이라고 하셨다. 그렇다면 다른 사람이란 누구인가? 10절에 건축자들이 버린 모퉁이의 머릿돌 이야기가 그것을 해석해 준다. 원래 건축자들이 버린 돌은 이스라엘을 지칭한 것이다. 시편 118편 22-23절에 보면 돌은 이스라엘이다. 이 시편은 아마도 포로 시대 후에 쓰인 것으로 보인다. 시편 기자는 그들이 버림받고 이방에 포로로 끌려갔지만 하나님의 전적인 은혜로 되돌아와서 머릿돌이 되었다는 뜻으로 부른 노래이다. 그러나 예수님은 건축자들이 돌을 버렸지만, 그 돌이 새로운 건물 모퉁이의 머릿돌이 되었다고 한다. 건축자들에게 버림받게 될 돌은 바로 예수 자신이다. 영적으로 예수는 바로 이스라엘의 중심이다. 건축자들은 포도원의 농부들이다. 포도원이 있어야 살아갈 농부들이나 돌이 있어야 먹고 살 건축가들은 동명이인(同名異人)이다. 이들이 돌을 버렸다면 건축자들은 어떻게 하겠느냐는 것이다. 이것은 예수님이 이스라엘의 멸망에 대하여 예언하신 것인가?

다른 건물의 머릿돌이 되었다는 것은 무엇을 말하는가? 이것은 유대종교를 버리고 새로운 하나님의 공동체, 즉 교회를 세우신다는 말일까? 지금까지 예수님은 새로운 공동체에 대해 많은 암시를 해오셨다. 새 옷과 낡은 옷, 새 부대와 낡은 가죽부대, 5천 명을 먹이실 때의 상징적 행동들, 12제자를 뽑아서 훈련시켜 오신 일 등이 모두 새로운 공동체를 세우기 위한 준비라는 것을 암시한다. 비유가 전개될수록 모든 것이 점점 분명해졌다. 마침내 그들에게서 하나님의 왕국을 빼앗아 열매 맺는 나라에 주겠다고 한다. 종교 지도자들은 그분이 예수란 것도 알았다. 그래서 예수를 잡고자 했으나 무리를 두려워하여 그대로 가버렸다.

이 비유를 제자들은 어떻게 들었을까? 아무런 언급이 없다. 이 비유는 모든 사람들에게 들려 주신 말씀이다. 백성들에게도 물론이거니와 제자들에게도 들려 주신 말씀이다. 그러나 제자들은 전혀 이해를 하지 못했다. 씨 뿌리는 비유에서 보여준 가시떨기 같은 사람들이다. 그들 속에는 전혀 뽑히지 않는 다른 메시아에 대한 꿈이 있기 때문에, 예수님의 어떤 이야기도 받아들여지지 않는다.

06

위험한 도전(12:13-17)

"그들이 예수의 말씀을 책잡으려 하여 바리새인과 헤롯당 중에서 사람을 보내매 와서 이르되 선생님이여 우리가 아노니 당신은 참되시고 아무도 꺼리는 일이 없으시니 이는 사람을 외모로 보지 않고 오직 진리로써 하나님의 도를 가르치심이니이다 가이사에게 세금을 바치는 것이 옳으니이까 옳지 아니하니이까 우리가 바치리이까 말리이까 한대 예수께서 그 외식함을 아시고 이르시되 어찌하여 나를 시험하느냐 데나리온 하나를 가져다가 내게 보이라 하시니 가져왔거늘 예수께서 이르시되 이 형상과 이 글이 누구의 것이냐 이르되 가이사의 것이니이다 이에 예수께서 이르시되 가이사의 것은 가이사에게 하나님의 것은 하나님께 바치라 하시니 그들이 예수께 대하여 매우 놀랍게 여기더라."

예수님은 아직도 적대 지역에 계신다. 이제는 바리새인들과 헤롯당이 사람을 보내었다. 친 로마적인 헤롯당과 로마에 반대적 입장을 취하는 바리새인들이 함께 뭉쳤다. 물론 헤롯당이라고 해서 다 친 로마적이라고 할 수는 없다. 그러나 대체로 그들은 권력을 유지하기 위하여 로마에 협력할 수밖에 없었던 그룹이다.[127]

그들은 예수를 잡기 위하여 위험한 도전을 했다. 그들이 들고 온 이슈 자체가 당시로서는 굉장히 민감한, 로마에 바쳐야 하는 세금 문제였기 때문이다. 당시 유대인은 로마를 대하는 자세에서 세 부류로 나뉘었다. 친 로마적인 사람들, 반 로마적인 사람들, 그리고 로마에 적대적인 사람들이다. 로마에 예속되어 권력을 유지하는 헤롯당과 또 이들과 연계되어 권력을 행사하는 사두개인들이 있었고,[128] 그들과는 극단적으로 반대 입장에 서 있는 열심당들이 있는가 하면, 반대 입장에 서 있기는 하지만 종교적인 율법을 지키는 일을 더 소중하게 여기는 바리새인들이 있었다.

열심당원(Zealots)들은 첫 번째 유대 혁명 기간에 혁명을 과제로 삼고 살아갔던 그룹이다. 이들은 율법에 극단적으로 열심 있고 극단적으로 경건을 주장하는 사람들이다. 그래서 이를 위해서는 고통이나 죽음까지도 감수하며 살인도 할 수 있다고 믿고 행동으로 옮기던 사람들이다. 이들

127) 헤롯당(Herodians)은 약 180년 동안(BC 80-AD 100) 유대를 지배해 온 그룹이다. 그들은 본래 이두매에 속한 소수 민족이었으나 로마에 아부하여 권력을 잡고 권세를 누려왔다. 이들을 절대적으로 로마의 지배하에 있을 뿐 아니라 로마를 위하여 충성하는 사람들이다.

128) 사두개인들은 유대인의 귀족이었다. 제사장들을 중심으로 이루어진 일종의 정치 집단이다. 산헤드린 멤버 중에 상당수가 사두개인들이었고, 유대 백성들에 대한 법적 권위를 이들이 가지고 있었다. 또한 이들은 헤롯당과 로마 통치자들과 깊이 관계를 맺고 살아가는 집단이었다. 자연히 그들은 자기가 가진 소유를 지켜야 하기 때문에 로마에 대해서는 협력자들이었다. 그래서 그들은 바리새파와는 달리 성경도 기록된 것만 받아들이고, 로마 관리들과 어울리기도 하며, 그들의 집에 가기도 하고 초대도 하였다(*Palestine in the Time of Jeus*, p.181; *The Eerdmans Bible Dictionary*, p.902).

은 자기를 하나님의 심판의 대행자(agents)라고 자임하고 살았던 사람들이다.[129] 이들과 비슷한 그룹 중에는 시카리(Sicarii)란 그룹이 있다. 이들은 첫 번째 유대 혁명(AD 66-73년) 전부터 활동하던, 암살을 목표로 하는 사람들의 모임이다. 그들의 이름은 단검을 가지고 다닌다고 해서 단검을 가리키는 라틴어 'sica' 로부터 왔다. 그들의 정치적 과제는 로마에 협력하는 도시의 엘리트들이나 그들의 가족들을 납치하거나 살해하는 것이다.

바리새인과 헤롯당이 가지고 온 세금에 대한 문제는 바로 로마에 협력하는 자들과 로마를 극단적으로 반대하는 그룹들 사이에 첨예화된 문제로, 예수를 위기에 몰아넣으려는 전략이었다. 이 문제는 반드시 로마와 열심당 내지 시카리들 사이에서 줄타기를 할 수밖에 없는 주제였다. 이들은 예수께서 사람들에게 아부하거나, 소신을 굽히거나, 또 자신의 일신상의 이유 때문에 진리를 왜곡시키지 않는 사람이란 사실을 간파했고(14절), 그래서 이 문제를 피해가지 않을 것을 알았기에 이 질문을 던진다는 것이다.

"가이사에게 세금을 바치는 것이 옳으니이까 옳지 아니하니이까우리가 바치리이까 말리이까"(14하-15상절).

잠시 긴장이 흐른다. 예수님은 그들의 계략을 정확하게 아셨다. 그들을 위선자(Hypocrisy)로 보셨다. 그래서 "어찌 나를 시험하느냐"고 물으시고, 곧장 "데나리온 하나를 가져다가 내게 보이라"고 하셨다. 동전 하나를 그에게 가져왔을 때, 예수님은 동전을 들고 사람들에게 보이면서 "이 형상과 이 글이 누구의 것이냐?"고 물으신 후, "가이사의 것은 가이사에게, 하나님의 것은 하나님께 바치라"고 하셨다.

그들이 가져온 동전은 로마 정부가 만든 동전이었다. 티베리우스

---

129) 전게서, p.1082.

(Thberius, AD 14-37년)는 보수적인 통화정책을 썼으며, 세 가지 형태의 데나리온만을 주조하도록 하였다. 그중 세 번째 형태의 데나리온은 은화인데, 한 면에는 월계관(신적인 신분의 상징)을 쓴 황제의 흉상이 새겨져 있고 다른 면에는 '황제 티베리우스, 신적인 아우구스투스의 존엄한 아들'(Tiberius Caesar Divi Angusti Filius Augustus)이라고 쓰여 있다.[130)]

그들은 세금을 바쳐야 하느냐는 질문을 던졌다. 이것은 정치적인 이슈이다. 그러나 예수님은 누구의 소유인가를 묻고, 그렇다면 그 소유주에게 돌려야 한다고 하심으로 문제의 핵심을 다른 곳으로 돌리셨다. '*οὔ;δῶμεν ἢ μὴ δῶμεν*' 에서 '도멘'(*δῶμεν*)이란 동사는 단순히 '준다'(give)는 뜻이다. 그러나 예수께서는 하나님에게 속한 것과 가이사에게 속한 것을 구분하시고, '바치라'(*ἀπόδοτε*)라고 하셨다. '아포돈테'(*ἀπόδοτε*)는 어떤 사람에게 진 빚을 갚으라는 뜻이다. 그러므로 하나님에게 빚진 것이 있으면 하나님께 갚고, 가이사에게 빚진 것이 있으면 가이사에게 갚으라는 말이다. 즉 정치 문제를 소유 문제로 해결하신 것이다.

동시에 하나님과 가이사를 대비시키셨다. 이 세상을 통치하는 로마 황제와 영적으로 온 세상을 통치하는 하나님을 대비시킴으로 하나님을 대하는 인간적 자세를 다시 한번 생각하게 만드셨다. 정말 로마 황제만큼 하나님을 두려워하는지, 인간 황제만큼 하나님을 섬기는지에 대해 종교지도자들뿐 아니라 제자들과 백성들에게 경종을 울린 것이다. 그리고 이것은 하나님께 바쳐야 할 것을 정당하게 바치고 살아야 한다는 명령이기도 하다.

그 말씀을 듣고 있던 제자들은 무엇을 느꼈을까? 예수님으로부터 정치적인 발언을 듣기를 원했을 것이다. 그러나 예수님의 말씀을 들었던

---

130) 그닐카, p.205.

모든 자들은 매우 놀랐다. '놀랐다'(ἐξεθαύμαζον)는 '놀라다'(ἐξεθαυμάζω)의 미완료 능동태로, 놀란 상태로 거기 그저 서 있었다는 것을 의미한다. 그들이 놀란 것은 그 말씀의 지혜에도 놀랐지만 자기들이 올무에 걸려고 했던 그것과는 아무 상관 없이 대답하시는 것을 보고 놀랐던 것이다.

07

사두개인들의 개입

(12:18-27)

"부활이 없다 하는 사두개인들이 예수께 와서 물어 이르되 선생님이여 모세가 우리에게 써 주기를 어떤 사람의 형이 자식이 없이 아내를 두고 죽으면 그 동생이 그 아내를 취하여 형을 위하여 상속자를 세울지니라 하였나이다 칠 형제가 있었는데 맏이가 아내를 취하였다가 상속자가 없이 죽고 둘째도 그 여자를 취하였다가 상속자가 없이 죽고 셋째도 그렇게 하여 일곱이 다 상속자가 없었고 최후에 여자도 죽었나이다 일곱 사람이 다 그를 아내로 취하였으니 부활 때 곧 그들이 살아날 때에 그 중의 누구의 아내가 되리이까 예수께서 이르시되 너희가 성경도 하나님의 능력도 알지 못하므로 오해함이 아니냐 사람이 죽은 자 가운데서 살아날 때에는 장가도 아니 가고 시집도 아니 가고 하늘에 있는 천사들과 같으니라 죽은 자가 살아난다는 것을 말할진대 너희가 모세의 책 중 가시나무 떨기에 관한 글에 하나님께서 모세에게 이르시되 나는 아브라함의 하나님이요 이삭의 하나님이요 야곱의 하나님이로라 하신 말씀을 읽어 보지 못하였느냐 하나님은 죽은 자의 하나님이 아니요 산 자의 하나님이시라 너희가 크게 오해하였도다 하시니라."

적대 지역에서 논쟁은 계속되고 있다. 드디어 사두개인들이 나왔다. 제사장들에게로 논쟁이 옮겨가고 있다. '부활이 없다고 하는 사두개인'이란 말은 마가의 설명일 것이다.[131] 그들이 가지고 나온 주제는 부활이었다. 그들은 모세 율법에서 말하는 수혼법(嫂婚法)을 논쟁의 출발점으로 삼았다. 신명기 25장 5-10절에는 이스라엘 사람은 형제가 아들을 남기지 않고 죽었을 경우에는 죽은 형제의 아내를 맞아서 형제의 이름이 '이스라엘에서 소멸하지 않게 하고' 그 형제의 가문을 세워 줄 의무가 있다고 했다. 부활을 믿지 않는 사두개인들이 가지고 온 문제는 바로 그런 경우, 7형제가 있어 일곱 번을 결혼한 경우에 부활을 한다면 그 여인은 누구의 아내가 되겠느냐는 것이다. 위렌은 이렇게 말한다.

> "사두개인들은 몸의 부활 교리를 단호하게 거절하였다. 그들은 사람이 죽었다면 죽은 것이라고 주장했다. 어떤 사람들은 사두개인의 이런 교리는 헬라적 사상에서 온 것이라고 한다. 그러나 더 정확하게는 사두개인들은 고대 유대인들의 신앙에 더 의존되어 있다."[132]

---

131) 사두개인들은 영혼이 육체와 함께 소멸한다고 보고 율법 외의 규정을 인정하지 않았다. 《탈무드》에는 랍비 가말리엘 2세(AD 90년경)와 사두개파 사이의 논쟁이 전해지는데, 이 논쟁에서 가말리엘 2세는 죽은 자의 부활에 대한 성경적 근거가 충분히 있음을 사두개파 사람들에게 납득시킬 수 없었다고 한다. 구약성경에는 후대의 구절들(사 26:19; 단 12:1-3; 시 73:24)을 제외하고는 사후에 인간이 생존을 계속한다는 말을 하지 않았기 때문이다(그닐카, p.211).

132) 위렌, p.61

앞에 나온 포도원 비유에서 예수님은 종교 지도자들이 예수 자신을 '하나님의 상속자' 즉 메시아로 생각하고 있다는 것을 암시했다. 지금 그들은 예수를 메시아로 전제하고 죽은 이후의 문제인 부활의 문제를 끄집어낸 것이다. 그러나 이 주제에는 두 가지가 얽혀 있다. 하나는 부활의 문제이지만 하나는 잘못하면 성경이 잘못되었다고 말하는 오류를 범할 수 있기 때문이다. 이들의 질문을 받은 예수님은 먼저 책망을 하셨다. 본문 24절에도 그들을 먼저 책망하셨다. 그리고 그들의 성경에 대한 무지를 날카롭게 지적하셨다. "성경도 하나님의 능력도 알지 못하므로 오해함이 아니냐." 사두개인들은 정말 무지했다. 부활이 있다면 그곳에서도 결혼 관계가 유지될 거라고 추측했기 때문이다.

예수님은 하늘나라에 대하여 명확하게 대답하신다. 하늘나라의 실체를 아시는 분이기 때문이다. 그 나라에는 장가 가거나 시집 가는 것 같은 것은 없다고 하셨다. 그리고 하늘나라의 모습은 천사와 같다고 하셨다. 그러면서 출애굽기의 가시나무 떨기 앞에 서 있던 모세에게 하셨던 하나님의 말씀을 인용하셨다. "나는 아브라함의 하나님이요 이삭의 하나님이요 야곱의 하나님이로라."133) 하나님께서 모세에게 말씀하신 것을 강조하신다.

출애굽기를 인용하신 것은 절묘하다고 하겠다. 우선 사두개인들은 모세 오경만 믿는다. 그러므로 그들이 받아들일 성경에서 인용하셨다. 또 모세의 입을 통하여 부활을 믿지 못하는 사두개인들에게 부활을 입증해 주셨다. "하나님은 죽은 자의 하나님이 아니요 산 자의 하나님이시라"(27

133) 출애굽기 3장 7절에 하나님께서 모세에게 시내 산에서 자신을 계시하신 말씀이다. 이것은 모세가 자기 일생에서 처음으로 하나님을 대면하는 장면이요, 하나님이 어떤 분인가를 깨닫는 순간이다. 이런 하나님에 대한 바른 이해가 그를 출애굽의 사역자로 세워 주었을 것이다.

절). 이 성경 인용을 통하여 그들에게 '하나님의 말씀에 무지하고, 하나님의 능력에 대하여 무지하다'는 사실을 다시 한번 책망하신 것이다.

예수님은 죽은 자 가운데서 살아난다는 말을 거듭 두 번이나 강조하셨다(25, 26절). 특히 25절에서는 원문에서 '죽은 데로부터'(ἐκ νεκρῶν)를 문장 앞에 놓음으로써 죽은 자가 살아난다는 사실을 강조해 주었다. 예수께서는 '너희가 틀렸다'는 말을 두 번이나 언급하시며(24, 27절), 부활이 얼마나 확실한가를 이 논쟁에서 강조하셨다.

예수님이 인용한 출애굽기의 성경구절은 하나님이 이스라엘을 애굽의 고통에서 건져 주시기 위하여 주신 말씀이다. 그 뒤에는 이어서 "그들이그들의 감독자로 말미암아 부르짖음을 듣고 그 근심을 알고 내가 내려가서 그들을 애굽인의 손에서 건져내고 그들을 그 땅에서 인도하여……"(출 3:7-10)라는 내용이 계속된다. 또 이 말씀은 예수 자신이 죽고 부활할 것에 대한 예고가 되었다. 제자들에게도 자신이 부활할 것을 예고해 주었지만 그들이 받아들이지 못했다. 그런데 여기서 모든 사람들에게 자신의 부활이 있을 것을 확실하게 선포하신 것이다.

천사에 대한 언급은 천사를 믿지 않는 사두개인들에게 또 다른 걸림돌이 되었다(행 23:8). 그들은 천사의 존재도 믿지 않았기 때문이다. 그러나 예수님은 천사의 존재를 인정하셨다. 천사는 죽지 않는다. 그러므로 그들은 결혼이나 생식과 같은 방법을 통하여 후손을 이어갈 이유가 없듯이, 우리 사람들도 부활 후의 삶이 그렇다는 것이다. '천사들과 같다'(as the angels) 하셨을 때 '같다'(as)라는 전치사 '호스'(ὡς)는 비교의 의미를 가진 전치사로써, '……과 똑같은 유사성(similarity)과 동질성(same quality)'을 말한다.[134] 유사성과 동질성을 말할 때, 지금 결혼에 관하여 말하고 있기 때문에 그 점에서는 천사와 다른 점을 가지고 있음은 물론

134) Wuest, p.236.

이다. 천사는 처음부터 결혼을 하지 않고 처음부터 창조된 존재이기 때문에 번식이 없다. 그러나 부활한 인간들의 실체는 천사들과 질적으로 같을 것이고, 실체의 모습도 그들과 유사하고, 살아가는 생활양식도 유사할 것이다.

계속 살펴보는 대로, 한 번의 대답으로 여러 가지 문제를 동시에 해결해 나가시는 주님의 지혜가 놀라울 뿐이다.

08

하늘나라에 가까이 있는 서기관

(12:28-37)

"서기관 중 한 사람이 그들이 변론하는 것을 듣고 예수께서 잘 대답하신 줄을 알고 나아와 묻되 모든 계명 중에 첫째가 무엇이니이까 예수께서 대답하시되 첫째는 이것이니 이스라엘아 들으라 주 곧 우리 하나님은 유일한 주시라 네 마음을 다하고 목숨을 다하고 뜻을 다하고 힘을 다하여 주 너의 하나님을 사랑하라 하신 것이요 둘째는 이것이니 네 이웃을 네 자신과 같이 사랑하라 하신 것이라 이보다 더 큰 계명이 없느니라 서기관이 이르되 선생님이여 옳소이다 하나님은 한 분이시요 그 외 다른 이가 없다 하신 말씀이 참이니이다 또 마음을 다하고 지혜를 다하고 힘을 다하여 하나님을 사랑하는 것과 또 이웃을 자기 자신과 같이 사랑하는 것이 전체로 드리는 모든 번제물과 기타 제물보다 나으니이다 예수께서 그가 지혜 있게 대답함을 보시고 이르시되 네가 하나님의 나라에서 멀지 않도다 하시니 그 후에 감히 묻는 자가 없더라."

예루살렘 성전 안에서 논쟁은 계속된다. 이제는 서기관 중의 한 사람이 예수님께 나왔다. 이 사람은 예수님의 대답에 놀란 사람 중 하나였을 것이다. 그 대답에 놀라서 계명 중에 첫째 되는 계명에 대하여 물었다. 이 서기관이 질문한 것은 책잡으려고 한 것 같지는 않다. 예수님의 지혜로움에 놀란 나머지 으뜸 되는 계명에 대한 설명을 듣고 싶어서 질문한 것으로 보인다. 그러나 마태는 이 서기관은 바리새인 중의 한 사람으로 예수님을 시험하려고 물었다고 했다. 또 예수님의 대답을 듣고 그가 어떻게 했는지에 대해서는 말이 없다. 반면 누가는 이 사건을 사역 초기에 있었던 일로 소개한다. 누가는 이 서기관의 질문에 대한 답으로 선한 사마리아인의 비유를 소개했다. 마가복음에서 이 구절이 결론적인 부분에 나오는 것은, 가장 큰 계명에 대한 말씀이 적대자들과의 일련의 논쟁에 있어서 절정을 이루고 있으며, 예수님은 바로 이 계명의 정신에 서서 지금까지 살아왔다는 사실을 알려 주는 것이다.[135]

당시 유대인들은 율법의 요구와 윤리의 요구 사이를 구분하지 못했다. 하나님을 영화롭게 하는 일은 토라(율법)를 위대하고 영화롭게 만드는 것이라고 했다. 그러나 그들은 그 사랑으로 이웃을 사랑하라는 윤리는 지키지 않았다. 율법은 있으나 윤리가 없으면 껍질만 두꺼워지고 영혼은 텅텅 비게 된다. 그런데 이 서기관은 율법과 윤리를 구별하는 사람이었다. 그래서 계명의 가장 중요한 것이 무엇인지를 확실히 알고 싶어 예수께 물었다.[136]

예수님의 대답은 두 가지로 주어졌다. 첫째는 신명기 6장 5절에 나오는 쉐마의 첫 부분이다. 쉐마는 경건한 유대인들이 하루에 두 번, 아침과 저녁에 고백하는 내용이다. 그들이 매일 암송하는 내용으로 대답하신 것은, 그들이 암송은 하지만 그 뜻과는 반대되는 삶을 살고 있기 때문이었

---

135) 라마 윌리엄스, p.340.

136) 위렌, pp.95-96.

을 것이다. 신명기 6장 5절과 마가복음 12장 30절의 칠십인역(LXX)을 비교해보자.

'너는 마음을 다하고 뜻을 다하고 힘을 다하여 네 하나님 여호와를 사랑하라"(*ἐξ ὅλη τη ὃ καρδίας σου και. ἐξ ὅλή τῇ ο ψυχῇ σου και. ἐξ ὅλή τῇ ὃ δυνάμεως,' σου*) (신 6:5).

'네 마음을 다하고 목숨을 다하고[137] 뜻을 다하고 힘을 다하여 주 너희 하나님을 사랑하라"(*ἐξ ὅλή τῇ ο καρδι,ἀ σου και. ἐξ ὅλή τῇ ο ψυχῇ σου και. ἐξ ὅλή τῇ ὃ διανοι,ἀ σου και. ἐξ ὅλή τῇ ὃ ἰσχύος σου*) (막 12:30).

'마음을(*ὃ καρδίας*) 다하여 그리고 목숨을(*ὃ ψυχῇ*) 다하여' 까지는 신명기와 마가복음의 내용이 똑같다. 그러나 '힘을(신명기는 *ὃ δυνάμεως*, 마가복음에는 *ἰσχύος*를 사용함) 다하여' 라는 단어 앞에 마가는 '뜻을 다하여'(*ὃ διανοι,ἀ*)란 말을 첨가하였다. 라마 윌리엄스은 이렇게 말한다.

> "모든 신약성서의 인용에 있어서 '뜻' 이 포함되는 것은, 하나님을 섬기는 것이 우리의 뜻과 정신에 함께하여야 한다는 것을 보여 주는 것이다. 그러나 하나님에 대한 지적인 사랑을 강조하면서 사랑의 다른 면들 위에 그것을 두려 해서는 안 된다. 본문은 전인적인 사람에 대해 말하고 있는 것이다."[138]

---

137) "목숨을 다하고"란 헬라어 '*ὃ ψυχῇ*' 를 우리 개역개정판 성경 신명기에서 "뜻을 다하여"라고 번역하고, 마가복음에서는 "목숨"이라고 번역했다. 그러나 마가복음과 동일하게 "목숨"이라고 번역해야 할 것이다. 마태는 "뜻"은 포함시키지만 "뜻"은 빼놓았다.

138) 라마 윌리엄스, p.342.

예수께서 쉐마의 첫 구절을 인용하셨는데,[139] 이 부분도 사실은 십계명의 1계명에서 4계명까지의 내용을 요약한 것이다. 즉 그 핵심이 하나님을 사랑하라는 것이다. 두 번째 대답은 십계명의 5-10계명의 내용을 요약한 것이다. 그것은 네 이웃을 네 자신과 같이 사랑하라는 것이다. 이 두 가지 대답이 모두 '사랑하라' 로 끝을 맺었다. 이렇게 보면, 십계명의 핵심은 하나님 사랑과 이웃 사랑이요, 이들을 요약하면 '사랑하라' 는 내용이 된다.

지금까지 살펴본 대로 예수님이 대답은 새로운 게 아니다. 바로 십계명의 정신이다. 십계명의 정신을 다른 말로 표현하면 '스플랑크니조마이' 의 정신이다. 스플랑크니조마이의 정신이 쉐마의 정신이고, 곧 쉐마의 정신이 스플랑크니조마이의 정신이다. 하나님의 마음으로 살지 않고는 하나님을 사랑할 수 없고, 이웃을 네 몸처럼 사랑할 수 없다.

"네 이웃을 네 몸과 같이 사랑하라"에서 '같이'(ὡς)는 '……과 똑같다' 는 의미가 아니라, '마치……처럼'(as if or as though)으로 해석해야 한다. 그러니까 이웃을 네 몸처럼 사랑하라는 말씀은 나와 똑같이 사랑한다는 의미이기보다는 나를 사랑하는 그런 방식으로 이웃을 사랑하라는 말이다. 내 몸을 아낀다면 네 이웃의 몸도 아껴야 하고, 내 몸에 관심을 기울인다면 이웃에게도 그런 관심을 기울여야 한다는 말이다.[140]

---

139) 예수는 쉐마의 정신에 서 있다. 예수는 쉐마 정신을 상기시키심으로, 신앙은 규범을 지키는 게 중심이 아니라 하나님 중심으로 살아가는 삶이란 사실을 강조하셨다.

140) 라마 윌리엄스, p.344. 이와 비슷한 예가 마태복음의 '하늘에 계신 너희 아버지의 온전하심과 같이 너희도 온전하라' 는 말씀이다. 여기서 '같이' 는 하나님과 똑같이 온전하라는 뜻이 아니라 하나님이 온전하신 것과 같은 방식으로 온전해지라는 것을 의미한다.

대답을 들은 서기관은 예수님의 대답에 전적으로 동의했다. 하나님은 한 분뿐이시고 "마음을 다하고 지혜를 다하고 힘을 당하여 하나님을 사랑하는 것과 이웃을 자기 자신과 같이 사랑하는 것이 전체로 드리는 모든 번제물과 기타 제물보다 나으니이다"라고 했다. 여기서 서기관은 예수님의 말씀 중에 '목숨과 뜻을 다하여'를 '지혜를 다하여'로 바꾸어 말했다. 그러나 그의 대답을 들으시고 예수께서는 바로 이 사람이 하나님 나라에서 멀지 않다고 말씀하셨다. '멀지 않다'는 말을 긍정적으로 표현하면 '아주 가깝다'는 뜻이다. 그러나 완성된 것은 아니라고 하셨다. 이제 한 가지만 하면 되는 것이다. 예수 그리스도를 받아들이는 행위이다.

이 서기관의 말을 들으면 이사야 선지자를 통하여 주신 진정한 금식에 대한 말씀이 생각난다(사 58:1-9). 이사야가 전한 금식에 대한 말씀은, 사실은 하나님의 중심을 보여 주신 말씀이며, 그 정신으로 살아오신 분이 예수 자신이다. 이 서기관은 다른 서기관이나 종교 지도자들과는 달리 하나님의 중심을 명확하게 안 사람이다. 다시 말하면 그는 예수 사역의 핵심을 이해할 수 있는 사람이었다. 제자들도 이해하지 못하는 바를 이 서기관은 이해하고 있다는 것이 놀라운 점이다. 이 서기관은 성전에서 성경을 가르치는 신학자이다. 그런데 그의 입에서 당시 행해지고 있는 희생제사보다 그 중심이 더욱 중요하다고 말한 것은 놀라운 일이었다. 서기관은 예수님을 존경했고(28, 32절), 예수님은 그를 높게 평가했다(34절). 모처럼 예수(복음)와 서기관(율법)이 하나님의 사랑의 중심선에서 함께 만났다.

당시 유대에는 훌륭한 두 율법학자가 있었다. 한 사람은 힐렐(Hillel)이고, 또 한 사람은 샴마이(Shammai)이다. 힐렐이 랍비 전승을 이룬 사람이라면 샴마이는 랍비적 유대주의를 세운 사람이다. 특별히 힐렐은 뛰어난 율법 해석자였는데, 랍비 전통에 의하면, 모세가 기록된 율법을 하늘로부터 받은 대리자라면 힐렐은 그 율법에 가장 적절한 해석을 함으로써 율법(토라)을 완성시킨 사람이라고 한다.

한 이방인이 유대주의를 조롱하기로 결심을 하고 샴마이에게 갔다. 그리고 그에게 말했다. “만일 당신이 내가 한 발로 서 있는 동안 나에게 유대주의의 모든 것을 말해 준다면 내가 개종을 하겠습니다.” 샴마이는 가지고 있던 짧은 막대기로 그를 옆으로 밀어 버렸다. 그 사람은 다시 힐렐에게 갔다. 그는 샴마이에게 했던 말을 되풀이했다. 그때 힐렐은 그 사람에게 이렇게 말했다. “네가 싫은 것은 다른 어떤 사람에게도 하지 말라(사실 이 말은 레위기 19장 18절, “네 이웃을 네 몸과 같이 사랑하라”는 말을 뒤집어 한 것이다). 나머지 모든 것은 그것에 대한 주석이니, 가라. 그리고 그것을 배우라.”[141] 그 사람은 힐렐에게서 감동을 받고 그 자리에서 개종을 했고, 연구를 거듭하여 지혜로운 유대인이 되었다고 한다. 후에 그는 사람들에게 말했다고 한다. “샴마이의 엄함이 나의 영혼을 거의 잃어버리게 했을 즈음, 힐렐의 친절함이 나의 생명을 구했다.”[142]

서기관 중에 힐렐을 따르는 자들이 많았는데, 이 서기관은 힐렐을 닮고자 하는 제자였던 것같이 보인다. 그는 예수님의 대답에 큰 감명을 받았다. 그가 후에 예수님을 따르는 제자가 되었는지는 아무도 모른다. 그러나 서기관 중에서 예수께 나아와서 배우고 대화를 한 사람은 이 사람이 처음이다.

예수님은 정통 유대인이었다. 쉐마를 존중하고 율법을 사랑하며, 그것을 준수하려고 하셨다. 단지 기본 정신을 잃어버리고 형식에만 치우쳐 살아가는 율법주의자 또는 형식주의자들을 공격하셨을 뿐이다. 율법주의자들이 살아가는 방법은 일반 시민들의 생각과 다름이 없었다. 이들의

---

141) 위렌, PP.148-153. 힐렐에 대하여 더 알고 싶으면 이 부분을 읽도록 권한다.

142) 전게서, p.153. 위렌은 예수님과 힐렐이 서로 닮았다고 말한다.

지혜를 '관습적 지혜'(conventional wisdom)라고 한다면, 예수님이 제시하신 지혜는 타성에 젖고 관습적이고 관례적인 지혜를 파괴하고 새로운 것을 세우려는 지혜였다. 이런 관습적인 종교에 젖어 살던 서기관이 마침내 예수님의 정신에 동의를 해준 것은 예수님의 사역 중심이 올바르다는 사실을 마침내는 인정했다는 데 마가는 큰 의미를 두고 있다.

세 가지 논쟁은 예수님의 일생을 정리해 주는 내용들이었다. 첫 번째 가이사에게 세금을 바쳐야 하는가 하는 논쟁에서 하나님과의 정치 문제를 정리해 주셨다. 예수님이 반 로마적이라거나 정치적 이유로 십자가를 지시는 게 아님을 분명하게 해결해 주셨다. 두 번째 부활 논쟁에서 부활은 확실히 있다는 것을 예수님 자신이 성경적으로 증명해 주심으로 앞으로 일어날 자신의 부활을 예고해 주셨고, 세 번째 질문을 통하여서는 예수 사역의 핵심이 무엇인가를 명확하게 보여주었다. 이처럼 마가의 내러티브는 이 모든 것을 정리하고, 이후부터 마지막 교훈과 고난으로 들어간다.

09

서기관과 과부의 헌금(12:35-44)

"예수께서 성전에서 가르치실새 대답하여 이르시되 어찌하여 서기관들이 그리스도를 다윗의 자손이라 하느냐 다윗이 성령에 감동되어 친히 말하되 주께서 내 주께 이르시되 내가 네 원수를 발 아래에 둘 때까지 내 우편에 앉았으라 하셨도다 하였느니라 다윗이 그리스도를 주라 하였은즉 어찌 그의 자손이 되겠느냐 하시니 많은 사람들이 즐겁게 듣더라 예수께서 가르치실 때에 이르시되 긴 옷을 입고 다니는 것과 시장에서 문안 받는 것과 회당의 높은 자리와 잔치의 윗자리를 원하는 서기관들을 삼가라 그들은 과부의 가산을 삼키며 외식으로 길게 기도하는 자니 그 받는 판결이 더욱 중하리라 하시니라 예수께서 헌금함에 대하여 앉으사 무리가 어떻게 헌금함에 돈 넣는가를 보실새 여러 부자는 많이 넣는데 한 가난한 과부는 와서 두 렙돈 곧 한 고드란트를 넣는지라 예수께서 제자들을 불러다가 이르시되 내가 진실로 너희에게 이르노니 이 가난한 과부는 헌금함에 넣는 모든 사람보다 많이 넣었도다 그들은 다 그 풍족한 중에서 넣었거니와 이 과부는 그 가난한 중에서 자기의 모든 소유 곧 생활비 전부를 넣었느니라 하시니라."

예수께서는 여전히 성전에 머물러 계신다. 35절과 38절에 나오는 "예수께서 가르치실 때에"라는 것을 보면, 적대자들을 침묵시킨 후 예수께서는 다시 아무 일도 없는 것처럼 백성들을 가르치기 시작하셨다는 것을 보여 준다. 주제는 여전히 서기관들이다. 아마도 서기관들이 메시아(그리스도)는 다윗의 자손이어야 한다고 주장한 것 같다. 다윗의 자손으로서 정치적 메시아로 세상을 통치하는 자라고 한 것 같다. 여기에 대해서 주께서는 시편 110편 1절을 인용하여 반론을 제기하셨다. "주께서 내 주께 이르시되 내가 네 원수들 발 아래에 들 때까지 너는 내 우편에 앉았으라 하셨도다."

이 본문을 해석하기 전에 먼저 '그리스도'라는 낱말의 의미를 이해해야 한다. 그리스도란 단어는 헬라어로 'christos'인데 기름 부은 자라는 뜻이다. 이 용어는 영어로 '메시아'라고 번역한 히브리어의 헬라적 번역어이다. 메시아란 말은 장래 이스라엘의 왕이란 함축적 의미를 가지는데, 이 말의 뜻은 언젠가 다윗의 후손으로부터 이스라엘을 다스릴 한 왕이 나온다는 뜻이다. 서기관과 무리들은 장차 다윗의 후손으로부터 유대 메시아가 나올 것을 믿고 있었다. 그러나 그 메시아는 역시 하나의 인간일 뿐이다. 그러나 예수님은 다윗이 메시아를 그의 주로 불렀다는 것을 지적하시며, 그렇다면 메시아가 어찌 다윗의 왕권에서 나온 인간적인 후손이 되겠느냐고 반문하신다. 메시아는 하나님이며 인간이어야 한다는 것이다.

이 시편은 다윗이 성령의 감동을 받아 이 구절을 예언하였다고 한다. 랍비 문헌에는 다윗이 '성령 안에서' 이 예언을 했다고 나와 있다.[143)] 그렇게 보면, 이 시편은 삼위일체 하나님이 완벽하게 나타난 곳이다. '여호와 하나님', '원수를 패배시킨 메시아 그리스도' 그리고 ' 성령' 이 나오기 때문이다. 이 시편 구절은 신약성경에서 가장 많이 인용되는 구약성경 구절들 가운데 하나로, 사도행전 2장 34-35절과 고린도전서 15장 25절, 히브리서 1장 13절에서 부활하시고 하늘에 올리워진 예수님에 관하여 말할 때 사용되었다. '내 주' 란 여기서는 다윗이 그리스도를 지칭한 것으로, 왕을 부르는 말이기도 했다. 유대교에서 시편을 메시아론적으로 사용한 사례는 지금까지 확인된 바 없다. 이것을 주장하는 학자들은 유대교가 반 그리스도교적 논쟁을 위해서 메시아론적 해석을 제거했다고 주장하기도 한다.[144] 어쨌든 이 구절은 그리스도교 공동체가 예수 그리스도를 메시아로 고백하는 근거를 제공하는 말씀이고, 그리스도는 다윗의 인간적 아들을 가리키는 것이 아니란 사실을 증거하는 구절이 되었다.[145]

서기관들이 그리스도가 다윗의 자손이라고 주장하는 데는 의도가 있다. 첫째로 예수는 다윗의 자손이 아니므로 그가 메시아일 수 없다는 뜻이고, 두 번째는 만약 다윗의 자손이라고 양보하더라도 그는 메시아적 왕일 수밖에 없다고 말함으로 그분이 하나님의 아들이라고 주장하는 것을 반박할 수 있다는 것이다. 그러나 예수께서는 다윗이 그리스도를 주라고 하였으니 어찌 그리스도가 그의 자손이 되겠느냐고 반문하심으로 그들의 두 가지 질문을 다 반박하셨다. 자신이 그리스도라는 것과, 다윗이 주(主)라고 고백했기 때문에 다윗의 왕권을 이어받는 인간적인 왕이 아니라 하나님의 아들이란 사실을 분명히 하셨다.

---

143) 그닐카(Gnilka), p.228: Billerbeck, II, 30f와 다윗이 '주의 영이 내 안에서 말씀하셨다' 고 말하는 70인역 열왕기하 23장 2절을 참조할 것.

144) 전게서,. p.228.

145) 전게서,. p.228.

성전에서 예수께서 가르치고 있는 동안에 거기에는 많은 서기관이 있었고, 또 성전을 오고가는 서기관들이 눈에 띄었을 것이다. 그래서 그들을 의식하면서 서기관들을 조심하라고 하셨다. 당시에는 오직 서기관들만이 대중 앞에서 탁월한 지위를 가졌다. 그들은 재판관의 자리에 앉을 수 있고, 훈육과 재판에 대하여 설명할 수도 있었다. 또 그들은 외국을 여행할 수 있었는데, 외국에서 사법권을 행사하는 일에나 사는 모습에서 선과 악을 배우기 위해서였다.[146] 또 그들은 가르치는 일이나 사법권을 행사하는 데 필요한 사례를 받지 않았다. 그렇지만 많은 유산을 가지고 있었고, 무역으로 돈을 모았으며, 그뿐 아니라 많은 부유한 지지자들로부터 도움을 받았기 때문에 경제적 어려움은 전혀 없었다.[147]

그들에게는 아버지의 주장보다 랍비들의 주장을 더 존중해야 한다는 규정이 있었다. 예를 들면, 포로가 된 아버지와 교사 중에서 누구의 몸값을 먼저 지불해야 할 것인가를 결정해야 할 때 첫째로 교사를 위해서 돈을 지불해야 한다. 왜냐하면 그 사람의 아버지는 그를 이 세상에 태어나게 했을 뿐이지만 교사는 그의 생명을 오는 세상으로 인도하기 때문이다. 더욱이 제사장들은 제사장이 아닌 사람들이 하나님에게 지고 있는 빚을 추적하거나, 그것을 특별 세리들을 통하여 징수하도록 서기관들에게 권리를 위임하였다고 한다. 그렇다면 서기관들에게 빚을 지지 않고 살아가는 서민들이 얼마나 되었겠는가? 그러므로 그들은 가난한 서민들 위에 군림할 수밖에 없었을 것이다. 자연히 이들은 어디서나 높은 자리를 차지하였고, 서민들에게는 두려운 존재들이었다. 이런 서기관들을 삼가라고 예수는 말한다.[148]

---

146) *David N. Freedman, Freedmans Dictionary of the Bible*, Grand Rapids, 2000, p.917.

147) the Eerdman Bible Dictionary, 성경사전, P.917.

서기관들은 긴 옷을 좋아했다. '스톨레'(stolhv) 즉 길고 끌리는 옷을 입기를 좋아했다. 이런 옷은 구약에서 제사장들이나 왕족들이 착용했다. 신약시대에는 특별 절기(festive or solemn)에나 착용했던 옷이다. 서기관들은 학문적 권위를 내세우기 위하여 긴 옷을 입고 다녔다.[149] 또 그들은 시장에서 인사 받는 것을 좋아했다. 또한 랍비(Rabbi)라고 불리는 것을 좋아했다. 그러나 예수님은 그런 칭호를 거절하셨다(10:17). 또 회당의 상좌에 앉는 것을 좋아했다. 회당에서의 높은 자리는 명망 있는 사람들이나 공적인 인물들을 위해 마련된, 토라 상자 맞은편 자리로 추측된다. 이 자리는 회중의 앞쪽에서 회중의 얼굴을 대하고 앉는 자리이다. 그들은 음식상에서 상좌(the first reclinging place)에 앉기를 좋아했는데, 가장이나 잔치 주인의 옆자리가 명예로운 자리였다. 후기에는 랍비들 사이에서 식탁의 서열이 나이에 따라 정해졌다면, 예수의 시대에는 명망에 따라 정해졌다고 한다.[150]

서기관들은 과부들의 가산들을 먹어치웠다. 사람들은 자주 그들의 큰 재산을 성전에 빼앗겼고, 재산의 상당 부분을 서기관들이나 바리새인들에게 빼앗겼다. 서기관들은 유언장을 쓰거나 재산양도증서를 쓰는 데 고용되었다. 그런 경우를 이용하여 그들은 과부들이 그들의 집을 성전에 내도록 꾀었고, 자기들에게 팔도록 조치했다. 이것을 위하여 그들은 과

---

148) 그러나 예레미아스에 의하면 상당수의 율법학자들은 가난한 주민들이었다고 한다. 예를 들면 가말리엘 2세의 두 제자들은 '지중해의 물방울 수를 헤아릴 수 있을 만큼' 매우 박식했지만 이들에게는 먹을 음식과 입을 옷이 없었다(예레미아스, p.159.).

149) Wuest. p.241. 참고.

150) 그닐카, p.233. 누가복음 14장 7-10절에 나오는 낮은 자의 비유도 높은 자리를 추구하는 것을 비난한다.

부들이나 그들의 가정을 위하여 긴 기도를 하였다. 그래서 예수께서는 "그들은 과부의 가산을 삼키며 외식으로 길게 기도하는 자니 그 받는 판결이 더욱 중하리라"(40절)고 하셨다.[151]

그들은 과부의 재산을 삼키는 강도들이었다. 유대교에서 과부와 고아는 특별한 법률적 보호를 받는다. 출애굽기 22장 22-23절에 이렇게 경고한다. "너는 과부와 고아를 괴롭히지 말라 네가 만일 그들을 해롭게 하여 그들이 내게 울부짖으면 내가 반드시 그 부르짖음을 들으리라."[152] 그런데도 하나님 앞에서 바리새인들은 "서서 따로 기도하며" 이르기를 "하나님이여 나는 다른 사람들 곧 토색, 불의, 간음을 하는 자들과 같지 아니하고 이 세리와도 같지 아니함을 감사하나이다 나는 이레에 두 번씩 금식하고 또 소득의 십일조를 드리나이다"(눅 18:11-12) 하고 기도한다. 그런 것들을 삼가라고 하신다. 스위트(Swete)는 "그들에게 내리는 심판은 위선자들에게 내리는 심판에 강도들에게 내리는 심판이 더할 것이다"라고 했다.[153] 지금까지 서기관들에 대하여 소극적이셨던 예수께서는 그들의 악랄한 죄악을 날카롭게 비판하고 심판하셨다. 이런 예수님의 태도가 십자가의 죽음을 앞당기는 계기가 되었을 것이다.

그러나 예수께서는 서기관 제도 자체를 비판하지는 않으셨다. 그들의 가르치는 자로서의 권위를 무시한 것도 아니다. 그들의 권위를 인정하셨

---

151) Wuest, p.241. 서기관들의 행위에 대하여 성서주해, III, p.489을 참조하라. 마태복음 6장 5절에서는 외식하는 자와 같이 길게 기도하지 말라고 하셨다.

152) 이사야 1장 7, 23절과 10장 2절을 참고할 것. 같은 시대의 문헌들에서도 경건한 구실을 붙여 착취하는 일은 혹독한 비난을 받는다: "그들은 가난한 자들의 재물을 삼키고는 정의 때문에 그렇게 했다고 주장한다. 실제로는 그들의 정의를 위반한다"(acc Mos 7:3-10).

153) 전게서, p.242.

다. 단지 그들의 잘못된 행위를 비판하신 것이다. 그들의 넘치도록 풍성한 재산이나 명예는 가장 혹독한 심판(perissovteron krivna)으로 바뀔 것이라고 하셨다. 여기에 대한 마가의 기록은 비록 짧지만, 오고 오는 세대에서 교회 안에서도 절대 권력을 소유하면 언제든지 타락할 수 있다는 사실을 경고한 셈이다.

유대 종교는 깜깜한 밤의 종교이다. 새벽이 오기엔 아직도 너무 멀리 있다. 예수님은 그들을 바라보며 탄식하신다. 그날이 올 텐데, 그들이 받을 판결이 더욱 중하리라고 하신다. 이런 이야기가 있다. 랍비가 그의 제자들에게 물었다. "밤이 끝나고 낮이 시작되는 동이 트는 시간을 우리가 어떻게 분별할 수 있겠는가?" 그러자 랍비의 제자 중 한 명이 제안했다. "멀리서부터 개와 양을 구별할 수 있을 때가 아닌지요?" 랍비의 대답은 "아니다"였다. "무화과나무와 포도덩굴을 구별할 수 있을 때가 아닌지요?"라고 두 번째 제자가 물었다. "아니다." 랍비는 말했다. "그럼, 우리에게 답을 알려 주십시오." 제자들이 말했다. 그 현명한 교사는 "그것은 너희가 인간의 얼굴을 들여다볼 수 있을 때, 너희가 그들을 너희 형제자매들로 인식할 만큼 충분한 빛을 (너희 안에) 가지고 있을 때이다. 그때까지는 밤이며, 어둠이 여전히 우리와 함께 있는 것이다."[154]

이제 예수님은 성전 헌금궤가 있는 곳으로 이동하셨다. 백성들을 가르치신 그분은 헌금궤를 바라보며 앉으셨다. 헌금하는 것을 보시려고 일부러 거기 앉으셨다는 말이다. 이방인의 뜰과 여인들의 뜰 사이에 미문(美門)이 있었고, 바로 여인들의 뜰에 연보궤 13개가 있었다. 그 연보궤는 나팔 모양이라 '나팔'이라고 불렀다. 여기에 넣는 헌금은 여러 가지 목적을 위하여 쓰였다. 9개는 성전의 비용을 위해서, 4개는 가난한 자를

154) 헨리 나우웬, p.52.

구제하기 위한 궤이다.

예수님은 사람들이 헌금을 넣고 가는 모습을 자세히 관찰하셨다. 부자들이 헌금함에 거만한 자세로 돈을 넣는 모습도 보셨다.[155] 그 중 특별히 한 과부의 헌금하는 모습을 보셨다. 렙돈은 헬라 동전 중 제일 작은 것으로 '얇은 것' 곧 '잎돈'이란 뜻이다. '고드란트'는 로마의 작은 동전 이름이다.[156]

가난한 과부는 두 렙돈 곧 한 고드란트를 넣었는데, 그 과부가 헌금하는 모습에 관심을 집중하시고, 과부의 헌금하는 자세에 대해서 제자들에게 말씀하셨다. 부자들은 많은 헌금을 넣었다. 가난한 과부, 여기서 '가난하다'는 말은 단순히 가난한 촌사람이란 말이 아니라 극빈자(πτωχή)인 과부를 말한다. 과부란 어려움을 나타내는 대명사인데, 거기에 극빈자인 과부라고 하니, 가난의 극치를 말한다. 그녀는 겨우 두 렙돈을 바쳤

---

155) 예수께서 성전 헌금궤 맞은편에 앉아 있다는 것도 문제를 야기한다. 아마 그것은 허용되지 않았을 것으로 생각한다. 그래서 몇 사본들은 '그가 앉아 있다'를 '그가 서 있었다'로 바꾸어 놓기도 했다. 그러나 지금까지의 예수의 권위로 보아서 예수께서 그곳에 앉아 있는 것을 아무도 막을 수 없었을 것으로 생각할 수도 있다.

156) 성서주해, 마가복음, p.489. 유대 《미슈나》에서는 헌금의 종류에 따라 레벨이 붙어 있는 헌금궤들에 대하여 언급했다. 1) new shekel dues, 2) old shekel dues(paid only by males), 3) bird offerings(for the purchase of turtle doves), 4) young birds for whole offerings(for the purchase of pigeons), 5) wood(burning on the altar), 6) frankincense, 7) gold for the mercy seat. 그리고 여섯 개는 자유로 드리는 헌금으로 지정되어 있다(free-will offerings). 이 가난한 과부는 아마도 성전 건물로 가는 자유로운 헌금함에 헌금을 했을 것이다(출 35-36; 대상 29장). 혹은 번제로 드리는 제사(burnt offerings)일 텐데, 이것은 제사장들이 비밀로 받는 헌금이다. *Bible Background Commantary*, pp.276-277.

다. 그런데 예수께서는 그 여인을 칭찬하신다. 왜 그랬을까?

부자들이 헌금을 내는 모습과 가난한 과부가 헌금을 바치는 모습을 상상해 보자. 아마도 부자들은 그들이 바쳐야 하는 몫인 십일조 등을 의기양양하게 넣었을 것이다. 과부는 두 렙돈을 바쳤다. 그러나 예수님은 그녀가 가난한 중에 자기 소유 곧 생활비 전부를 넣었다고 하셨다. 생활비를 위하여도 한 렙돈을 남겨둘 수 있었을 것이다. 그런데도 생활비 하나 없이 다 바쳤다는 것이다. 예수님의 눈에는 그녀의 헌금이 가장 많았다고 한다. 액수가 많아서가 아니라 비율로 보아 가장 많이 바쳤다고 한다. 더욱이 그곳 헌금함 4개는 가난한 자를 구제하기 위한 궤라고 하는데, 그렇다면 가난한 자들을 위한 궤에 극빈자인 과부가 자기 전 재산을 바쳤다는 것은 아이러니가 아닐 수 없다. 헌금은 비교의 법칙에 의해서 평가되어야 한다. 예수님도 "모든 사람보다 많이"(43절)를 강조하셨다. 헌금은 바치는 자의 정신에 관련된다.

10

마지막 때의 징조(13:1-13)

"예수께서 성전에서 나가실 때에 제자 중 하나가 이르되 선생님이여 보소서 이 돌들이 어떠하며 이 건물들이 어떠하니이까 예수께서 이르시되 네가 이 큰 건물들을 보느냐 돌 하나도 돌 위에 남지 않고 다 무너뜨려지리라 하시니라 예수께서 감람산에서 성전을 마주 대하여 앉으셨을 때에 베드로와 야고보와 요한과 안드레가 조용히 묻되 우리에게 이르소서 어느 때에 이런 일이 있겠사오며 이 모든 일이 이루어지려 할 때에 무슨 징조가 있사오리이까 예수께서 이르시되 너희가 사람의 미혹을 받지 않도록 주의하라 많은 사람이 내 이름으로 와서 이르되 내가 그라 하여 많은 사람을 미혹하리라 난리와 난리의 소문을 들을 때에 두려워하지 말라 이런 일이 있어야 하되 아직 끝은 아니니라 민족이 민족을, 나라가 나라를 대적하여 일어나겠고 곳곳에 지진이 있으며 기근이 있으리니 이는 재난의 시작이니라 너희는 스스로 조심하라 사람들이 너희를 공회에 넘겨 주겠고 너희를 회당에서 매질하겠으며 나로 말미암아 너희가 권력자들과 임금들 앞에 서리니 이는 그들에게 증거가 되려 함이라 또 복음이 먼저 만국에 전파되어야 할 것이니라 사람들이 너희를 끌어다가 넘겨줄 때에 무슨 말을 할까 미리 염려하지 말고 무엇이든지 그때에 너희에게 주시는 그 말을 하라 말하는 이는 너희가 아니요 성령이시니라 형제가 형제를, 아버지가 자식을 죽는 데에 내주며 자식들이 부모를 대적하여 죽게 하리라 또 너희가 내 이름으로 말미암아 모든 사람에게 미움을 받을 것이나 끝까지 견디는 자는 구원을 받으리라."

저녁이 되어서 예수께서 모든 일을 마치고 성전을 떠나고 계신다. 성전은 전체의 성전(*ἱερόν*)을 말한다. 성전을 떠나는 것은 앞에 나온 심판의 말씀과 위협의 말씀(특히 11:12-19, 12:1-12)에 비추어 보면 중요한 의미를 가진다. '성전에서 나가실 때에' 라는 말을 '그는 성전을 심판에 남겨두고 떠났다' 는 의미로 해석하기도 한다.[157) '떠나다' (*ἐκπορευομένου*)는 동사는 '그의 길을 가기 위에 나왔다' 는 뜻이기도 하고(10:17), '죽음에서 살아나시다' 는 뜻으로도 사용되는 단어이다.

제자 중 하나가 선생의 무거운 마음을 위로라도 하듯이 대화의 주제를 성전 건물로 돌렸다. "선생님이여 보소서 이 돌들이 어떠하며 이 건물들이 어떠하니이까"(1절). 헤롯이 지은 제2 성전은 화려했다. 성전 벽의 돌들의 크기도 엄청났을 뿐 아니라 기둥들도 웅장했다. 어떤 돌들은 무게가 1백t을 넘기도 했다고 한다. 성전 벽 중에 가장 높은 곳은 50m가 넘었다. 필로가 전하는 바에 의하면, 마커스 아그립바(Marcus Agrippa-가이우스 황제의 할아버지)가 성전을 방문하여 아무 말도 못하고 지성소와 부속 건물들을 보면서 찬양만 했다고 한다.[158)]

157) 그닐카, p.243. Quest, p.244.

158) Clinton E. Arnold, *Bible Backgrounds Commentary*, Vol. I., Zondervan,2002, p.277.

그러나 예수님은 성전의 화려함을 보지 않으신다. 그 내면을 보신다. 그러기에 "네가 이 큰 건물을 보느냐 돌 하나도 돌 위에 남지 않고 다 무너뜨려지리라"(2절)고 하셨다. 성전 건물이 화려한 만큼 그 부숴짐이 얼마나 클 것인가를 대조시키신다. 예수님의 대답에서 이중 부정적 의미를 사용하셨다. '돌 하나도 돌 위에 남지 않고'(Not one stone here will be left on another)와 '다 무너뜨려지리라'(Every one will be thrown down)이다.[159]

예수님과 제자들은 기드론 시내를 건너 감람산으로 올라가시고 성전을 마주 대하여 앉으셨다. 그리고 감람산에서 다시 성전을 바라본다. 복음서 중에 마가만 '성전을 마주 대하여 앉으셨다' 고 말한다.[160] 제자들에게 다가올 환난에 대하여 말씀하시고, 감람산에서 성전을 마주 대하고 앉아서 성전을 바라보는 모습이 극적이다. 그 모습은 마치 앞으로 닥쳐올 모습을 바라보고 계신 듯하다. 또한 독자들에게 앞으로 일어날 일들을 깊이 생각해 보라고 권고하시는 것 같기도 하다.

마가는 무화과나무를 저주하신 사건과 성전에 대한 심판을 대조시켰다.

> "보소서 저주하신 무화과나무가 말랐나이다"(11:21).
> "보소서 이 돌들이 어떠하며 이 건물들이 어떠하니이까"(13:1).[161]

예수님의 마음을 읽기라도 한 듯이 베드로와 야고보와 요한 그리고 안드레가 침묵을 깨고 조용히 '언제 이런 일들이 있겠으며, 그때 어떤 징

---

159) 이 성전은 AD 70년에 로마 군대에 의하여 철저하게 파괴되었다.
160) 마태는 "예수께서 성전에서 나와서 가실 때에"라고만 말한다.
161) Myers, p.304

조들이 있겠는지'를 물었다. 4절 안에 '이 모든 일'(ταῦτα)이란 대명사를 두 번이나 반복하고, 그리고 이어서 '모든 일'(ταῦτα)이란 말을 사용한다(ταῦτα……ταῦτα……ταῦτα). 성전 파괴 이야기를 듣고 놀란 제자들은 제자들의 질문은, 어찌 보면 성전이 언제 무너질 것인가를 물어보는 것처럼 느껴진다. 그러나 제자들의 질문은 예수께서 말씀하신 환난에 관한 말씀 전체를 포괄하여 물어 보는 내용이라고 보아야 한다. 그들은 예루살렘 성전이 파괴되는 일은 종말에 일어날 것으로 생각했기 때문에 모든 것을 포괄적으로 질문한 것으로 보인다. 예수께서는 그들의 질문을 다음과 같이 분류하여 대답하셨다(13:5-27).

1. 환난의 징조(13:5-8)
   1) 적그리스도의 출현(13:5-6)
   2) 난리와 난리의 소문이 일어남(13:7)
   3) 지진과 기근 재난의 시작(13:8)
2. 복음 전파와 핍박(13:9-11)
   1) 공회를 통한 핍박(13:9)
   2) 복음 전파(13:10)
   3) 형제간의 갈등(13:10-11)
   4) 성전 파괴 예고(13:14-23)
   5) 마지막 날(13:24-27)

먼저 환난의 징조에 대해서 말씀하셨다. 여기서 말하는 환난이 예루살렘 성전이 파괴되는 때인지 아니면 인자가 세상에 다시 오는 종말을 말하는 것인지는 분명하지 않다. 환난은 거짓 그리스도의 출현으로부터 시작된다. 그때 미혹받지 않도록 조심하라고 하신다(5절). 미혹이란 말 'πλανήση'(프라네세)[162]는 미혹하는 자의 입장에서는 사탄이 하나님의 백성들을 죄악된 길로 이끄는 강한 유혹을 의미하며, 미혹 당하는 자의 입장에서는 결과적으로 억지로 그들에게 끌려가는 것이 아니라 자신이 동조하여 추종자가 되는 것을 의미한다. 즉 말세가 되어 자신이 그리스도임을 주장하는 사람들을 좇는 것은 미혹하는 자만의 책임이 아니라 미혹을 당하는 자의 책임이기도 하다는 사실이 이 단어 가운데 잘 나타나고 있다.[163] 실제로 2세기 경에 시몬이란 사람은 R. 아키바(Akiba)에 의하여 메시아로 불렸다고 한다. 아키바는 그를 '별의 아들'(Bar Coshba)이라고 불렀다. 그러나 그가 실패한 후에 랍비들은 그를 '바 코시바'(Bar Cosiba) 즉 거짓의 아들이라고 불렀다고 한다.[164]

그리고 그때는 난리와 난리의 소문이 들리기 시작한다. 그러나 아직 끝은 아니라고 하셨다. '난리'(7절)란 단어 '폴레모스'(πόλεμος)는 '폴레무스'의 복수로 '전쟁, 전투'라는 의미이다. 말세에 전쟁이 일어난다는 사실은 이미 구약성경이나 유대 묵시문학에서 수차례 강조되어 온 바이다(사 19:2; 슥 14:4). 그때는 나라와 나라 간에 전쟁이 일어나서 민족이 민족을, 나라가 나라를 대적하여 일어난다고 한다. 그리고 곳곳에 지진이 있으며 기근이 있으리라고 하셨다. 그러나 이것은 재난의 시작에 불과하다. 예수께서는 "너희가 사람의 미혹을 받지 않도록 주의하라"(5절)고 하셨다.

다음은 복음을 전파하면서 또는 믿는 자들에 대하여 핍박이 일어날 것이라고 하셨다. 10절에 "복음이 먼저 만국에 전파되어야 할 것이니라"는 말씀이 9-13절의 상황을 보여준다. 공회에 넘겨지겠고, 회당에서 매질을 당하리라고 하신다. 마가에 의하면 공회나 회당은 기독교 공동체와

162) 'πλανήση'(프라네세)는 'πλανάω'(유혹하다)의 단순과거 능동태이다.

163) 옥스퍼드 원어성경대전, p.302.

164) *Bible Backgrounds commentary*, p.280.

서로 대적하는 관계이다.

공회(9절)로 사용되는 'συνέδρια'(쉬네드리아)는 예루살렘에 있는 중앙 공회(산헤드린)를 가리키기보다는 지역 지방 공회를 가리킨다. 목적격 중성 복수형이므로 '공회들'이라고 번역해야 한다. 회당도 회당들이라고 하는 것이 정확하다. 이는 유대인 그리스도인들에게 가해질 핍박은 어느 한 지방에서 국지적으로 일어나거나 수도인 예루살렘에서만 일어날 것이 아니라 전국적으로 일어날 것을 보여 준다.

'공회와 회당'(εἰς συνέδρια εἰς συναγωγὰς)이란 말에서 '에이스'(εἰς)란 전치사는 동일하게 각각 사용된다. '에이스'는 '……으로, 향하여'란 기본 뜻을 가지고 있지만, 문맥에 따라서는 '……에 대항하여'라는 부정적 의미도 갖는다는 점을 주목해야 한다. 그러므로 공회들과 회당들이 다 믿는 자들을 박해할 것인데, 회당에서 매질할 것이라고 한다(9절). 그 당시 회당의 공식 업무 가운데 하나가 율법을 여긴 자를 매질하는 것이었다(마 23:4). 단순한 매질은 비단 회당에서 뿐만 아니라 일반 개인집에서도 행할 수 있었지만, 채찍질은 회당이나 로마인들이 있는 관청에서만 행할 수 있었다(막 10:34). 마태는 동일한 상황을 묘사하면서 '채찍질하리라'로 기록하였다. 마가보다 후대에 기록한 마태가 좀더 상황에 접근하는 묘사를 한 것으로 보인다.[165] 유대인들에게 행해지던 매질은 40대를 넘겨서는 안 되며,이를 어기지 않기 위하여 중한 죄인에게도 관례적으로 그보다 하나 감한 매를 때렸다. 바울 사도도 40에 하나를 감한 매만 다섯 번이나 맞았다(고후 11:23, 24).

심지어는 복음 때문에 가족 간에 배신하여 서로를 죽음에 이르게 하는 일도 일어날 것이라고 한다(12절). 복음을 전할 때 가장 두려운 일은 무어라고 할까? 또 전도 때문에 심문을 당할 때 뭐라고 대답할지를 몰라

165) 옥스퍼드 원어성경대전, p.308.

당황될 때가 많다. 그러나 예수께서는 무슨 말을 할까 염려하지 말라고 하신다. 성령께서 할 말을 주기도 하시고, 담대하게 말할 수 있는 힘도 주시기 때문이다(11절). 본절은 사람들이 예수를 믿는다는 이유만으로 당해야 할 고통에 관한 묘사이다. 남은 제자들의 과제는 증언이다. 성령이 함께할 것이다.

11

예루살렘 성전의 파괴와 인자의 오심

(13:14-27)

"멸망의 가증한 것이 서지 못할 곳에 선 것을 보거든 (읽는 자는 깨달을 진저) 그 때에 유대에 있는 자들은 산으로 도망할지어다 지붕 위에 있는 자는 내려가지도 말고 집에 있는 무엇을 가지러 들어가지도 말며 밭에 있는 자는 겉옷을 가지러 뒤로 돌이키지 말지어다 그날에는 아이 밴 자들과 젖먹이는 자들에게 화가 있으리로다 이 일이 겨울에 일어나지 않도록 기도하라 이는 그 날들이 환난의 날이 되겠음이라 하나님께서 창조하신 시초부터 지금까지 이런 환난이 없었고 후에도 없으리라 만일 주께서 그 날들을 감하지 아니하셨더라면 모든 육체가 구원을 얻지 못할 것이거늘 자기가 택하신 자들을 위하여 그 날들을 감하셨느니라 그때에 어떤 사람이 너희에게 말하되 보라 그리스도가 여기 있다 보라 저기 있다 하여도 믿지 말라 거짓 그리스도들과 거짓 선지자들이 일어나서 이적과 기사를 행하여 할 수만 있으면 택하신 자들을 미혹하려 하리라 너희는 삼가라 내가 모든 일을 너희에게 미리 말하였노라 그 때에 그 환난 후 해가 어두워지며 달이 빛을 내지 아니하며 별들이 하늘에서 떨어지며 하늘에 있는 권능들이 흔들리리라 그 때에 인자가 구름을 타고 큰 권능과 영광으로 오는 것을 사람들이 보리라 또 그 때에 그가 천사들을 보내어 자기가 택하신 자들을 땅 끝으로부터 하늘 끝까지 사방에서 모으리라."

종말에 대한 예언은 셋으로 구분할 수 있는데, 첫 번째에서는 예수 그리스도의 죽음에 대한 예언으로 배반, 붙잡힘, 고문 그리고 죽음을 구체적으로 밝혔고(13:9-13), 두 번째 예언은 AD 66-70년에 있었던 전쟁의 공포에 대한 예언으로 성전 파괴, 피난 그리고 거짓 메시아의 출현에 대하여 예언하신 내용이다(14-23절). 그리고 세 번째 예언은 우주의 붕괴와 선택된 자들을 모으기 위하여 인자의 오심에 대하여 예언한 내용이다(24-27).[166] 본문은 두 가지 예언이 혼합되어 있다.

첫째는 성전 파괴에 대한 예언이다(14-23절). "멸망의 가증한 것이 서지 못할 곳에 선 것을 보거든"(14절)이 바로 성전에 관한 예언이다. 그리고 후반에는 마지막 날에 대한 예언이다(24-27절). 첫 번째 예언은 '너희가 들을 것이다' (13:7)라고 하셨고, 두 번째 예언은 '그들이 볼 것이다' (They will see)라고 하신다. 이것은 유대인들이 반드시 보게 될 내용을 말씀하신 것이다.

예수께서는 다니엘의 종말에 대한 예언을 언급하신다. 다니엘 11장 31절, 12장 11절에 예언된 "매일 드리는 제사를 폐하며 멸망하게 하는 가증한 물건을 세울 것이며"란 예언은 마카비 시대에 안티오커스 에피파네스 4세가 성전을 황폐하게 하려고 시도한 사건을 말한다.[167] 예수께서는 '멸망의 가증한 것이 서지 못할 곳에 선 것을 볼 것이다' 고 하셨다.[168]

---

166) Robert Alter and Frank Kermode ed., *The Literary Guide to the Bible*, Harvard University Press, 1999, p. 411.

167) 마카비 11:54. 이 사건은 BC 168년에 실제로 일어났다.

그때는 산으로 도망하라고 하셨다. 그러나 요세푸스는 당시에 많은 선지자들이 하나님의 도움을 기다리라고 백성들을 격려함으로 사람들을 속였다고 전한다(cf. b. Ber. 60b; cited by bock). '성전에 가증한 것이 선다'는 말은 곧 예루살렘 성전이 무너진다는 사실을 예언한 것이다. 그러므로 성전은 피난처가 아니라는 말이다. 성전 자체가 무너지기 때문에 산으로 도망하라고 한다. 유대 산지에는 동굴이 많아서 전쟁 같은 위기 상황이 닥쳤을 때에 피할 수 있는 장소를 제공해 주었다(참고 창 14:10; 삼하 17:9).

"이 일이 겨울에 일어나지 않도록 기도하라"(18절). 유대에는 겨울에 많은 비가 내린다. 길에 홍수가 나고, 말랐던 강들이 흐르게 된다. 가다린(Gadarene)이란 사람은 첫 번째 폭동 시기에 여리고로 피난을 갔으나 비 때문에 불어오른 요단 강을 건너지 못하고 결국 로마인들에게 살해당했다고 한다.[169] 난리가 일어나면 유언비어도 난무하게 된다. 그래서 거짓 그리스도들과 거짓 선지자들도 많이 나타나게 될 것이기 때문에 조심하라고 경고하신다. 또 그때에는 그들이 일어나서 이적과 기사를 행한다고 한다. 마가복음 13장 22절의 '*δώσουσιν σημεῖα και τέρατα*'(도우수신 세메이아 카이 테라타)[170]에서 세메이아(이적)-주로 인간을 대상으로 하여 나타내는 기적을 가리킨다면, '기사'로 번역된 '테라타'는 자연계를 대상으로 나타내는 기적을 가리킨다고 볼 수 있다.[171]

---

168) 마태복음에는 '선지자 다니엘이 말한 바'라는 말이 첨가되어 있다(마 24:15,16, 참고 계 19:20).

169) *Bible Backgrounds commentary*. p.282. 13:18- 겨울에 나지 않도록; 마 24:20은 마가보다 더 상세하게 기록했다. '너희의 도망하는 일'이란 구절이 첨가되어 있다.

170) 마태는 '세메이아' 대신에 '메가라'(*μεγάλα*)를 쓴다. 메갈레(*μεγάλα*)는 *μέγας*(메가스-사이즈가 크다)의 복수형이다.

마가는 예수께서 하신 이 예언을 로마군이 예루살렘을 포위하고 있는 상황에서 기록했을 가능성이 크다. 14절에 "읽는 자는 깨달을진저"라는 말은 당시 로마군의 위협 속에서 표현할 수 없는 사건을 언급한 내용이다. 그렇다면 마가복음을 기록한 시기는 AD 68-70년 사이로 로마군이 갈릴리에 주둔해 있던 시기가 된다.[172)]

13장 24-27절은 하나님께서 심판하러 오실 때를 예언하신 내용이다. 마가는 그의 내러티브에서 예수님과 사탄의 대결을 계속해서 언급해 왔다.

1. 예수, 사탄에게 시험 받으시다(1:10-13)
2. 바알세불 논쟁에서 예수와 서기관의 대결(3:22-30)
3. 군대 귀신을 축출하면서 예수와 로마와 대결(5:11ff)
4. 베드로의 고백 안에서 예수와 사탄의 대결(8:32)
5. 재판 이야기와, 피고와 심판자로서의 인자(8:32-38)
6. 예수와 산헤드린(14:62)[173)]

마가는 이 지상에서 일어난 사람들과의 갈등이란 결국은 하늘의 존재인 사탄과의 싸움이었다고 밝힌다. 그런데 예수께서 마지막 날에는 마침내 별들이 하늘에서 떨어지며 하늘에 있는 권능들이 흔들릴 것이라고 하신다. 누가는 70인 전도대들이 돌아와서 보고하는 내용에서 하늘의 권세 잡은 자들이 흔들리고 있다는 사실을 보여 주었다. "주의 이름이면 귀신

171) 옥스퍼드 원어성경대전 p.335.
172) *Binding the Strong man*, p.335.
173) 전게서, p.342.

들도 우리에게 항복하더이다"(눅 10:17). 그리고 예수께서는 "사탄이 하늘로부터 번개같이 떨어지는 것을 내가 보았노라"(눅 10:18)고 말씀하셨다. 그러나 이제는 결정적인 날이 올 텐데, 인자가 구름 타고 큰 권능으로 오는 모습을 모든 사람들이 보리라고 하신다. 이 사실은 예수께서 승천하실 때 다시 확인해 주신 말씀이다(행 1:11). 여기서는 사용된 '큰 권능으로'(*μετὰ δυνάμεως πολλῆς*)에서의 권능은 '뒤나메오스'(*δυνάμεως*) 즉 능력 자체를 말한다.

12

그 날과 그 때(13:28-37)

"무화과나무의 비유를 배우라 그 가지가 연하여지고 잎사귀를 내면 여름이 가까운 줄 아나니 이와 같이 너희가 이런 일이 일어나는 것을 보거든 인자가 가까이 곧 문 앞에 이른 줄 알라 내가 진실로 너희에게 말하노니 이 세대가 지나가기 전에 이 일이 다 일어나리라 그러나 그 날과 그 때는 아무도 모르나니 하늘에 있는 천사들도 아들도 모르고 아버지만 아시느니라 주의하라 깨어 있으라 그 때가 언제인지 알지 못함이라 가령 사람이 집을 떠나 타국으로 갈 때에 그 종들에게 권한을 주어 각각 사무를 맡기며 문지기에게 깨어 있으라 명함과 같으니 그러므로 깨어 있으라 집 주인이 언제 올는지 혹 저물 때일는지 밤중일는지 닭 울 때일는지 새벽일는지 너희가 알지 못함이라 그가 홀연히 와서 너희가 자는 것을 보지 않도록 하라 깨어 있으라 내가 너희에게 하는 이 말은 모든 사람에게 하는 말이니라 하시니라."

이 담화는 13장 3절과 연결지어 읽으면 좋다. 그렇다면 이 무화과 비유도 네 제자들에게 주신 교훈이다. 네 제자들이란 모든 교회에 하신 말씀으로 해석된다. 그렇다면 이 비유는 모든 교회에 주신 말씀으로 해석할 수 있다.

마지막 때를 무화과나무에 비유하여 말씀하신다. 갈릴리에서 무화과나무는 3월 말쯤이면 잎이 나오기 시작한다. 무화과나무의 작은 가지나 연한 가지들이 뿌리로부터 물을 빨아들여 물기가 오르면서 잎이 나오기 시작하다가, 4월에는 잎이 무성해진다. 그러면 여름이 가까워진 것이다. 그처럼 때가 이르기 전에 어떤 징조들이 일어날 것이라고 하신다. 그런 징조들이 일어나는 것이 보이거든 인자가 가까이 온 줄 알라고 한다. '이런 일들' 은 14-27절의 종말 사건을 의미한다. 이 세대, 즉 현재 살아 있는 세대는 그것을 경험할 것이라고 하신다. 위에서 언급한 대로 마가복음 13장의 종말은 두 가지 종말이 복합적으로 혼합되었다고 보아야 한다. 전자는 예루살렘 멸망에 관한 것이고, 후자는 주의 재림에 관계된 것이다. 그런데 여기서는 '인자가 문 앞에 이른 줄을 알라' 고 하셨다. *'ἐπί θύραις'* (at the doors)는 임박한 사건에 대한 비유적 표현이다.

그런데 이 세대가 지나가기 전에 이 일이 다 이루리라고 하신다. 그러나 두 가지는 반드시 기억해야 한다. 첫째는 천지는 없어져도 그 말씀은 없어지지 않을 것이며, 둘째는 그 날과 그 때는 아무도 모른다는 사실이다. 하늘에 있는 천사들도, 아들도 모르고 아버지만 아신다. 전자에서 기억해야 할 것은 예수님의 모든 선포와 가르침을 의미하고, 이 모든 것들은 반드시 종말까지 간직해야 한다고 하신다. 이것이 인자가 심판할 때에 심판의 척도가 될 것이다(8:38).[174)]

그런 일들이 일어나기 전에 징조들이 있을 것을 말한다. 여기에 밤 시

174) 독일성서공회 해설, 마가복음, p.111.

간에 따른 네 가지 경계가 나열되고 있다. 즉 저물 때(오프세, ὀψέ), 밤중(매손뉘크티이온, μεσονύκτιον), 닭 울 때(알레크토로포오니아스, ἀλεκτοροφωνίας), 새벽(오전 3-6시, 프로오이, πρωινί) 등이 나왔다. 그런데 이 표현 모두가 밤을 의미한다는 것이 특이하다. 예수 재림의 때는 아들도 모른다. 그런데도 그 날을 계산하려는 태도는 예수의 말을 믿지 않는 불신에서 일어나는 것이요, 그 말을 받아들이지 않는 데서 생기는 범죄이다. 이 말씀은 제자들만이 아니라 온 교회에 주신 말씀으로 이해할 수 있다.

마가는 종말의 시간에 대하여 말한다. 13장 11절에서 '그 시간'(τῆ ὥρα), 그리고 32절에는 '그 날과 그 때'(τῆς ὥρας)라고 한다. 그러나 미래에 대한 가장 중요한 사실은, 모든 때(날과 시간)가 하나님의 주권에 속해 있으므로 아무도 모른다고 하셨다.

두 가지는 분명하다. 예수의 재림의 때를 계산해 내려는 모든 시도는 불순종과 이해하지 않으려는 마음에서 나온 것이다. 그러므로 요청되는 것은 늘 깨어 있어야 한다는 것이다.[175)]

집 주인은 반드시 온다. 그런데 언제 올지는 모르지만, 반드시 깜깜한 밤중에 오신다고 한다. 여기에 이야기된 시간은 모두 밤이다. 기독자는 이 땅 위에서 항상 깨어 있어야 한다. 이것이 역사에 있어서 크리스천의 삶이 가지는 종말론적인 긴장이다.

175) 전게서, p.112.

III

예수의 수난
(14:1–14:52)

01

한 여인의 거룩한 낭비

(14:1-11)

"이틀이 지나면 유월절과 무교절이라 대제사장들과 서기관들이 예수를 흉계로 잡아 죽일 방도를 구하며 이르되 민란이 날까 하노니 명절에는 하지 말자 하더라 예수께서 베다니 나병 환자 시몬의 집에서 식사하실 때에 한 여자가 매우 값진 향유 곧 순전한 나드 한 옥합을 가지고 와서 그 옥합을 깨뜨려 예수의 머리에 부으니 어떤 사람들이 화를 내어 서로 말하되 어찌하여 이 향유를 허비하는가 이 향유를 삼백 데나리온 이상에 팔아 가난한 자들에게 줄 수 있었겠도다 하며 그 여자를 책망하는지라 예수께서 이르시되 가만 두라 너희가 어찌하여 그를 괴롭게 하느냐 그가 내게 좋은 일을 하였느니라 가난한 자들은 항상 너희와 함께 있으니 아무 때라도 원하는 대로 도울 수 있거니와 나는 너희와 항상 함께 있지 아니하리라 그는 힘을 다하여 내 몸에 향유를 부어 내 장례를 미리 준비하였느니라 내가 진실로 너희에게 이르노니 온 천하에 어디서든지 복음이 전파되는 곳에는 이 여자가 행한 일도 말하여 그를 기억하리라 하시니라 열둘 중의 하나인 가룟 유다가 예수를 넘겨 주려고 대제사장들에게 가매 그들이 듣고 기뻐하여 돈을 주기로 약속하니 유다가 예수를 어떻게 넘겨 줄까 하고 그 기회를 찾더라."

시간이 날(日)로 계산된다. 유월절이 이틀 남은 날이다. 유월절 식사는 니산월 14일, 금요일이 시작되는 목요일 저녁 식사가 된다. 유대의 역법에 따르면, 하루는 그날 해가 질 때로부터 시작하여 그 이튿날 해가 지기 직전에 끝나기 때문이다. 이 날이 유월절 식사로부터 이틀 전이니까, 곧 수요일이다. 그러나 시간으로 계산하면 십자가 고난까지 24시간 하고 몇 시간이 채 남지 않았다. 십자가를 지는 날을 계산하면 만 이틀 전이 된다. 대제사장들과 서기관들이 모였다. 이것은 아마도 산헤드린 전 회원들이 모여서 예수님을 어떻게 잡아 죽일까를 의논한 정식 회의일 것이다.

여기에 유월절과 무교절이 함께 나온다. 유월절과 무교절은 두 가지 다른 절기이지만 같은 기간에 지켜진다. 유월절은 니산월 14일인데, 유대력의 니산(Nissan)월은 우리의 달력에 의하면 3월이 될 때도 있고 4월이 될 때도 있다. 우리의 음력처럼 변하기 때문이다. 무교절은 유월절부터 7일간 계속된다.[176] 유월절은 큰 명절이라 안식일과 마찬가지로 엄격히 지킨다. 무교절은 작은 명절이라 새 일은 시작할 수 없으나 '공공 사업이나 개인에게 손해가 안 날 정도의 일' 은 허락했다. 제일 큰 날은 유월절이다.[177] 무교절이 유월절과 결합된 후 니산월 14일 저녁 때는 그 달 14일의 시작이었기 때문에 무교병은 유월절 만찬 때에 이미 먹게 된

---

176) 마가는 이 절기를 '유월절과 무교절' 이라는 표현을 쓰는데, 니산월 15~22일의 7일간 '누룩을 넣지 않은 빵' (무교병)을 먹기 때문에 무교절이라고도 한다. 양 절기 사이에는 8일의 기간이 포함된다. 어떤 경우에는 '유월절' 이 오직 첫날에만 적용되기도 하였으나 어떤 경우는 전(全) 기간에 적용되기도 했다. 용도에 있어서 분명한 구별은 없다(원어연구해설, 마가복음 pp.460).

다. 그러므로 모든 누룩은 14일 정오까지 일단 걷어서 치우기로 되어 있다. 유월절에 쓸 양들은 해지기 전에 잡아서 그날 밤에 불에 구워 먹는다.

요한복음에 의하면 '대제사장들과 서기관들'은 예수님을 명절날에 죽이기로 계획했던 것 같다(요 11:56-57). 마가복음에서는 그들이 명절에는 하지 말자고 의논한다(2절). 그렇다면 수요일까지는 예수님을 체포해 두었다가 그 후에 처치하려고 계획하고 있었다는 말이다. 마가에 의하면 명절을 피한 이유가, 명절에는 유월절 순례자들이 쇄도하고 있고 백성들이 열광적으로 예수를 따랐기 때문이라고 한다(12:37). 그들은 이 일을 은밀히 그리고 신속하게 처리하려고 음모를 꾸몄다.

······················ 역사와 상황 7 ······················

왜 대제사장들과 서기관들은 예수님을 죽이려고 하였는가?

예수님을 십자가에 못 박는 데 결정적인 역할을 감당한 그룹은 제사장 그룹이다. 여기에 서기관 그룹들이 협력하였다.

당시 대제사장은 종신직이었다. 그리고 로마의 통치하에 있게 되면서부터는 로마 황제와 헤롯과 로마 총독에 의하여 선택되는 자리였기 때문에, 대제사장의 지위를 얻기 위해서는 책략과 야심과 음모가 다반사로 이루어졌으며 대제사장의 자리는 정치적인 자리가 되어 있었다. 대제사장의 자리는 유대인의 최고 행정기관이며 최고 재판소인 산헤드린의 의장이었다. 왕이 없던 시대에는 백성의 첫 번

---

177) 성서주해, 마가복음 p.499. 이스라엘의 3대 절기는 유월절, 오순절과 초막(장막)절이다. 예루살렘에서 25km 거리에 사는 유대인 장년 남자는 이 세 가지 절기에 모두 예루살렘에 올라갈 의무가 있다.

째 대변자로서 로마에 대해 유대 민족을 대표했다. 그리고 중죄(重罪)를 지은 대제사장은 오로지 산헤드린의 판결에만 복종하는 것으로 되어 있다.[178] 주전 37년-주후67년 사이에 대제사장이 28인이나 있었으나 그중 여섯 사람을 제하고는 모두 네 집안에서 나왔다. 네 집안은 파비(Phabi), 보에도스(Boethos), 카미드(Kamith), 안나스(Annas)이다.

그들은 자신이 누리고 있는 권세와 부요를 놓치고 싶어하지 않았다. 신체적 결함 때문에 성전에서 제사 직분을 못하게 된 사람도 제사장으로서의 급료와 수당을 받았다. 요세푸스에 의하면 모두 10만 명의 제사장이 있었다. 제사장들이 한꺼번에 성전에서 다 일하는 시기는 유월절, 오순절 그리고 장막절뿐이다. 나머지는 24반열로 나누어져 각 반열이 1년에 두 주간씩 임무를 수행하였고, 제사장이 1년 동안 일하는 기간이 5주간을 넘지 못하도록 되어 있었다. 그러면서도 제사장의 급료는 엄청났다.

당시 제사 제도를 살펴보자. 화목제는 모든 희생물 중에서 번제물만 제단의 불로 태우고, 그밖의 제물은 극히 일부분만 태우고 나머지 대부분은 제사장 몫이었다. 속죄제의 경우 개인의 죄를 속하기 위해서 바치는 것이 아니라 인간은 모두가 죄인이라는 데서 바치는 것이다. 지방질 부분만 태우고 모든 고기는 제사장들의 것이다. 속건제도 속죄제의 경우와 비슷하다. 수은제: 특별히 감사해서 바치는 제물이다. 지방질은 제단에서 태우고 고기는 제물을 바친 사람이 가지고, 가슴과 오른쪽 어깨 부분은 제사장이 가졌다. 소제는 모든 제물과 함께 바치는 것이다. 밀가루와 기름으로 된 제물을 바치는데, 표준개역성경에는 곡류제라고 했다. 이 제물도 일부분만 태우고 나머지는 제사장이 차지했다. 번제를 제외하고는 제물의 대부분을 제사장이 차지하지 않는 것이 없었다.

제사장들은 밀, 보리, 포도, 무화과, 석류, 올리브, 꿀이라는 7가지 종류의 처음 익은 열매를 받았다(출 23:19). 농산물 중에 성전에 바치는 제물, 수확의 50분의

---

178) 예레미아스, p.202.

1이 제사장에게 분배된 평균량이다. 십일조가 여기에 첨가된다(민 18:20-22). 어떤 빵을 굽든지 제사장들은 그 빵의 24분의 1을 받을 권리가 있었다. 만일 예수가 옳았다면 제사장은 잘못되었다.

사두개파는 자기들의 시민적, 정치적 권력과 사회적 지위가 위협을 받을 가능성이 있는 것은 제거해야 하겠다고 생각했기에 그것과 제사장들의 야욕, 바리새인들의 율법에 대한 애착이 야합한 것이다.[179]

14장 1절을 시작하면서, 마가는 "이틀이 지나면 유월절과 무교절이다"라고 말한다. 유월절은 헬라어로 '*πάσχα*'(파스카)라고 부른다. '넘어 지나가다'[180]는 뜻이다. 여기서 유월절 어린양(The paschal lamb)이란 말이 나왔다. 출애굽기에서 유월절 어린양은 살해된 양이다. 이스라엘의 첫 번째 태어난 아들의 생명을 대신해 죽은 양이다. 그 살해된 양 때문에 모든 큰아들들이 살아났다. 산헤드린은 유월절에 살해할 어린양을 잡아 죽일 대책을 의논 중이었다. 그러나 그 어린양은 아직 베다니에 머물고 있다.

그 주간의 수요일에는 예수께서 어떤 일을 하셨는지 성경에 기록이 없다. 단지 그 하루는 베다니에서 조용히 지내셨던 것 같다. 베다니는 예루살렘에서 3km 떨어진 감람산 동쪽 산중턱에 있는 마을이다. 베다니의 시몬은 누구인지 확인할 길이 없다. 마가는 예수님의 사역 초기에 나병 환자를 고쳐 주신 일을 기록해 놓았다(막 1:41). 바로 이 사람이었는지도 모른다. 여하튼 그가 누구인지 확실히는 알 수 없으나 이전에 병에서 고침을 받은 시몬이 예수님을 초대하여 잔치를 베풀었다.[181]

베다니 시몬의 집에서 열리는 잔치는 특별한 의미가 있는 상징적인

---

179) 바클레이, pp.211-233 참조.

180) Wuest, p.255.

잔치였다. 시몬의 집에서 열린 잔치가 수요일에 있었으니까, 유월절을 하루 남겨둔 때가 된다. 예수님은 베다니에서 하루를 조용히 보내셨으나 이 휴식은 예수님으로서는 마지막 결전을 준비하는 날이었다. 또한 이 잔치는 제자들과 따르던 무리들과 나누는 마지막 식사 자리였다. 손님들이 마가복음 2장에 "혼인집 손님들이 신랑과 함께 있을 때에 금식할 수 있느냐……신랑을 빼앗길 날이 이르리니 그날에는 금식할 것이니라"(막 2:19, 20)고 하신 대로 아직은 금식하거나 슬퍼할 때가 아니다. 신랑과 함께 기뻐해야 하는 날이다.

잔치가 벌어졌다. 한참 만찬이 진행되는 시간에 한 여자가 잔치 자리에 끼어들었다. 그녀는 매우 값진 향유, 곧 순전한 나드 한 옥합을 가지고 예수에게로 나왔다.[182] 당시에는 가족의 외식이란 언제나 남자들에게만 해당되는 일이었고, 만일 여자가 이러한 식사 자리에 나오면 그들은 고급 매춘부(courtesan)로 여겨졌다. 머리에 베일을 쓰지 않거나 머리를 푼 채로 남자들의 식사 자리에 들어오거나 머리털로 남자의 발을 씻기는 행동은 그 식사를 망치는 것과 같다.[183] 이처럼 당시 상황은 여인이 남자들의 잔치 자리에 끼어든다는 것은 상상도 할 수 없었다.

그런데 이 여인은 사람들이 많은 곳에 향유를 가지고 나왔으며, 향유

---

181) 시몬의 집은 예수께서 예루살렘에 올라오신 후 이곳을 숙소로 정하고 지내신 집이라고 생각된다.

182) 여성의 사회적 지위는 아주 낮았다. '귀머거리들이나 백치들이나 미성년자들이나 고자들이나 혼혈인들이나 여자들이나 해방되지 않은 노예들이나 절름발이들이나 소경들이나 병자들이나 노인들이나 자기 발로(성전이 세워진 산에) 올라갈 수 없는 사람들을 제외한 모든 사람들은 세 번의 주요 축제 때 성전에 헌신해야 한다'(p.109). 어떤 고위 사제는 자신의 어머니를 알아보지 못하고 간음의 혐의가 있는 여인에 관한 소송을 그녀에게 실시하였다. 유명한 옛 율법학자, 예루살렘 요하탄의 아들 요세(주전 150년경)는 '여자들과 너무 많은 이야기를 하지 말라' 고 했다. 당시는 여자에게

병을 깨뜨려 예수의 머리에 부었다. 당시 관습에 의하면 손님이 집에 들어올 때나 식사하러 자리에 앉을 때 그 머리에 향유를 몇 방울을 떨어뜨리는 것이 예의였다고 한다. 이 여인은 몇 방울이 아니라 옥합 한 병을 다 그분의 머리에 부었다.[184] '매우 값지고 순전한 나드'(*ναρδου πιστικῆς πολυτελοῦς*)는 모조품이 아닌 정품이란 뜻이고, *πολυτελοῦς*는 값이 매우 비싼 것을 나타낸다. 이 여인은 누구이며, 왜 향유를 가지고 나와서 예수님의 머리에 부었을까?

이 사건은 마치 사무엘이 사울을 피해 와서 베들레헴에서 다윗에게 기름을 붓는 장면을 상상하게 한다. 마이어는[185] 이렇게 말한다.

> "구약성경에서 선지자들이 유대인의 왕의 머리에 기름을 부은 것처럼, 예수님의 머리에 기름을 부은 것은 예수님을 선지자로 인정하는 것이라고 바로 이해할 수 있다. ……(그러나) 선지자적 행위로 예수를 규정 지은 사람은 여인이었다. 이 것은 굉장히 위험한 정치적 행위였다."

인사하지 않는 것이 예법이었다고 한다(예레미아스, p.451). 탈무드도 '궁정에 있는 왕의 딸은 매우 아름답구나' 라고 찬사한 시편 45편 14절은 규방을 지키는 여인들의 유폐 생활을 묘사한 말이라고 했다(전게서, p.453). 약혼은 처녀가 아버지의 지배에서 벗어나 남편의 지배를 받게 되는 것을 의미했다. 1830-1927년 경(100년간) 베들레헴과 인접한 아르타스 마을에서는 결혼한 264쌍 가운데 4%에 해당하는 11쌍만이 이혼했다(p.464). 부인에게는 토라를 연구할 의무가 부과되어 있지 않았다(p.466).

183) *Meeting Jesus again*, p.57

184) 옥합 한 병을 다 깨뜨려 머리에 부은 것은 그 향유를 그분을 위해 다 쓰리라는 헌신을 보여준다고 할 수 있고, 소중한 사람이 사용한 것을 다른 사람들이 만지지 못하게 하기 위해 깨뜨려 버렸을 수도 있다.

185) Myers, p.359에서 Schüssler Fiorenza의 말을 인용한 것임(1985:XIV).

이날 잔치의 극치는 여인의 행위이다. 이 여인의 모습을 보면서 그 여자를 책망한 사람들은, 마가에 의하면 거기 있던 사람들이었다(5절). 어떤 면에서 그들의 항의는 정당하다고 본다. 예수께서는 가난한 자들을 사랑하시며 그들을 위해 헌신하며 사신 분이다. 그런데 그런 분이 엄청난 값의 향유를 자기 머리에 붓도록 허락하셨다. 그것도 값으로 계산할 수 없는 향유를 말이다. 이 향유 값이 300데나리온이라면 장정 1년치의 월급에 해당하는 액수이다. 그런 행동은 책망 받을 만하다. 가난한 자들을 그처럼 사랑하신 그분이 왜 그때에는 가난한 자들을 생각하지 않았을까? 마태복음에 보면, 제자들이 화를 냈다고 했다(마 26:8). 누가는 이 부분을 생략했고, 요한은 불평한 사람은 바로 가룟 유다라고 말한다(요 12:4).[186] 마가도 10절에 유다가 뛰쳐나간 것을 기록함으로 그가 스승을 비판했을 것이라고 추측하게 해준다.

그러나 예수님은 향유를 붓는 행위가 단순한 소비적 차원을 넘는 다른 차원의 행위인 점을 보셨다. 그 당시 풍습에는 시체를 먼저 씻고 기름을 바른다. 그리고 기름병은 깨뜨려 그 시체 위에 놓아 무덤에 넣었다.[187] 주께서는 죽음을 앞에 놓고 계셨다. 그러므로 이 여인의 행위는 예수 자신의 장례를 준비해 주는 것으로 보신 것이다. 이 여인의 행위는 가장 고독한 길을 걸어가시는 그분에게 인간이 줄 수 있는 가장 따뜻한 마지막

---

186) 요한복음에서는 예수의 머리에 향유를 부은 여자가 마리아라고 밝히고, 여인이 향유를 붓는 행동을 자세히 보여주고 있다. "지극히 비싼 향유 곧 순전한 나드 한 근을 가져다가 예수의 발에 붓고 자기 머리털로 닦으니 향유 냄새가 집에 가득하더라"(요 12:3). 그런데 이 여인은 이전에도 향유를 주께 부은 일이 있는 여인이라고 한다. 그리고 향유를 붓던 모습이 12장의 모습과 똑같다고 한다. "붓고 머리털로 주의 발을 닦던 자요 나사로는 그의 오라버니더라"(요 11:2).

187) 성서주해 III, p.500.

사랑이었다. 예수님은 이 여인의 행위를 세 가지로 표현하셨다. 가난한 자들은 또 도울 기회가 있지만 나는 너희와 항상 함께 있지 아니한다고 하셨고, 그녀는 자신의 장례를 위하여 온 힘을 다하여 섬긴 것이며, 그렇기 때문에 온 천하에 어디서든지 복음이 전파되는 곳, 즉 예수 자신의 소식이 전해지는 곳에는 이 여자의 행한 일도 기억되리라고 하셨다.

요한복음은 "향유 냄새가 집에 가득하더라"(요 12:3)고 전한다. '가득하다'(ἐπληρώθη)는 'πληρόω'(가득하다)의 단순 과거 수동형으로, 한번 향유가 가득하여 영원히 계속되는 것을 의미한다. 아마도 마가는 이 여인의 사랑의 행위가 그 방 안을 향유로 가득 채웠을 뿐 아니라 이 이야기를 듣는 모든 사람들의 마음과 교회를 가득 채워 갈 것을 예고한 것이리라. 그만큼 이 여인이 한 행동은 예수님에게 어떤 것보다 값진 것이란 사실을 강조한 것이다.[188)]

그러나 이 여인의 행위를 이처럼 예수의 장례와 연결지어 생각한 사람은 아무도 없었다. 심지어는 이 향유를 부은 여인까지도 그 사실을 몰랐다. 단지 사랑하는 마음 때문에 향유를 부은 행위가 앞으로 있을 그분의 장례를 준비한 것이 되었을 뿐이다. 사랑은 그 행위보다 항상 더 높은 차원의 결과를 낳는다. 이 여인의 사랑으로 부은 향유는 예언적인 행위가 되었다. 예수께서 죽어 무덤에 묻히실 것이고, 이 여인은 죽은 사람에게 행하는 마지막 의식을 행한다. 이 여인은 예수님에게 향유를 부음으로써 이 의식을 미리 행하였다. 이처럼 엄청난 향유를 소비하는 것은 죽음을 향해 가시는 분의 위대함과 그의 죽음의 중요한 의미를 선포한 것이다. 그분의 일생 동안 자기 자신을 위해 이처럼 엄청난 선물을 받아들

188) 마가복음에서 예수님의 칭찬을 받은 사람은 세 사람으로, 큰 믿음을 보인 백부장(눅 7:2-10), 자기의 가진 것을 다 연보궤에 넣은 과부(막 12:43-44)와 옥합을 깨뜨린 여인이다.

인 것은 이것이 처음이자 마지막이다.

예수님은 이 향유 사건을 통하여 다시 한번 제자들에게 자신이 그들과 더 이상 함께 지내지 못할 것을 예고하셨다. 그리고 구체적으로 '장례' 를 언급하셨다. 그러나 제자들은 이 말을 듣고도 스승의 죽음이 왔다는 것을 실감하지 못한 것 같다(14:37-40). 도리어 이 사건은 십자가의 죽음을 앞당기는 결정적 계기가 되었다. 유다가 이 일 후에 예수를 넘겨주려고 대제사장들에게 갔기 때문이다.

이 여인은 누구일까? 요한복음에서는 '마리아' 라고 밝혔다. 아마도 베다니에 사는 마리아였을 것이다. 그런데 이 마리아는 이전에도 지금처럼 예수님께 향유를 발에 붓고 자기 머리털로 닦은 적이 있던 여인이라고 요한은 말한다(요 11:2). 그렇다면 향유를 발에 붓고 자기 머리 털로 닦았던 여인이 성경 어디에 또 나오는가? 비슷한 경우는 누가복음 7장 36-50절에 나오는 여인이다. 이 여인은 아마도 막달라 마리아였을 것이다. 누가복음 8장 2절에 나오는 일곱 귀신 들린 여인은 7장에 나온 여인과 관계가 있다. 왜냐하면 8장 2절은 누가복음 7장에 이어진 문장이기 때문이다. 그리고 누가복음 8장 2절의 설명이 마가복음 16장 9절에 나온다. 이 문제는 해결이 불가능하다. 그러나 깊이 생각해 볼 문제이다.

02

성만찬 제정(14:12-26)

"무교절의 첫날 곧 유월절 양 잡는 날에 제자들이 예수께 여짜오되 우리가 어디로 가서 선생님께서 유월절 음식을 잡수시게 준비하기를 원하시나이까 하매 예수께서 제자 중의 둘을 보내시며 이르시되 성내로 들어가라 그리하면 물 한 동이를 가지고 가는 사람을 만나리니 그를 따라가서 어디든지 그가 들어가는 그 집 주인에게 이르되 선생님의 말씀이 내가 내 제자들과 함께 유월절 음식을 먹을 나의 객실이 어디 있느냐 하시더라 하라 그리하면 자리를 펴고 준비한 큰 다락방을 보이리니 거기서 우리를 위하여 준비하라 하시니 제자들이 나가 성내로 들어가서 예수께서 하시던 말씀대로 만나 유월절 음식을 준비하니라 저물매 그 열둘을 데리시고 가서 다 앉아 먹을 때에 예수께서 이르시되 내가 진실로 너희에게 이르노니 너희 중의 한 사람 곧 나와 함께 먹는 자가 나를 팔리라 하신대 그들이 근심하며 하나씩 하나씩 나는 아니지요 하고 말하기 시작하니 그들에게 이르시되 열둘 중의 하나 곧 나와 함께 그릇에 손을 넣는 자니라 인자는 자기에 대하여 기록된 대로 가거니와 인자를 파는 그 사람에게는 화가 있으리로다 그 사람은 차라리 나지 아니하였더라면 자기에게 좋을 뻔하였으니 라 하시니라 그들이 먹을 때에 예수께서 떡을 가지사 축복하시고 떼어 제자들에게 주시며 이르시되 받으라 이것은 내 몸이니라 하시고 또 잔을 가지사 감사 기도 하시고 그들에게 주시니 다 이를 마시매 이르시되 이것은 많은 사람을 위하여 흘리는 나의 피 곧 언약의 피니라 진실로 너희에게 이르노니 내가 포도나무에서 난 것을 하나님 나라에서 새 것으로 마시는 날까지 다시 마시지 아니하리라 하시니라 이에 그들이 찬미하고 감람산으로 가니라."

시간은 하루로 계산되고 있다. 이제는 유월절 준비를 서두르고 있다. 벌써 목요일이다. 예수께서 잡히시던 바로 그 날이다. 마가는 이 날이 유월절 양을 잡는 날이라는 점을 강조한다. 예수께서 유월절 양처럼 잡히실 것을 암시한다. 마침내 유월절 어린양이 예루살렘으로 들어오셨다. 제자들은 여전히 아무 것도 모른 채 유월절 준비에만 마음이 분주하다. 제자들은 이번 유월절에 무엇이 일어날 것을 기대하고 있는 것일까?

요세푸스는 유월절에 희생 짐승의 수효가 주후 63년과 66년 사이에 계수되었다고 하는데, 그 수효는 25만 5천6백 마리였고, 축제 참가자는 270만 명이었다고 한다. 그러나 예레미아스는 성전의 크기와 제자의 규모 등을 고려하여 동물 수는 1만 8천 마리, 사람들은 5만 5천 명의 예루살렘 주민을 빼고 축제 순례자들이 약 12만 5천 명이었을 것이라고 한다.[189)]

순례자들은 대부분 오늘날의 하네(Chane)의 방식에 따라, 타고 다니는 짐승과 짐을 운반하는 짐승들이 머물 장소가 딸린 커다란 여관에 숙소를 정하였던 것 같다. 사람들은 첫 번째 유월절이나 두 번째 유월절과

189) 예레미아스, pp.118-119.

초막절 축제 순례와 만물을 바칠 때 예루살렘에서 묵어야 했다. 다만 몇 가지 난점 때문에 벳바게를 숙박 지역에 편입시킴으로써 대 예루살렘을 형성하였다. 예루살렘에서는 집들을 대여하는 것이 금지되었다고 한다. 예루살렘의 집들은 온 이스라엘의 공동소유이기 때문이다.[190] 또한 요세푸스는 백성들의 유월절 축제를 묘사하기를 "그들은 7일 동안이나 주연을 베풀면서도 그 비용을 결코 겁내지 않았다"고 전한다.[191]

이처럼 많은 인파가 몰려들고 유월절 준비가 분주할 때, 자기들의 유월절은 어떻게 준비해야 할까 난감하기만 한 제자가 물었다. 예수께서는 제자 중의 둘을 보내시며 어떻게 해야 할지를 지시하셨다. 1) 성내로 들어가라. 2) 그리하면 물 한 동이를 가지고 가는 사람을 만날 것이다. 3) 그를 어디든지 따라 들어가라. 그리고 4) 그가 들어간 그 집 주인을 만나게 되거든 이렇게 말하라. '선생님의 말씀이 내가 내 제자들과 함께 유월절 음식을 먹을 나의 객실이 어디 있느냐?' 라고 하라고 하셨다. 그리하면 그 집 주인이 직접 크고 가구까지 잘 준비된 큰 방을 보여줄 것이라고 하셨다. 이것은 예수님의 초자연적 통찰력을 보여 주는 장면이다. 예수께서는 사역 초기에는 기적과 이적은 행하셨지만 이런 초자연적 통찰력을 직접 보여 주지는 않으셨다. 그런데 사역 후기에 접어들어서는 이런 모습을 자주 보여 주셨다.

집 주인이 안내해 준 방은 예수님과 12제자들이 함께 식사할 수 있는 충분한 공간과 융단이 깔려 있고 식탁이 놓여 있었다.[192] 그들은 큰 다락방에 그들을 위한 유월절 준비를 마쳤다. 누가는 두 제자가 베드로와

---

190) 전게서, pp.141,142 참조.

191) 전게서, pp.143.

192) Wuest, p.259.

요한이라고 밝힌다(눅 22:8).

저물었을 때에 그들은 예수님과 함께 식탁에 앉았다. 그러나 유월절 식탁 분위기는 그분의 한마디로 흔들리기 시작했다. "너희 중의 한 사람 곧 나와 함께 먹는 자가 나를 팔리라"(18절). 이 말은 예수님 자신을 팔 자가 누구인가를 적시하려고 하는 말이 아니라 그의 범죄가 얼마나 무서운가를 지적하는 말이다.[193] 즉 배반자는 바로 열둘 중의 한 사람이요, 그 사람은 바로 그 자리에서 함께 먹고 있는 사람이라고 밝힌 것이다.

제자들은 근심하여 하나씩 "나는 아니지요" 하고 묻기 시작했다. 한 사람씩 돌아가면서 "나는 아니지요? 그렇지요?" 하고 물었다. 물론 유다도 "나는 아니지요, 그렇지요?" 하고 물었다. 그때야 주께서는 "나와 함께 그릇에 손을 넣는 자니라"(20절)라고 밝히신다. 가룟 유다는 이미 대제사장들 앞에 가서 예수를 넘겨주겠다고 말하고, 현재는 어떻게 넘겨줄 것인지를 기회를 노리고 있는 중이다. 그런 그가 이 만찬 자리에 참여했다. 그렇다면 궁금한 것은 가룟 유다를 어느 자리에 앉게 했을까 하는 점이다. 유월절에 쓴 나물과 함께 무교병을 먹을 때 소스에 찍어서 먹는다. 그릇은 소스를 담은 접시를 말하는데, 이 소스 '하로셋'(חרוסת)은 사과나 호두나 잣 등을 으깬 것에 꿀, 포도주 등을 붓고 계피 등을 섞어 만든 고추장 비슷한 양념장의 일종이다.[194] 여기에 마짜(무교병)를 찍어 먹는데, 이것은 식사가 시작될 때 먼저 제공된다고 한다.[195]

---

193) 전게서, p.260.

194) 최명덕, 유대인의 이야기, 두란노, 1999, p.152. 하로셋(חרוסת)이란 말의 어원은 분명치 않으나 학자들에 따라서는 진흙을 뜻하는 하르씨트(חרסית)라는 말에서 나왔다고 주장한다. 하로셋의 색깔이 진흙과 같기 때문이다. 웨스트(Wuest)는 "아마도 대추야자 열매와 건포도 그리고 식초로 만든 소스일 것이다"고 한다(p.260).

195) 독일성서공회 해설, p.113.

만찬 자리에 앉는 순서는 발 씻기는 순서에 따라 결정된다고 한다. 요한복음에 보면, 베드로의 발을 맨 나중에 씻기셨다.[196] 그렇다면 베드로는 맨 끝자리에 앉았다고 볼 수 있다. 가장 영광스런 자리는 호스트의 좌우 자리이다. 그렇다면 예수님의 좌우 자리에는 누가 앉았을까? 요한복음 13장 23절에서는 "그가 사랑하는 자가 예수의 품에 의지하여 누웠는지라"고 말한다. 만찬의 식탁에 기대고 먹을 때 그분의 품에 의지하여 기대고 앉은 사람은 그 우편에 앉은 사람이다. 그래야 그가 호스트의 품에 의지하여 먹게 된다. 그렇다면 호스트인 예수님은 왼편에 앉은 사람의 가슴에 기대어 앉게 된다. 그리고 왼편 사람과 함께 소스를 사용하게 된다. 유대 풍습에 의하면 우편에 앉은 사람이 자기 왼편에 앉은 사람을 음식으로 섬긴다고 한다. 그렇다면 예수님의 왼편에 앉은 사람은 바로 가룟 유다이다. 그분은 자기를 배반할 가룟 유다를 가장 영광스런 자리에 앉히셨다. 그를 끝까지 사랑하신 모습을 볼 수 있다. 유다는 예수께서 머리를 자기 가슴에 대고 있는 그 순간에 "선생님, 저는 아니지요, 그렇지요?" 하고 물었다.

"나와 함께 그릇에 손을 넣는 자니라"고 밝히시고, 자신은 기록된대로 간다고 말씀하신다. 죽으실 것을 다시 제자들에게 확실하게 밝히시고, '파는 사람에게는 화가 있다' 고 하셨다. 이것은 복수를 의미하는 게 아니다. 단지 그를 끝까지 사랑하시는 마음의 표현이라고 보아야 한다. 가룟 유다가 그 자리에서 떠난 후인지 아니면 유다가 그곳에 있었는지에

---

196) 요한복음 13장 4-10절에서는 제자들의 발을 씻기시고 그 두른 수건으로 닦아 준 후에 시몬 베드로의 차례가 되었다. 그때 "베드로가 이르되 주여 주께서 내 발을 씻으시나이까?"고 물었다. 이 말은 겸손을 표시하는 말이라기보다는 자기가 가장 말석에 앉게 된 것에 대한 불만일 수 있다. 그래서 예수께서는 "내가 하는 것을 네가 지금은 알지 못하나 이후에는 알리라"(요 13:7)라고 하신다. 베드로의 불만에 대하여 그를 달래는 뜻이 담겨 있다.

대하여 마가는 언급하지 않는다. 누가의 기록에 의하면 떡을 가지고 축사하시고 먹은 후에 예수께서 자신을 팔 자가 누구인가를 밝히셨기 때문에 그 순간에는 유다가 그곳에 있었다는 것을 암시한다(눅 22:19-23).

이제 만찬은 전식(前食)을 지나고 본 식사로 들어간다. 전식이 끝나면 네 개의 질문을 던진다. 그리고 유월절 음식과 마짜(무교병)를 위하여 축복기도를 올린다. 예수님께서 떡을 가지고 축복하시고, 떡을 떼어 제자들에게 주셨다. "받으라 이것은 내 몸이니라"(22절).[197] 떼어서 준 빵은 바로 예수 자신의 몸과 동일하다고 하신다. 이것은 직유(直喩)이다. 예수님의 몸과 빵은 본질적으로 다르다. 그러나 빵이 찢기고 그것을 먹음으로 사람들이 살 수 있듯이, 그리스도인들은 우리를 위하여 십자가에서 찢기신 그의 몸을 먹음으로 그와 하나가 되며, 영적으로 살아갈 수 있다는 뜻이다. 그러므로 그것을 '받아 먹는다' 는 것은 그분의 위대한 희생에 참여하는 것을 의미한다.[198] 그리고 잔을 가지고 감사기도 하시고 그들에게 주셨다. 포도주를 주시면서 "이것은 많은 사람을 위하여 흘리는 나의 피 곧 언약의 피니라 진실로 너희에게 이르노니 내가 포도나무에서 난 것을 하나님나라에서 새 것으로 마시는 날까지 다시 마시지 아니하리라" 고 하셨다(24,25절).

《탈무드》에 의하면 유월절 식사에서는 네 개의 잔을 말한다. 그 중에

197) Nestle-Aland 판에는 '먹으라' 는 말이 생략되고 단지 '받으라' 고만 되어 있다. 그러나 받으라는 말 속에 먹으라는 말이 내포되어 있다.

198) 직유(simile)는 본질적으로 같지 않은 두 사물을 비교해서 이해하도록 하는 수사적 표현 방법이다. 은유(methaphor)가 두 사물 간에 유사성과 같은 점을 나타내는 데 사용한다면, 직유는 전혀 다른 두 가지를 비교함으로 공통점을 찾아가도록 하는 방법이다. 예를 들면 '나는 나무다' 라고 하면 나는 나무는 아니다. 그러나 나무의 어떤 속성이 나와 똑같다는 것을 의미한다.

세 번째 컵이 축복의 컵(the cup of blessing)으로 알려져 있다. 예수님의 최후 만찬에서는 이것을 성례전 컵으로 사용한 것으로 알고 있다.[199)]

역사와 상황 8

유월절 만찬

가장은 흔히 흰색 예복(kittel)을 입고 포도주 잔을 놓고 축복하는 것(qiddush)으로 의식을 시작한다. 모두 합해서 네 잔의 포도주(arba kost)를 일정한 간격을 두고 마신다.

모든 사람이 손을 씻은 다음, 식탁의 주인이 참석한 모든 사람들에게 식초나 소금물에 담근 샐러리, 익히지 않은 야채(karpas)를 나누어준다. 그런 다음 유월절 양을 상징하는 짐승의 정강이뼈와 하나님의 자비의 상징(일설에 의하면,예루살렘 성전 파괴의 비극적 상징)인 완전히 익힌 달걀을 세데르 접시에서 옮기는데, 그동안 모두가 기도문을 암송한다.

두 번째 포도주를 따른 후 가장 어린 아이가 이 이상한 의식에 관해 네 가지 질문을 던진다. "왜 오늘 밤은 다른 날 밤과 달라요? 다른 날 밤에는 누룩 있는 빵을 먹든 누룩 없는 빵을 먹든 상관 없는데, 왜 오늘 밤에는 누룩 없는 빵만 먹어야 해요? 다른 날 밤에는 아무 나물이나 먹어도 되는데, 왜 오늘 밤에는 쓴 나물만 먹어요? 다른 날 밤에는 나물을 한 번도 물에 담그지 않아도 되는데, 왜 오늘 밤에는 반드시 두 번씩이나 담가야 해요? 다른 날 밤에는 앉아서 먹든 기대고 먹든 상관이 없는데, 왜 오늘 밤에는 기대고 먹어요?"

이 질문에 대해 모든 사람이 한목소리로 준비된 대답을 암송하는데, 이 대답은 세데르 축제를 영적으로 해석한 것이다. 이 대화체 이야기 '하가다' 는 본질적으

199) Wuest, p.261.

로 출애굽의 이야기이다. 이 축제의 몇몇 부분은 그리스 · 로마의 축제를 모방했을지라도 이러한 해석을 통해 유대교의 종교적 전통으로 생생하게 보존되어 세대가 바뀌어도 세데르 식사 때마다 반복되고 있다.

모든 참석자들은 다시 손을 씻고 누룩 없는 빵(matza)과 으깬 과일, 포도주를 섞은 액체에 담근 쓴 나물(maror)을 모두 먹는데, 이러한 의식은 자유와 영적 진보가 고난과 희생에 대한 보상임을 의미한다.

그리고 나서 실제로 식사를 한다. 모든 사람이 식사를 마치고 감사기도를 암송한 후, 하나님께 감사하는 마음을 표현하기 위해 세 번째로 포도주를 붓는다.

의식이 끝나갈 무렵 참석자들은 한목소리로 찬양의 시편(할렐, 전에는 일부분만 읽었음)을 암송하고 하나님의 사랑의 섭리에 대해 경의를 표하기 위해 네 번째로 포도주를 붓는다. 어떤 사람들은 미래의 세데르 때에 나타날 메시아의 전조가 될 엘리야를 기리는 의미로 다섯 번째로 포도주를 붓는다(마시지는 않음). 엘리야의 잔이라고 부르는 이 잔은 메시아가 오시면 마시려고 남겨두는 잔이다. 식사가 끝나면 흔히 민요를 부른다.[200]

이 성만찬을 바울의 성례전과 비교해 보자.

"그들이 먹을 때에 예수께서 떡을 가지사 축복하시고 떼어 제자들에게 주시며 이르시되 받으라 이것은 내 몸이니라 하시고 또 잔을 가지사 감사기도 하시고 그들에게 주시니 다 이를 마시매 이르시되 이 잔은 내 피로 세운 새 언약이니 이것은 많은 사람을 위하여 흘리는 나의 피 곧 언약의 피니라 진실로 너희에게 이르노니 내가 포도나무에서 난 것을 하나님 나

200) 이주섭 목사는 10년이 넘도록 이스라엘에서 고고학과 이스라엘 문화와 지리를 연구한 학자이며, 지금도 매년 한두 차례 연구차 성지를 방문한다. 현재는 미국 멤피스 장로교회에서 담임목사로 섬기고 있다.

> 라에서 새 것으로 마시는 날까지 다시 마시지 아니하리라"(막 14:22-25).

> "예수께서 잡히시던 밤에 떡을 가지사 축사하시고 떼어 이르시되 이것은 너희를 위하는 내 몸이니 이것을 행하여 나를 기념하라 하시고 식후에 또한 그와 같이 잔을 가지시고 이르시되 이것을 행하여 마실 때마다 나를 기념하라 하셨으니 너희가 이 떡을 먹으며 이 잔을 마실 때마다 주의 죽으심을 그가 오실 때까지 전하는 것이니라"(고전11:23-26).

바울의 성례전에서는 종말론적 전망이 현저하게 축소되어 있으며, 더 이상 예수의 말씀으로 제시되어 있지 않다. "포도나무에서 난 것을 하나님나라에서 새 것으로 마시는 날까지 다시 마시지 아니하리라"는 종말론적 전망이 축소되고, "주의 죽으심을 그가 오실 때까지 전하는 것"으로 되었다.

바울에게는 객관적인 진술이 전혀 없다. '이것을 받아 먹으라'는 말도 없다. 마가에는 없는 '반복하라'는 명령이 강화되었다. '식사 후의 잔'은 아마 식사 후에 포도주를 마시는 것에 대한 유대교적 전문용어일 것이다. 마가는 "너희를 위하여"란 말을 빠뜨렸다. "이것을 행하여 마실 때마다 나를 기념하라"를 바울은 두 번이나 반복한다. 곧 "주의 죽으심을 그가 오실 때까지 전하는 것이니라"고 강조한다.

03

베드로의 부인을 예고하심

(14:27-31)

"예수께서 제자들에게 이르시되 너희가 다 나를 버리리라 이는 기록된 바 내가 목자를 치리니 양들이 흩어지리라 하였음이니라 그러나 내가 살아난 후에 너희보다 먼저 갈릴리로 가리라 베드로가 여짜오되 다 버릴지라도 나는 그리하지 않겠나이다 예수께서 이르시되 내가 진실로 네게 이르노니 오늘 이 밤 닭이 두 번 울기 전에 네가 세 번 나를 부인하리라 베드로가 힘있게 말하되 내가 주와 함께 죽을지언정 주를 부인하지 않겠나이다 하고 모든 제자도 이와 같이 말하니라."

"그들이 찬미하고 감람산으로 가니라." 유대인들은 유월절 식사 후에 시편을 노래한다.[201)] 그들은 자기들에게 익숙한 감람산으로 가고 있었다. 그 길은 그들에 익숙해진 길이어서, 그들이 그 길을 가는 것에 대해서는 놀라지 않았다. 예수님은 예루살렘 안에서 잠을 잤다는 기록이 한 번도 나오지 않는다. 아마도 예루살렘에 올라왔을 경우에는 베다니에서 숙박을 했거나 아니면 감람산 어느 곳에서 기도하면 지내셨을 것이다.

이 본문은 이들이 감람산으로 가는 도중에 있었던 일화를 소개하는 내용이다.

그들에게 들려 준 첫마디는 "너희가 다 나를 버리리라"는 말씀이다. 새번역에서는 "모두 걸려서 넘어질 것이다"고 번역했다. 그러나 Nestle-Aland 헬라어 판에는 '스칸다리조오'(σκανδαλίζω)의 미래 수동태(σκανδαλισθήσεσθε)를 사용하였는데, 이 말은 '버리다, 떨어져 나가다, 변절하다' 는 뜻이 있다. 그 길 위에서 예수께서는 다시 죽으심과 부활을 구약을 인용하여 예고하신다(슥 13:7).[202] 스가랴의 예언은 목자와 양 떼에게 심판이 내려 양 떼가 흩어지게 된다는 것이다. 그처럼 이제 목자가 죽게 되니 양들이 흩어질 것이나, 목자가 다시 일어날 것이며 너희보다 먼저 갈릴리로 갈 것이라고 하셨다. 목자가 매를 맞는다고 했지만 사실을 죽게 된다는 표현이다. 이어서 "그러나 내가 살아난 후에 너희보다 먼저 갈릴리로 가리라"(28절) 하셨다. 이 말씀은 이스라엘의 목자는 죽으나, 결국 이스라엘의 목자가 죽는 게 아니라 살아서 양들을 인도하리라고 하신다. "너희보다 먼저 갈릴리로 가리라"고 하신 것은 목자로서 갈릴리로 제자들을 인도하실 것이라는 말씀이다. 목자상은 신약성경에서 예수님의 죽음과 자주 결부되어 사용된다(참조 요 10:11; 벧전 2:24-25).

예루살렘은 예수님의 적대자들의 지역(3:22, 7:1)이며, 예수가 수난당하신 곳이다. 그래서 예수님은 수난 후에 제자들에게 다시 갈릴리로 돌

---

201) 예수께서 제자들과 함께 찬미를 부르며 갔던 것은 시편 115-118편의 일부 찬미(Hallel)이다. 겟세마네, 곧 감람산 방향으로 예루살렘 근교에 위치한 고뇌의 동산으로 나가셨다. 여기에 사용된 '찬미 또는 노래' 란 'ὑμνέω'(휨네오)에서 영어의 찬송 또는 찬송가(hymn)란 말이 나왔다.

202) 스가랴 13장 7절, "만군의 여호와가 말하노라 칼아 깨어서 내 목자, 내 짝된 자를 치라 목자를 치면 양이 흩어지려니와 작은 자들 위에는 내가 내 손을 드리우리라." 이 구절은 70인역본에 따라 인용되었다.

아가라고 명령하신다(28절). 부활 후에 갈릴리에서 다시 시작하려고 하신다. 왜 갈릴리에서 시작하려고 하신 것일까?

언제나 그렇듯이 베드로가 대꾸를 한다. 모두가 버릴지라도 자기는 스승을 버리지 않겠다고 한다. 그러나 예수님의 반응은 의외였다. 닭이 두 번 울기 전에 베드로가 세 번이나 주를 부인하리라고 하신다. 베드로는 물러서지 않고 맹세하며 말한다. "내가 주와 함께 죽을지언정 주를 부인하지 않겠나이다"(31절). 마가는 모든 제자들이 베드로를 따라 똑같이 말했다고 전한다.

베드로는 '모두'를 강조한다. 자신은 다른 제자들과 다르다는 것이다. 그러나 예수님은 '너'를 그리고 '오늘 이 밤에'를 강조하신다. "*Αμὴν λέγω σοι ὅτι σύ ὑσήμερον τῇ νυκτὶ*" 이 말을 문자대로 옮기면 이런 뜻이다. "Truly, I am saying to you, that you today, this night." 네가 확신 있게 말한 오늘 그리고 이 밤에 나를 세 번 부인하리라고 하시는 것이다. 베드로도 그리고 다른 제자들도 그 말을 부인했지만, 그러나 어쩐지 힘이 없다. 그들은 길을 가고 있다.

예수님은 중요한 사역을 저녁에 시작하시고(4:36, 6:47), 저녁에 성전을 찾아가신다(11:11). 유월절 저녁에 예수님은 임박한 자신의 죽음(22-24절)과 하나님의 임박한 통치(25절)를 상기시키는 식사를 제자들과 함께 하셨다. 그리고 지금 찬미하며 감람산으로 가고 계신다. 유대 시간이 저녁에서부터 시작하듯이, 마가의 이야기에서 저녁의 의미는 종국이 아니고 시작의 의미를 갖는다. 저녁은 본격적인 활동의 시간이며, 심지어는 새로운 모험을 시작하는 때이기도 하다.[203] 예수님은 죽으러 가신다. 그러나 그것은 종국이 아니고 새로운 시작을 가져올 어두움이다.

---

203) 마크 A.포웰, pp.138-139.

04

겟세마네의 최후 기도

(14:32-42)

"그들이 겟세마네라 하는 곳에 이르매 예수께서 제자들에게 이르시되 내가 기도할 동안에 너희는 여기 앉아 있으라 하시고 베드로와 야고보와 요한을 데리고 가실새 심히 놀라시며 슬퍼하사 말씀하시되 내 마음이 심히 고민하여 죽게 되었으니 너희는 여기 머물러 깨어 있으라 하시고 조금 나아가사 땅에 엎드리어 될 수 있는 대로 이 때가 자기에게서 지나가기를 구하여 이르시되 아빠 아버지여 아버지께는 모든 것이 가능하오니 이 잔을 내게서 옮기시옵소서 그러나 나의 원대로 마시옵고 아버지의 원대로 하옵소서 하시고 돌아오사 제자들이 자는 것을 보시고 베드로에게 말씀하시되 시몬아 자느냐 네가 한 시간도 깨어 있을 수 없더냐 시험에 들지 않게 깨어 있어 기도하라 마음에는 원이로되 육신이 약하도다 하시고 다시 나아가 동일한 말씀으로 기도하시고 다시 오사 보신즉 그들이 자니 이는 그들의 눈이 심히 피곤함이라 그들이 예수께서 무엇을 대답할 줄을 알지 못하더라 세 번째 오사 그들에게 이르시되 이제는 자고 쉬라 그만 되었다 때가 왔도다 보라 인자가 죄인의 손에 팔리느니라 일어나라 함께 가자 보라 나를 파는 자가 가까이 왔느니라."

감람산 중에 겟세마네라는 곳에 도착하였다. 겟세마네는 '기름 짜는 곳' 이란 뜻인데, 감람산 서쪽 기슭에 감람나무가 우거진 동산을 가리킨다고 한다. 거기에 (아마도 허물어진) 기름틀이 있었던 것 같다(32절; 마 26:36).[204] 겟세마네란 곳에 도착하여 예수께서는 제자들에게 해야 할 일을 담담하게 지시하신다. 문자대로 번역하면 '그리고 그는 한 곳에 왔다. 이곳은 겟세마네라고 불리는 곳이다. 그리고 그는 그의 제자들에게 말하셨다. 여기 앉으라, 내가 기도하는 동안에.'

담담하게 말씀하시는 것과는 달리 세 제자를 데리고 기도할 장소를 정해 주시는 모습은 일찍이 본 적이 없는 충격적인 모습이었다고 마가는 전한다. 아마도 베드로가 그때 느꼈던 것을 후에 전한 것이라고 생각된다. "심히 놀라시며 슬퍼하사"가 마태복음에는 "고민하고 슬퍼하사"로 되어 있다. '놀라다' 라는 말은 예루살렘으로 올라가실 때 예수님의 모습에 놀라는 제자들의 두려움을 나타낼 때 사용된 단어이다(10:32). 이제는 겟세마네에 도착하셔서 예수님 자신이 놀라신다. '심히 놀라다' 는 표현은 혼비백산할 정도로 놀란 감정상태를 가리킨다고 한다.[205] 무엇을, 왜 놀라신 것일까?

'슬퍼하다' 의 'ἀδημονεῖν' (아데모네인)은 어원이 불확실하다. '아데모스' (ἀδημος)란 형용사에서 왔다고도 하는데, 이 말은 '집이 없는' 또는 '집에서 멀리 나가 있는' 것을 뜻한다. 아마도 어떤 안정을 취하지 못하고 느끼는 극심한 불안을 뜻한다고 여겨진다. 이 단어는 빌립보서 2장 26

---

204) 독일성서공회 해설, 용어 해설, p.6. 요한복음 18장 1절에는, 기드론 시내 건너편에 있는 동산으로 표현한다.

205) 원어연구해설, 마태복음, p.258.

절에서 바울이 에바브로디도에 대해 사용하고 있다. 모페트는 '동요되다' 는 말로 번역된다. 즉 '어떤 길로 가야 할지 갈피를 잡지 못하다' 는 뜻이다.[206] 이렇게 보면, 마가가 사용하는 표현은 '혼비백산할 정도로 놀라고, 갈피를 잡지 못하는 극심한 불안' 을 뜻한다. 왜 그랬을까?

마가는 이어서 예수님 자신의 감정 노출을 그대로 전한다. "내 마음이 심히 고민하여 죽게 되었으니 너희는 여기 머물러 깨어 있으라"(34절). 극도의 슬픔을 나타내는 말이며, 거의 죽게 된 것을 의미하는 표현들이다. 지금까지 성경에서 누구의 감정을 이처럼 극도로 표현한 적은 거의 없다. 그런데 마가는 예수님의 그 때의 모습을 강력하게 묘사하여, 그분의 인간적인 모습을 적나라하게 보여 준다. 예수님이 하나님의 아들이시고 신성을 가지신 분으로, 십자가를 앞에 두고도 전혀 고통을 느끼지 않았다고 생각한다면 큰 오류를 범하는 것이다.

세 제자를 데리고 어느 장소에 가서 그들이 기도할 곳을 친히 정해 주시고, 기도하라고 하셨다. 그리고 주께서는 조금 더 나아가사 엎드려 기도하셨다.

예수님은 세 제자들을 특별히 구별하여 훈련시키셨다. 이 세 사람은 변화산에도 데리고 가셨으며, 이 극적인 위기 속에서도 데리고 가셨다.[207] 여기서 제자들을 부르신 이유를 생각하게 된다. 첫째로는 같이 있도록 하기 위하여, 둘째는 그들을 파송해서 복음을 전하도록 하기 위하여 그들을 부르셨다. 세 제자의 경우도 그에 해당한다. 거기에 한 가지를 더 생각한다면, 같이 있으면서 배우도록 하신 것이다. 예수께서는 아마

---

206) 전게서, p.258.

207) '데리고 가다' 는 동사 '*παραλαμβάνει*' (파라람바네이)는 '*παρα*' 라는 접두어를 붙여서 자기 곁에 데리고 갔다는 것을 강조한다.

도 이들로 하여금 기도로 자기의 고난에 동참하도록 데리고 왔고, 또 하나님을 위한 고난이 무엇인가도 체험하도록 그들을 초청하셨을 것이다. 그러나 그들은 처음부터 그분의 모습과는 전혀 반대로 잠에 빠져들므로 그분의 의도를 깨버린다.

겟세마네 동산에서 예수님의 모습과 제자들의 모습이 크게 대조를 이룬다. 그분은 땅에 엎드려 하나님의 뜻을 따르기 위하여 기도하신다. '될 수 있는 대로 이 때가 자기에게서 지나가기를 구하셨다'(36절). 그러나 그들은 잠에 깊이 빠져 있다. 아버지의 때를 이해하거나 따를 자세가 전혀 아니다. 예수님은 결국 "아버지께는 모든 가능하오니 이 잔을 내게서 옮기시옵소서 그러나 나의 원대로 마시옵고 아버지의 원대로 하옵소서" 하고 기도하신다. 겟세마네에서 드리는 그분의 기도는 처음 제자들에게 가르쳐 주신 주기도의 내용과 똑같은 기도이다. "나의 원대로 마시옵고 아버지 뜻대로 하옵소서"는 "뜻이 하늘에서 이루어진 것같이 땅에서 이루어지이다"와 같은 기도이며, 동시에 "시험에 들지 말게 하옵소서"의 기도이다. 예수께서는 자신이 가르쳐 주신 기도를 그대로 실천하며 살아가시는 모습을 분명히 보여 준다.

베드로는 주께 두 가지 맹세를 하였다. '다 주님을 버릴지라도 나는 그리하지 않겠나이다.' 그러나 그는 몇 시간도 못 되어 이 약속은 깨져 버렸다. 두 번째 '부인하지 않겠다' 고 한 약속이 남아 있지만 그것도 무너질 것이 뻔하다. 왜냐하면 처음 약속을 배반한 자는 다음 약속도 지키기는 어렵기 때문이다. 베드로(반석)가 무너져 가고 있다. 그래서 주님은 그의 옛날 이름인 '시몬' 으로 그를 부른다. "시몬아 자느냐 네가 한 시간도 깨어 있을 수 없더냐 시험에 들지 않게 깨어 있어 기도하라"(37-38절). 누가가 전하는 바에 의하면, 예수님께서 기도하시는 모습을 보고 제자 중 하나가 기도를 가르쳐 달라고 요청했고, 그 요청에 따라 가르쳐 주신 기도가 '주기도' 이다(눅 11:1-4). 그런데 지금 그들은 그 기도를 배반하고 있다.

두 번째 와서 보셨을 때는 "그들의 눈이 심히 피곤함이라"고 전한다. 그때 그들이 깨어 예수님를 바라보고 무엇으로 대답할 줄을 알지 못하였다고 한다. 세 제자들이 변화산에서 보였던 모습을 상기시킨다. 그때도 그들은 잠에 취해 있었고 무슨 말을 할지 알지 못했다(9:6). 그들은 육체의 사람들이다. 그래서 육체의 약함을 이기지 못한다. 육체의 약함은 기도로밖에 이길 수 없는데, 그들은 기도 자체를 하지 않고 지나고 있다. 인간 메시아에 대한 기대에만 부풀어 있다.

피곤한 분은 바로 주님이시다. 그분은 시험을 이기기 위하여 힘써 기도하신다. 겟세마네에서 세 번이나 기도하셨다. 인간의 모습으로 이 땅에 오셔서 인간의 약함을 이기려고 힘쓰시는 모습, 또한 하나님의 아들로서 인간들로부터 오는 고통을 이기시려고 온갖 힘을 다 쓰시는 모습을 본다. 인간의 힘의 근원은 하나님을 의지하는 데 있다(창 2:7).[208] 제자들과 그분의 차이는 바로 거기에 있었다. 제자들에게는 그분의 영적 투쟁 그리고 아버지의 뜻을 따라가려는 싸움을 이해할 좋은 기회였지만, 그분과 공감대를 형성하지 못했다. 그러나 그런 그들의 마음을 스승인 그분이 몰랐을까? 알았다면 왜 그들을 따로 데리고 가셨을까? 지금은 실패할지언정 언젠가 후에는 이 모든 실패의 경험이 그들의 신앙에 든든한 기초를 이루어 줄 것을 아셨기에 그들을 데리고 가셨다.

---

208) 다윗은 힘의 근원이신 여호와를 의지하며 살았다. 시편 18편 1-2절, 나의 힘이 되신 여호와여 내가 주를 사랑하나이다 여호와는 나의 반석이시요, 나의 요새시요, 나를 건지시는 이시요, 나의 하나님이시요, 내가 그 안에 피할 나의 바위시요, 나의 방패시요, 나의 구원의 뿔이시요, 나의 산성이시로다." 시편 18편 28-37절 참조.

예수께서는 세 번 기도하셨다. “이 때가 자기에게서 지나가기를 구하여” “이 잔을 내게서 옮기시옵소서” “그러나 나의 원대로 마시옵고 아버지의 원대로 하옵소서”(35, 36절). 앞서 베드로는 두 번이나 예수님을 배반하지 않겠다고 맹세하였다. “다 버릴지라도 나는 그리하지 않겠나이다”(14:29), “베드로가 힘있게 말하되 내가 주와 함께 죽을지언정 주를 부인하지 않겠나이다”(14:31). 그러나 제자들이 다 함께 맹세한 것까지를 합하면 세 번 맹세한 셈이 된다(14:31). 그리고 베드로는 세 번 예수님을 부인한다. 이 중간에 예수님은 세 번이나 기도하셨고 제자들은 기도하지 않았다는 데 거기에서 승리와 실패가 갈렸다. 세 번째 오셔서 “이제는 자고 쉬라 그만 되었다 때가 왔도다”(41절)라고 하셨는데, 이 말은 의문문으로 해석할 수도 있다.[209] 그리고 “나를 파는 자가 가까이 왔다”(42절)에서 ‘파는 자’란 헬라어는 파라디도우스(*ὁ παραδιδούς*)[210] 앞에 *ὁ*가 붙어 있어서 ‘그 배반자’(The one who betrays me)란 뜻이 된다.

그들의 눈이 피곤하다. 아니 예수님이 가려는 길과 제자들의 길이 너무 달라, 그분을 따르는 길이 피곤하다는 뜻이기도 하다. 마침내 때가 왔다고 하시고, “일어나 함께 가자 보라 나를 파는 자가 가까이 왔느니라”(42절)고 하신다. 예수님은 이 때를 향하여 지금까지 달려오셨고, 제자들은 이 길을 막기 위하여 지금까지 달려왔다. 이 때는 ‘죄인들의 손에 팔리는 시간이고, 십자가를 지는 시간이고, 그리고 부활로 승리할 시간이다.’ 그러나 아직 부활은 너무 멀리 있다.

---

209) “아직도 자고 쉬고 있느냐?”

210) ‘*ὁ παραδιδούς*’는 ‘*ὁ παραδιδωμι*’의 남성 현재 분사 직설법이다.

05

고난에 자신을 내어주심

(14:43-52)

"예수께서 말씀하실 때에 곧 열둘 중의 하나인 유다가 왔는데 대제사장들과 서기관들과 장로들에게서 파송된 무리가 검과 몽치를 가지고 그와 함께 하였더라 예수를 파는 자가 이미 그들과 군호를 짜 이르되 내가 입맞추는 자가 그이니 그를 잡아 단단히 끌어 가라 하였는지라 이에 와서 곧 예수께 나아와 랍비여 하고 입을 맞추니 그들이 예수께 손을 대어 잡거늘 곁에 서 있는 자 중의 한 사람이 칼을 빼어 대제사장의 종을 쳐 그 귀를 떨어뜨리니라 예수께서 무리에게 말씀하여 이르시되 너희가 강도를 잡는 것 같이 검과 몽치를 가지고 나를 잡으러 나왔느냐 내가 날마다 너희와 함께 성전에 있으면서 가르쳤으되 너희가 나를 잡지 아니하였도다 그러나 이는 성경을 이루려 함이니라 하시더라 제자들이 다 예수를 버리고 도망하니라 한 청년이 벗은 몸에 베 홑이불을 두르고 예수를 따라가다가 무리에게 잡히매 베 홑이불을 버리고 벗은 몸으로 도망하니라."

말씀하고 계실 바로 그때, 그 배반자가 왔다. 유다, '열둘 중에 하나'

가 도착했다고 함으로 열둘 중의 하나인 점을 강조한다. 겟세마네에서부터 마가복음의 시간은 하루 단위로 계산된다. 그러다가 하루 단위에서 갑자기 시간 단위로 바뀐다. 이처럼 시간 단위로 전환시킴으로써 긴장감은 더욱 고조된다. '때가 자기에게서 지나가기를' 위해서 기도하시며(14:35), 제자들이 '한시도' 깨어 있지 못했다고 책망하시고(14:37), 마지막으로 '때가 왔다' 고 하신다(14:41).[211]

예수님이 계신 곳을 유다는 잘 알고 있었던 것 같다. 이전에도 예수님과 함께 이곳에 기도하러 왔던 곳이다. 배반자는 검과 몽치를 든 무리들, 바로 대제사장과 서기관들과 장로들이 보낸 자들을 데리고 왔다. 마가에서는 이들은 산헤드린이 보낸 것으로 보아 성전 근위병들이었을 것으로 본다.[212] 이들이 칼과 몽치를 들고 서 있는 모습이 조용히 기도로 준비하며 서 계신 그분과 대조를 이루면서 그들의 모습이 초라하게 느껴진다. 배반자 유다는 그들과 약속을 하고, 자기가 입을 맞추는 사람이 바로 그이(The Man)라고 하고, 실수가 없도록 단단히 묶어서 끌고 가라고 했다. 유다도 선생을 무서워하고 무리들도 무서워하고 있다. 그래서 체포해서 끌고 가는 데 실수가 없도록 해야 한다고 말한다(44절). 드디어 가룟 유다는 자기 스승에게 '랍비여' 하고 배반의 입맞춤을 한다. 그때 그들이 예수님을 체포했다. 누가는 유다가 스승에게 입을 맞추었는지를 분명하지 밝히지 않는다. 누가에 의하면 그가 입맞추려 할 때 "유다야 네가 입맞춤으로 인자를 파느냐"(눅 22:48)고 하셨기 때문에 유다가 입을 맞추지 못한 것으로 생각하도록 하였다.

---

211) 마크 A. 포웰, pp.137-138.

212) "너희가 강조를 잡는 것같이 칼과 몽둥이(창)를 가지고 나왔느냐?"라고 비난했는데, 이 비난은 강도를 잡기 위해 성전 근위병들이 취할 수밖에 없었던 조치를 전제하고 있다(전게서, p.79).

마가는 제사장의 종의 귀를 잘라버린 사람의 이름을 밝히지 않는다. 마태와 누가도 그 이름을 밝히지 않고, 오직 요한복음에서만 밝힌다(요 18:10). 왜 공관복음에서는 베드로란 이름을 밝히지 않았을까? 그가 자른 귀도 마가와 마태는 오른쪽 귀란 사실을 밝히지 않고 누가와 요한만 밝히고 있다. 사실 오른쪽 귀를 잘라다는 것은 베드로가 왼손잡이가 아닌 다음에야 앞 정면에서 잘랐다고 생각하기는 어렵다. 그렇다면 뒤에서 잘랐다는 말인데, 이것은 상대편의 뒤에서 칼을 휘두른 행동이기 때문에 비겁한 짓이다. 아마 요한복음은 일부러 베드로가 오른쪽 귀를 잘랐다고 밝힌 것으로 보인다.[213] 반면 마가는 베드로가 그의 귀를 자른 일은 결코 자랑스러운 일이 아니라고 생각했기 때문에 이름을 밝히지 않았을 것이라고 생각된다.[214]

대제사장의 종이란 표현도 종(slave)으로 볼 것인지 아니면 대제사장 부대의 지휘자로 이해해야 할 것인지 의견이 갈린다. 본문에서 종 앞에 관사(τὸν δοῦλον)가 붙어 있어서 일반 종들을 가리키는 것은 아니다.[215] 예수께서 순수히 잡히시자, 제자들이 다 예수님을 버리고 도망하였다.

---

213) 요한복음은 베드로의 행동을 최후 만찬에서부터 다른 복음서와는 다르게 기록했다. 주께서 제자들의 발을 씻기실 때 자기 발을 씻길 수 없다고 한 것도, 사실 겸손해서라기보다는 자기가 맨 마지막 차례가 되었기 때문이다. 요한복음은 13장 5절에는 다른 제자들부터 발을 씻기기 시작하고 베드로를 마지막으로 마치셨다(13:12). 당시 만찬 자리는 발을 씻기는 순서로 앉았다고 하는데, 그렇다면 베드로는 맨 말석에 앉은 것이 된다. 제자들 간에 누가 높냐는 다툼이 있었던 점을 고려한다면 베드로의 자리는 수치의 자리일 수 있다. 겟세마네 동산에서 예수님이 체포될 순간에도 뒤에서 대제사장 종의 오른쪽 귀를 잘랐다면 베드로의 불편한 심기를 드러냈다고도 볼 수 있다(요 13:4-20, 24, 18:10-11).

214) 칼을 빼어(단순과거), 치다(단순과거), 베다(단순과거)로 되어 있어서 순간적으로 단번에 종의 귀를 자른 것으로 되어 있다.

제자들이 도망간 이야기에 이어 뜬금없이 한 청년의 이야기가 나온다. 한 청년이 벗은 몸에 베 홑이불을 두르고 예수를 따라가다가 무리에게 잡히매 이불을 버리고 벗은 몸으로 도망했다는 내용이다. 어떤 이들은 이 청년이 마가복음을 쓴 마가라고도 한다. 이 젊은이는 속옷 바람으로 예수를 따라가다가(51절) 그분이 잡히고 제자들이 도망가자 겉옷을 벗어던지고 벗은 몸으로 어둠 속으로 도망갔다. 벗은 몸이라고 하지만 속옷은 입었을 것이다.[216] 요한복음 18장 15절에는 마가의 어머니 마리아가 예루살렘에 그의 집을 가지고 있었다(행 12:12)고 되어 있으므로 마가일 가능성이 높다고 생각한다.

혹 이 젊은이가 누군지 모른다고 해도 마가복음 저자는 이 사실을 정확하게 알고 있었을 것이다. 초대 교회에서 이 사람은 잘 알려진 사람임에 틀림이 없다. 이 청년의 이야기를 이곳에 쓴 이유는 두 가지라고 생각한다. 첫째는 청년의 이야기가 앞 절에 "제자들이 다 예수를 버리고 도망하니라"와 연결되어 있다는 점을 생각해 볼 때, 이 사람의 행동은 곧 도망하던 제자들의 마음을 표현한 것이라고 해석할 수 있을 것이다. 제자들이 다 도망하는 마당에 이 청년이 얼마나 급했으면 두르고 왔던 이불을 벗어버리고 도망쳤겠는가? 이 이야기는 비록 청년 한 사람의 이야기이지만, 사실은 제자들의 마음이 다 그와 같았다는 사실을 말해 주고 있다. 둘째는 이 내러티브는 예수와 제자들이 완전히 결별했다는 사실을

215) 독일성서공회 해설판에서는 '대제사장의 종'(47절)은 아마도 존칭으로 이해해야 할 것이며(삼상 29:3; 왕하 5:6 참조), 그 부대의 지휘자를 의미할 것이다' 고 했다. 마가복음, p.115

216) 베 홑이불로 번역된 '신도나'(*σινδόνα*)는 예수님의 시신을 쌌던 바로 그 천을 말한다(막 15:46). 그 천을 벗어던지고 갔다는 것을 상징적으로 해석하기도 한다.

말하려고 한다. 예수를 따르던 자들은 모두 혼비백산해서 다 도망가고 이제부터는 예수 혼자서 고난의 길을 걷게 되었다는 게 마가복음이 말하고자 하는 점이다. 이제부터 예수는 혼자이다. 혼자서 십자가의 길을 걷기 시작한 것이다.

파웰은 이렇게 말한다.

> "사탄과의 큰 갈등에서 이기기 위해서 종교 지도자들과 자신의 제자들과의 갈등에서는 '져야' 한다. 그렇게 함으로 은연 중에 하나님의 계획이 이루어지며, 사탄과의 보다 깊은 갈등이 예수를 위해서 해소된다는 사실이 바로 아이러니이다."[217)]

217) 마크 파웰, p.79.

IV

혼자서 십자가를 향하여

(14:53-16:20)

"궁극적으로 복음서 플롯의 결정적인 요소는 종교 지도자들과 예수 사이의 갈등이 아니라 그의 제자들과의 갈등이라는 사실을 인식함으로써 우리는 본문을 보다 낫게 이해하게 된다. 이 이야기가 실제로 말하고자 하는 것은 더 깊은 차원에서의 갈등, 즉 하나님과 사탄 사이의 갈등이다. 갈등 양상이 하나님과 사탄의 대립으로 나타나지는 않는다. 하나님은 사탄에 반대하는 예수 안에서 역사하신다" (마 13:36-43).[218]

갈등의 극치는 갈라섬이다. 예수는 제자들과도 갈라졌다. 그들은 스승을 버리고 다 달아났다고 마가는 전한다. 이제 가장 고통스런 마지막 마라톤 코스와 같은 곳에서는 예수 혼자 걸어야 하고, 고통을 혼자 견뎌내며 그 길을 완주해야 한다. 그래서 이어지는 문장은 "그들이 예수를 끌고 대제사장에게로 가니"로 시작한다. 마가는 혼자인 예수를 강조한다.

218) 한스 웨버, p.90. 한스 웨버는 유대 지도자나 제자들과의 갈등 이면에는 사탄과의 싸움이 전제되어 있다고 보았다. 그리하여 어떤 인간도 사탄의 도구로 전락할 수 있다는 사실을 말하려고 한다(막 8:31-33 주석 참조).

01

산헤드린의 거짓 재판

(14:53-65)

"그들이 예수를 끌고 대제사장에게로 가니 대제사장들과 장로들과 서기관들이 다 모이더라 베드로가 예수를 멀찍이 따라 대제사장의 집 뜰 안까지 들어가서 아랫사람들과 함께 불을 쬐더라 대제사장들과 온 공회가 예수를 죽이려고 그를 칠 증거를 찾되 얻지 못하니 이는 예수를 쳐서 거짓 증언하는 자가 많으나 그 증언이 서로 일치하지 못함이라 어떤 사람들이 일어나 예수를 쳐서 거짓 증언 하여 이르되 우리가 그의 말을 들으니 손으로 지은 이 성전을 내가 헐고 손으로 짓지 아니한 다른 성전을 사흘 동안에 지으리라 하더라 하되 그 증언도 서로 일치하지 않더라 대제사장이 가운데 일어서서 예수에게 물어 이르되 너는 아무 대답도 없느냐 이 사람들이 너를 치는 증거가 어떠하냐 하되 침묵하고 아무 대답도 아니하시거늘 대제사장이 다시 물어 이르되 네가 찬송 받을 이의 아들 그리스도냐 예수께서 이르시되 내가 그니라 인자가 권능자의 우편에 앉은 것과 하늘 구름을 타고 오는 것을 너희가 보리라 하시니 대제사장이 자기 옷을 찢으며 이르되 우리가 어찌 더 증인을 요구하리요 그 신성모독하는 말을 너희가 들었도다 너희는 어떻게 생각하느냐 하니 그들이 다 예수를 사형에 해당한 자로 정죄하고 어떤 사람은 그에게 침을 뱉으며 그의 얼굴을 가리고 주먹으로 치며 이르되 선지자 노릇을 하라 하고 하인들은 손바닥으로 치더라."

아직 새벽 닭이 울지 않았다. 아직도 깊은 밤이다. 그 깊은 밤에 예수님은 대제사장의 집으로 끌려가셨고, 산헤드린 회원들은 그 집에 모여들었다. 그리고 심문이 시작되었다. 그래도 베드로는 도망가지는 않았고 스승의 뒤를 따라 대제사장 집 뜰에까지 들어왔다. 이 말은 베드로가 예수께서 심문을 받으시는 모습을 다 보고 있었다는 말이다.

그들은 예수님의 죄목을 찾기에 바빴다. 아무리 심문해도 죄목을 찾지 못했다. 증인이 많았지만 서로 일치하지 못해서 죄를 정할 수가 없었다. 마침내 한 사람의 증언으로 예수님의 죄목은 성전모독죄로 결정되었다. 이 성전을 정화하실 때 "내가 헐고 손으로 짓지 아니한 다른 성전을 사흘 동안에 지으리라"고 하신 말을 인용하여 증언하였지만, 사실 그 증언도 서로 일치하지 않았다. 마가는 물론 마태와 누가도 예수께서 "너희가 이 성전을 헐라 내가 사흘 동안에 일으키리라"(요 2:19)는 말[219)]을 언급하지 않았다. 마가에 의하면 이들은 근거가 희박한 말을 들어 예수님을 정죄했다는 뜻이다. 예수께서는 성전에 관계된 일로 심문을 계속 받으실 때 아무 말씀도 하지 않으셨다. 답답한 그들은 다른 주제로 심문을 계속했다. "찬송 받을 이의 아들 그리스도냐"(61절). 여기에 대해서는 예수님은 "내가 그니라" 하고 분명히 대답하셨다. 예수께서는 베다니 집에서 여인의 향유 부음을 받은 후부터는 자신을 나타내기 시작하셨다. 그

219) "이 성전을 헐라 내가 사흘 동안에 일으키리라"(요 2:19)는 말은 요한복음에만 나온다. 또한 성전을 깨끗하게 하신 일도 요한복음은 사역 초기에 있었던 일로 소개함으로 공관복음과는 그 상황이 전혀 다르게 표현되었다.

리고 "인자가 권능자의 우편에 앉은 것과 하늘 구름을 타고 오는 것을 너희가 보리라"(62절) 하셨다. 종말론적 사건을 통하여 증언하신 것이다. 그 날이 되면 너희들이 확실히 보리라고 하셨다. 현재는 대제사장의 심문을 받고 계신다. 그런데 이제 먼 훗날 인자가 올 때에는 너희들이 심판을 받을 것이란 선언이기도 하시다.

그들은 드디어 그 말에서 죄목을 찾았다. 그래서 옷을 찢으며 더 이상 무슨 증거를 찾겠느냐고 말한다. 그들이 내린 예수님의 죄목은 신성모독이었다. 대제사장은 사람들을 둘러보며, "너희는 어떻게 생각하느냐"고 한 번 묻고 예수님의 죄는 사형에 해당한다고 결론을 지었다. 누가에 의하면 산헤드린 회원들은 새벽이 되어서야 모였다고 한다(눅 22:66). 누가는 산헤드린 회원들이 모이지도 않았는데 재판은 결론을 내렸다고 고발하고 있다. 마가는 재판 결과가 내려지고 어떤 사람은 그에게 침을 뱉으며 그의 얼굴을 가리고 주먹으로 치며 이르되 선지자 노릇을 하라 하고, 하인들은 손바닥으로 쳤다고 전한다. 아직 재판은 끝나지도 않았는데 그들은 마치 모든 판결이 난 것처럼 예수님을 대하였다.

예수님을 유죄라고 판결한 데 대해서 《미슈나》에는 이렇게 말했다. 미슈나 산헤드린(Mishnah Sanhedrin) 7장 5절에 의하면, 신성모독은 "신성모독한 사람이 그(하나님) 이름을 부르지 않았다면 유죄가 아니다"(레 24:16)고 되어 있다. 이 법에 의하면 예수님은 실제적으로 유죄가 아니다. 또한 "사형에 해당하는 중범죄의 경우 재판은 밝은 날에 행해지고, 판결 역시 낮 동안에 행해진다……사형에 해당하는 중범죄 심리의 경우, 무죄 판결은 같은 날 내려질 수 있으나 유죄 판결은 다음 날에 비로소 내려진다. 따라서 이러한 심리는 안식일 혹은 축제 절기에 수행될 수 없다"(미슈나 산헤드린, IV, 1).

유대인들이 지키는 미슈나에 의하면 사형에 해당하는 죄는 밝은 날에 이뤄져야 하며, 판결은 낮에만 내려져야 한다. 그리고 유죄 판결은 반드시 다음 날로 미루었다가 내려야 한다. 그런데 그들은 이 모든 법을 어기고 재판을 했다. 그들의 무법성이 오늘에 와서는 만천하에 드러났다. 그만큼 그들은 조급했으며, 서둘러 모든 일을 결정하였다. 아마도 예수님을 그만큼 두려워했고, 그만큼 질투했다고 말할 수 있다. 그렇기 때문에 그들은 이미 예수님을 죽이기로 결정하고 재판을 한 것이다.

특별히 이 심문에서 예수께서는 메시아 칭호를 공개적으로 용납하셨다.[220] 그동안 아무에게도 말하지 말라고 금하신 주께서 대제사장 앞에서 "내가 그니라"고 밝히셨다. 그 칭호는 인간적인 정치적 열망보다는 하나님의 아들 됨과 신적인 권위의 측면에서 사용되었다(61-62절).

---

220) *'Εγώ εἰμι'* 는 메시아를 가리키는 칭호이다. 여기서 예수께서는 처음으로 자신을 메시아라고 알리셨다.

02

반석(Rock)이 무너지다

(14:66-72)

"베드로는 아랫뜰에 있더니 대제사장의 여종 하나가 와서 베드로가 불 쬐고 있는 것을 보고 주목하여 이르되 너도 나사렛 예수와 함께 있었도다 하거늘 베드로가 부인하여 이르되 나는 네가 말하는 것이 무엇인지 알지 못하고 깨닫지도 못하겠노라 하며 앞뜰로 나갈새 여종이 그를 보고 곁에서 있는 자들에게 다시 이르되 이 사람은 그 도당이라 하되 또 부인하더라 조금 후에 곁에 서 있는 사람들이 다시 베드로에게 말하되 너도 갈릴리 사람이니 참으로 그 도당이니라 그러나 베드로가 저주하며 맹세하되 나는 너희가 말하는 이 사람을 알지 못하노라 하니 닭이 곧 두 번째 울더라 이에 베드로가 예수께서 자기에게 하신 말씀 곧 닭이 두 번 울기 전에 네가 세 번 나를 부인하리라 하심이 기억되어 그 일을 생각하고 울었더라."

베드로가 대세사장 집의 뜰에까지 들어가서 불을 쬐고 있었다는 사실을 14장 54절에 이미 언급한 바가 있다. 그런데 66절부터 다시 베드로의 이야기가 나온다. 이런 표현은 55-65절에 나오는 예수님이 심문 받으시는 장면이나, 침 뱉음을 당하고 주먹과 손바닥으로 맞으시는 수모를 당하고 계셨던 모습을 베드로가 다 보고 있었다는 것을 암시한다. 그리고 그 후에 일어난 일이라는 뜻이다.

예수님의 심문을 보려고 왔던 베드로는 아랫뜰에 자리를 잡고 불을 쬐고 있었다. 아랫뜰이란 바로 위층에서 예수는 유대 공회 앞에서 심문을 당하고 계셨다는 것을 말한다. 베드로는 바로 그 아래층에 있었다[221]는 이 표현은, 베드로가 예수님의 모든 모습을 바라보고 있었다는 현장성을 보여 주는 표현이다. 마가는 이런 표현을 통하여 예수님이 계시는 바로 그 아래에서 베드로는 자기 스승을 부인하고 있었다고 고발하고 있다. 베드로는 "나는 네가 말하는 것이 무엇인지 알지 못하고 깨닫지도 못하겠노라" 하고 말함으로 예수와 자기와의 관계를 부인하였다. '알지도 못하고 깨닫지도 못한다' 는 표현은 완벽한 부인을 의미한다.[222]

베드로는 앞뜰로 나간다.[223] 앞뜰은 뜰의 현관을 말한다. 앞뜰로 들어오는 현관에 서 있다는 말은, 뜰을 벗어나지도 못하고 그렇다고 들어오지도 못하는 베드로의 마음 상태를 보여주는 장면이다. 여종이 그에게

---

221) '아랫뜰에' (*κἀτα ἐν τῆ αὐλῆ*)란 말은 재판 받으시는 윗층과 대조적으로 아래층이란 사실을 강조한다. 마태는 '바깥 뜰에' 라고 했는데, 넓은 뜰은 방의 바깥에 있었고, 또한 아래 부분이었다. 원어연구해설, 마가복음, 벧엘성서간행사, pp.473-474 참조.

222) '*οὔτε*' (아니다)는 이중부정을 나타내는 접촉사를 사용하여 철저하게 부정한다(*νειτηερ-νορ*).

223) 마가복음 14장 68절의 '그리고 닭이 울었다' 는 말이 한글개역, 시나이 수리아 사본에는 빠져 있다. 그러나 마가복음 14장 72절에 '두 번째' 라는 말이 있는 것을 보면, '닭이 울었다 '는 말이 있었을 가능성이 있다. 베드로는 첫 번째 닭이 울었는데도 뉘우칠 줄을 몰랐다. 원어연구해석, p.474.4.

또 다시 '그 도당이라' 고 하여 예수와의 관계를 추궁당한다. 그리고 세 번째 "너도 갈릴리 사람이니 참으로 그 도당이니라"고 추궁당하자 베드로의 입에서는 저주가 나오며[224] "나는 너희의 말하는 이 사람을 알지 못하노라" 하고 부인한다. 예수가 바라보는 그 앞에서 한 말이다.

–베드로의 첫 번째 부인

장소: 아랫뜰에서(66절),

내용: 나는 네가 말하는 것이 무엇인지 알지 못하고 깨닫지도 못하겠노라(68절).

–두 번째 부인

장소: 앞뜰(68절),

내용: 부인하더라(70절).

–세 번째 부인

장소: 앞뜰

내용: 저주하며 맹세하되 나는 너희가 말하는 이 사람을 알지 못하노라(71절).

얼마 전, 가이사랴 빌립보에서 '주는 그리스도요 살아 계신 하나님의 아들'(마 16:16; 막 8: 29에는 '주는 그리스도시니이다' 고 고백함)이라고 자신이 고백했던 것을 일순간 뒤집어 버렸다. 반석(베드로)이 무너진 것이다. 곧 닭이 두 번째 울었다. 《미슈나》에 따르면 닭의 울음소리는 성소에서 시간을 알기 위해 사용되었다고 한다. 또한 닭이 울 때 그들은 피리를 불고 나팔을 불었다고 한다.[225]

---

224) 여기에 나오는 '저주' 는 베드로를 다그쳐 묻는 사람에게 한 말이다. 그들이 하는 말이 참되지 않을 때, 그들에게 저주를 내리는 어감이다.

225) 예레미아스, p.72.

마가복음에서 자주 쓰는 표현 '곧' 이란 말이 나온다. 드디어 스승께서 예고하셨던 대로 '곧' 두 번째 닭이 울었다. 닭 울음소리는 베드로에게 예수의 말을 생각나게 해주었다. "곧 닭이 울기 전에 네가 세 번 나를 부인하리라"고 하신 말씀이 '기억되고 생각났다".[226] 그 말씀을 기억하고 베드로는 울었다. 마가복음에는 다른 복음서에서 말하는 '밖에 나가' (마 26:75; 눅 22:62)란 말이 없다. 그렇다면 베드로는 그 자리에서 소리 높여 펑펑 울기를 시작하고, 울기를 계속하고 있었던 것이다.[227]

누가복음은 '닭이 울더라' 고 기록한 후에 "주께서 돌이켜 베드로를 보시니 베드로가 주의 말씀 곧 오늘 닭 울기 전에 네가 세 번 나를 부인하리라 하심이 생각나서 밖에 나가서 심히 통곡하니라"(눅22:61-62)고 전하고 있다. 즉 닭이 울 때 주께서 돌이켜 베드로를 보신 것을 베드로는 어떻게 알았을까? 닭 울음소리와 함께 베드로는 스승 예수를 바라보았을 것이다. 그리고 그의 시선과 자기 시선이 부딪쳤을 것이다. 이렇게 보면, 누가복음은 닭 울음소리와 제자를 바라보시는 예수의 인자한 시선에서 예고하신 말씀을 기억하게 하고, 베드로가 나가서 통곡했다는 이 과정을 섬세하게 묘사하고 있다.

이전까지 세상을 가득 채웠던 예수의 말은 이 시점에서는 한마디도

---

226) '기억되고' 는 제1단순과거 수동태 직설법, '생각했다' 는 제2 단순과거 능동태 분사이다. 이렇게 보면 이 동사가 주는 의미는, 베드로가 선생님이 하셨던 말씀이 즉시 생각났고, 그 말씀은 지금도 기억하고 있다고 해석할 수 있다. 이것은 베드로의 증언을 생생하게 보여주는 장면이라고 생각된다.

227) '울었다' 는 단어는 미완료 시제이다. 이제 막 울기 시작했고 울기를 계속했다는 뜻이다. 후에 그 때의 장면을 말하면서, 베드로는 '나는 지금도 울고 있다' 고 자기 심정을 토로한 것으로 해석할 수 있다. '주저앉으며 울었다' 고 번역하기도 한다(NIV, "And he broke down and wept").

들리지 않는다. 자신을 고난에 맡겨 두신 모습을 생생하게 볼 수 있다. 사람들의 소리만 들린다. 십자가의 수난은 이렇게 시작되었다.

03

조작된 죄목(15:1-5)

"새벽에 대제사장들이 즉시 장로들과 서기관들 곧 온 공회와 더불어 의논하고 예수를 결박하여 끌고 가서 빌라도에게 넘겨 주니 빌라도가 묻되 네가 유대인의 왕이냐 예수께서 대답하여 이르시되 네 말이 옳도다 하시매 대제사장들이 여러 가지로 고발하는지라 빌라도가 또 물어 이르되 아무 대답도 없느냐 그들이 얼마나 많은 것으로 너를 고발하는가 보라 하되 예수께서 다시 아무 말씀으로도 대답하지 아니하시니 빌라도가 놀랍게 여기더라."

새벽이다. 마가복음에서 '새벽'(*πρωί*)은 오전 3시부터 6시까지 로 밤이 새기 전의 시간을 말한다(막 1:35 참고). 산헤드린은 밝은 낮이 아니면 판결을 내릴 수 없고, 더욱이 사형 선고는 하루를 미루었다가 내려야 한다고 자기들 법에 되어 있었다. 그런데도 그들은 자기들의 법을 여기면서까지 예수를 죽이기 위하여 새벽에 재판을 열었다. 《예루살렘 탈무드》에 의하면, 성전 파괴가 일어나기 전 40년 동안에 사형 판결이 한 번도 일어나지 않았다고 증언하고 있다(T. Jud. 18-19; Sir11:18-19; 1 En. 97:8-9).[228] 그런데도 예수님을 재판하는 데는 그처럼 신속하게 처리했다.

이 모든 일은 대제사장들이 산헤드린 공의회 결정을 주도하여(1절) 이루어진 일이다. 왜 대제사장들이라고 했을까? 유대인에게는 전임 대제사장도 대제사장으로 간주되기 때문에 대제사장들이란 표현을 썼다. 예루살렘 자료에 익숙한 요한복음 저자는, 체포된 예수는 먼저 안나스 대제사장에게로 끌려갔고, 안나스는 대제사장 가야바에게로[229] 그리고 가야바가 주도하던 법정에서 마침내 빌라도에게 넘기기로 결정한 것으로 기록했다. 그렇기 때문에 아마도 마가는 대제사장들이란 표현을 통해 현직 대제사장이나 은퇴한 대제사장들이 모두 동원되었다는 사실을 지적하고 있는 듯하다.

당시 대제사장들은 정치적인 인물들이었다. 이스라엘이 독립국가로 있던 시대에 대제사장은 종신직이었고, 최고의 지위를 얻기 위해 음모를 꾸미기 일쑤였다. 로마 통치시대에는 대제사장은 정치적인 도구로 전락하고 말았다. 제사장의 지위는 조상으로부터 물려받은 것은 아니었으나 제한된 수의 귀족 가문에서 선정되었다. 주전 37년부터 주후 67년 사이에 28명의 대제사장이 있었으나, 28명 중 여섯 사람을 제하고는 모두 네 집안에서 나왔다. 이 네 집안은 파비(Phani), 보에도스(Boethos), 카미드(Kamith), 안나스(Annas)로 제사장적 귀족을 이루고 있던 가문이었는데, 이것만 보아도 그 자리가 얼마나 정치적인 자리였는가를 알 수 있다. 또 로마 정부는 자기네 목적에 맞는 사람으로 대제사장을 갈아치우기도

---

228) *Bible Background commentary*, p.290.

229) 가야바는 당시 대제사장 안나스의 장인(요 18:13)이며 실권자였다. 모든 결정적인 판결이 가야바가 주도하는 법정에서 이뤄진 것을 보면 알 수 있다(요 18:24, 28).

했다.

그들은 예수님을 죽이기로 결정하고 결박하여 마지막 빌라도에게로 갔다. 그들이 내린 죄목은 신성모독이었다. 그러나 빌라도에게 넘겨 주면서 무슨 죄목으로 고발했는지는 나오지 않고, 예수님을 넘겨받은 빌라도는 갑자기 '네가 유대인의 왕이냐?' 고 물었다.[230] 여기서도 예수님은 "네 말이 옳도다" 고 시인하심으로 자신이 메시아이신 것을 밝히셨다. 계속해서 빌라도는 예수에게 '유대인의 왕이냐' 만 반복해서 물었다. 대제사장들과 유대 지도자들은 계속해서 예수를 빌라도에게 고발했다.[231] '고발하다' 는 단어는 반복적으로 그들이 한 말을 되뇌인다는 뜻이다. 이들의 반복되는 고발의 내용을 들으면서, 빌라도는 그 내용들에 대하여 예수가 대답해 주기를 바랐다는 느낌을 준다. 빌라도는 '왜 대답이 없느냐?' 고 다그친다. 그러나 여기에는 예수에 대한 빌라도의 연민이 숨겨져 있다. 그들의 고발에 대하여 아무 말씀을 하시지 않는 예수에 대하여 안타까운 마음으로 '그들이 많은 것으로 고발하는데 왜 대답이 없는가!' 라고 재촉하는 그의 감정이 나타나 있다. 자기 동족에게 배반을 받고 이방 지도자에게 왔는데, 이방인인 빌라도 앞에 무슨 설명을 하시겠는가? 빌라도는 예수께서 아무 말씀도 하지 않으시는 것을 보고 놀란다. 빌라도

---

230) 마태복음에서는 대제사장이 "네가 하나님의 아들 그리스도인지 우리에게 말하라"(마 26:63)고 함으로 예수께서 하나님의 아들이란 사실을 충격적으로 자신의 입으로 고백한 셈이다. 이 고백은 베드로가 한 고백이고, 초대교회의 신조와 일치하는 내용이다.

231) 후에 사도가 된 바울이 다메섹에서 예수를 만난 때는 주후 33-34년이라고 한다. 그리고 바울이 그 당시 서기관이었고 산헤드린 공회원이었다면, 예수를 심문할 때 그리고 십자가에 못 박을 때, 그곳에 사울이란 청년도 있었을 가능성이 전혀 없지 않다.

는 예수의 무죄를 확신했고 대제사장들의 질투심을 꿰뚫어 보았다(막 15:10)[232]. 그는 예수의 태도에 대해 놀라움을 금치 못했다. 지금까지 여느 사람들과는 아주 다른 모습이었기 때문이다.

산헤드린과 빌라도 앞에서의 심문을 비교해 보면 이해하는 데 도움이 될 것이다.

14:60-62	15:2-5
대제사장이 예수에게 물어 이르되	빌라도가 또 물어 이르되
아무 대답이 없느냐	아무 대답도 없느냐
이 사람들이 너를 치는 증거가 어떠하냐	그들이 얼마나 많은 것으로 고발하는가
침묵하고 아무 대답도 아니하시거늘	예수께서 다시 아무 말씀으로도 대답하지 아니하시니
대제사장이 다시 물어 이르되	빌라도가 묻되
네가 찬송 받을 이의 아들 그리스도냐	네가 유대인의 왕이냐
예수께서 이르시되	예수께서 이르시되
내가 그니라(I Am).	네 말이 옳도다

이상한 점은, 산헤드린은 예수님의 죄목을 신성모독이라고 정하고 빌라도에게 끌고 갔는데 빌라도의 심문에서는 이 말은 한마디도 나오지 않는다는 것이다. 단지 유대인의 왕이냐고 묻는다. 왜 이처럼 예수님에게 덮어씌운 죄목이 바뀐 것일까? 대제사장들은 빌라도에게 자기들이 내린 죄목으로 고발한 것이 아니라 예수를 정치적인 왕으로 고발했다. 소위 죄목을 바꿔치기한 것이다. 자기들의 목적을 이루기 위해 그들이 할 수 있는 권모술수를 다 사용한 셈이다. 그러나 빌라도는 예수께서 한마디도

232) 원어연구해설, p.478.

대답하지 않는 모습을 보면서 무죄인 것을 알았다. 그는 단지 놀랍게 여겼을 뿐이다. 그래서 예수님을 살려 줄 궁리를 했다.

04

유대인의 왕을 어찌하랴

(15:6-20)

"명절이 되면 백성들이 요구하는 대로 죄수 한 사람을 놓아 주는 전례가 있더니 민란을 꾸미고 그 민란중에 살인하고 체포된 자 중에 바라바라 하는 자가 있는지라 무리가 나아가서 전례대로 하여 주기를 요구한대 빌라도가 대답하여 이르되 너희는 내가 유대인의 왕을 너희에게 놓아 주기를 원하느냐 하니 이는 그가 대제사장들이 시기로 그를 넘겨준 줄을 앎이러라 그러나 대제사장들이 무리를 충동하여 도리어 바라바를 놓아 달라 하게 하니 빌라도가 또 대답하여 이르되 그러면 너희가 유대인의 왕이라 하는 이를 내가 어떻게 하랴 그들이 다시 소리 지르되 그를 십자가에 못 박게 하소서 빌라도가 이르되 어찜이냐 무슨 악한 일을 하였으냐 하니 더욱 소리 지르되 십자가에 못 박게 하소서 하는지라 빌라도가 무리에게 만족을 주고자 하여 바라바는 놓아 주고 예수는 채찍질하고 십자가에 못 박히게 넘겨 주니라 군병들이 예수를 끌고 브라이도리온이라는 뜰 안으로 들어가서 온 군대를 모으고 예수에게 자색 옷을 입히고 가시 면류관을 엮어 씌우고 경례하여 이르되 유대인의 왕이여 평안할지어다 하고 갈대로 그의 머리를 치며 침을 뱉으며 꿇어 절하더라 희롱을 다 한 후 자색 옷을 벗기고 도로 그의 옷을 입히고 십자가에 못 박으려고 끌고 나가니라."

빌라도는 예수님을 살리기 위하여 유대인들의 전례를 생각해 냈다. 유대 지도자들이 예수께서 백성들에게 얻은 지지 때문에 질투해서 예수를 죽이려 한다는 것을 빌라도는 간파했다. 그래서 백성들의 요구를 근거로 해서 예수를 풀어 주려고 시도하면서, 빌라도는 야유 비슷하게 말한다. "너희는 유대인의 왕을 너희에게 놓아 주기를 원하느냐"(9절). 처음부터 빌라도는 예수님을 '유대인의 왕'이라고 부른다. 8절과 11절 사이에 차이가 있다. 8절에서 무리들은 자기들의 요구대로 죄수를 풀어 주던 관례를 따라 해 달라고 빌라도에게 청하였다.

여기서 그들이 요청한 사람이 누구인지는 밝혀지지 않았다. 그러나 무리들이 예수님을 놓아 달라고 요청했을 가능성이 많다. 왜냐하면 11절의 "그러나 대제사장들이 무리를 충동하여 도리어 바라바를 놓아 달라 하게 하니"라는 말 때문이다. '그러나'로 번역된 'δε'는 여러 의미를 나타내는 접촉사인데, 거기에는 반대의 의미(in opposition or in other hand)가 있다. 이렇게 보면, 무리들이 처음엔 예수님을 놓아 달라고 외치다가 대제사장들의 회유를 받고 바라바를 놓아 달라고 외쳤다고 해석해야 한다.[233] 마가 내러티브에서 군중의 얼굴은 나타나지 않는다. 무리들이 누구인지 얼굴이 나타나지 않는 대신 이 무리들은 그때마다 얼굴을 바꿀 수 있는 존재이다.

---

233) 요한복음은 "바라바는 강도이었다"(요 18:40)고 한다. 강도라고 사용된 'ληστάς'(레스타스, ληστής의 남성복수)는 요세푸스가 자주 사용한 용어인 "열심당 폭도"를 의미한다. 마가도 같은 용어를 사용하는데, "민란을 꾸미고 이 민란 때 살인하고 잡힌 자 중에 바라바가 있었다"고 했다.

살인하고 체포된 바라바와 예수! 어찌 예수를 살인자에 비교할 수 있겠는가? 그런데도 유대 지도자들은 살인자보다도 예수 죽이는 데 전심전력한다. 이전까지 부정한 자들을 멸시하던 그들의 태도가 예수를 죽이려고 하는 입장에서는 완전히 뒤집혔다. 그들은 법도 원칙도 없는 자들로 변해 버렸다. 마가는 빌라도의 재판 이야기를 기록하면서, 계속해서 그 저변에는 빌라도만도 못한 유대 종교 지도자들을 조소하고 있다. 예수께서 백성에게 크게 인기를 얻고 있기 때문에 제거하려고 한다는 것, 또 고소 제목을 처음엔 신성모독이라고 정하고 빌라도에게는 로마에 반역하려고 하는 유대 왕이라는 정치적 죄목으로 고발했기 때문이다.

그래서 빌라도도 자신이 결정하지 못하고 유대 지도자들에게 의견을 묻는다. "너희는 내가 유대인의 왕을 너희에게 놓아 주기를 원하느냐?" 고 물었는데(9절), '너희가 ……이라 하는 이는' 란 표현은 빌라도의 빈정대는 말투다. 그리고 이는 빌라도가 이 문제를 심각하게 다루고 있지 않다는 것을 암시한다.[234]

빌라도의 물음에 그들은, ""그를 십자가에 못 박게 하소서"라고 소리질렀다. 빌라도는 그들의 태도에 놀란 듯하다. 그래서 물었다. "어찜이냐? 그가 무슨 악한 일을 하였느냐". 그러자 그들은 더욱 소리 질러 "십자가에 못 박게 하소서"라고 했다. 바라바를 민란에 관계된 사람으로 소개한 것을 보면, 바라바와 함께 민란을 일으킨 사람들이 동원되었을 가능성이 높다. 그래서 이들은 예수를 죽이고 바라바를 놓아 줘야 한다고 소리친 것이리라. 그러나 그들 중에는 예수에게 열광해서 따라다니던 사람들도 있었을 것이다. 그런데 한순간 그들의 생각은 뒤집혔다. 생각 없

---

234) 빌라도가 보기에는 예수는 조금도 혁명적인 위험 인물로 보이지 않았다. 그래서 그는 '무슨 악한 일을 그가 하였느냐?' 고 물었다(14a). 테일러 그란트, 마가복음, 류형기 편 III.p.517.

는 무리들이 어떻게 살아가는가를 보여 준다. 집단 이기주의처럼 무서운 게 없다. 이런 움직임 앞에는 어떤 정의나 공의가 세워질 수 없다. 오직 자기들의 이익만 존재할 뿐이다.

결국 빌라도는 무서운 집단들의 움직임 앞에 여지없이 무너지고 만다. 빌라도 역시 이기주의자이고 자기의 영리를 목적하는 자이기 때문에, 정의를 실현하려고 하는 의도는 처음부터 없었다. 그래서 예수를 심문하면서 가졌던 자기의 태도를 일시에 번복하고 예수를 십자가에 못 박도록 내어준다.

'무리에게 만족을 주고자' 내어주었다고 한다.[235] 누가는 "그들(군중)의 소리가 이긴지라"(눅 23:23)고 했고, "민란과 살인으로 말미암아 옥에 갇힌 자를 놓아 주고 예수는 넘겨주어 그들의 뜻대로 하게 하니라"(눅 23:25)고 했다. 백성들의 민란을 막기 위하여 민란을 꾸미고 그 민란중에 살인하고 체포된 자 중의 하나인 바라바를 놓아 준다는 것도 난센스다. 교회에서도 군중의 소리가 이기는 경우가 참 많은 게 비극이다. 예수님은 한 번도 무리의 만족이나 인기를 내세워 정의를 굽혀 본 적이 없다.

'인자가 죄인의 손에 팔리느니라' (막 14:41)고 예언하신 대로 예수는 사람들의 손에서 사람들의 손으로 팔리었고, 마침내는 십자가에 달리셨다. 이제 판결은 끝났다. 예수에 대하여 그처럼 호감을 가졌던 빌라도도 난폭해지기 시작한다. 정의와 불의의 선을 결정하기가 어렵지 한 번 불의의 길로 넘어서기만 하면 그 다음엔 어떤 불의한 행동도 쉽게 저지르고 마는 게 인간이다. 예수의 몸은 채찍에 갈래갈래 찢긴다. 이제 희망의 선을 넘어 십자가로 길로 들어섰다.

---

235) 무리에게 만족을 주기 위하여, 그리하여 자기 자리를 굳건히 지켜가기 위하여 십자가형을 허락한 빌라도는, 아이로니컬하게도 마침내 그 일로 인하여 그의 인생은 비극적인 종말을 맞고 만다.

마가복음	이사야
빌라도의 물음에 말이 없으시다(15:2)	그의 입을 열지 아니하였음이여(53:7)
채찍질하고 십자가에 못 박히게 넘겨주다(15:15)	형벌 받을 네 백성의 허물 때문이라(53:8)
갈대로 머리를 치며 침을 뱉으며 희롱하고(15:19)	징계를 받고, 채찍에 맞으므로(53:5)
십자가에 끌려 가니라(15:20)	도수장에 끌려가는 어린 양같이(53:7)

마태에 의하면 예수님을 십자가형에 넘겨 주면서 빌라도는 자기의 무죄를 증명하기 위하여 무리 앞에서 손을 씻었다(마 27:24). 이러한 빌라도의 행동이 의미하는 바가 재미있다. 이 행동은 유대인 너희가 그분을 죽였다고 고발하는 이미지이다. 그리고 자기는 무죄하다고 손을 씻었지만 이런 행동은 발라도 자신이 죄인임을 더 확증해 준다. 그것은 자기의 잘못을 인정한 셈이기 때문이다.

군병들이 예수를 끌고 브라이도리온[236]이라는 뜰 안으로 들어가서 온 군대를 모으고, 예수에게 자색 옷을 입히고 가시 면류관을 엮어 씌우고, 거짓으로 예우(禮遇)를 갖추고 '유대인의 왕이여, 평안할지어다' 하며, 갈대로 그의 머리를 치고 침을 뱉으며 꿇어 절하며, 희롱을 다한 후 자색 옷을 벗기고 도로 그의 옷을 입힌 후에 십자가에 못 박으려고 끌고 갔다.

236) '브라이도리온' 은 헬라어로 '*πραετοριυμ*' 으로 로마 총독의 관저를 말한다.

05

십자가(15:21-47)

"마침 알렉산더와 루포의 아버지인 구레네 사람 시몬[237]이 시골로부터 와서 지나가는데 그들이 그를 억지로 같이 가게 하여 예수의 십자가를 지우고 예수를 끌고 골고다라 하는 곳(번역하면 해골의 곳)에 이르러 몰약 탄 포도주를 주었으나 예수께서 받지 아니하시니라 십자가에 못 박고 그 옷을 나눌새 누가 어느 것을 가질까 하여 제비를 뽑더라 때가 제삼시가 되

237) 마가는 '시몬, 알렉산더 그리고 루포'의 이름을 정확하게 명기한다. 마태나 누가는 구레네 시몬이라고만 알고 있다. 시몬이 십자가를 지고 가버렸더라면 그에 대한 상세한 족보를 어찌 알았겠는가? 아마도 시몬 때문에 그 가문이 기독교 초대 공동체에 속했기 때문에 마가는 그들의 이름을 여기에 상세하게 기록했을 것이다. 바울은 로마서 16장 13절에는 시몬의 아들 루포에 대하여 기록하면서 "그의 어머니에게 문안하라 그의 어머니는 곧 내 어머니"라는 표현을 쓴다. 아마도 루포의 어머니, 즉 시몬의 부인이 로마에 살아 있었던 것 같다. 시몬의 가족에 대한 마가의 언급은 그가 로마 교회의 상황을 알고 있었다는 증거가 될 수 있다.

어 십자가에 못 박으니라 그 위에 있는 죄패에 유대인의 왕이라 썼고 강도 둘을 예수와 함께 십자가에 못 박으니 하나는 그의 우편에, 하나는 좌편에 있더라 지나가는 자들은 자기 머리를 흔들며 예수를 모욕하여 이르되 아하 성전을 헐고 사흘에 짓는다는 자여 네가 너를 구원하여 십자가에서 내려오라 하고 그와 같이 대제사장들도 서기관들과 함께 희롱하며 서로 말하되 그가 남은 구원하였으되 자기는 구원할 수 없도다 이스라엘의 왕 그리스도가 지금 십자가에서 내려와 우리가 보고 믿게 할지어다 하며 함께 십자가에 못 박힌 자들도 예수를 욕하더라 제육시가 되매 온 땅에 어둠이 임하여 제구시까지 계속하더니 제구시에 예수께서 크게 소리 지르시되 엘리 엘리 라마 사박다니 하시니 이를 번역하면 나의 하나님 나의 하나님 어찌하여 나를 버리셨나이까 하는 뜻이라 곁에 섰던 자 중 어떤 이들이 듣고 이르되 보라 엘리야를 부른다 하고 한 사람이 달려가서 해면에 신 포도주를 적시어 갈대에 꿰어 마시게 하고 이르되 가만 두라 엘리야가 와서 그를 내려 주나 보자 하더라 예수께서 큰 소리를 지르시고 숨지시니라 이에 성소 휘장이 위로부터 아래까지 찢어져 둘이 되니라 예수를 향하여 섰던 백부장이 그렇게 숨지심을 보고 이르되 이 사람은 진실로 하나님의 아들이었도다 하더라 멀리서 바라보는 여자들도 있었는데 그 중에 막달라 마리아와 또 작은 야고보와 요세의 어머니 마리아와 또 살로메가 있었으니 이들은 예수께서 갈릴리에 계실 때에 따르며 섬기던 자들이요 또 이 외에 예수와 함께 예루살렘에 올라온 여자들도 많이 있었더라 이날은 준비일 곧 안식일 전날이므로 저물었을 때에 아리마대 사람 요셉이 와서 당돌히 빌라도에게 들어가 예수의 시체를 달라 하니 이 사람은 존경받는 공회원이요 하나님의 나라를 기다리는 자라 빌라도는 예수께서 벌써 죽었을까 하고 이상히 여겨 백부장을 불러 죽은 지가 오래냐 묻고 백부장에게 알아본 후에 요셉에게 시체를 내주는지라 요셉이 세마포를 사서 예수를 내려다가 그것으로 싸서 바위 속에 판 무덤에 넣어 두고 돌을 굴려 무덤 문에 놓으매 막달라 마리아와 요세의 어머니 마리아가 예수 둔 곳을 보더라."

예수는 무거운 십자가를 지고 골고다로 발을 옮긴다. 십자가의 크기는 작게는 3m, 가장 큰 것이 4m가 된다고 한다. 일반 사람들이 지고 가기에도 너무나 무겁고 큰 십자가이다. 하물며 예수께서 지고 가시기엔 너무 힘겨운 형틀이다. 힘들어하시는 모습을 형 집행자들은 잘 알고 있었다. 그래서 대신 십자가를 질 사람을 찾다가 구레네 사람 시몬을 찾아냈다.

예수님은 아침 9시에 십자가에 못 박히셨다(막 15:25). 십자가 형틀에는 '유대인의 왕'(26절)이라고 썼다. 빌라도는 예수의 죄목은 '유대인의 왕'이라고 계속 주장한다. 어찌 보면 유대 종교 지도자들의 간교한 수단을 알고 계속해서 그 명칭을 사용하여 그들을 조롱한 것이다. 그러나 그 명칭은 예수님을 진정한 유대인의 왕, 메시아로 부른 셈이 된다.

마가복음에서는 예수는 완전히 혼자이시다. 마가는 제자들은 겟세마네 동산에서 모두 떠나갔다고 전한다(14:50). 베드로도 대제사장의 뜰에서 세 번이나 부인한 후에 사라졌다. 누가복음에는 많은 무리와 여자들의 큰 무리가 슬피 울며 예수를 따르고 있었다고 그리고 있다(눅 23:27). 그러나 마가는 이것을 생략함으로써 십자가의 길에 예수는 혼자였다고 말하고 있다.[238] 유대 지도자들과의 갈등도, 제자들과의 갈등도 다 끝났다. 이제 아무도 같이 갈 사람은 없다. 혼자 그 길을 가야 한다.

---

238) 마가는 예수와 유대 지도자들과 갈등뿐만 아니라 제자들과의 갈등을 그리고 있다. 그 결과 십자가의 길에서 예수는 혼자였다고 말함으로 갈등의 극치를 보여준다. 이 갈등이 언제 끝날 것인가? 아직 마가는 대답을 쉽게 하지 않는다.

예수는 고통을 덜게 하기 위하여 제공된 몰약을 탄 포도주도 거절하셨다. 그리고 군인들은 십자가 아래서 예수의 옷을 놓고 제비 뽑기를 한다. 십자가 달려 고통을 당하는 사람이 있는데, 이들은 옷을 놓고 제비를 뽑는 재미에 취해 있다. 아마 다른 사람들도 그 일에 흥미를 갖고 보았다면, 이 모습은 모든 사람들이 이제 예수님에게서 시선을 돌렸다는 암시이기도 하다. 지나가는 자들이 예수님을 모욕한다(29절). 그 자리에 서서 십자가를 바라보는 사람도 없다. 지나가면서 조롱한다. 완전히 주님은 십자가에 그렇게 혼자 6시간의 고통을 인류의 죄를 대신하여 담당하셨다.

대제사장들과 서기관들이 예수를 희롱한다. 그들이 승리한 것이다. 예수는 남은 구원하고 자기를 구원하지 못한 자로, 그들에게 조소거리였다. 예수님은 실패자로 홀로 십자가에 매달려 있다. 이것이 마가가 그리고 있는 고난당하시는 예수님의 모습이다. 그분에게 십자가의 길에서 동행한 사람이 있다면, 억지로 끌려와 십자가를 져준 사람, 구레네 사람 시몬이다. 그는 뭔지도 모르고 끌려와 남의 십자가를 대신 지게 되었다.

마가는 15장 27절에서, 이전에 제자들이 구한 우편과 좌편의 자리(10:37)가 바로 이 자리였다는 것을 기억하게 하려는 듯이 좌편과 우편을 강조해서 말한다. "강도 둘을 예수와 함께 십자가에 못 박으니 하나는 그의 우편에, 하나는 좌편에 있더라." 이 문장은 마가복음 10장 37절에, "하나는 주의 우편에, 하나는 좌편에 앉게 하여 주옵소서"라는 문장과 아주 똑같다.

리히터(Richter)라는 의사는 '십자가 처형이 육체에 미치는 영향'이란 논문을 스미스의 성경 사전(Smith, dictionary of the Bible)에 기고했다.

> "부자연스러운 자세나 육체적인 긴장은 모든 동작에 고통을 준다. 못이 박힌 손 부분은 신경이 예민하고 몹시 아픔을 느끼기 쉬운 곳이었으므로 움직일 때마

다 극심한 고통을 주었다. 못의 상처와 채찍에 맞은 자국은 곧 염증을 일으키고 괴저(壞疽)까지를 일으켰다. 신체의 긴장은 죽음 자체보다도 더욱 견디기 어려운 것이다."[239]

십자가의 고통은 정오부터 오후 3시까지 계속되었다. 오후 3시에 운명하시는 순간이 왔다. 예수께서 '엘리 엘리 라마 사박다니' 즉 '나의 하나님, 나의 하나님 어찌하여 나를 버리셨나이까' 하고 고통속에서 부르짖으셨다.[240] 그리고 숨을 거두셨다. 예수님은 회의에 빠진 채 죽으시는 것이 아니라 가장 깊은 정도의 버림받음 가운데서도 하나님께 의지하는 자세로 죽으신 것이다.[241] 마지막 고통의 순간에 가서야 사람들은 해면에 신 포도주를 적시어 갈대에 꿰어 마시게 하려고도 했으며, 그런 와중에도 '엘리야가 와서 그를 내려주나 보자' 고 하는 사람들도 있었다. 마가가 전하는 십자가에 달리신 예수님의 모습은 혼자서 철저히 그 고통을 다 당하시는 모습이다. 그리고 주님이 숨을 거두는 순간에 "이에 성소의 휘장이 위로부터 아래까지 찢어져 둘이 되니라"(38절)는 한마디를 전한다. 그만큼 마가는 인류의 죄를 다 지시고 십자가를 지시는 일이 힘들고 고통스러웠다는 사실을 그대로 보여 주고 있다. 하나님에게로 모든 인간들이 나아가는 길을 열기 위하여 그 고통을 다 당하셨다고 말이다.

239) 바클레이, p.349에서 재인용.

240) 마가는 십자가 상의 칠언 중에 단 한 가지만 전한다. 마태도 마가를 그대로 따르고, 누가는 "아버지 저들을 사하여 주옵소서"(눅 23:34), "오늘 네가 나와 함께 낙원에 있으리라"(눅 23:43), "아버지 내 영혼을 아버지 손에 부탁하나이다(눅 23:46)를 전한다. 요한이 "여자여 보소서 아들이니이다"(요 19:26), "내가 목마르다"(요 19:28), "다 이루었다"(요 19:30)고 전한다.

241) 독일성서공회 해설, 마가복음, p.119.

마가는 예수님이 세상을 떠날 때 성전 휘장이 찢어지는 장면을, 예수님이 세례를 받으실 때 하늘이 갈라진 것(1:10)을 회상케 하는 방식으로 보고한다. 요세푸스는 "그 성전 휘장이 사실은 하늘이 그려져 있는 수직천이었다"고 했다. 그렇다면 마가는 독자들이 그 사실을 알고 있음을 가정하고 기록했을 것이라고 했다.[242] 이렇게 보면, 예수님이 세례를 받으실 때 하늘이 갈라져 열린 것이 하늘과 땅이 막혔다가 열렸다는 표현이라면, 이제는 사람들이 하나님께로 직접 나아갈 수 없었던 길이 예수 그리스도의 십자가를 통하여 열렸다는 의미이다.[243] 예수님이 간절히 원하셨고 지상의 삶에서 노력하셨던 핵심은, 인간들로 하여금 직접 하나님께 나아가도록 하려는 것이었다. 결국 마가는 십자가를 통하여 성전 휘장이 찢어짐으로 그 길이 완성되었다는 사실을 이미지로 선포한 것이다.

예수님은 운명하였다. 그때 그의 숨을 거두는 모습을 지켜보던 백부장이 있었다. 마가는 그가 서 있는 자세를 인상적으로 보도하고 있다. '예수를 향하여 섰던' 이란 말은 '십자가에 달리신 예수를 향하여 정면에서' 란 의미이다. 모든 것을 자세히 살펴보았다는 말이다. 그리고 그는 갑자기 소리쳤다. "이 사람은 진실로 하나님의 아들이었도다"(*ἀνθρωπὀ υἵο.' θεου̩ η=ν.* 39절). 마가는 여지껏 사람들의 입에서 예수는 하나님의 아들이란 말이 나온 적이 없다고 기록해 왔다.[244] 가이사랴 빌립보에서

---

242) The Jewish war 5,212-14, David Ulansey, "The Heavenly Veil 쌔그: Cosmic Symbolism in the Gospel of Mark," 1968년 SBL 연례회의에 제출된 미간행논문, 공관복음서 부분에서. 마크 A.포웰, 서사 비평이란 무엇인가에서 재인용.

243) 마가는 1장 10절에서, '하늘이 찢어지다' 에서 사용한 단어(*σχίζω*-분사 수동태)와 동일한 *ἐσχίσθη*(단순과거 수동태)를 사용하였다.

베드로의 고백 내용에도 '하나님의 아들' 이란 표현은 나타나지 않았다. 그런데 이방 로마 사람인 백부장, 예수님을 십자가에 못 박는 현장을 지휘한 사람이 '이 사람은 진실로 하나님의 아들' 이라고 고백한 것이다. 마가의 내러티브에서는 예수를 '하나님의 아들' 이라고 바로 고백한 사람은 백부장이 처음이다. 백부장의 고백은 온 골고다에 웅변처럼 울려퍼졌다. 그가 그 현장 지휘관이었기 때문이다. 그의 고백은 온 세상 백성을 대표해서 고백한 것이다. 마태복음에서는 백부장뿐만 아니라 거기 있던 전체 로마 군인들이 예수를 하나님의 아들이라고 고백한 것으로 표현하였다.[245] 이곳이 마가 내러티브의 절정이다. 아무도 예수님을 몰랐지만 그분을 십자가에 못 박은 바로 그 로마 백부장이 예수님을 '하나님의 아들이다' 라고 고백한 것이다. 아마도 그는 예수님을 하나님의 아들이라고 고백하고 믿는 자가 되었을 것이다.

어떻게 백부장은 그분이 하나님의 아들이란 사실을 인식할 수 있었을까? 마가는 십자가 정면으로 서서 예수님의 부르짖음과 어떻게 죽으시는가를 명확하게 보고 있었다고 전한다.[246] 이 백부장이 예수님을 십자가에 처형하는 책임자였다면 빌라도의 심문에서부터 십자가를 지고 골고

---

244) 마가는 '하나님의 아들' 이란 표현을 일곱 번 하였다. '하나님의 아들' 이란 표현은 막 1:1, 3:11, 5:7, 15:39, 그리고 '사랑하는 아들' 이란 표현은 1:11, 9:7, 12:6에 나온다. 하나님이 말씀한 경우와 예수님 자신이 비유 중에 말씀하신 경우를 제외하면 모두가 귀신 들린 자들이 한 말이다. 특별한 경우는 예수님을 반대하던 자들의 입술에서 "당신은 하나님의 도를 가르치신다"(막 12:14)는 고백이 나온 적이 있다.

245) 한스 웨버, 초청장, 채위 역, 기독교서회, 1972. p.121

246) NIV는, "And when toe centurion who stood there in front of Jesus, heard his cry and saw how he died, he said, Surely this man was the Son of God!"이라고 번역했다. 헬라어 역에는 '그가 어떻게 죽으시는가를 보고' 라고 되어 있다.

다로 올라가는 과정과 처형의 처음부터 끝까지 본 사람일 것이다. 이 전 과정을 지켜보고 난 후에 이 사람은 예수님이 일반 인간들과는 다른 하나님의 아들이란 사실을 고백했을 것이다. 특별히 십자가에서 외치셨던 말과 죽으시는 모습, 그리고 그때 일어났던 온 땅의 어두움 등을 통해서 그는 하나님의 아들임을 발견하였을 것이다.

마태복음에서는 "백부장과 및 함께 예수를 지키던 자들이 지진과 그 일어난 일들을 보고 심히 두려워하여 이르되 이는 진실로 하나님의 아들이었도다 하더라"(마 27:54)고 하고, 누가는 "백부장이 그 된 일을 보고 하나님께 영광을 돌려 이르되 이 사람은 정녕 의인이었도다"(눅 23:47)라고 고백하였다고 말한다.

십자가를 목격하면서 고백한 것은, 완전하고 실제적인 믿음을 나타낸 것이다. 이 사람과 그의 고백 안에서 모든 이방인 그리스도인들의 의미가 다시 발견되어야 하며 발견해야 한다.[247] 이것이 마가 내러티브의 절정이다. 그리고 이제 마가 내러티브는 마지막 플롯을 향하여 달려간다.

십자가의 처참한 죽음 아래로 모여온 세 사람이 있다. 하나는 백부장이요, 두 번째는 여인들이다. 마가는 그녀들은 예루살렘 여인들은 아니라고 급하게 밝히며, 갈릴리에서부터 그분을 따라 올라온 예수님의 제자들이었다고 전한다(41절). 그녀들의 이름은 막달라 마리아와 또 작은 야고보와 요세의 어머니 마리아와 또 살로메이다. 이 여인들은 열두 제자들이 다 도망하고 없는 그 자리에 갈릴리로부터 올라와서 끝까지 지켜보고 있었던 여인들이다(40절). 이 여인들은 예수님을 따르는 여인일 뿐 아니라 갈릴리 사역으로부터 철저하게 그분을 섬겼던 여인들이다. 열두 제자를 부르신 목적이 '함께 있기 위해서' 였고, '보내사 전도도 하게 하시

247) 독일성서공회 해설, 마가복음, p.119.

려는 것' 이었다. 열두 제자들은 끝까지 함께 있지 못했다. 그러나 그녀들은 처음부터(막 1:31) 끝까지 함께 있었고, 그분을 섬겼다. 겟세마네에서 모두가 그를 버렸지만 그분은 혼자가 아니었다. 여인들이 제자들의 최후의 생명선을 지키고 있었다. 마가는 이 여인들의 모습을 통하여 참된 제자의 모습과 참된 지도자의 자세(diakonia, 9:35, 10:43)를 보여 주려고 한다.[248]

그렇다면 예수께서 잡히시고 죽으시는 곳까지 따르기를 계속했던 이 여인들은 과연 누구인가? 만약 여기서 언급하는 작은 야고보와 요세가 마가복음 6장 3절에 나오는 예수님의 형제들인 야고보, 요셉, 유다와 시몬을 지칭한다면, 그들의 어머니 마리아는 곧 예수의 어머니이다. 마가는 그 어머니가 아들이 미쳤다며 데리러 왔다는 사실을 전한 적이 있다(3:34). 그러나 여기서 그 어머니는 어머니로서가 아니라 예수님의 제자로 그곳에 와 있는 것이다. 마가는 열두 제자중 중심 인물인 세 사람(베드로, 야고보, 요한)과 대조되는 세 사람의 여 제자를 소개한다. 마가복음 15장 41절(눅 8:1-3)에서, 여인들이 예수의 뒤를 따랐다는 것은 밝히는 것은, 예수 시대에 유례가 없는 일이었다. 예레미아스는 이렇게 말한다. "예수는 여인들에게 제자직을 허용하심으로써 관습을 의도적으로 탈바꿈시킨다. 예수는 여인들을 관습보다 우위에 두셨을 뿐 아니라 모든 사람들에게 파견된 죄인들의 구원자(눅 7:36-50)로서 하나님 앞에서 여인을 남자와 동등한 지위에 놓았다"(마 21:31-32).[249]

세 번째로 등장하는 인물은 예수님을 십자가에 못 박는 데 결정적인 책임을 져야 하는 산헤드린 회원 중의 한 사람이다. 그는 아리마대 요셉으로, 회개하고 믿음을 받아들인 유대 지도자로서 예수님께 마지막 사랑

---

248) Myers, p.398.

249) 예레미아스, p.466.

을 베푸는 인물이다. 예수를 장사한 사람은 아리마대 요셉이다. 마가는 단순하게 요셉이라고만 한다. 예레미아스는 그가 산헤드린 회원으로 그의 정원은 두 번째 북쪽 성벽 밖에 있었던 골고다 언덕 근처에 있었으며, 이 지역은 세 번째 북쪽 성벽이 축조된 이후(주후 41-44년)에는 이 성벽에 의해 둘러싸이게 되었다(요 20:15,19:41)고 말한다.[250)]

그는 당돌하게 빌라도에게 들어가 예수의 시체를 장사하도록 달라고 요청한 사람이다. 그 당시 분위기로는 그의 행동이 이해가 되지 않는다. 예수를 십자가에 못 박아 죽인 상황으로 들떠 있는 산헤드린 공회원들과 유대 지도자들의 흥분 속에 감히 누가 그 일을 하겠다고 나섰겠는가. 거기에 대한 해답으로 마가는 "(그도) 하나님의 나라를 기다리는 자"(43절)라고 하고, 마태복음은 "그도 예수의 제자"(마 27:57)라고 기록하고 있다. 하나님의 나라를 기다린다는 표현은 예수의 오심으로 조성된 완전히 새로운 상황의 복음을 그가 이해하고 기다리고 있다는 뜻으로 해석할 수 있다.[251)]또 마태의 표현을 정확하게 번역하면, '그도 역시 예수의 제자로서 가르침을 받았고, 혹은 훈련 받았고 또는 교육 받은 사람이었다' 라고 할 수 있다.[252)] 이미 예수의 생애 중에 산헤드린 공회원 중에 예수를 정확하게 알고 훈련된 사람이 있었다는 점은 놀라운 일이다. 예수와 함께 살았던 제자들도 깨닫지 못한 진리를 제자군 밖에서 깨달았다는 사실 또한 놀라운 일이 아닐 수 없다. 마이어스는 예수님이 수난 바로 전에 만나서 '하늘나라에서 멀지 않다' (막 12:34)고 말씀했던 그 부유한 서기관이 아리마대 요셉이 아닐까 하는 가능성을 내비친다.[253)]

---

250) 전게서, p.66

251) 한스 웨버, p.39.

252) 전게서, p.39.

253) Myers, pp.395-396.

십자가 밑에 찾아온 세 대표를 상징하는 무리들이 모였다. 로마의 백부장, 산헤드린 회원인 아리마대 요셉 그리고 제자들의 대표격인 여인들이다. 예수님의 십자가는 결코 실패하지 않았다. 겨자씨와 같은 작은 불씨가 붙기 시작한 출발점이다. 어느 날 가지가 뻗고 새들이 깃들일 날이 곧 올 것을 예고해 준다.

이날은 안식일 전날이다. 그래서 장례를 서둘게 된다. 그런데 마가의 내러티브는 안식일날로 시작하였다(막 1:21). 그리고 안식일이 시작되는 저녁으로 마무리를 한다. 빌라도는 예수께서 벌써 죽었을까 하고 이상히 여겨 백부장을 불러 확인하고 시신을 아리마대 요셉에게 내어준다. 마가는 이렇게 예수님의 시신을 장사하는 절차를 아주 자세하게 그린다.

"세마포를 싸서" "예수를 내려다가" "그것으로 싸서" "바위에 판 무덤에 넣어두고" "돌을 굴려 무덤 문을 닫았다." 이처럼 천천히 그리고 한 동작 한 동작을 그리는 이유는, 장사를 지내는 자들의 슬픔을 나타내기도 하고 그의 죽음의 장엄함을 나타내기도 한다. 그렇게 장례 절차는 끝났고, 막달라 마리아와 요세의 어머니 마리아가 예수님을 둔 무덤과 모든 것을 살피는 것으로 안식일의 시작을 알린다. 그리고 세 여인들은 안식일이 지나자마자 예수님의 시신에 바를 향품을 준비한다.

06

부활, 그 믿기지 않는 현실(16:1-8)

"안식일이 지나매 막달라 마리아와 야고보의 어머니 마리아와 또 살로메가 가서 예수께 바르기 위하여 향품을 사다 두었다가 안식 후 첫날 매우 일찍이 해 돋을 때에 그 무덤으로 가며 서로 말하되 누가 우리를 위하여 무덤 문에서 돌을 굴려 주리요 하더니 눈을 들어본즉 벌써 돌이 굴려져 있는데 그 돌이 심히 크더라 무덤에 들어가서 흰 옷을 입은 한 청년이 우편에 앉은 것을 보고 놀라매 청년이 이르되 놀라지 말라 너희가 십자가에 못 박히신 나사렛 예수를 찾는구나 그가 살아나셨고 여기 계시지 아니하니라 보라 그를 두었던 곳이니라 가서 그의 제자들과 베드로에게 이르기를 예수께서 너희보다 먼저 갈릴리로 가시나니 전에 너희에게 말씀하신 대로 너희가 거기서 뵈오리라 하라 하는지라 여자들이 몹시 놀라 떨며 나와 무덤에서 도망하고 무서워하여 아무에게 아무 말도 하지 못하더라."

아직 어두운 새벽이다. 태양이 아직 떠오르기 전인 매우 이른 시간이다(2절). 그 이른 시간에 여인들은 예수께 바르기 위하여 준비해 둔 향품을 가지고 무덤을 향해 가고 있다. 여인들이 베다니에서 출발했다면 그 거리는 안식일에 갈 수 없는 길이었다.[254] 안식일에 갈 수 없는 길이기에 안식일이 끝나자마자 출발했다는 뜻이다. 이것은 그녀들이 무덤을 찾아 갈 수 있는 가장 이른 시간에 무덤을 향해 갔다는 말이며, 그만큼 여인들의 열망이 간절했다는 표현이다. 이것은 또 그녀들이 밤을 설치며 이 시간을 기다렸다는 표현도 될 것이다. 마가의 시간적 표현은 단순한 시간을 말하려고 하는 것이 아니라 시간은 사람들의 마음 상태나 감정을 나타낸다.

그처럼 기다리고 기다렸다가 달려가는 무덤으로의 길이지만 그녀들의 염려는 그치지 않았다. "누가 우리를 위하여 무덤 문에서 돌을 굴려 주리요"(3절) 하고 염려한다. 여인들은 예수의 시신을 장사하는 모습을 자세하게 보아 두었기 때문이다(15:47). 또 무덤 문을 막았던 돌을 여인들의 힘으로 옮긴다는 것은 불가능하다는 것을 알고 있었다는 사실을 암시한다. 돌을 옮길 수 없는데도 무덤을 향해 가는 여인들의 난센스가 이상하리만큼 충격적이다.[255] 그녀들은 예수의 부활의 희망을 가지고 있지 않았다. 무덤의 시체에 향유를 바를 수 있는 일만 모색하고 있었기 때문이다. 향유를 시신에 바를 수 없는데도 가고 있는 그녀들은 도대체 무슨 생각으로 그런 무모한 행동을 하였을까? 제자들과 여인들, 모두가 철저하게 예수의 가르침에 대해 차단되어 있었다. 그만큼 많은 교훈을 들었고 많은 기적을 보았음에도 불구하고 말이다. 그녀들은 단지 인간 예수를 존경하고 사랑하고 따랐을 뿐이다.

254) 베다니에서 예루살렘까지의 거리는 3km이다. 안식일에 갈 수 있는 거리는 2km이다. 그렇기 때문에 그녀들은 안식일이 끝나자마자 출발한 것이다.
255) 마가는 '돌이 심히 크다' 라고 다시 밝히고 있다(막 16:4).

그러나 그녀들이 도착하기 전에 돌은 벌써 옮겨져 있었다. '돌이 굴려져 있었다' 는 표현은 돌을 밀쳐 놓는다는 뜻이 아니라 완전히 제거되었다는 말이다. 그러니까 돌이 옮겨져 멀리 떨어져 있었다. [256] 여인들은 무덤 안으로 들어가 예수의 시신이 없는 것을 확인하고 동시에 천사의 음성을 들었다. 시신을 확인하는 데는 시간이 걸리지 않았다. 그녀들은 시신을 장사 지내는 모습을 자세히 보아 두었었기 때문이다(15:47). 아직 여인들은 무덤 안에서 자기들에게 말하는 사람이 천사인 것을 모른다. 어떤 한 청년이 말하는 것으로 듣는다. 그 청년은 흰 옷을 입었다. '흰 옷' (στολήν-long robe)은 장차 구속 받을 그리스도인들이 입을 옷이다(계 6:11, 7:9,13).[257] 그 청년은 먼저 '놀라지 말라' 고 말하고 '부활의 사실' 이 놀라운 것이라고 말하지만, 여인들은 아직도 '시체가 없어진 사실' 에 대한 놀라움으로 가득 차 있다(8절).

청년이 전하는 말은 크게 두 가지이다. 첫째는 십자가에 못 박힌 예수가 살아나셨고 여기 계시지 않는다는 소식이요, 둘째는 제자들과 특별히 베드로에게 이 소식을 전하되 갈릴리로 가서 거기서 만나리라는 내용이었다. 이 소식을 들은 여인들은 '심히 놀라 떨며', '무덤에서 도망하고 무서워하였다.' 그리고 아무에게 아무 말도 못하였다. 무엇이 그녀들을 놀라 떨게 만든 것일까? 그리고 도망하고 무서워하게 한 것일까? 왜 그녀들은 아무에게 아무 말도 못한 것일까? 이말은 제자들에게 갈릴리로 가라, 거기서 만나리라고 하라는 말도 전해 주지 못했다는 말인데, 도대체

256) 마태는 이 사실을 더 생생하게 묘사하고 있다. "큰 지진이 나며 주의 천사가 하늘로부터 내려와 돌을 굴려내고 그 위에 앉았는데"(마 28:2). 돌이 굴려진 상태를 생생하게 표현하기 위하여, 돌이 멀리 굴려져서 납작하게 넘어져 있었기 때문에 천사들이 그 위에 앉아 있었다고 표현하였다.

257) 겟세마네 동산에서 한 청년은 '신도바'(σινδόνα)를 벗어던지고 도망갔다. 그런데 여기 무덤 안에 있는 청년은 대신 '스톨렌'(στολήν)을 입고 있다.

무엇이 이들을 침묵하는 벙어리로 만들어 버린 것일까? 이것이 마가복음의 실제적인 결론이다. 이렇게 보면 마가복음은 미완성으로 끝나고 있는 듯한 인상을 준다.[258] 두려워하고 아무에게 아무 말도 못하는 것으로 끝맺고 있다. 그 이유가 무엇이었을까?

마가복음에서는 부활의 증거로 빈 무덤을 암시하기는 하지만 직접적으로 부활의 증거로 빈 무덤을 언급하지 않는다. 그처럼 명확한 천사의 말도 부활의 증거로 생각하고 있지 않다. 그처럼 큰 돌이 옮겨진 것도 부활의 증거가 될 만한데, 그것도 부활을 암시하는 것으로 그치고 만다. 마가는 요한복음에 나오는 '세마포와 수건'(요 20:7)[259]에 대한 언급도 하지 않은 채 그것에 대해서는 침묵을 한다. 이것이 초대 교회가 가지고 있

---

258) 가장 유력한 바티칸 사본이나 시내 산 사본들에 9-20절은 전혀 나타나지 않고 있다.

259) 요한복음에서는 부활의 증거로 '세마포와 수건'을 제시하는 듯하다. 그중에서도 수건에 더 강조점을 둔다. 요한복음에는 "수건은 세마포와 함께 놓이지 않고 딴 곳에 쌌던 대로 놓여 있더라"(요 20:7)고 되어 있다. 이 구절은 번역상의 어려움을 느끼게 하는 곳이다. 먼저 '함께'라는 전치사를 장소(with) 개념으로 번역할 것인가, 아니면 모양(shape) 개념으로 번역할 것인가 하는 점이다. 우리 성경에는 장소 개념으로 번역하여 '함께 놓이지 않았다'로 번역한다. 그러나 모양으로 번역하면, 수건은 세마포가 놓여 있는 모양으로 되어 있지 않았다는 말이 된다. 세마포의 모양과는 달리 개켜져 있었다는 뜻이다. 그래서 이런 경우 '개켜져'란 말은 'roll up' 즉 머리 모양 그대로 있는 상태를 말한다. 사실 장소 개념으로 번역했을 때, 그렇다면 수건은 따로 개켜져 어디에 있었단 말인가? 요한복음 문맥상 맞지 않다. 모양으로 번역한다면, 더 부활 현장을 설명하기에 적합하다고 생각한다(Brown, Raymond E. *The Gospel according to John* II, The Anchor Bible, Garden City, New York, 1970. p. 985 참고, Bernard, J. H., St. John II. ICCC. 1963. T&T. Clark, p.660 참고).

었던 부활에 대한 생각일 것이다. 그렇다면 초대 교회는 과연 부활의 증거를 어디에 두었던 것일까?

다른 복음서의 내용을 살펴보아도 복음서에서는 빈 무덤이나 세마포나 머리에 둘렀던 수건을 부활의 증거로 삼아서 말하는 곳은 없다.[260] 이 점에서 요한복음도 마찬가지이다.[261] 그렇다면 16장 8절로 마가복음이 끝을 맺은 것은 정말 결말을 잃어버린 것일까? 결코 그렇지 않다. 마가는 8절 자체만으로도 많은 이야기를 독자들에게 들려주고 있다. "몹시 놀라 떨며 무덤에서 도망하고 무서워하여 아무에게 아무 말도 못하더라."

마가는 부활을 대하는 여인들의 감정을 '놀라다' 는 말로 표현한다. 이런 표현은 두 번이나 나온다(5절: *ἐξεθαμβήθησαν* 8절: *τρόμος*). 천사가 놀라지 말라고 말한 것을 보면 그녀들이 얼마나 놀라고 있는가를 알 수 있다. 5절에 '놀라다' 는 표현은 '완전히 놀라버린 상태' 를 말한다. 단어 앞에 *ἐξ*(에크스)가 붙음으로 '완전히 정신이 나간 상태' 를 보여 준다.[262] 8절에 나오는 '*τρόμος καί ἔκστασις*' (트로모스 카이 에크스타시스)는 '놀

---

260) 마태복음에서도 예수 부활의 증거는 빈 무덤이기보다는 무덤에 찾아갔던 막달라 마리아와 다른 마리아는 큰 지진이 나고 천사가 하늘로부터 내려와 돌을 굴려내는 것을 본 것으로 그리고 있고(마 28:2), 그녀들이 무서움과 기쁨으로 무덤을 떠났던 것도 천사들이 전해 주는 말을 듣고 떠난 것으로 되어 있다. 동시에 그녀들에게도 '무서움' 이 있었다(마 28:8). 누가는 여인들이 천사의 말을 듣고 예수께서 하신 말씀을 기억함으로 부활을 믿은 것처럼 말하고 있으나(눅 24:7-10), 그 소식을 들은 베드로는 그 소식을 듣고도 믿지 않은 것으로 되어 있다(눅 28:12).

261) 요한복음은 빈 무덤과 세마포와 수건의 모습을 보고도 베드로와 요한이 철저히 믿지 않은 것으로 되어 있다(요 20:9,10).

262) Gould, Ezra p, *The Gospel According to St. Mark*, ICCC, T & T Clark, 1969, p.300. 6절의 '놀라지 말라' 고 할 때의 단어도 5절과 같은 단어를 쓴다.

라서 황홀경에 빠지는 것' 을 말한다. 특별히 '에크스타시스' 는 '혼이 빠지는 상태' 를 나타내는 단어이다. 이런 감정이 그녀들로 하여금 무덤에서 도망하게 한 원인이 되었다. 이렇게 보면, 부활 현장의 모습을 본 그녀들에겐 아직 뚜렷하게 부활을 믿기는 어려웠을지 몰라도, 뭔가 모르는 놀라움과 두려움 그리고 황홀경에 빠지게 된 것이다. 이런 상태는 16장 9절 이하에서 만나는 부활하신 예수 그리스도를 통하여 분명하게 부활을 믿게 만들었다.

초대 교회는 부활 신앙이란 인간의 경험이나 생각으로 그리 쉽게 믿어지는 게 아니라는 사실을 강조하고, 부활하신 예수 그리스도를 만나는 체험을 통해서만 받아들일 수 있는 놀라운 사건이란 사실을 간접적으로 시사하고 있다. 가볍게 지식으로 받아들이고 입술로 부활을 믿는다고 말하는 그리스도인들에게 경종을 울리는 셈이다.

왜 제자들과 베드로에게 갈릴리로 가서 만나자고 하셨을까?(7절) 지금까지 마가복음 전체를 살펴본 대로 유대, 특히 예루살렘은 그의 적대자들의 지역(3:22, 7:1)이며, 예수가 고난 당한 곳이다. 반면 갈릴리는 그들의 활동 장소였고, 새로운 시대를 알리고 새로운 시대를 확장시킬 수 있는 지역으로 묘사했다. 그렇기 때문에 새로운 시대의 출발은 유대 지도자들과 장로들의 유전으로 찌든 예루살렘을 벗어나서 갈릴리에서 시작돼야 한다. 이런 이유로 예수의 제자들은 수난 후에 갈릴리로 돌아가도록 명령을 받았으며, 예수 자신이 그렇게 하셨다(14:28, 16:7).[263]

특별히 '베드로' 의 이름을 언급한 것은 베드로의 실수를 회복시켜서 다시 사도로 사역하게 하시려는 예수의 놀라운 배려이다. 마가복음 14장 37절에서는 '시몬' 이라는 옛 이름으로 부르셨다. 그런데 여기서 다시

263) 한스 웨버, p.132.

‘베드로’ 란 이름을 회복시키셨다. 예수는 제자의 실수를 그냥 넘기지도 아니하고, 그렇다고 책망하거나 다짐하지도 않으셨다. 이 점은 요한복음 21장의 내용과 잘 부합된다. 요한복음 21장에서 예수는 베드로와 제자들을 만나주심으로 그의 양심의 가책을 씻어 주셨으며, 도리어 사명을 확인시켜 주심으로 제자의 회복만이 아니라 이제부터는 사도로서의 사역을 시작하게 하신다.[264)]

이렇게 보면, 만약 마가복음이 16장 8절로 끝난다고 해도 하나도 손색이 없고, 도리어 더욱 강력한 부활을 선포하는 복음서가 될 것이다. 아침 먼동이 틀 때 여인들은 무덤으로 달려갔고, 거기서 부활의 현장을 보았다. 이처럼 부활 사건은 태양이 아직 떠오르기 전인 매우 이른 시간에 사람들에게 알려졌다(2절). 이것은 부활은 어둠을 뚫고 어둠을 제거하며 나타나는 태양과 같음을 마가는 간접적으로 선포하고 있는 것이다. 아침은 밤 속으로 침투해 들어온다(1:35).

여인들은 갑자기 당면한 놀라운 사실을 어떻게 말할까를 놓고 당황해 한다. 어떻게 설명해야 할지를 몰라 당황하는 여인들의 모습으로 마가 내러티브의 플롯(plot)은 다시 한번 절정에 도달한다.

---

264) 요한복음 21장에는 베드로를 위한 예수의 배려가 나온다. 그날 새벽 갈릴리 호숫가에 피워 놓은 ‘숯불’ (*ἀνθρακιὰν*), 요한은 이 숯불을 요한복음 18장 18절에 나오는 베드로가 스승을 부인할 때 쬐고 있었던 숯불(*ἀνθρακιὰν*)과 동일한 단어로 표현함으로 간접적으로 베드로의 부인을 상기시키는 것으로 묘사했다. 베드로 스스로 잘못을 느끼게 한 것이다. 그리고 베드로에게 “요한의 아들 시몬아, 네가 이 사람들보다 나를 더 사랑하느냐?”고 세 번 물으신다. 그러나 이 물음을 뒤집어 보면, 예수께서 베드로를 아직도 사랑한다는 고백이 된다. 그리고 “내 양을 먹이라” “내 양을 치라” 그리고 “내 양을 먹이라”고 하셨다.

07

부활의 증인들(16:9-14)

"예수께서 안식 후 첫날 이른 아침에 살아나신 후 전에 일곱 귀신을 쫓아내어 주신 막달라 마리아에게 먼저 보이시니 마리아가 가서 예수와 함께 하던 사람들이 슬퍼하며 울고 있는 중에 이 일을 알리매 그들은 예수께서 살아나셨다는 것과 마리아에게 보이셨다는 것을 듣고도 믿지 아니하니라 그 후에 그들 중 두 사람이 걸어서 시골로 갈 때에 예수께서 다른 모양으로 그들에게 나타나시니 두 사람이 가서 남은 제자들에게 알리었으되 역시 믿지 아니하니라 그 후 열한 제자가 음식 먹을 때에 예수께서 그들에게 나타나사 그들의 믿음 없는 것과 마음이 완악한 것을 꾸짖으시니 이는 자기가 살아난 것을 본 자들의 말을 믿지 아니함일러라."

16장 9절은 다시 안식 후 첫날 이른 아침으로 시작된다. 만약 마가복음 16장 9-20절 내용이 잃어버린 부분이거나 생략된 부분에 대한 보충이라고 한다면, 이 부분은 초대 교회의 신앙적 고백을 근거로 해서 기록했을 것이다. 이렇게 보면, '안식 후 첫날 이른 아침' 은 16장 2절의 반복으로 보아도 좋을 것이다. 거기서 마리아는 예수를 직접 만나고, 그 후에 제자들에게 '예수께서 살아나셨다'는 것과 '마리아 자신에게 직접 보이셨다'고 전한다. 그렇지만 제자들은 역시 예수의 부활을 믿지 않았다고 말한다(11절). 물론 마리아가 부활하신 예수를 만남으로 부활을 믿게 되었을 것이다. 그런데도 마가복음에서는 마리아가 믿었다는 말을 사용하지 않는다. 단지 그는 행동으로 부활을 증거할 뿐이다. 왜 마가는 부활을 체험한 사람들이 믿는다는 말을 사용하지 않은 것으로 기록한 것일까?

그 후에 두 사람이 시골로 갈 때에 다른 모양으로 나타나심으로 그들이 부활하신 예수를 만나서 믿게 되었고, 두 사람은 남은 제자들에게 달려가서 부활의 소식을 전하지만 믿지 않았다고 마가복음은 전한다. 이 두 제자의 내러티브는 누가복음에 나오는 엠마오로 가던 두 제자들에 대한 이야기와 동일한 사람들일 것이다(눅 24:13-35). 그러나 마가복음은 이 내러티브 중에 약간의 내용을 변형시켰다. 누가복음에서는 엠마오로 내려가던 두 제자가 예수를 만난 후에 예루살렘으로 올라가서 이미 부활을 체험한 제자들과 성도들을 만난다. 그리고 함께 부활의 소식을 전하면서 기쁨을 나누는 내용이다(눅 24:32-35).[265] 그런데 마가복음에서는 "남은 제자들에게 알리었으되 역시 믿지 아니하니라"(13절)로 기록하였다.

마리아가 '믿었다'는 말을 사용하지 않는 것과 부활의 소식을 들은 자들이 '믿지 않았다'고 하는 내용과는 상당한 차이가 있다. 마리아가 예수의 부활을 경험하고 믿었다고 할 법도 한데 믿는다는 말을 전혀 사용하지 않는다. 그 이유는 무엇일까?

---

265) "곧 그대로 일어나 예루살렘에 돌아가 보니 열한 제자와 및 그들과 함께 한 자들이 모여 있어 말하기를 주께서 과연 살아나시고 시몬에게 보이셨다 하는지라 두 사람도 길에서 된 일과 예수께서 떡을 떼심으로 자기들에게 알려지신 것을 말하더라"(눅 24:33-35).

우리는 믿음이란 단어를 참 많이 사용한다. 그러나 초대 교회는 믿는다는 말을 즐겨 사용하지 않았다.[266] 믿음은 하나님나라에 들어가는 필요조건이기 때문일 것이다. 그리고 부활의 소식을 들은 자들이 믿지 않았다고 강조하는 것은 부활을 믿지 않아서가 아니라 그만큼 부활이 인간 이성으로 쉽게 받아들일 수 없는 엄청난 하늘의 사건이란 점을 마가는 강조하고 있을 뿐이다. 그만큼 부활을 받아들이는 것은 어렵고 힘들다. 그러나 부활하신 그리스도가 그들을 한 사람씩 찾아가심으로 받아들이지 않을 수 없는 사건이다.

마가의 부활신앙은 부활의 현장적인 것에 의존하지 않고 철저하게 '부활하신 예수를 만난 경험적 신앙' 을 강조한다. 이렇게 보면 마가복음 16장 14절이 마가복음의 결론에 해당한다고 볼 수 있다.

"그 후 열한 제자가 음식 먹을 때에 예수께서 그들에게 나타나사 그들의 믿음 없는 것과 마음이 완악한 것을 꾸짖으시니 이는 자기가 살아난 것을 본 자들의 말을 믿지 아니함일러라."

'자기가 살아난 것을 본 자들의 말을 믿지 아니함' 을 꾸짖었다는 말은 예수께서 '그들에게 나타나사' 그들이 믿었다는 암시이고, 동시에 이제부터는 본 자들의 말을 믿는 것은 곧 부활을 간접적으로 체험하는 것과 동일한 것이라는 사실을 강조한다. 이 본문은 요한복음 20장 26-29절에 나오는 도마에게 주신 말씀과 부합되는 말씀이다. 믿음은 먼저 체험한

---

266) 사도행전에서도 크리스천들이 믿음이란 말을 사용한 경우를 찾아보기 힘든다. 바울도 다메섹에서 예수를 만나고 부활을 받아들였지만 자기는 부활을 믿는다고 고백하지 않았다. 그 이유는 믿음은 예수 그리스도의 부활을 받아들이는 단계일 뿐, 그 다음에는 부활하신 그리스도와 함께 살아가는 생활이 더 중요하기 때문일 것이다. 믿음을 강조하는 것은 하나님나라에 들어가는 '과정' 을 강조하는 것에 불과하다.

이들이 전하는 말을 믿고, 후에 그 사실을 자신이 실제로 경험하는 것이다. 무덤이 비어 있었다는 사실은 부활을 강력하게 뒷받침해 주는 현실이다. 그러나 "초대 기독교인들이 그리스도의 부활을 믿는 것은 그의 시체를 발견하지 못했기 때문이 아니라 살아 계신 그리스도를 만났기 때문이다."[267]

마가복음 전체의 구조는 갈등이다. 유대 지도자들과의 갈등과 여기에 이어지는 제자들과의 갈등. 이 갈등은 십자가의 죽음으로 극치를 이룬다. 이 갈등이 어떻게 해결될 수 있을까? 만약 마가복음이 16장 8절로 끝을 맺었다면 마가복음의 플롯은 독자에게 그 결론을 맡긴 채 끝나게 된다. 그것도 멋있는 결론이라고 생각한다. 또 16장 14절을 갈등의 해소 구절로 본다고 해도, 8절보다는 좀 분명한 끝맺음이지만, 사실은 완전히 갈등을 해소하지는 않은 모양이다. 그러나 궁극적으로는 마가복음의 갈등은 부활로 해소된다. 다시 말하면 부활을 체험한 사람들의 확고한 믿음으로 해소된다.

---

267) C.T. Craig, *The beginning of Christianity* (1943). Bruce. p.76

08

마지막 위탁(16:15-20)

"또 이르시되 너희는 온 천하에 다니며 만민에게 복음을 전파하라 믿고 세례를 받는 사람은 구원을 얻을 것이요 믿지 않는 사람은 정죄를 받으리라 믿는 자들에게는 이런 표적이 따르리니 곧 그들이 내 이름으로 귀신을 쫓아내며 새 방언을 말하며 뱀을 집어올리며 무슨 독을 마실지라도 해를 받지 아니하며 병든 사람에게 손을 얹은즉 나으리라 하시더라 주 예수께서 말씀을 마치신 후에 하늘로 올려지사 하나님 우편에 앉으시니라 제자들이 나가 두루 전파할새 주께서 함께 역사하사 그 따르는 표적으로 말씀을 확실히 증언하시니라."

마가복음은 제자들이나 다른 따르는 자들이 부활을 믿었다는 분명한 언급을 자제한 채, 그들에게 부여하는 사명으로 이어진다. 이처럼 사명을 주시는 것은 그들이 후에 부활하신 예수 그리스도를 믿음으로 확신하게 되었다는 것을 전제하고 있는 것이다.[268]

복음은 만민을 위한 것이다. "온 천하에 다니며 만민에게 복음을 전파하라"(15절)고 하셨다.[269] 초대 교회는 복음 전파에 반드시 따라와야 할 내용을 명시한다. '믿고 세례를 받는 사람은 구원을 얻으리라' 는 점이다. 여기서 믿는다는 것은 반드시 '그의 말을 믿고 받아들이는 것' 을 말하는 동시에 '그 말씀대로 따라 사는 것' 을 말한다.[270] 제자의 길이 그분의 길을 따르는 것이듯, 믿는 자도 그분이 보여 준 길을 따라야 한다. 그 표시로 세례를 받는 것이다. 그리하면 구원을 받고, 구원받은 사람들에게는 믿음의 표징이 따르게 될 것이다.

이 내용은 사도행전에 나타난 베드로의 설교 결론 부분과 일치하고 있다(행 2:37-39). 설교를 듣고 백성들이 마음에 찔려 "형제들아 우리가 어찌할꼬" 했을 때 베드로는 "너희가 회개하여 각각 예수 그리스도의 이름으로 세례를 받고 죄 사함을 얻으라 그리하면 성령을 선물로 받으리니"(행 2:38)라고 하였다.[271] 죄 사함을 받고 성령의 임재를 경험한 사람

---

268) 다메섹에서 부활하신 그리스도를 만난 사울에게도 예수는 믿음을 강조하지 않으셨다. 단지 사명을 주심으로 그 안에 용서와 회복까지를 한번에 다 해결하셨다(행 9:6). "네가 일어나 시내로 들어가라 행할 것을 네게 이를 자가 있느니라 하시니."

269) 마태복음에서도 이 사건은 갈릴리 어느 산에서 일어난 것으로 묘사하고 있고, 예루살렘에서 주어진 것으로 되어 있다. 그리고 승천 사건도 베다니에서 이뤄진 것으로 기록하였다(눅 24:50-52).

270) 믿는다는 것은 곧 그분의 발자취를 따르는 것을 말한다. 그분의 뒤를 따르지 않는 믿음은 진정한 믿음일 수 없다. 사마리아의 시몬이 처음엔 세례를 받고 빌립을 전심으로 따라다녔으나, 성령을 돈으로 사서 자기의 이름을 나타내는 것에 안주하려 할 때 베드로의 저주를 받았다. 성령을 모독한 것일뿐 아니라 성령을 자기 자신의 이익을 위한 도구로 전락시켰기 때문에 저주를 받은 것이다(행 8:18-21). 베드로는 이런 신앙을 '악독이 가득하고 불의에 매였다' 고 책망했다. 이 본문은 성령은 사역의 영(Spirit)이기 전에 예수를 따르도록 돕는 영이신 점을 명확하게 제시해 준 구절이다.

들은 부활하신 그리스도를 경험하게 될 것이다.

마가복음 16장 17-18절에 언급된 내용들, 병든 자를 고치고 귀신을 쫓아내는 일은 예수께서 이 땅에 계시면서 하셨던 활동이다. 그렇기 때문에 예수를 따르는 자들에게도 이런 표적이 따르는 것은 당연한 일이다. 그러나 방언을 할 것이며, 뱀을 집어 올리며, 무슨 독을 마실지라도 해를 받지 아니한다는 내용은 복음서에서 처음 언급되는 내용이다. 방언은 초대 교회 시대에 속하는 것이다.

말씀을 마치신 후, 예수께서 하늘로 올려졌다. 예수의 의지가 아니라 하나님의 의지로 올려진 것을 말한다. 하나님께서 그를 올리셨고, 높여 주셨다. 바울 사도도 이 사실을 에베소서 1장 20-23절에서 명확하게 진술하고 있다.[272)]

예수의 승천을 본 제자들은 나가서 복음을 전했다. 그때 부활하신 예수 그리스도께서 그들과 함께 하사 표적이 일어나고, 그 표적으로 인하여 힘을 얻어 말씀을 확실하게 증언하였다. 제자들은 예수의 명령에 따

---

271) 마가복음에서 세례는 요한의 세례 이후에 처음 등장한다. 믿음이 예수의 가르침과 깊이 연계되어 있지만 세례는 구원의 조건으로 언급되지는 않았다. 아마도 이 내용은 '사도들의 가르침을 위한 길을 세워 주고 준비한 것이리라'. ICCC, p.307.

272) 바울만큼 예수의 가르침을 명확하게 이해하고 있는 사람이 없다. 그의 서신들을 예수의 교훈에 비추어서 읽어 보면 바른 이해와 해석을 동반하고 있음을 알 수 있다. 예: 로마서 12장 1-2절에서는 요한복음 4장 23, 24절에서 말하는 영과 진리로 예배하라는 원리를 확대해 영과 진리로 드리는 예배를 신령한 예배라고 말하면서, 예배를 삶의 현장으로 확대 해석하고 있다.

라 나가서 말씀을 전파하였고, 말씀을 전할 때 표적이 따랐다. 마가는 "그 따르는 표적으로 말씀을 확실히 증언하시니라"(20절)고 한다. 말씀을 전할 때 주께서 함께하셨고 동시에 표적이 일어났다. 또 표적이 일어남으로 예수의 말씀은 더욱 힘을 얻어 갔다. 말씀과 표적은 서로 보완적인 역할을 한다. 말씀 없는 표적은 미신에 불과하고, 표적 없는 말씀은 입술의 진술에 불과하다.

성경 및 지도

1) 개역개정판

2) 표준새번역

3) 박창환, 신약성경

4) *The New Greek English New Testament*, Nestle-Aland 26th edition.

5) *The Eerdmans Bible Dictionary*, Eerdmans pub. 1987.

6) *Holman Quick Source Bible Atlas, with Charts and biblical Reconstructions,* Holman Bible Publishers, 2005.

7) 아하로나 요하난(Ahrona, Yohanan) 외 3인, *Carta Bible Atlas*. Carta Jerusalem, 2002.

주석에 참고한 책들

1) Arnold, Clinton E., *Zondervan Illustrated Bible Backgrounds Commentary*, Zondervan, 2002.

2) Bruce, F.F., 초대 교회 역사, 서영일 역, 기독교문서선교회, 1994.

3) Brown, Raymond E., *The Gospel according to John I. II.* 1979,doubleday.

4) Gould, Ezra P., *The gospel according to St. Mark,* Ediburgh, 1969.

5) Gnilka, Joachim, 국제성서주석, 마르코복음 I, II, 1991, 한국신학연구소.

6) Hanson K. C. & Oakman, Douglas E., Palestine in the time of Jesus, Fortress Press. 1998.

7) Jeremias, 예수 시대의 예루살렘, 한국신학연구소, 1992.

8) marcus J. borg, *Jesus A New Vision,* HarperSanFrancisco, 1987, p.9

9) "Meeting Jesus again for the first Time" Marcus J. Borg (professor of Relegion and Culture at Oregon State University), Harper SanFrancisco, 1994.

10) Myers, Ched, *Binding the Strong Man,* Orbis Books NY., 1997

11) Meier, John P., *A Marginal Jew*, Rethinking the Historical Jesus, N.Y.1991.

12) Powell, Mark A.,서사비평이란 무엇인가?, 이종록 역, 장로회출판사, 1993.

13) Rhoads, David & Dewey, Joanna & Michie, Donald, *Mark as Story,* Fortress Press, 1999.

14) Robertson, A. T., 원어연구해설, 마태, 마가복음, 벧엘성서간행사, 1984.

15) Robertson, A. T., 원어연구해설, "누가복음"

16) Wuest, Kenneth S. *Word Studies in the Greek New Testament*, Vol 3, Eerdmann, Grand Rapids, Michiigan, 1973, p. 18.

17) Williamson, Lamar Jr., 마가복음, 현대성서주석, 한국장로교회출판사, 2001.c

18) Wylen, Stephen M., *The Jews in the Time of Jesus*, Paulist Press, NY. 1996.

19) 유형기 편, 성서주해, III, 선교80주년출판기념위원회, 1967.

이연길 목사의
마가복음 이야기식 설교를 위한 주석

2010년 5월 30일 1판 1쇄 발행
2012년 10월 10일 1판 2쇄 발행

지은이 | 이연길
발행인 | 이형규
발행처 | 쿰란출판사

주소 | 서울특별시 종로구 이화동 184-3
TEL | 02-745-1007, 745-1301~2, 747-1212, 743-1300
영업부 | 02-747-1004, FAX / 02-745-8490
본사평생전화번호 | 0502-756-1004
홈페이지 | http://www.qumran.co.kr
E-mail | qrbooks@gmail.com
qrbooks@daum.net
한글인터넷주소 | 쿰란, 쿰란출판사

등록 | 제1-670호(1988.2.27)

책임교열 | 이화정

값 15,000원

ISBN 978-89-5922-941-3 93230